外集·续编·年谱

[明]王守仁 著
陈恕 编校

王阳明全集

中州古籍出版社
·郑州·

王阳明全集【三】外集·续编·年谱

目 录

卷二十三　外集五

记 001

兴国守胡孟登生像记 壬戌 001

新建预备仓记 癸亥 002

平山书院记 癸亥 003

何陋轩记 戊辰 004

君子亭记 戊辰 005

远俗亭记 戊辰 006

象祠记 戊辰 007

卧马冢记 戊辰 007

宾阳堂记 戊辰 008

重修月潭寺建公馆记 戊辰 009

玩易窝记 戊辰 010

东林书院记 癸酉 010

应天府重修儒学记 甲戌 011

重修六合县儒学记 乙亥 012

时雨堂记 丁丑 014

重修浙江贡院记 乙酉 014

浚河记 乙酉 015

卷二十四 外集六
说 杂著 017

白说字贞夫说 乙亥 017

刘氏三子字说 乙亥 018

南冈说 丙戌 018

悔斋说 癸酉 019

题汤大行殿试策问下 壬戌 020

示徐曰仁应试 丁卯 020

龙场生问答 戊辰 021

论元年春王正月 戊辰 022

书东斋风雨卷后 癸酉 024

竹江刘氏族谱跋 甲戌 025

书察院行台壁 丁丑 026

谕俗四条 丁丑 026

题遥祝图 戊寅 026

书诸阳伯卷 戊寅 027

书陈世杰卷 庚辰 027

谕泰和杨茂 其人聋哑，自候门求见。先生以字问，茂以字答。 028

书栾惠卷 庚辰 028

书佛郎机遗事 庚辰 029

题寿外母蟠桃图 庚辰 029

书徐汝佩卷 癸未 030

题梦槎奇游诗卷 乙酉 031

为善最乐文 丁亥 032

客坐私祝 丁亥 033

卷二十五　外集七

墓志铭　墓表　墓碑　传　碑　赞　箴　祭文 035

易直先生墓志 壬戌 035

陈处士墓志铭 癸亥 036

平乐同知尹公墓志铭 癸亥 037

徐昌国墓志 辛未 038

凌孺人杨氏墓志铭 乙亥 040

文橘庵墓志 乙亥 041

登仕郎马文重墓志铭 丙子 041

明封刑部主事浩斋陆君墓碑志 丙子 042

谥襄惠两峰洪公墓志铭 043

赠翰林院编修湛公墓表 壬申 045

节庵方公墓表 乙酉 046

湛贤母陈太孺人墓碑 甲戌 ... 047

程守夫墓碑 甲申 ... 048

太傅王文恪公传 丁亥 ... 048

平茶寮碑 丁丑 ... 051

平浰头碑 丁丑 ... 051

田州立碑 丙戌 ... 052

田州石刻 ... 052

陈直夫南宫像赞 ... 052

三箴 ... 053

南镇祷雨文 癸亥 ... 053

瘗旅文 戊辰 ... 054

祭郑朝朔文 甲戌 ... 055

祭浰头山神文 戊寅 ... 056

祭徐曰仁文 戊寅 ... 057

祭孙中丞文 己卯 ... 058

祭外舅介庵先生文 辛巳 ... 059

祭文相文 ... 059

又祭徐曰仁文 甲申 ... 059

祭国子助教薛尚哲文 甲申 ... 060

祭朱守忠文 甲申 ... 060

祭洪襄惠公文 ... 061

祭杨士鸣文 丙戌 ... 062

祭元山席尚书文 丁亥	063
祭吴东湖文 丁亥	063
祭永顺宝靖土兵文 戊子	064
祭军牙六纛之神文 戊子	065
祭南海文 戊子	065
祭六世祖广东参议性常府君文 戊子	065

卷二十六　续编一

大学问	067
教条示龙场诸生	073
五经臆说十三条	074
与滁阳诸生书并问答语	079
家书墨迹四首	080
赣州书示四侄正思等	083
又与克彰太叔	084
寄正宪男手墨二卷	085
又	087

卷二十七　续编二

书

与郭善甫	091
寄杨仕德	091
与顾惟贤	092

与当道书 095

与汪节夫书 096

寄张世文 097

与王晋溪司马 097

与陆清伯书 104

与许台仲书 104

又 105

与林见素 105

与杨邃庵 106

与萧子雍 107

与德洪 107

卷二十八　续编三
杂著 109

自劾不职以明圣治事疏 109

乞恩表扬先德疏 111

辨诛遗奸正大法以清朝列疏 113

书同门科举题名录后 114

书宋孝子朱寿昌孙教读源卷 115

书汪进之卷 116

书赵孟立卷 116

书李白骑鲸 116

书三酸 117

书韩昌黎与太颠坐叙 ... 117

春郊赋别引 ... 117

告谕庐陵父老子弟 ... 118

庐陵县公移 ... 121

教场石碑 ... 122

铭一首 ... 123

箴一首 ... 123

阳朔知县杨君墓志铭 ... 123

刘子青墓表 ... 124

祭刘仁征主事 ... 125

祭陈判官文 ... 125

祭张广溪司徒 ... 126

卷二十九　续编四

序 ... 127

鸿泥集序 ... 127

澹然子序 有诗 ... 128

寿杨母张太孺人序 ... 129

对菊联句序 ... 130

东曹倡和诗序 ... 131

豫轩都先生八十受封序 ... 131

送黄敬夫先生佥宪广西序 ... 132

性天卷诗序 ... 133

送陈怀文尹宁都序..134

送骆蕴良潮州太守序..135

高平县志序..136

送李柳州序..137

送吕丕文先生少尹京丞序..138

庆吕素庵先生封知州序..139

贺监察御史姚应隆考绩推恩序......................................140

送绍兴佟太守序..141

送张侯宗鲁考最还治绍兴序..142

送方寿卿广东佥宪序..143

记..144

提牢厅壁题名记..144

重修提牢厅司狱司记..145

赋..146

黄楼夜涛赋..146

来雨山雪图赋..147

诗..148

雨霁游龙山次五松韵..148

雪窗闲卧..148

次韵毕方伯写怀之作..149

春晴散步..149

又..149

次魏五松荷亭晚兴..149

又 149
次张体仁聊句韵 150
又 150
又 150
题郭诩濂溪图 150
西湖醉中谩书 150
文衡堂试事毕书壁 151
白发谩书一绝 151
游泰山 151
雪岩次苏颖滨韵 151
试诸生有作 151
再试诸生 152
夏日登易氏万卷楼用唐韵 152
再试诸生用唐韵 152
次韵陆文顺佥宪 152
太子桥 152
与胡少参小集 152
再用前韵赋鹦鹉 153
送客过二桥 153
复用杜韵一首 153
先日与诸友有郊园之约，是日因送客后期小诗写怀 153
待诸友不至 154

夏日游阳明小洞天，喜诸生偕集偶用唐韵 154
将归与诸生别于城南蔡氏楼 154
诸门人送至龙里道中二首 154
赠陈宗鲁 155
醉后歌用燕思亭韵 155
题施总兵所翁龙 155

卷三十　续编五

三征公移逸稿 157

南赣公移 凡三十三条 157

批漳南道教练民兵呈 正德十一年十一月二十五日 157

批漳南道进剿呈 十一月二十六日 158

教习骑射牌 十二年五月十六日 158

批南安府请兵策应呈 六月初十日 158

批岭北道攻守机宜呈 六月二十六日 159

批漳南道给由呈 十二年六月二十八日 159

批兵备道奖励官兵呈 七月初一日 160

调用三省夹攻官兵 七月十五日 160

夹攻防守咨 十月 161

行岭北道催督进剿牌 十月初十日 161

刻期会剿咨 十月二十一日 161

横水建立营场牌 十月二十七日 162

搜扒残寇咨 十一月十一日 162

批准惠州府给由呈 正德十三年二月二十四日 163

批攻取河源贼巢呈 三月二十三日 163

批赣州府赈济呈 四月二十八日 164

批岭北道修筑城垣呈 五月十五日 164

查访各属贤否牌 六月十九日 164

行漳南道禁支税牌 六月二十八日 165

禁约驿递牌 七月初一日 165

申明便宜敕谕 七月二十一日 166

犒赏新民牌 七月二十八日 166

行岭北等道议处兵饷 八月十四日 167

再批攻剿河源贼巢呈 八月二十一日 168

优礼谪官牌 十一月二十七日 168

批漳南道设立军堡呈 十二月初三日 169

再申明三省敕谕 十二月十二日 169

批赣州府给由呈 十二月二十五日 170

行岭北道裁革军职巡捕牌 十四年五月初五日 171

遵奉钦依行福建三司清查钱粮 五月二十七日 171

议处添设县所城堡巡司咨 五月三十日 172

督责哨官牌 六月初七日 172

委分巡岭北道暂管地方事 六月初八日 173

思田公移 凡四十九条 173

行广西统领军兵各官剿抚事宜牌 嘉靖六年十一月初五日 173

行南韶二府招集民兵牌 十一月十二日 174

奖留佥事顾溱批呈 十一月二十三日 174

批岭西道议处兵屯事宜呈 十一月二十三日 174

批广州卫议处哨守官兵呈 十一月二十五日 175

批都指挥李翱操演哨守官兵呈 十一月二十七日 175

行两广都布按三司选用武职官员 十二月初七日 175

行两广按察司稽查冒滥关文 十二月十二日 175

给思明州官孙黄永宁冠带札付牌 176

省发土官罗廷凤等牌 十二月十七日 176

给迁隆寨巡检黄添贵冠带牌 嘉靖七年正月初八日 176

批左州分俸养亲申 正月十八日 177

批右江道断复向武州地土呈 正月二十六日 177

批左江道推立土官呈 二月初一日 178

批遣还夷人归国申 二月十四日 178

批苍梧道修理梧州府城呈 三月十一日 178

批永安州知州乞休呈 三月十四日 179

行参将沈希仪守八寨牌 三月二十三日 179

行左江道剿抚仙台白竹诸瑶牌 三月二十四日 179

委土目蔡德政统率各土目牌 四月初一日 180

批左江道查给狼田呈 四月十一日 180

行浔州府抚恤新民牌 181

批兴安县请发粮饷申 四月十三日 181

行廉州府清查十家牌法 四月十六日 182

行右江道招回新民牌 五月初六日..................182

委官赞画牌 五月初七日..................183

行参将沈希仪计剿八寨牌 五月初九日..................183

调发土官岑𤩽牌 五月初十日..................184

分调土官韦虎林进剿事宜牌 五月十五日..................184

行通判陈志敬查禁田州府私征商税牌 五月十五日..................184

批南宁卫给发土官银两申 五月十八日..................185

批左江道纪验首级呈 五月二十八日..................185

行左江道犒赏湖兵牌 六月初十日..................185

奖劳督兵官牌 六月初十日..................186

土舍彭荩臣军前冠带札付 六月初十日..................187

奖劳永保二司官舍土目牌 六月初十日..................188

调发武缘乡兵搜剿八寨残贼牌 六月十八日..................189

行右江道犒赏卢苏王受牌 七月初三日..................189

给土目行粮牌 七月初八日..................190

批右江道移置凤化县南丹卫事宜呈 八月初十日..................190

行左江道赈济牌 八月初十日..................191

批右江道议筑思恩府城垣呈 八月十五日..................191

奖劳剿贼各官牌 八月十九日..................192

行福建漳州府取回岑邦佐牌..................192

批参将沈良佐经理军伍呈 八月二十四日..................193

告谕新民 八月..................193

批佥事吴天挺乞休呈 八月二十五日 193

批苍梧道创建敷文书院呈 九月初六日 194

改委南丹卫监督指挥牌 194

卷三十一（上） 续编六

征藩公移上 凡二十九条 197

行吉安府收囤兑粮牌 正德十四年六月二十日 197

行吉安府禁止镇守贡献牌 六月二十日 197

行福建布政司调兵勤王 198

预行南京各衙门勤王咨 198

抚安百姓告示 六月二十二日 199

差官调发梅花等峒义兵牌 六月二十七日 199

行吉安府踏勘灾伤 七月初五日 199

行吉安府知会纪功御史牌 七月初八日 200

行知县刘守绪等袭剿坟厂牌 七月十三日 200

督责知府伍文定等同心剿贼牌 七月二十五日 200

行南昌府清查占夺民产 八月十六日 201

批江西按察司优恤孙许死事 八月二十五日 201

行南昌府礼送孙公归榇牌 八月二十九日 201

讨叛敕旨通行各属 九月初二日 202

咨南京兵部议处献俘船只 九月初二日 202

行江西三司清查被劫府库起运钱粮 九月初四日 203

行江西布按二司看守宁府库藏 九月十一日 203

委按察使伍文定纪验残孽 九月二十日 203

委知府伍文定邢珣防守省城牌 九月十二日 204

行江西布按二司厘革抚绥条件 九月十二日 204

行江西按察司知会逆党宫眷姓名 206

行江西按察司编审九姓渔户牌 九月二十四日 207

献俘揭贴 九月二十六日 208

行袁州等府查处军中备用钱粮牌 十月初六日 209

行江西布按二司清查军前取用钱粮 209

防制省城奸恶牌 十二月十一日 210

行江西按察司查禁因公科索民财 十二月十一日 211

禁省词讼告谕 十二月十七日 211

再禁词讼告谕 十二月 212

征藩公移下 凡二十七条 212

开报征藩功次赃仗咨 正德十五年三月初四日 212

进缴征藩钧帖 四月十七日 216

行江西三司搜剿鄱阳余贼牌 五月十一日 216

追剿入湖贼党牌 十五年 217

行岭北道清查赣州钱粮牌 十月二十三日 218

申行十家牌法 218

行江西布政司清查没官房产 十一月二十日 219

批再申十家牌法呈 十一月二十九日 219

批各道巡历地方呈 十一月二十六日 220

禁约释罪自新军民告示 正德十六年正月初五日 220

批湖广兵备道设县呈 十六年 220

督剿安义逆贼牌 二月十一日 221

截剿安义逃贼牌 二月十三日 222

批议赏获功阵亡等次呈 三月初十日 222

复应天巡抚派取船只咨 三月二十四日 223

批东乡叛民投顺状词 四月初九日 223

批江西布政司清查造册呈 四月十六日 223

行丰城县督造浅船牌 十六年 224

行江西按察司审问通贼罪犯牌 六月十五日 224

行江西按察司清查军前解回粮赏等物 六月十九日 224

批广东按察司立县呈 七月二十八日 225

行江西三司停止兴作牌 八月初九日 225

行岭北道申明教场军令 九月十七日 226

行雩都县建立社学牌 十二月二十七日 227

卷三十一（下） 山东乡试录 弘治甲子 前序已刻前卷

四书 229

易 231

书 233

诗 234

春秋 236

礼记 238

论 239

表..241

策五道..242

山东乡试录后序......................................252

卷三十二　年谱一自成化壬辰始生至正德戊寅征赣

卷三十三　年谱二自正德己卯在江西至正德辛巳归越

卷三十四　年谱三自嘉靖壬午在越至嘉靖己丑丧归越

卷二十三　外集五

记

兴国守胡孟登生像记壬戌

弘治十年，胡公孟登以地官副郎谪贰兴国。越三年，擢知州事。公既久于其治，乃奸锄利植而民以大和。又明年壬戌，擢浙江按察司佥事以去。民既留公不可，则相率祀公之像，以报公德。而学宫之左有叠山祠，以祀宋臣谢枋得者，旧矣。其士曰："合祀公像于是。呜呼！吾川违胡元之乱以入于皇朝，虽文风稍振，而陋习未除。士之登名利甲以显于四方者，相望如晨天之星，数不能以一二。盖至于今遂茫然绝响者，凡几科矣。自公之来，斩山斥地以恢学宫，洗垢摩钝以新士习，然后人知敦礼兴乐，而文采蔚然于湖湘之间。荐于乡者，一岁而三人。盖夫子之道大明于兴国，实自公始。公之德惠，固无庸言，而化民成俗，于是为大。祀公于此，其宜哉！"民曰："不可。其为公别立一庙。公之未来也，吾民外苦于盗贼，内残于苛政，滨湖之民，死于鱼课者数千余家。自公之至，而盗不敢履兴国之界，民违猛虎鱼鳖之患，而始释戈而安寝，歌呼相慰，以嬉于里巷。公之惠泽，吾独不能出诸口耳。呜呼！公有大造于吾民，乃不能别立一庙而使并食于谢公，于吾心有未足也。"士曰："不然。公与谢公皆以迁谪而至吾州。谢公以文章节义为宋忠臣，而公之气概风声实相辉映。祀公于此，所以见公之庇吾民者，不独以其政事，而吾民之所以怀公于不忘者，又有在于长养恩恤之外也。其于尊严崇重，不滋为大乎？"于是其民相顾喜曰："果如是，我亦无所憾矣！然其谁纪诸石以传之。"士曰："公之经历四方也久矣，四方之人，其闻公之贤亦既有年矣。然而屡遭谗嫉，而未畅厥猷意，亦知公之深者，难也。公尝令于余姚，以吾人之知公，则其人宜于公为悉。"乃走币数千里而来请于某，且告之故。某曰："是姚人之愿，不独兴国也。"公之去吾姚已二十余年，民之思公如其始去。每有自公而来者，必相与环聚，问公之起居饮食，及其履历之险夷，丰采状貌，须发之苍白与否，退则相传告以为欣戚。以吾姚之思公，知兴国之为是举，亦其情之有不得已也。然公之始去吾姚，既尝有去思之碑以纪公德，今不可以重复其说。而兴国之绩，吾虽闻之甚详，然于其民为远，虽极意揄扬之，恐亦未足以当其心也。姑述其请记之辞，而诗以系之。

公讳瀛，河南之罗山人，有文武长才，而方飨于用。诗曰：于维胡公，允毅孔直，惟直不挠，以来兴国。惟此兴国，实荒有年。自公之来，辟为良田。寇乘于垣，死课于泽。公曰吁嗟，兹惟予谴！勤尔桑禾，谨尔室家。岁丰时和，民谣以歌。乃筑泮宫，教以礼让。弦诵诗书，溢于里巷。庶民谆谆，庶士彬彬。公亦欣欣，曰惟家人。维公我父，惟公我母，自公之去，夺我恃怙。维公之政，不专于宽，雨旸维若，时其燠寒。维公文武，亦周于艺，射御工力，展也不器。我拜公像，从我父兄，率我子弟，集于泮宫。父兄相谓，毋尔敢望。天子用公，训于四方。

新建预备仓记 癸亥

仓廪以储国用，而民之不给，亦于是乎取。故三代之时，上之人不必其尽输之官府，下之人不必其尽藏于私室。后世若常平义仓，盖犹有所以为民者，而先王之意亦既衰矣。及其大弊，而仓廪之蓄，遂邈然与民无复相关。其遇凶荒水旱，民饿莩相枕藉，苟上无赈贷之令，虽良有司，亦坐守键闭，不敢发升合以拯其下。民之视其官廪如仇人之垒，无以事其刃为也。呜呼！仓廪之设，岂固如是也哉！

绍兴之仓目，如坻大有之属，凡三四区，中所积亦不下数十万。然而民之饥馁，稍不稔即无免焉。岁癸亥春，融风日作，星火宵陨。太守佟公曰："是旱征也，不可以无备。"既命民间积谷谨藏，则复鸠工度地，得旧太积库地于郡治之东，而建以为预备仓。于是四月不雨，至于八月，农工大坏，比室罄悬。民陆走数百里，转嘉、湖之粟以自疗。市火间作，贸迁无所居。公帅僚吏遍祷于山川社稷，乃八月己酉，大雨洽旬，禾槁复颖。民始有十一之望，渐用苏息。公曰："呜呼！予所建，今兹之旱，虽诚无补，于后患，其将有裨。"乃益遂厥营。九月丁卯，工毕。凡为廪三面，廿有六楹，约受谷十万几千斛。前为厅事，以司出纳。而以其无事时，则凡宾客部使之往来而无所寓者，又皆可以馆之于是。极南阻民居，限以高垣。东折为门，出之大衢。并门为屋廿有八楹，自南亘北，以居商旅之贸迁者，而月取其值，以实廪粟，又于其间区画而综理之。盖积三岁而可以有一年之备矣。二守钱君谓其僚曰："公之是举，其惠于民，岂有穷乎！夫后之民食公之德而弗知其所自，是吾侪无以赞公于今日，而又以泯其绩于后也。"于是相率来属某以记。某曰："唯唯。夫悯灾而恤患，庇民之仁也；未患而预防，先事之知也；已患而不怠，临事之勇也；创今以图后，敷德之诚也。行一事而四善备焉，是而可以无纪也乎？某虽不文也，愿以执笔而从事。"

平山书院记 癸亥

平山在鄞陵之北三里，今杭郡守杨君温甫蚤岁尝读书其下。鄞人之举进士者，自温甫之父佥宪公始，而温甫承之。温甫既贵，建以为书院。曰："使吾乡之秀，与吾杨氏之子弟，诵读其间，翘翘焉相继而兴，以无亡吾先君之泽。"于是其乡多文士,而温甫之子晋,复学成有器识,将绍温甫而起。盖书院为有力焉。温甫始为秋官郎,予时实为僚佐,相怀甚得也。温甫时时为予言:"平山之胜,耸秀奇特,比于峨嵋。望之岩厉壁削,若无所容,而其上乃宽衍平博。有老氏宫焉,殿阁魁杰伟丽,闻于天下,俯览大江,烟云杳霭。暇辄从朋俦往游,其间鸣湍绝壑,拂云千仞之木,阴翳亏蔽。书院当其麓,其高可以眺,其邃可以隐,其芳可以采,其清可以濯,其幽可以栖。吾因而望之以'含远'之楼,蛰之以'寒香'之坞,揭之以'秋芳'之亭,澄之以'洗月'之池,息之以'栖云'之窝。四时交变,风雪晦暝之朝,花月澄芬之夕,光景超忽,千态万状。而吾诵读于其间,盖冥然与世相忘,若将终身焉,而不知其他也。今吾汩没于簿书案牍,思平山之胜,而庶几梦寐焉,何可得耶!"

既而某以病告归阳明,温甫寻亦出守杭郡。钱塘波涛之汹怪,西湖山水之秀丽,天下之言名胜者无过焉。噫!温甫之居是地,当无憾于平山耳矣。今年与温甫相见于杭,而矗矗于平山者犹昔也。吁,亦异矣!岂其沉溺于兹山,果有不能忘情也哉?温甫好学不倦,其为文章,追古人而并之。方其读书于平山也,优游自得,固将发为事业以显于世。及其施诸政事,沛然有余矣,则又益思致力于问学,而其间又自有不暇者,则其眷恋于兹山也,有以哉!温甫既已成己,则不能忘于成物,而建为书院以倡其乡人。处行义之时,则不能忘其隐居之地,而拳拳于求其志者无穷已也。古人有言:"成己,仁也;成物,知也。"温甫其仁且知者欤!又曰:"隐居以求其志,行义以达其道。吾闻其语矣,未见其人也。"温甫殆其人也,非欤?

温甫属予记,予未尝一至平山,而平山严严之气象,斩然壁立而不可犯者,固可想而知,其不异于温甫之为人也。以温甫之语予者记之。

何陋轩记 戊辰

昔孔子欲居九夷,人以为陋。孔子曰:"君子居之,何陋之有?"

守仁以罪谪龙场。龙场，古夷蔡之外，于今为要绥，而习类尚因其故。人皆以予自上国往，将陋其地，弗能居也。而予处之旬月，安而乐之，求其所谓甚陋者而莫得。独其结题鸟言，山栖羝服，无轩裳宫室之观、文仪揖让之缛，然此犹淳庞质素之遗焉。盖古之时，法制未备，则有然矣，不得以为陋也。夫爱憎面背，乱白黝丹，浚奸穷黠，外良而中螫，诸夏盖不免焉。若是而彬郁其容，宋甫鲁掖，折旋矩镬，将无为陋乎？夷之人，乃不能此。其好言恶詈，直情率遂，则有矣。世徒以其言辞物采之眇而陋之，吾不谓然也。始予至，无室以止，居于丛棘之间，则郁也。迁于东峰，就石穴而居之，又阴以湿。龙场之民，老稚日来视，予喜不予陋，益予比。予尝圃于丛棘之右，民谓予之乐之也，相与伐木阁之材，就其地为轩以居予。予因而翳之以桧竹，莳之以卉药；列堂阶，辩室奥；琴编图史，讲诵游适之道略具。学士之来游者，亦稍稍而集于是。人之及吾轩者，若观于通都焉，而予亦忘予之居夷也。因名之曰"何陋"，以信孔子之言。

嗟夫！诸夏之盛，其典章礼乐，历圣修而传之，夷不能有也，则谓之陋固宜。于后蔑道德而专法令，搜抉钩絷之术穷，而狡匿谲诈，无所不至，浑朴尽矣。夷之民，方若未琢之璞，未绳之木，虽粗砺顽梗，而椎斧尚有施也，安可以陋之？斯孔子所谓欲居也欤？虽然，典章文物，则亦胡可以无讲！今夷之俗，崇巫而事鬼，渎礼而任情，不中不节，卒未免于陋之名，则亦不讲于是耳。然此无损于其质也。诚有君子而居焉，其化之也盖易。而予非其人也，记之以俟来者。

君子亭记 戊辰

阳明子既为何陋轩，复因轩之前营，驾楹为亭，环植以竹，而名之曰"君子"。曰："竹有君子之道四焉，中虚而静，通而有间，有君子之德；外节而直，贯四时而柯叶无所改，有君子之操；应蛰而出，遇伏而隐，雨雪晦明无所不宜，有君子之时；清风时至，玉声珊然，中采齐而协肆夏，揖逊俯仰，若洙泗群贤之交集，风止籁静，挺然特立，不挠不屈，若虞廷群后，端冕正笏而列于堂陛之侧，有君子之容。竹有是四者，而以'君子'名，不愧于其名；吾亭有竹焉，而因以竹名名，不愧于吾亭。"门人曰："夫子盖自道也。吾见夫子之居是亭也，持敬以直内，静虚而若愚，非君子之德乎？遇屯而不慑，处困而能亨，非君子之操乎？昔也行于朝，今也行于夷，顺应物而能当，虽守方而弗拘，非君子之时乎？其交翼翼，其处雍雍，意适而匪懈，气和而能恭，非君子之容乎？夫子盖谦于自名也，而假之竹。虽然，亦有所不容隐也。夫子之名其轩曰'何陋'，则固以自居矣。"阳明子曰："嘻！小子之言过矣，而又弗及。夫是四者，何有于我哉？抑学而未能，则可云尔耳。昔者夫子不云乎？'汝为君子儒，无为小人儒'，吾之名亭也，则以竹也。人而嫌以君子自名也，将为小人之归矣，而可乎？小子识之！"

远俗亭记 戊辰

宪副毛公应奎，名其退食之所曰"远俗"。阳明子为之记曰：

俗习与古道为消长。尘嚣溷浊之既远，则必高明清旷之是宅矣，此"远俗"之所由名也。然公以提学为职，又兼理夫狱讼军赋，则彼举业辞章，俗儒之学也；簿书期会，俗吏之务也。二者皆公不免焉。舍所事而曰"吾以远俗"，俗未远而旷官之责近矣。君子之行也，不远于微近纤曲，而盛德存焉，广业著焉。是故诵其诗，读其书，求古圣贤之心，以蓄其德而达诸用，则不远于举业辞章，而可以得古人之学，是远俗也已。公以处之，明以决之，宽以居之，恕以行之，则不远于簿书期会，而可以得古人之政，是远俗也已。苟其心之凡鄙猥琐，而待闲散疏放之，是托以为"远俗"，其如远俗何哉！昔人有言："事之无害于义者，从俗可也。"君子岂轻于绝俗哉？然必曰无害于义，则其从之也，为不苟矣。是故苟同于俗以为通者，固非君子之行，必远于俗以求异者，尤非君子之心。

象祠记 戊辰

灵博之山有象祠焉，其下诸苗夷之居者，咸神而事之。宣慰安君因诸苗夷之请，新其祠屋，而请记于予。予曰："毁之乎？其新之也？"曰："新之。""新之也，何居乎？"曰："斯祠之肇也，盖莫知其原。然吾诸蛮夷之居是者，自吾父吾祖溯曾高而上，皆尊奉而礼祀焉，举之而不敢废也。"予曰："胡然乎？有鼻之祠，唐之人盖尝毁之。象之道，以为子则不孝，以为弟则傲。斥于唐而犹存于今，毁于有鼻而犹盛于兹土也，胡然乎？我知之矣，君子之爱若人也，推及于其屋之乌，而况于圣人之弟乎哉？然则祀者，为舜非为象也。意象之死，其在干羽既格之后乎？不然，古之骜桀者岂少哉？而象之祠独延于世，吾于是益有以见舜德之至，入人之深，而流泽之远且久也。象之不仁，盖其始焉尔，又乌知其终不见化于舜也？《书》不云乎？'克谐以孝，烝烝乂，又不格奸，瞽瞍亦允若'，则已化而为慈父。象犹不弟，不可以为谐。进治于善，则不至于恶。不抵于奸，则必入于善。信乎，象盖已化于舜矣！孟子曰：'天子使吏治其国，象不得以有为也。'斯盖舜爱象之深而虑之详，所以扶持辅导之者之周也。不然，周公之圣，而管、蔡不免焉。斯可以见象之既化于舜，故能任贤使能而安于其位，泽加于其民，既死而人怀之也。诸侯之卿，命于天子，盖周官之制，其殆仿于舜之封象欤？吾于是益有以信人性之善，天下无不可化之人也。然则唐人之毁之也，据象之始也；今之诸夷之奉之也，承象之终也。斯义也，吾将以表于世，使知人之不善，虽若象焉，犹可以改。而君子之修德，及其至也，虽若象之不仁，而犹可以化之也。"

卧马冢记 戊辰

卧马冢在宣府城西北十余里。有山隆然，来自苍茫，若涌若潏，若奔若伏，布为层裀，拥为覆釜，漫衍陂迤，环抱涵迴。中凝外完，内缺门若，合流泓洄，高岸屏塞，限以重河，敷为广野，桑乾燕尾，远泛近挹。今都宪怀来王公实葬厥考大卿于是。方公之卜兆也，祷于大卿，然后出从事，屡如未迪。末乃来兹，顾瞻徘徊，必契神得，将归而加诸卜。爰视公马，睠然跽卧，嚱嗅盘旋，缱绻嘶秣，若故以启公之意者。公曰："呜呼！其弗归卜，先公则既命于此矣。"就其地宅焉。厥土五色，厥石四周，融润煦淑，面势环拱。既葬，弗震弗崩，安靖妥谧。植树蓊蔚，庶草芬茂，禽鸟哺集，风气凝毓，产祥萃休，祉福骈降。乡人谓公孝感所致，相与名其封曰"卧马"，以志厥祥，从而歌之，士大夫之闻者，又从而和之。

正德戊辰，守仁谪贵阳，见公于巡抚台下，出，闻是于公之乡人。客有在坐者曰："公其休服于无疆哉！昔在士行，牛眠协兆，峻陟三公。公兹实类于是。"守仁曰："此非公意也。公其慎厥终，惟安亲是图，以庶几无憾焉耳已，岂以徼福于躬，利其嗣人也哉？虽然，仁人孝子，则天无弗比，无弗祐，匪自外得也。亲安而诚信竭，心斯安矣。心安则气和，和气致祥，其多受祉福以流衍于无尽，固理也哉！"他日见于公，以乡人之言问焉。公曰："信。"以守仁之言正焉，公曰："呜呼！是吾之心也。子知之，其遂志之，以训于我子孙，毋替我先公之德！"

宾阳堂记 戊辰

传之堂东向曰"宾阳"，取《尧典》"寅宾出日"之义，志向也，宾日，羲之职，而传冒焉。传职宾宾，羲以宾宾之寅而宾日，传以宾日之寅而宾宾也，不曰日，乃阳之属为日、为元、为善、为吉、为亨治，其于人也，为君子，其义广矣备矣。内君子而外小人，为泰。曰："宾自外而内之传，将以宾君子而内之也。传以宾君子，而容有小人焉，则如之何？"曰："吾知以君子而宾之耳。吾以君子而宾之也，宾其甘为小人乎哉？"为《宾日之歌》，日出而歌之，宾至而歌之。歌曰：日出东方，再拜稽首，人曰予狂。匪日之寅，吾其怠荒。东方日出，稽首再拜，人曰予惫。匪日之爱，吾其荒怠。其翳其曀，其日惟霁，其昫其雾，其日惟雨。勿怃其昫，倏焉以雾；勿谓终翳，或时其瞎。瞎其光矣，其光熙熙。与尔偕作，与尔偕宜。倏其雾矣，或时以熙；或时以熙，孰知我悲！

重修月潭寺建公馆记 戊辰

隆兴之南有岩曰月潭，壁立千仞，檐垂数百尺。其上颎洞玲珑，浮者若云霞，亘者若虹霓；豁若楼殿门阙，悬若鼓钟编磬；幨幢缨络，若抟风之鹏，翻集翔鹄，螭虺之纠蟠，猱猊之骇攫；谲奇变幻，不可具状。而其下澄潭邃谷，不测之洞，环秘回伏；乔林秀木，垂荫蔽亏；鸣瀑清溪，停洄引映。天下之山，萃于云贵，连亘万里，际天无极。行旅之往来，日攀缘下上于穷崖绝壑之间，虽雅有泉石之癖者，一入云贵之途，莫不困踣烦厌，非复风好。而惟至于兹岩之下，则又皆洒然开豁，心洗目醒，虽庸侪俗侣，素不知有山水之游者，亦皆徘徊顾盼，相与延恋而不忍去。则兹岩之胜，盖不言可知矣。

岩界兴隆、偏桥之间各数十里，行者至是，皆惫顿饥悴，宜有休息之所。而岩麓故有寺，附岩之戍卒官吏与凡苗夷犵狫之种连属而居者，岁时令节皆于是焉厘祝。寺渐芜废，行礼无所。宪副滇南朱君文端，按部至是，乐兹岩之胜，悯行旅之艰，而从士民之请也，乃捐资化材，新其寺于岩之右，以为厘祝之所。曰："吾闻为民者，顺其心而趋之善。今苗夷之人，知有尊君亲上之礼，而憾于弗伸也，吾从而利道之，不亦可乎！"则又因寺之故材与址，架楼三楹，以为部使者休食之馆。曰："吾闻为政者，因势之所便而成之，故事适而民逸。今旅无所舍，而使者之出，师行百里，饥不得食，劳不得息。吾图其可久而两利之，不亦可乎！"使游僧正观任其劳，指挥逖远度其工，千户某某相其役。远近之施舍勤助者欣然而集，不两月而工告毕。自是饥者有所炊，劳者有所休，游观者有所舍，厘祝者有所瞻依，以为竭虔效诚之地。而兹岩之奇，若增而益胜也。

正观将记其事于石，适予过而请焉。予惟君子之政，不必专于法，要在宜于人。君子之教，不必泥于古，要在入于善。是举也，盖得之矣。况当法纲严密之时，众方喘息忧危，动虞牵触，而乃能从容于山水泉石之好，行其心之所不愧者，而无求免于俗焉。斯其非见外之轻而中有定者，能若是乎？是诚不可以不志也矣！

寺始于戍卒周斋公，成于游僧德彬，增治于指挥刘瑄、常智、李胜及其属王威、韩俭之徒，至是凡三缉。而公馆之建，则自今日始。

玩易窝记 戊辰

阳明子之居夷也，穴山麓之窝而读《易》其间。始其未得也，仰而思焉，俯而疑焉，函六合，入无微，茫乎其无所指，孑乎其若抹。其或得之也，沛兮其若决，联兮其若彻，菹淤出焉，精华入焉，若有相者而莫知其所以然。其得而玩之也，优然其休焉，充然其喜焉，油然其春生焉；精粗一，外内翕，视险若夷，而不知其夷之为厄也。于是阳明子抚几而叹曰："嗟乎！此古之君子所以甘囚奴，忘拘幽，而不知其老之将至也夫！吾知所以终吾身矣。"名其窝曰"玩易"，而为之说曰：夫《易》，三才之道备焉。古之君子，居则观其象而玩其辞，动则观其变而玩其占。观象玩辞，三才之体立矣；观变玩占，三才之用行矣。体立，故存而神；用行，故动而化。神，故知周万物而无方；化，故范围天地而无迹。无方，则象辞基焉；无迹，则变占生焉。是故君子洗心而退藏于密，斋戒以神明其德也。盖昔者夫子尝韦编三绝焉。呜呼！假我数十年以学《易》，其亦可以无大过已夫！

东林书院记 癸酉

东林书院者，宋龟山杨先生讲学之所也。龟山没，其地化为僧区，而其学亦遂沦入于佛老训诂词章者且四百年。成化间，今少司徒泉斋邵先生始以举子复聚徒讲诵于其间。先生既仕而址复荒，属于邑之华氏。华氏，先生之门人也，以先生之故，仍让其地为书院，以昭先生之迹，而复龟山之旧。先生既已纪其废兴，则以记属之某。当是时，辽阳高君文豸方来令兹邑，闻其事，谓表明贤人君子之迹，以风励士习，此吾有司之责，而顾以勤诸生则何事？爰毕其所未备，而亦遣人来请。

呜呼！物之废兴，亦决有成数矣，而亦存乎其人。夫龟山没，使有若先生者相继讲明其间，龟山之学，邑之人将必有传，岂遂沦入于老佛词章而莫之知！求当时从龟山游不无人矣，使有如华氏者相继修葺之，纵其学未即明，其间必有因迹以求道者，则亦何至沦没于四百年之久！又使其时有司有若高君者，以风励士习为己任，书院将无因而圮，又何至化为浮屠之居而荡为草莽之野！是三者，皆宜书之以训后。若夫龟山之学，得之程氏，以上接孔孟，下启罗、李、晦庵，其统绪相承，断无可疑。而世犹议其晚流于佛，此其趋向，毫厘之不容于无辨，先生必尝讲之精矣。先生乐《易》谦虚，德器溶然，不见其喜怒。人之悦而从之，若百川之趋海。论者以为有龟山之风，非有得于其学，宜弗能之。然而世之宗先生者，或以其文翰之工，或以其学术之邃，或以其政事之良；先生之心，其殆未以是足也。从先生游者，其以予言而深求先生之心，以先生之心而上求龟山之学，庶乎书院之复，不为虚矣！

书院在锡百渎之上，东望梅村二十里而遥，周太伯之所从逃也。方华氏之让地为院，乡之人与其同门之士争相趋事，若耻于后，太伯之遗风，尚有存焉，特世无若先生者以倡之耳！是亦不可以无书。

应天府重修儒学记 甲戌

应天，京兆也。其学为东南教本，国初以为太学。洪武辛酉，始改创焉，再修于正德之己酉。自是而后，浸以敝圮。正德壬申，府尹张公宗厚始议新之，未成而迁中丞以去。白公辅之相继为尹，乃克易朽兴颓，大完其所未备，而又自以俸余增置石栏若干楹于棂星门之外。于是府丞赵公时宪亦协心赞画，故数十年之废，一旦修举，焕然改观。师模士气亦皆鼓动兴起。庙学一新。教授张云龙等，与合学之士二百有若干人，撰序二公之绩，征予文为记。予既不获辞，则谓之曰：

多师多士，若知二公修学之为功矣，亦知自修其学以成二公之功者乎？夫立之师儒，区其斋庙，昭其仪物，具其廪庖，是有国者之立学也，而非士之立学也。缉其弊坏，新其圮墁，给其匮乏，警其怠弛，是有司者之修学也，而非士之修学也。士之学也，以学为圣贤。圣贤之学，心学也。道德以为之地，忠信以为之基，仁以为宅，义以为路，礼以为门，廉耻以为垣墙，《六经》以为户牖，四子以为阶梯。求之于心而无假于雕饰也，其功不亦简乎？措之于行而无所不该也，其用不亦大乎？三代之学皆此矣。我国家虽以科目取士，而立学之意，亦岂能与三代异。学之弗立，有国者之缺也；弗修焉，有司者之责也；立矣修矣，而居其地者弗立弗修，是师之咎，士之耻也。二公之修学，既尽有司之责矣，多师多士无亦相与自修其学，以远于咎耻者乎！无亦扩乃地，厚乃基，安乃宅，辟乃门户，固乃垣墙；学成而用，大之则以庇天下，次之则以庇一省一郡，小之则以庇其乡间家族，庶亦无负于国家立学之意、有司修学之心哉！若乃旷安宅，舍正路，圮基坏垣，倚圣贤之门户以为奸，是学校之为萃渊薮也，则是朝廷立之而为士者倾之，有司修之而为士者毁之，亦独何心哉！应天为首善之地，豪杰俊伟，先后相望。其文采之炳蔚，科甲之盛多，乃其所素余，有不屑于言者。故吾因新学之举，嘉多师多士忻然有维新之志，而将进之以圣贤之学也。于是乎言。

重修六合县儒学记 乙亥

六合之学，敝久矣。师生因仍以苟岁月，有司者若无睹也，故废日甚。正德甲戌，县尹安福万廷瑒氏既和辑其民，始议拓而新之。维时教谕长兴徐丙氏来，就坯舍，日夜砥新厥士，尹因谓曰："子为我造士而讲肄无所，斯吾责，何敢不力！顾兵荒之余，民不可重困，吾姑日积月累而徐图焉，其可乎？"民闻，相谓曰："学谕方急训吾子弟，无宁居。尹不忍困吾民，而躬苦节省，吾侪独坐视，非人也。"于是耆民李景荣首出百金以倡，从而应者相继，不终日聚金五百，以告尹。尹喜曰："吾民尚义若此，吾事不难办矣！然吾职务繁剧，孰可使以鸠吾事者乎？"学谕曰："尹为吾师生甚劳苦，父老奋义捐金，既费其财，又尽其力。而与一二僚，请无妨教事以敦。"民闻，相谓曰："尹不忍困吾民，学谕方急训吾子弟，又不忍吾劳，而身董之，吾侪独坐视，非人也。"于是耆民王彰、陈模首请任其役，从而应者十夫，以告尹。尹喜曰："吾民尚义若此，吾事不难办矣！"提学御史张君适至，闻其事而嘉之，众益趋以劝。十月辛卯，尹乃兴事，学谕经度规制以襄，训导某、典史某察其勤惰，稽其出纳。修大成殿，修两庑神厨；库前为戟门，又前为棂星门，又前为泮宫；坊皆以石；殿后为明伦堂，为东西斋，又后为尊经阁；明伦堂之左为三廨，以宅三师；前区三圃，圃前为名宦祠，又前为乡贤祠，又前为崇文仓。明伦堂之右为致斋所，又右为馔房，又右为射圃，而亭其圃之北，曰"观德"；致斋之外为宰牲所，又前为六号；凡为屋百九十有七楹。十二月丁巳，工告毕役，未逾时也。闾闬之民，尚或未知其兴作，闻而来聚观者，皆相顾喑愕，以为是何神速尔！是何井井尔，焕焕尔！庠生某撰考其事，来请予记。予曰：

甚哉！诚之易以感民也，甚哉！民之易以诚感也。有司者赋民奉国，鞭笞累絷，不能得，则反仇视。今县尹学谕一言而民应之若响，使天下之为有司学职者咸若是，天下其有不治乎？此可以为天下之为有司学职者倡矣！民之爱其财与力，至争刀锥，靳举手投足，宁殒其身而不悔。今六合之民感其上之一言，捐数十百金效力，争先恐后。使天下之为民者咸若是，天下其有不治乎？此可以为天下之民倡矣！民之蔽于欲而厚于利，苟有以感之，然且不惮费己之财，劳己之力，以赴上之所欲为。士秀于民而志于道，修其明德亲民之学，以应邦家之求，固不费财劳力而可能也。苟有以感之，有不翕然而兴者乎？吾闻徐谕之教六合，不数月而士习已为之一变。使由此日迁于高明广大，以洗俗学之陋，则夫兴起圣贤之学以为天下士之倡者，将又不在于六合之士邪！将又不在于六合之士邪！

时雨堂记 丁丑

正德丁丑，奉命平漳寇，驻军上杭。旱甚，祷于行台；雨日夜，民以为未足。乃四月戊午班师，雨；明日又雨；又明日大雨。乃出田登城南之楼以观，民大悦。有司请名行台之堂为"时雨"，且曰："民苦于盗久，又重以旱，将谓靡遗。今始去兵革之役，而大雨适降，所谓'王师若时雨'，今皆有焉。请以志其实。"呜呼！民惟稼穑，德惟雨，惟天阴隲，惟皇克宪，惟将士用命，去其螣蟊，惟乃有司实耨获之，庶克有秋。乃予何德之有，而敢叨其功！然而乐民之乐，亦不容于无纪也，巡抚都御史王守仁书。是日，参政陈策、佥事胡琏至，自班师。

重修浙江贡院记 乙酉

古之选士者，其才德行谊，皆论定于平日，而以时升之。故其时有司之待士，一惟忠信礼义，而无有乎防嫌逆诈之心也。士之应有司，一惟廉耻退让，而无有乎奔竞侥幸之图也。迨世下衰，科举之法兴，而忠信廉耻之风薄。上之人不能无疑于其下，而防范日密；下之人不能无疑于其上，而鄙诈日生。于是乎至有搜检巡绰之事，而待之不能以礼矣；有糊名易书之制，而信之不能以诚矣。有志之士，未尝不叹惜于古道，而千数百年卒无以改，殆亦风气习染之所成，学术教化之所积，势有不得而误焉者也。虽然，古人之法，不可得而复矣，所以斟酌古人之意而默行之者，不犹有可尽乎？后世之法不可得而改矣，所以匡持后世之弊而善用之者，不犹有可为乎？有司之奉行，其识下者，昧古之道，而益浚之以刻薄猥琐之意；其见高者，鄙时之弊，而遂行之以忽慢苟且之心。是以陋者益陋而疏者愈疏，则亦未可专委咎于法也。若浙之诸君子之重修贡院，斯其有足以起予者矣。

浙之贡院旧在城西，尝以隘迁于藩治之东北，而苟简尚仍其旧。乃嘉靖乙酉，复当大比，监察御史潘君仿实来监临，乃与诸司之长佐，慎虑其事，而预图之。慨规制之弗备弗饰，相顾而言曰："凡政之施，孰有大于举贤才者，而可忽易之若是。夫兴居靡所而责以殚心厥事，人情有所不能矣。无亦休其启处，忧其饩养，使人乐事劝忠，以各供其职，庶亦尽心求士之诚乎！慢令弛禁，使陷罔于非僻，而后摧辱之，其为狎侮士类，亦甚矣！无亦张其纪度，明其视听，使人不戒而肃，以全其廉耻，庶亦待士以礼之意乎！"于是新选秀堂而轩于其前，为三楹；新至公堂而轩于其前，为五楹；庖湢器用，无不备具。又拓明远楼，新为三楹，而上崇三檐，下疏三道。创石台于四隅，而各亭其上，以为眺望之所，其诸防闲之道靡不恪修。夫然后入而观焉，则森严洞达，供事者，莫敢有轻忽慢易之心，而就试者，自消其回邪非僻之念。盖不费财力而事修于旬月之间，不大声色而政令行肃，观向一新。若诸君者，诚可谓能求古人之意而默行之者矣，能匡后世之弊而善用之者矣。诸君之尽心，其可见者如此。至其妙运于心术之微，而务竭于得为之地，不可以尽见者，固将无所不用其极，可知也。是举也，其必有才德行谊之士如三代之英者，出以应诸君之求已乎！

工讫，使来请记，辞不克而遂为书之。呜呼！天下之事，所以弊于今而不可复于古者，宁独科举为然乎！诚使求古人之意而默行善用之，皆如诸君今日之举焉，其于成天下之治也，何有哉！

浚河记 乙酉

越人以舟楫为舆马，滨河而廛者，皆巨室也。日规月筑，水道淤隘；畜泄既亡，旱潦频仍。商旅日争于途，至有斗而死者矣。南子乃决沮障，复旧防，去豪商之壅，削势家之侵。失利之徒，胥怨交谤，从而谣之曰："南守瞿瞿，实破我庐；瞿瞿南守，使我奔走。"人曰："吾守其厉民欤！何其谤者之多也？"阳明子曰："迟之！吾未闻以佚道使民，而或有怨之者也。"既而舟楫通利，行旅欢呼络绎。是秋大旱，江河龟坼，越之人收获输载如常。明年大水，民居免于垫溺。远近称忭，又从而歌之曰："相彼舟人矣，昔揭以曳矣，今歌以楫矣。旱之熇也，微南侯兮，吾其燋矣。霪其弥月矣，微南侯兮，吾其鱼鳖矣。我输我获矣，我游我息矣，长渠之活矣，维南侯之流泽矣。"人曰："信哉！阳明子之言：'未闻以佚道使民，而或有怨之者也。'"纪其事于石，以诏来者。

卷二十四　外集六

说　杂著

白说字贞夫说 乙亥

白生说，常太保康敏公之孙，都宪敬斋公之长子也。敬斋宾予而冠之，阼既醮而请曰："是儿也，尝辱子之门，又辱临其冠，敢请字而教诸。"曰："字而教诸，说也。吾何以字而教诸？吾闻之，天下之道，说而已；天下之说，贞而已。乾道变化，于穆流行，无非说也，天何心焉？坤德阖阙，顺成化生，无非说也，坤何心焉？仁理恻怛，感应和平，无非说也，人亦何心焉？故说也者，贞也；贞也者，理也。全乎理而无所容其心焉之谓贞；本于心而无所拂于理焉之谓说。故天得贞而说道以亨；地得贞而说道以成；人得贞而说道以生。贞乎贞乎，三极之体，是谓无已；说乎说乎，三极之用，是谓无动。无动故顺而化，无已故诚而神。诚神，刚之极也；顺化，柔之则也。故曰，刚中而柔外，说以利贞，是以顺乎天而应乎人。说之时义大矣哉！非天下之至贞，其孰能与于斯乎！请字说曰贞夫。"敬斋曰："广矣，子之言！固非吾儿所及也。请问其次。"曰："道一而已，孰精粗焉，而以次为？君子之德，不出乎性情，而其至塞乎天地。故说也者，情也；贞也者，性也。说以正，情之性也；贞以说，性之命也。性情之谓和，性命之谓中。致其性情之德，而三极之道备矣，而又何二乎？吾姑语其略而详可推也，本其事而功可施也。目而色也，耳而声也，口而味也，四肢而安逸也，说也，有贞焉，君子不敢以或过也，贞而已矣。仁而父子也，义而君臣也，礼而夫妇也，信而朋友也，说也，有贞焉，君子不敢以不致也，贞而已矣。故贞者，说之干也；说者，贞之枝也。故贞以养心，则心说，贞以齐家，则家说，贞以治国平天下，则国天下说。说必贞，未有贞而不说者也；贞必说，未有说而不贞者也。说而不贞，小人之道，君子不谓之说也。不伪则欲，不佞则邪，奚其贞也哉？夫夫，君子之称也；贞，君子之道也。字说曰贞夫，勉以君子而已矣。"敬斋起拜曰："子以君子之道训吾儿，敢不拜嘉！"顾谓说曰："再拜稽首，书诸绅，以夙夜祗承夫子之命！"

刘氏三子字说 乙亥

刘毅斋之子三人。当毅斋之始入学也，其孟生，名之曰甫学；始举于乡也，其仲生，名之曰甫登；始从政也，其季生，名之曰甫政。毅斋将冠其三子，而问其字于予。予曰："君子之学也，以成其性，学而不至于成性，不可以为学，字甫学曰子成，要其终也。学成而登庸，登者必以渐，故登高必自卑，字甫登曰子渐，戒其骤也。登庸则渐以从政矣，政者，正也，未有己不正而能正人者，字甫政曰子正，反其本也。"毅斋起拜曰："乾也既承教，岂独以训吾子！"

南冈说 丙戌

浙大参朱君应周，居莆之壶公山下。应周之名曰鸣阳，盖取《诗》所谓"凤皇鸣矣，于彼朝阳"之义也。莆人之言曰："应周则诚吾莆之凤矣。其居青琐，进谠言，而天下仰望其风采，则诚若凤之鸣于朝阳者矣。夫凤之栖，必有高冈，则壶公者，固其所从而栖鸣也。"于是号壶公曰南冈，盖亦取《诗》所谓"凤皇鸣矣，于彼高冈"之义也。应周闻之，曰：

"嘻！因予名而拟之以凤焉，其名也，人固非凤也；因壶公而号之以'南冈'焉，其实也，固亦冈也。吾方愧其名之虚，而思以求其号之实也。"因以南冈而自号。大夫乡士为之诗歌序记，以咏叹揄扬其美者，既已连篇累牍，而应周犹若未足，勤勤焉以蕲于予，必欲更为之一言，是其心殆不以赞誉称颂之为喜，而以乐闻规切砥砺之为益也。吾何以答应周之意乎？姑请就"南冈"而与之论学。

夫天地之道，诚焉而已耳，圣人之学，诚焉而已耳。诚故不息，故久，故征，故悠远，故博厚。是故天惟诚也，故常清；地惟诚也，故常宁；日月惟诚也，故常明。今夫南冈，亦拳石之积耳，而其广大悠久，至与天地而无疆焉，非诚而能若是乎？故观夫南冈之崖石，则诚崖石尔矣；观夫南冈之溪谷，则诚溪谷尔矣；观夫南冈之峰峦岩壑，则诚峰峦岩壑尔矣。是皆实理之诚然，而非有所虚假文饰，以伪为于其间。是故草木生焉，禽兽居焉，宝藏兴焉；四时之推敚，寒暑晦明，烟岚霜雪之变态，而南冈若无所与焉。凤皇鸣矣，而南冈不自以为瑞也；虎豹藏焉，而南冈不自以为威也；养生送死者资焉，而南冈不自以为德；云雾兴焉，而见光怪，而南冈不自以为灵。是何也？诚之无所与也，诚之不容已也，诚之不可掩也。君子之学亦何以异于是！是故以事其亲，则诚孝尔矣；以事其兄，则诚弟尔矣；以事其君，则诚忠尔矣；以交其友，则诚信尔矣。是故蕴之为德行矣，措之为事业矣，发之为文章矣。是故言而民莫不信矣，行而民莫不悦矣，动而民莫不化矣。是何也？一诚之所发，而非可以声音笑貌幸而致之也。故曰："诚者，天之道也；思诚者，人之道也。"应周之有取于南冈而将以求其实者，殆亦无出于斯道也矣！果若是，则知应周岂非思诚之功欤！夫思诚之功，精矣微矣，应周盖尝从事于斯乎？异时来过稽山麓，尚能为我一言其详。

悔斋说 癸酉

悔者，善之端也，诚之复也。君子悔以迁于善，小人悔以不敢肆其恶。

惟圣人而后能无悔，无不善也，无不诚也。然君子之过，悔而弗改焉，又从而文焉，过将日入于恶；小人之恶，悔而益深巧焉，益愤谲焉，则恶极而不可解矣。故悔者，善恶之分也，诚伪之关也，吉凶之机也。君子不可以频悔，小人则幸其悔而或不甚焉耳。

吾友崔伯乐氏以"悔"名其斋，非曰吾将悔而已矣，将以求无悔者也。故吾为之说如是。

题汤大行殿试策问下 壬戌

士之登名礼部而进于天子之廷者，天子临轩而问之，则锡之以制；皆得受而归，藏之于庙，以辉荣其遭际之盛，盖今世士人皆尔也。丹阳汤君某登弘治进士，方为行人，以其尝所受之制属某跋数语于其下。

嗟夫！明试以言，自虞廷而然。乃言底可绩，由三代之下，吾见亦罕矣。君之始进也，天子之所以咨之者何如耶？而君之所以对之者何如耶？夫矫言以求进，君之所不为也；已进而遂忘其言焉，又君之所不忍也。君于是乎朝夕焉顾諟圣天子之明命，其将曰，是天子之所以咨询我者也。始吾既如是其对扬之矣，而今之所以持其身以事吾君者，其亦果如是耶？抑其亦未践耶？夫伊尹之所以告成汤者数言，而终身践之；太公之所以告武王者数言，而终身践之。推其心也，君其志于伊、吕之事乎？夫辉荣其一时之遭际以夸世，君所不屑矣。不然，则是制也者，君之所以鉴也。昔人有恶形而恶鉴者，遇之则将掩袂却走。君将掩袂却走之不暇，而又乌揭之焉日以示人？其志于伊、吕之事奚疑哉？君其勉矣！"上帝临汝，毋贰尔心。"某亦常缪承明问，虽其所以对扬与其所以为志者，不可以望君，然亦何敢忘自勖！

示徐曰仁应试 丁卯

君子穷达，一听于天，但既业举子，便须入场，亦人事宜尔。若期在必得，以自窘辱，则大惑矣。入场之日，切勿以得失横在胸中，令人气馁志分，非徒无益，而又害之。场中作文，先须大开心目，见得题意大概了了，即放胆下笔；纵昧出处，词气亦条畅。今人入场，有志气局促不舒展者，是得失之念为之病也。夫心无二用，一念在得，一念在失，一念在文字，是三用矣，所事宁有成耶？只此便是执事不敬，便是人事有未尽处，虽或幸成，君子有所不贵也。将进场十日前，便须练习调养。盖寻常不曾起早得惯，忽然当之，其日必精神恍惚，作文岂有佳思？须每日鸡初鸣即起，盥栉整衣端坐，抖数精神，勿使昏惰。日日习之，临期不自觉辛苦矣。今之调养者，多是厚食浓味，剧酣谑浪，或竟日偃卧。如此，是挠气昏神，长傲而召疾也，岂摄养精神之谓哉！务须绝饮食，薄滋味，则气自清；寡思虑，屏嗜欲，则精自明；定心气，少眠睡，则神自澄。君子未有不如此而能致力于学问者，兹特以科场一事而言之耳。每日或倦甚思休，少偃即起，勿使昏睡。既晚即睡，勿使久坐。进场前两日，即不得翻阅书史，杂乱心目，每日止可看文字一篇以自娱。若心劳气耗，莫如勿看，务在怡神适趣。忽充然滚滚，若有所得，勿便气轻意满，益加含蓄酝酿，若江河之浸，泓衍泛滥，骤然决之，一泻千里矣。每日闲坐时，众方嚣然，我独渊默。中心融融，自有真乐，盖出乎尘垢之外而与造物者游。非吾子概尝闻之，宜未足以与此也。

龙场生问答 戊辰

龙场生问于阳明子曰："夫子之言于朝侣也，爱不忘乎君也。今者谴于是，而汲汲于求去，殆有所渝乎？"阳明子曰："吾今则有间矣。今吾又病，是以欲去也。"龙场生曰："夫子之以病也，则吾既闻命矣。敢问其所以有间，何谓也？昔为其贵而今为其贱，昔处于内而今处于外欤？夫乘田委吏，孔子尝为之矣。"阳明子曰："非是之谓也。君子之仕也以行道，不以道而仕者，窃也。今吾不得为行道矣。虽古之有禄仕，未尝旷其职也。曰牛羊茁壮，会计当也，今吾不无愧焉。夫禄仕，为贫也,而吾有先世之田,力耕足以供朝夕,子且以吾为道乎?以吾为贫乎?"龙场生曰:"夫子之来也,谴也,非仕也。子于父母,惟命之从,臣之于君,同也。不曰事之如一,而可以拂之,无乃为不恭乎?"阳明子曰:"吾之来也,谴也,非仕也;吾之谴也,乃仕也,非役也。役者以力,仕者以道,力可屈也,道不可屈也。吾万里而至,以承谴也,然犹有职守焉。不得其职而去,非以谴也。君犹父母,事之如一,固也。不曰就养有方乎?惟命之从而不以道,是妾妇之顺,非所以为恭也。"龙场生曰:"圣人不敢忘天下,贤者而皆去,君谁与为国矣!"曰:"贤者则忘天下乎?夫出溺于波涛者,没人之能也;陆者冒焉,而胥溺矣。吾惧于胥溺也。"龙场生曰:"吾闻贤者之有益于人也,惟所用,无择于小大焉。若是亦有所不利欤?"曰:"贤者之用于世也,行其义而已。义无不宜,无不利也。不得其宜,虽有广业,君子不谓之利也。且吾闻之,人各有能有不能,惟圣人而后无不能也。吾犹未得为贤也,而子责我以圣人之事,固非其拟矣。"曰:"夫子不屑于用也。夫子而苟屑于用,兰蕙荣于堂阶,而芬馨被于几席。萑苇之刈,可以覆垣;草木之微,则亦有然者,而况贤者乎?"阳明子曰:"兰蕙荣于堂阶也,而后于芬馨被于几席;萑苇也,而后刈可以覆垣。今子将刈兰蕙而责之以覆垣之用,子为爱之耶?抑为害之耶?"

论元年春王正月 戊辰

圣人之言,明白简实,而学者每求之于艰深隐奥,是以为论愈详而其意益晦。《春秋》书"元年春王正月",盖仲尼作经始笔也。以予观之,亦何有于可疑?而世儒之为说者,或以为周虽建子而不改月,或以为周改月而不改时。其最为有据而为世所宗者,则以夫子尝欲行夏之时,此以夏时冠周月,盖见诸行事之实也。纷纷之论,至不可胜举,遂使圣人明易简实之训,反为千古不决之疑。嗟夫!圣人亦人耳,岂独其言之有远于人情乎哉?而儒者以为是圣人之言,而必求之于不可窥测之地，则已过矣。夫圣人之示人无隐，若日月之垂象于天，非有变怪恍惚，有目者之所睹。而及其至也，巧历有所不能计，精于理者有弗能尽知也，如是而已矣。若世儒之论，是后世任情用智，拂理乱常者之为，而谓圣人为之耶？夫子尝曰："吾从周。"又曰："非天子不议礼，不制度，生乎今之世，反古之道，灾及其身者也。"仲尼有圣德无其位，而改周之正朔，是议礼制度自己出矣，其得为"从周"乎？圣人一言，世为天下法，而身自违之，其何以训天下？夫子患天下之夷狄横，诸侯强背，不复知有天王也，于是乎作《春秋》以诛僭乱，尊周室，正一王之大法而已。乃首改周之正朔，其何以服乱臣贼子之心？《春秋》之法，变旧章者必诛，若宣公之税亩；紊王制者必诛，若郑庄之归祊；无王命者必诛，若莒人之入向。是三者之有罪，固犹未至于变易天王正朔之甚也。使鲁宣、郑庄之徒举是以诘夫子，则将何辞以对？是攘邻之鸡而恶有其为盗，责人之不弟而自殴其兄也。岂《春秋》忠恕，先自治而后治人之意乎？今必泥于行夏之时之一言，而曲为之说，以为是固见诸行事之验。又引《孟子》"《春秋》天子之事"、"罪我者其惟《春秋》"之言而证之。夫谓"《春秋》为天子之事"者，谓其时天王之法不行于天下，而夫子作是以明之耳。其赏人之功，罚人之罪，诛人之恶，与人之善，盖亦据事直书，而褒贬自见，若士师之断狱，辞具而狱成。然夫子犹自嫌于侵史之职，明天子之权，而谓天下后世且将以是而罪我，固未尝取无罪之人而论断之，曰："吾以明法于天下。"取时王之制而更易之，曰："吾以垂训于后人。"法未及明，训未及垂，而已自陷于杀人，比于乱逆之党矣。此在中世之士，稍知忌惮者所不为，而谓圣人而为此，亦见其阴党于乱逆，诬圣言而助之攻也已！

或曰："子言之则然耳。为是说者，以《伊训》之书'元祀十有二月'，而证周之不改月，以《史记》之称'元年冬十月'，而证周之不改时，是亦未为无据也。子之谓周之改月与时也，独何据乎？"曰："吾据《春秋》之文也。夫商而改月，则《伊训》必不书曰'元祀十有二月'；秦而改时，则《史记》必不书曰'元年冬十月'；周不改月与时也，则《春秋》亦必不书曰'春王正月'。《春秋》而书曰'春王正月'，则其改月与时，已何疑焉！况《礼记》称'正月七月日至'，而《前汉·律历》至武王伐纣之岁，周正月辛卯朔，合辰在斗前一度；戊午，师度孟津；明日己未冬至；考之《太誓》'十有三年春'、《武成》'一月壬辰'之说，皆足以相为发明，证周之改月与时。而予意直据夫子《春秋》之笔，有不必更援是以为之证者。今舍夫子明白无疑之直笔，而必欲傍引曲据，证之于穿凿可疑之地而后已，是惑之甚也。"曰："如子之言，则冬可以为春乎？"曰："何为而不可？阳生于子，而极于巳午，阴生于午，而极于亥子。阳生而春始，尽于寅，而犹夏之春也。阴生而秋始，尽于申，而犹夏之秋也。自一阳之《复》，以极于六阳之《乾》，而为春夏。自一阴之《姤》，以极于六阴之《坤》，而为秋冬。此文王之所演，而周公之所系，武王、周公，其论之审矣。若夫仲尼夏时之论，则以其关于人事者，比之建子为尤切，而非谓其为不可也。启之征有扈，曰'怠弃三正'，则三正之用，在夏而已，然非始于周而后有矣。"曰："夏时冠周月，此安定之论，而程子亦尝云尔。曾谓程子之贤而不及是也，何哉？"曰："非谓其知之不及也。程子盖泥于《论语》'行夏之时'之言，求其说而不得，从而为之辞，盖推求圣言之过耳。夫《论语》者，夫子议道之书；而《春秋》者，鲁国纪事之史。议道自夫子，则不可以不尽，纪事在鲁国，则不可以不实，'道并行而不相悖'者也。且周虽建子，而不改时与月，则固夏时矣，而夫子又何以行夏之时云乎？程子之云，盖亦推求圣言之过耳，庸何伤？夫子尝曰'君子不以人废言'，使程子而犹在也，其殆不废予言矣！"

书东斋风雨卷后 癸酉

悲喜忧快之形于前，初亦何尝之有哉？向之以为愁苦凄郁之乡，而今以为乐事者，有矣。向之歌舞欢愉之地，今过之而叹息咨嗟，泫然而泣下者，有矣。二者之相寻于无穷，亦何以异于不能崇朝之风雨？而顾执而留之于胸中，无乃非达者之心欤！吾观东斋《风雨》之作，固亦写其一时之所感遇。风止雨息，而感遇之怀亦不知其所如矣，而犹讽咏嗟叹于十年之后，得非类于梦为仆役，觉而涕泣者欤？夫其隐几于蓬窗之下，听芹波之春响，而咏夜檐之寒声，自今言之，但觉其有幽闲自得之趣，殊不见其有所苦也。借使东斋主人得时居显要，一旦失势，退处寂寞，其感念畴昔之怀，当与今日何如哉？然则录而追味之，无亦将有洒然而乐、廓然而忘言者矣！而和者以为真有所苦，而类为垂楚不任之辞，是又不可以与言梦者。而与东斋主人之意，失之远矣。

竹江刘氏族谱跋 甲戌

刘氏之盛，散于天下。其在安成者，出长沙定王发。今昔所传，有自来矣。竹江之谱，断自竹溪翁而下，不及于定王。见素子曰："大夫不敢祖诸侯，礼也。"夫大夫之不祖诸侯也，盖言祭也。若其支系之所自，则鲁三桓之属是实，不可得而剪。孔子曰："吾犹及史之阙文也。"盖孔子之时，史之阙疑者既鲜矣。竹江之不及定王，阙疑也，可以为谱法也已。王道不明，人伪滋而风俗坏，上下相罔以诈，人无实行，家无信谱，天下无信史。三代以降，吾观其史，若江河之波涛焉，聊以知其起伏之概而已尔。士夫不务诚身立德，而徒夸诩其先世以为重，冒昧攀缘，适以绝其类、乱其宗。不知桀、纣、幽、厉之出于禹、汤、文、武，而颜、闵、曾、孟之先，未始有显者也。若竹江之谱，其可以为世法也哉！孔子曰："斯民也，三代之所以直道而行。"充是心，虽以复三代之淳可也。且竹溪翁之后，其闻于世者历历尔。至其十一祖敬斋公而遂以清节大显于当代，录名臣者以首廉吏。敬斋之孙南峰公又以清节文学显，德业声光，方为天下所属望。竹江之后，祖敬斋而宗南峰焉。亦不一足矣。况其世贤之多也，而又奚必长沙之为重也夫！

书察院行台壁 丁丑

正德丁丑三月,奉命征漳寇,驻车上杭。旱甚,祷于行台。雨日夜,民以为未足。四月戊午,寇平,旋师。是日大雨,明日又雨,又明日复雨。登城南之楼以观农事,遂谒晦翁祠于水南,览七星之胜概。夕归,志其事于察院行台。

谕俗四条 丁丑

为善之人,非独其宗族亲戚爱之,朋友乡党敬之,虽鬼神亦阴相之。为恶之人,非独其宗族亲戚恶之,朋友乡党怨之,虽鬼神亦阴殛之。故积善之家,必有余庆,积不善之家,必有余殃。

见人之为善,我必爱之。我能为善,人岂有不爱我者乎?见人之为不善,我必恶之。我苟为不善,人岂有不恶我者乎?故凶人之为不善,至于陨身亡家而不悟者,由其不能自反也。

今人不忍一言之忿,或争铢两之利,遂相构讼。夫我欲求胜于彼,则彼亦欲求胜于我。仇仇相报,遂至破家荡产,祸贻子孙。岂若含忍退让,使乡里称为善人长者,子孙亦蒙其庇乎?

今人为子孙计,或至谋人之业,夺人之产,日夜营营,无所不至。昔人谓为子孙作马牛,然身没未寒,而业已属之他人,仇家群起而报复,子孙反受其殃。是殆为子孙作蛇蝎也。吁,可戒哉!

题遥祝图 戊寅

薛母太孺人曾方就其长子俊养于玉山,仲子侃,既举进士,告归来省。孺人曰:"吾安而兄养,子出而仕。"侃曰:"吾斯之未能信。"曰:"然则盍往学?"于是携其弟侨、侄宗铠来就予于虔。其室在揭阳,别且数年,未遑归视。逾年五月望日,为孺人初诞之晨,以命不敢往,遥拜而祝。其友正之、廷仁、崇一辈相与语曰:"薛母之教其子,可谓贤矣;薛子之养其亲,可谓孝矣。吾侪与薛子同学,因各励其所以事亲之孝,可谓益矣,而不获登其堂,申其敬。"乃命工绘遥祝之图,寓诸玉山,以致称觞之意。请于予,予为题其事。

书诸阳伯卷 戊寅

诸阳伯偶从予而问学,将别,请言。予曰:"相与数月而未尝有所论,别而后言也,不既晚乎?"曰:"数月而未敢有所问,知夫子之无隐于我,而冀或有所得也。别而后请言,已自知其无所得,而虑夫子之或隐于我也。"予曰:"吾何所隐哉?道若日星然,子惟不用目力焉耳,无弗睹者也。子又何求乎?道在迩而求诸远,事在易而求诸难,天下之通患也。子归而立子之志,竭子之目力,若是而有所弗睹,则吾为隐于子矣!"

书陈世杰卷 庚辰

尧允恭克让,舜温恭允塞,禹不自满假,文王徽柔懿恭,小心翼翼,望道而未之见,孔子温良恭俭让,盖自古圣贤,未有不笃于谦恭者。向见世杰以足恭为可耻,故遂入于简抗自是。简抗自是则傲矣。傲,凶德也,不可长。足恭也者,有所为而为之者也。无所为而为之者谓之谦,谦,德之柄,温温恭人,惟德之基。堂堂乎张也,难与并为仁矣。仲尼赞《易》之《谦》曰:"谦,尊而光,卑而不可逾,君子之终也。"故地不谦,不足以载万物,天不谦,不足以覆万物,人不谦,不足以受天下之益。昔者颜子以能问于不能,有而若无,盖得夫谦道也。慎独、致知之说,既尝反覆于世杰,则凡百私意之萌,自当退听矣。复啜啜于是,盖就世杰气质之所急者言之。躬自厚而薄责于人,则远怨;见贤思齐,见不贤而内自省,则德修。毋谓己为已知而辄以诲人,毋谓人为不知而辄以忽人。终日但见己过,默而识之,学而不厌,则于道也,其庶矣乎!

谕泰和杨茂其人聋哑，自候门求见。先生以字问，茂以字答。

你口不能言是非，你耳不能听是非，你心还能知是非否？（答曰："知是非。"）如此，你口虽不如人，你耳虽不如人，你心还与人一般。（茂时首肯拱谢。）大凡人只是此心。此心若能存天理，是个圣贤的心；口虽不能言，耳虽不能听，也是个不能言不能听的圣贤。心若不存天理，是个禽兽的心；口虽能言，耳虽能听，也只是个能言能听的禽兽。（茂时扣胸指天。）你如今于父母，但尽你心的孝；于兄长，但尽你心的敬；于乡党邻里、宗族亲戚，但尽你心的谦和恭顺。见人怠慢，不要嗔怪；见人财利，不要贪图，但在里面行你那是的心，莫行你那非的心。纵使外面人说你是，也不须听；说你不是，也不须听。（茂时首肯拜谢。）你口不能言是非，省了多少闲是非；你耳不能听是非，省了多少闲是非。凡说是非，便生是非，生烦恼；听是非，便添是非，添烦恼。你口不能说，你耳不能听，省了多少闲是非，省了多少闲烦恼，你比别人到快活自在了许多。（茂时扣胸指天蹙地。）我如今教你，但终日行你的心，不消口里说；但终日听你的心，不消耳里听。（茂时顿首再拜而已。）

书栾惠卷庚辰

栾子仁访予于虔，舟遇于新淦。嗟乎！子仁久别之怀，兹亦不足为慰乎？顾兹簿领纷沓之地，虽固道无不在，然非所以从容下上其议时也，子仁归矣。乞骸之疏已数上，行且得报。子仁其候我于梧江之浒，将与子盘桓于云门、若耶间有日也。闻子仁居乡，尝以乡约善其族党，固亦仁者及物之心，然非子仁所汲汲。孔子云："言忠信，行笃敬，虽蛮貊之邦行矣。然惟立则见其参于前，在舆则见其倚于衡也，而后行。"子仁其务立参前倚衡之诚乎？至诚而不动者，未之有也；不诚未有能动者也，聊以是为子仁别去之赠。

书佛郎机遗事 庚辰

　　见素林公闻宁濠之变，即夜使人范锡为佛郎机铳，并抄火药方，手书勉予竭忠讨贼。时六月毒暑，人多道暍死。公遣两仆裹粮，从间道冒暑昼夜行三千余里以遗予，至则濠已就擒七日。予发书，为之感激涕下。盖濠之擒以七月二十六，距其始事六月十四仅月有十九日耳。世之君子当其任，能不畏难巧避者鲜矣，况已致其事，而能急国患逾其家如公者乎？盖公之忠诚根于天性，故老而弥笃，身退而忧愈深，节愈励。呜呼！是岂可以声音笑貌为哉！尝欲列其事于朝，顾非公之心也。为作佛郎机私咏，君子之同声者，将不能已于言耳矣！

　　佛郎机，谁所为？截取比干肠，裹以鸱夷皮。苌弘之血衅不足，睢阳之怒恨有遗。老臣忠愤寄所泄，震惊百里贼胆披。徒请尚方剑，空闻鲁阳挥。段公笏板不在兹，佛郎机，谁所为？

　　正德戊寅之冬，福建按察佥事周期雍以公事抵赣。时逆濠奸谋日炽，远近汹汹。予思预为之备，而濠党伺觇左右，摇手动足，朝闻暮达；以期雍官异省，当非濠所计及，因屏左右，语之故，遂与定议。期雍归，即阴募骁勇，具械束装，部勒以俟。予檄晨到，而期雍夕发。故当濠之变，外援之兵惟期雍先至，适当见素公书至之日，距濠始事亦仅月有十九日耳。初，予尝俾门人冀元亨者，因讲学说濠以君臣大义，或格其奸。濠不怿，已而滋怒，遣人阴购害之。冀辞予曰："濠必反，先生宜早计。"遂遁归。至是闻变，知予必起兵，即日潜行赴难，亦适以是日至。见素公在莆阳、周官、上杭，冀在常德，去南昌各三千余里，乃皆同日而至，事若有不偶然者。辄附录于此，聊以识予之耿耿云。

题寿外母蟠桃图 庚辰

　　某之妻之母诸太夫人张，今年寿八十。十二月二十有二日，其设帨辰也。某縻于官守，不能归捧一觞于堂下。幕下之士有郭诩者，因为作《王母蟠桃之图》以献。夫王母蟠桃之说，虽出于仙经异典，未必其事之有无，然今世之人多以之祝愿其所亲爱，固亦古人冈陵松柏之意也。吾从众可乎！遂用之以寄遥祝之私，而诗以歌之云：

维彼蟠桃，千岁一华。夫人之寿，兹维始葩。维彼蟠桃，千岁一实，夫人之寿，益坚孔硕。维华维实，厥根弥植。维夫人孙子，亦昌衍靡极。

书徐汝佩卷 癸未

壬午之冬，汝佩别予北上，赴南宫试。已而门下士有自京来者，告予以汝佩因南宫策问若阴诋夫子之学者，不对而出，遂浩然东归，行且至矣。予闻之，黯然不乐者久之。士曰："汝佩斯举，有志之士，莫不钦仰歆服，以为自尹彦明之后，至今而始再见者也。夫人离去其骨肉之爱，赍粮束装，走数千里，以赴三日之试，将竭精弊力，惟有司之好是投，以蕲一日之得，希终身之荣，斯人之同情也。而汝佩于此，独能不为其所不为，不欲其所不欲，斯非其有见得思义，见危授命之勇，其孰能声音笑貌而为此乎？是心也，固'富贵不能淫，贫贱不能移，威武不能屈'者矣。将夫子闻之，跃然而喜，显然而嘉与之也，而顾黯然而不乐也，何居乎？"予曰："非是之谓也。"士曰："然则汝佩之为是举也，尚亦有未至欤？岂以佩骨肉之养，且旦暮所不给，无亦随时顺应以少苏其贫困也乎？若是，则汝佩之志荒矣。"予曰："非是之谓也。"士曰："然则何居乎？"予默然不应，士不得问而退。

他日，汝佩既归，士往问于汝佩曰："向吾以子之事问于夫子矣，夫子黯然而不乐，予云云而夫子云云也。子以为奚居？"汝佩曰："始吾见发策者之阴诋吾夫子之学也，盖怫然而怒，愤然而不平。以为吾夫子之学，则若是其简易广大也；吾夫子之言，则若是其真切著明也；吾夫子之心，则若是其仁恕公普也。夫子悯人心之陷溺，若己之堕于渊壑也，冒天下之非笑诋詈而日惇惇焉，亦岂何求于世乎？而世之人曾不觉其为心，而相嫉娼诋毁之若是，若是而吾尚可与之并立乎？已矣！吾将从夫子而长往于深山穷谷，耳不与之相闻，而目不与之相见，斯已矣。"故遂浩然而归。归途无所事事，始复专心致志，沈潜于吾夫子致知之训，心平气和，而良知自发。然后黯然而不乐曰："嘻吁乎！吾过矣。"士曰："然则子之为是也，果尚有所不可欤？"汝佩曰："非是之谓也。吾之为是也，亦未下可。而所以为是者，则有所不可也。吾语子。始吾未见夫子也，则闻夫子之学而亦尝非笑之矣，诋毁之矣。及见夫子，亲闻良知之诲，恍然而大悟醒，油然而生意融，始自痛悔切责。吾不及夫子之门，则几死矣。今虽知之甚深，而未能实诸己也；信之甚笃，而未能孚诸人也。则犹未免于身谤者也，而遽尔责人若是之峻。且彼盖未尝亲承吾夫子之训也，使得亲承焉，又焉知今之非笑诋毁者，异日不如我之痛悔切责乎？不如我之深知而笃信乎？何忘己之困而责人之速也！夫子冒天下之非笑诋毁，而日谆谆然惟恐人之不入于善，而我则反之，其间不能以寸矣。夫子之黯然而不乐也，盖所以爱珊之至而忧珊之深也。虽然，夫子之心，则又广矣，大矣，微矣，几矣。不睹不闻之中，吾岂能尽以语子也？"

汝佩见，备以其所以告于士者为问，予颔之而弗答，默然者久之。汝佩悚然若有省也。明日，以此卷入请曰："昨承夫子不言之教，珊倾耳而听，若震惊百里。粗心浮气，一时俱丧矣。请遂书之。"

题梦槎奇游诗卷 乙酉

君子之学，求尽吾心焉尔。故其事亲也，求尽吾心之孝，而非以为孝也；事君也，求尽吾心之忠，而非以为忠也。是故夙兴夜寐，非以为勤也；刬繁理剧，非以为能也；嫉邪祛蠹，非以为刚也；规切谏诤，非以为直也；临难死义，非以为节也。吾心有不尽焉，是谓自欺其心；心尽而后，吾之心始自以为快也。惟夫求以自快吾心，故凡富贵贫贱、忧戚患难之来，莫非吾所以致知求快之地。苟富贵贫贱、忧戚患难而莫非吾致知求快之地，则亦宁有所谓富贵贫贱、忧戚患难者足以动其中哉？世之人徒知君子之于富贵贫贱、忧戚患难无入而不自得也，而皆以为独能人之所不可及，不知君子之求以自快其心而已矣。

林君汝桓之名，吾闻之盖久，然皆以为聪明特达者也，文章气节者也。今年夏，闻君以直言被谪，果信其为文章气节者矣。又逾月，君取道钱塘，则以书来道其相爱念之厚，病不能一往为恨，且惓惓以闻道为急，问学为事。呜呼！君盖知学者也，志于道德者也，宁可专以文章气节称之！已而郡守南君元善示予以《梦槎奇游》卷，盖京师士友赠之南行者。予读之终篇，叹曰：君知学者也，志于道德者也，则将以求自快其心者也。则其奔走于郡县之末也，犹其从容于部署之间也，则将地官郎之议国事，未尝以为抗，而徐闻丞之亲民务，未尝以为琐也，则梦槎未尝以为异，而南游未尝以为奇也。君子乐道人之善，则张大而从谀之，是固赠行者之心乎？予亦以病不及与君一面，感君好学之笃，因论君子之所以为学者以为君赠。

为善最乐文 丁亥

君子乐得其道，小人乐得其欲。然小人之得其欲也，吾亦但见其苦而已耳。"五色令人目盲，五声令人耳聋，五味令人口爽，驰骋田猎令人心发狂。"营营戚戚，忧患终身，心劳而日拙，欲纵恶积，以亡其生，乌在其为乐也乎？若夫君子之为善，则仰不愧，俯不怍，明无人非，幽无鬼责，优优荡荡，心逸日休。宗族称其孝，乡党称其弟。言而人莫不信，行而人莫不悦。所谓无入而不自得也，亦何乐如之！

妻弟诸用明，积德励善，有可用之才而不求仕。人曰："子独不乐仕乎？"用明曰："为善最乐也。"因以四字扁其退居之轩，率二子阶、阳日与乡之俊彦读书讲学于其中。已而二子学日有成，登贤荐秀。乡人啧啧，皆曰："此亦为善最乐之效矣！"用明笑曰；"为善之乐，大行不加，穷居不损，岂顾于得失荣辱之间而论之？"闻者心服。仆夫治圃，得一镜，以献于用明。刮土而视之，背亦适有"为善最乐"四字。坐客叹异，皆曰："此用明为善之符，诚若亦不偶然者也。"相与咏其事，而来请于予以书之，用以训其子孙，遂以勖夫乡之后进。

客坐私祝 丁亥

　　但愿温恭直谅之友，来此讲学论道，示以孝友谦和之行。德业相劝，过失相规，以教训我子弟，使毋陷于非僻。不愿狂燥惰慢之徒，来此博弈饮酒，长傲饰非，导以骄奢淫荡之事，诱以贪财黩货之谋，冥顽无耻，扇惑鼓动，以益我子弟之不肖。呜呼！由前之说，是谓良士；由后之说，是谓凶人。我子弟苟远良士而近凶人，是谓逆子，戒之戒之！嘉靖丁亥八月，将有两广之行，书此以戒我子弟，并以告夫士友之辱临于斯者，请一览教之。

卷二十五　外集七

墓志铭　墓表　墓碑　传　碑　赞　箴　祭文

易直先生墓志 壬戌

易直先生卒，乡之人相与哀思不已，从而纂述其行以诔之曰：

呜呼！先生之道，谅易平直。内笃于孝友，外孚于忠实；不戚戚于穷，不欣欣于得。剪彻崖幅，于物无忤；于于施施，率意任真，而亦不干于礼。艺学积行，将施于邦；六举于乡，竟弗一获以死，呜呼伤哉！自先生之没，乡之子弟无所式，为善者无所倚，谈经究道者莫与考论，含章秘迹，林栖而泽遁者，莫与遨游以处。天胡夺吾先生之速耶！先生姓王，名衮，字德章。古者贤士死，则有以易其号，今先生没且三年，而独袭其常称，其谓乡人何！盍相与私谥之曰易直。

于是先生之侄守仁闻而泣曰："叔父有善，吾子侄弗能纪述，而以辱吾之乡老，亦奚为于子侄？请得志诸墓。"

呜呼！吾宗江左以来，世不乏贤。自吾祖竹轩府君以上，凡积德累仁者数世，而始发于吾父龙山先生。叔父生而勤修砥砺，能协成吾父之志。人谓相继而兴，以昌王氏者，必在叔父，而又竟止于此，天意果安在哉！叔母叶孺人，先叔父十有三年卒，生二子，守礼、守信。继孺人方氏，生一子守恭。叔父之生，以正统己巳十月戊午，得寿四十有九，而以弘治戊午之八月廿三卒。卒之岁，太夫人岑氏方就养于京，泣曰："须吾归，视其柩。"于是壬戌正月，太夫人自京归，始克以十月**甲子**葬叔父于邑东穴湖山之阳，南去竹轩府君之墓十武而近，去叶孺人之墓十武而遥。未合葬，盖有所俟也。

陈处士墓志铭 癸亥

处士讳泰，字思易。父刚，祖仲彰，曾祖胜一。世居山阴之钱清。刚戍辽左，娶马氏，生处士。正统**甲子**，处士生十二年矣，始从其父自辽来归。当是时，陈虽巨族，然已三世外戍，基业凋废殆尽。处士归，与其弟耕于清江之上，数年遂复其故。处士狷介纯笃，处其乡族亲党，无内外少长戚疏，朴直无委曲。又好面折人过，不以毛发假借，不为斩险刻削。故其生也，人争信惮，其死也，莫不哀思之。处士于书史仅涉猎，不专于文；敦典崇礼，务在躬行。郡中名流以百数，皆雕绘藻饰，燨熠以贾声誉。然称隐逸之良，必于处士，皆以为有先太丘之风焉。弘治癸亥正月庚寅，以疾卒，年七十二。九月己丑，其子琢卜葬于郡西之回龙山。

初，处士与同郡罗周、管士弘、朱张弟涎友，以善交称。成化间，涎以岁贡至京。某时为童子，闻涎道处士，心窃慕之。至是归，求其庐，则既死矣。涎侄孙节与予游，以世交之谊为处士请铭。且曰："先生于处士心与之久矣，即为之铭，亦延陵挂剑之意耶。"予曰："诺。"明日，与琢以状来请。

惟陈氏世有显闻。刚之代父戍辽也，甫年十四。主帅壮其为人，召与语，大说，遂留参幕下。累立战功，出奇计。当封赏，辄为当事者沮抑，竟死牖下。处士亦状貌魁岸，幼习边机，论议根核，的然可施于用。性孝友，属其家多难，收养其弟侄之孤，掇拾扶持，不忍舍去，遂终其身。琢亦能诗有行。次子玠、三孙倈、衢、伋，皆向于学。夫屡抑其进，其后将必有昌者，铭曰：嗟惟处士，敦朴厚坚，犹玉在璞，其辉熠然。秉义揭仁，乡之司直。邈矣太丘，其孙孔式。胡溘而逝！其人则亡，德音孔迩。乡人相告，毋或而弛，无宁处士，愧其孙子。回龙之冈，其郁有苍；毋尔刍伐，处士所藏。

平乐同知尹公墓志铭 癸亥

尹自春秋为著姓，降及汉、唐，代不乏贤。至宋而太常博士源、中书舍人洙及其孙焞，皆以道学为世名儒。其后有为点检者，自洛徙越之山阴，迨公七世矣。公父达，祖性中，曾祖齐贤，皆有闻于乡。公生十八年，选为郡庠弟子，以诗学知名。远近从之游者数十，往往取高第，跻显级，而公乃七试有司不偶。天顺年，诏求遗才可经济大用者，于是有司以公应诏，而公亦适当贡，遂卒业大学。成化某甲子，授广西南宁通判。时郡中久苦瑶患，方议发兵，人情汹汹。公至，请守得缓旬日，稍图之。乃单骑入瑶峒，呼酋长与语。诸酋仓卒不暇集谋，相与就公问所由来。公曰："斯行为尔曹乞生，无他疑也。"因为具陈祸福，言辩爽慨，诸酋感动，顾谓其党曰："何如？"皆曰："愿从使君言。"遂相率罗拜，定约而出。寻，督诸军讨木头等峒皆捭。大臣交章荐公可大用。庚子，擢同知平乐府事。平乐地皆崭山互壑，瑶凭险出没深翳，非时剽掠，居民如处阱中，动虑机触，不敢轻往来，农末俱废。闻公至，喜曰："南宁尹使君来，吾无恐耳已。"居月余，公从土著间行岩谷，尽得其形势。纵火悉焚林薄，瑶失藉，溃散。公因尽筑城堡，要害据守。瑶来无所匿，从高巅远觇，叹息踟蹰而去。盖自是平乐遂为安土。居三年，屡以老请，辄为民所留。弘治改元，以庆贺赴京师，力求致仕以归。家居十四年，乃卒，得寿若干。

公性孝友淳笃，自其贫贱时，即委产三弟，拾取其遗。少壮衰老，虽盛暑急遽，未尝见其不以衹服。与物熙然无忤。至其莅官当事，奋毅敢直，析法绳理，势悍无所挠避。庶几古长者，而今亡矣！

先后娶陈氏、朱氏、殷氏，子骐，孙公贵、公荣。卒之又明年癸亥，将葬，骐以币状来姚请铭。某幼去其乡，闻公之为人，恨未尝从之游，铭固不辞也。公讳浦，字文渊，葬在郡东保山，合殷氏之兆。铭曰：赫赫尹氏，望于宗周；源洙比颍，焯畅厥休。自洛徂越，公启其暗；君子之泽，十世未斩。笃敬忠信，蛮貊以行；一言之烈，雄于九军。岂惟威仪，式其党里；岂惟友睦，笃其昆弟。彼保之阳，维石岩岩；尹公之墓，今人所瞻。

徐昌国墓志 辛未

正德辛未三月丙寅，太学博士徐昌国卒，年三十三。士夫闻而哭之者皆曰："呜呼，是何促也！"或曰："孔门七十子，颜子最好学，而其年独不永，亦三十二而亡。"说者谓颜子好学，精力瘁焉。夫颜虽既竭吾才，然终日如愚，不改其乐也。此与世之谋声利，苦心焦劳，患得患失，逐逐终其身，耗劳其神气，奚啻百倍！而皆老死黄馘，此何以辨哉？天于美质，何生之甚寡而坏之特速也！夫鼪鼯以夜出，凉风至而玄鸟逝，岂非凡物之盛衰以时乎？夫嘉苗难植而易槁，芝荣不逾旬，蔓草剃而益繁，鸱枭虺蝮遍天下，而麟凤之出，间世一睹焉。商、周以降，清淑日浇而浊秽熏积，天地之气则有然矣，于昌国何疑焉！

始昌国与李梦阳、何景明数子友，相与砥砺于辞章，既殚力精思，杰然有立矣。一旦讽道书，若有所得，叹曰："弊精于无益，而忘其躯之毙也，可谓知乎？巧辞以希俗，而捐其亲之遗也，可谓仁乎？"于是习养生。有道士自西南来，昌国与语，悦之，遂究心玄虚，益与世泊，自谓长生可必至。正德庚午冬，阳明王守仁至京师。守仁故善数子，而亦尝没溺于仙释，昌国喜，驰往省，与论摄形化气之术。当是时，增城湛元明在坐，与昌国言不协，意沮去。异日复来，论如初。守仁笑而不应，因留宿，曰："吾授异人五金八石之秘，服之，冲举可得也，子且谓何？"守仁复笑而不应。乃曰："吾隳黜吾昔而游心高玄，塞兑敛华而灵株是固，斯亦去之竞竞于世远矣。而子犹余拒然，何也？"守仁复笑而不应。于是默然者久之，曰："子以予为非耶？抑又有所秘耶？夫居有者，不足以超无；践器者，非所以融道。吾将去知故而宅于埃垆之表，子其语我乎？"守仁曰："谓吾为有秘，道固无形也；谓吾谓子非，子未吾是也。虽然，试言之。夫去有以超无，无将奚超矣？外器以融道，道器为偶矣。而固未尝超乎！而固未尝融乎！夫盈虚消息，皆命也；纤巨内外，皆性也；隐微寂感，皆心也。存心尽性，顺夫命而已矣，而奚所趋舍于其间乎？"昌国首肯，良久曰："冲举有诸？"守仁曰："尽鸢之性者，可以冲于天矣；尽鱼之性者，可以泳于川矣。"曰："然则有之。"曰："尽人之性者，可以知化育矣。"昌国俯而思，蹶然而起曰："命之矣！吾且为萌甲，吾且为流澌，子其煦然属我以阳春哉！"数日，复来谢曰："道果在是，而奚以外求！吾不遇子，几亡人矣。然吾疾且作，惧不足以致远，则何如？"守仁曰："悸乎？"曰："生，寄也；死，归也。何悸？"津津然既有志于斯，已而不见者逾月，忽有人来讣，昌国逝矣。王、湛二子驰往，哭尽哀，因商其家事。其长子伯虬言，昌国垂殁，整衽端坐，托徐子容以后事。子容泣，昌国笑曰："常事耳。"谓伯虬曰："墓铭其请诸阳明。"气益微，以指画伯虬掌，作"冥冥溟溟"四字，余遂不可辨，而神气不乱。

  呜呼！吾未竟吾说以时昌国之及，而昌国乃止于是，吾则有憾焉！临殁之托，又何负之？昌国名祯卿，世姑苏人。始举进士，为大理评事。不能其职，于是以亲老求改便地为养。当事者目为好异，抑之。已而降为五经博士。故虽为京官数年，卒不获封其亲，以为憾。所著有《谈艺录》、古今诗文若干首，然皆非其至者。昌国之学凡三变，而卒乃有志于道。墓在虎丘西麓，铭曰：惜也昌国！吾见其进，未见其至。早攻声词，中乃谢弃；脱淖垢浊，修形练气；守静致虚，恍若有际。道几朝闻，遽夕先逝。不足者命，有余者志。璞之未琢，岂方顽砺？隐埋山泽，有虹其气。后千百年，曷考斯志！

凌孺人杨氏墓志铭 乙亥

古之葬者，不封不树。葬之有铭，非古矣，然必其贤者也。然世之皆有铭也，亦非古矣，而妇人不特铭。妇人之特铭也，则又非古矣，然必其贤者也。贤而铭，虽妇人其可哉！是故非其人而铭之，君子不与也；铭之而非其实，君子不为也。吾于铭人之墓也，未尝敢以易。至于妇人，而加审焉，必有其证矣。凌孺人杨氏之铭也，曷证哉？证于其夫之状，证于其子之言，证于其乡人之所传，其贤者也。

孺人之夫为封监察御史凌公石岩讳云者也。石岩之《状》，谓孺人为通怀远将军之曾孙女，茂年十八而来归。姑舅爱之，族党称之，乡间则之，不悉数其行，则贤可知矣。子金宪相，与同年，贤也；地官员外郎楷，又贤也；孺人之慈训存焉。相尝为予言孺人之贤，十余年矣，与今石岩之《状》同也。吾乡之士游业于通者以十数，称通之巨族以凌氏为最；凌氏之贤以石岩为最，则因及于孺人之内助。其所称举，与今之《状》又同也。夫夫或溺誉焉，子或溢羡焉，吾乡人之言，不要而实契，斯又何疑矣！

孺人之生，以正统丁卯十二月九日，卒于正德癸酉十一月九日，寿盖六十七。男四，长即相；次棋，早卒；次即楷；次栻。女二。孙男八女三。曾孙男一女一。相将以乙亥正月内丙寅，附葬孺人于祖茔之左，而格于其次，乃以石岩之《状》来请铭，且问葬。"合葬非古也，周公以来，未之有改也，先孺人附于祖茔之左，昭也，家君百岁后将合焉。葬左则疑于阳，虚右则疑于阴，若之何则可？"予曰："附也，则祖为之尊，左阳右阴。阳兼阴而主变者也，阴从阳而主常者也。阳在左则居左，而在右则居右；阴在左则从左，而在右则从右。其虚右而从左乎？"于是孺人之葬虚右而从左。铭曰：孺人之贤，予岂究知！知子若夫，乡议是符。如彼作室，则观其隅。彼昏憒憒，谓予尽诬。狼山之西，祖茔是依。左藏右虚，孺人之居。

文橘庵墓志 乙亥

高吾之丘兮，胡然其岿岿兮？乡人所培兮。高吾之木兮，胡然其赜赜兮？乡人所植兮。高吾之行兮，胡然其砥砥兮？乡人所履兮。阳明子曰："呜呼！兹橘庵文子之墓耶？"冀元亨曰："昔阳明子自贵移庐陵，道出辰、常间，遇文子于武陵溪上，与之语三夕而不辍，旬有五日而未能去。门人问曰：'夫子何意之深耶？'阳明子曰：'人也朴而理，直而虚，笃学审问，比耄而不衰。吾闻其莅官矣，执而恕，惠而节，其张叔之俦欤？吾闻其居乡矣，励行饬己，不言而俗化，其太丘之俦欤？呜呼！于今时为难得也矣。'别以其墓铭属，阳明子心许之而不诺。门人曰：'文子之是请也，殆犹未达欤？'阳明子曰：'达也。'曰：'达何以不诺也？'曰：'古之葬者，不封不树，铭非古也。后世则有铭，既葬而后具，豫不可也。'曰：'然则恶在其为达矣？'曰：'死生之变大，而若人昼夜视之不以讳，非达欤？盖晋之末有陶潜者，尝自志其墓。'"文子既殁，其子棐、棠、东、集，栻葬之高吾之原。阳明子乃掇其所状而为之铭。

文子名澍，字汝霖，号橘庵。举进士，历官刑部郎中。出为重庆守。已而忤时贵，改思州，遂谢病去。文子之先为南昌人。曾祖均玉，始避地桃源。门人有闵廷丰者，为之《行状》，甚悉。

登仕郎马文重墓志铭 丙子

沛汉台里有马翁者，长身而多知。涉书史，少喜谈兵，交四方之贤，指画山川道里，弛张阖辟，自谓功业可掉臂取。尝登芒砀山，左右眺望，嘻吁慷慨，时人莫测也。中年从县司辟为掾，已得选，忽不惬，复遂弃去，授登仕郎。归与家人力耕，致饶富，辄以散其族党乡邻。葬死恤孤，赈水旱，修桥梁，惟恐有间。既老，乃益循饬。邑人望而尊之，以为大宾焉。年八十六，正德丙子四月三日无疾而卒。长子思仁，时为鸿胪司仪署丞，勤而有礼，予既素爱之。至是，闻父丧，恸毁几绝。以《状》来请予铭,又哀而力,遂不能辞。按《状》,翁名珍,字文重。父某、祖某、曾某,皆有隐德。子男若干人,女若干人。以是年某月某日葬祖茔之侧。为之铭曰:丰沛之间,自昔多魁。若汉之萧、曹,使不遇高祖,乘风云之会,固将老终其身于刀笔之间。世之怀奇不偶,无以自见于时,名湮没而不著者,何可胜数?若翁者,亦其人非耶?然考其为迹,亦异矣。呜呼!千里之足,困于伏枥;连城之珍,或混瓦砾。不琢其章,于璧何伤?不驾以骥,奚损于良?呜呼马翁,兹焉允臧!

明封刑部主事浩斋陆君墓碑志 丙子

封君之葬也,子澄毁甚,失明,病不能事事,以问于阳明子曰:"吾湖俗之葬也,咸竭资以盛宾主,至于毁家,不则以为俭其亲也。不肖孤则何费之敢靳!大惧疾之不任,遂底于颠殒,以重其不孝。敢请已之,如何?"阳明子曰:"不亦善乎!棺椁衣衾之得为也者,君子不以俭其亲。徇湖俗之所尚,是以其亲遂非而导侈也。又况以殆其遗体乎?吾已之,既葬而以礼告,人岂有非之者?将湖俗之变,必自吾子始矣。一举而三善,吾子其已之。"既而复以志墓之文请,阳明子辞之不得,则谓之曰:"志墓非古也。古之葬者,不封不树。孔子之葬其亲也,自以为东西南北之人,不可以无识也,而封之,崇四尺。其于季札之葬,则为之识曰:'有吴延陵季子之墓。'后之志者,若是焉可矣。而内以诬其亲,外以诬于人,是故君子耻之。吾子志于贤圣之学,苟卒为贤圣之归,是使其亲为贤圣者之父也,志孰大焉!吾子曷已之?封君之存也,尝以其田二顷给吾党之贫者以资学,是于斯文为有裨也。而又重以吾子之好,无已,则如夫子之于札也乎?"因为之题其识墓之石,曰"皇明封刑部主事浩斋陆君之墓",而书其事于石之阴。君讳璲,字文华,湖之归安人。墓在樊泽。子澄,举进士,方为刑部员外郎。澄之兄曰津。

谥襄惠两峰洪公墓志铭

　　特进光禄大夫柱国、太子太保、刑部尚书兼都察院左都御史致仕洪公,以嘉靖二年四月十九日薨,时年八十有一矣。讣闻,天子遣官九谕祭,锡谥襄惠,赐葬钱塘东穆坞之原。其嗣子澄将以明年乙酉月日举葬事,以币以状来请铭。

　　维洪氏世显于鄱阳。自宋太师忠宣公皓始赐第于钱塘西湖之葛岭,三子景伯、景严、景卢皆以名德相承,遂为钱塘望族。八世祖讳其一,仕宋,为浙东安抚使。元兴,避地上虞。曾祖讳荣甫。祖讳有恒。迨皇朝建国,乃复还家钱塘。有恒初名洪武昌,忌者上书言其名犯年号。高皇帝亲录之,曰:"此朕兴之兆耳。"御书"有恒"易之。父讳薪,徽州街口批验所大使。自曾祖以下,皆以公贵,赠太子太保刑部尚书,妣皆赠一品夫人。公讳钟,字宣之。自幼岐嶷不凡。成化戊子,年二十六,以《易经》领乡荐。乙未举进士,授官刑部主事,谙习宪典。时相继为大司寇者,皆耆德宿望,咸器重礼信之。委总诸司章奏,疑议大狱,取裁于公,声闻骤起。庚子,升员外郎,仍领诸司事。癸卯丁内艰。丙午起复,升郎中,寻虑囚山西。乙巳,江西、福建流贼甫定,公承命往审处之。归,言福建之武平、上杭、清流、永定,江西之安远、龙南,广东之程乡,皆流移混杂,习于斗争,以武力相尚,是以易哄而乱。譬若群豺虎而激怒之,欲其无相攫噬,难矣。宜及其平时,令有司多立社学,以训诲其子弟,销其兵器,易之以诗书礼让,庶几潜化其奸宄。时以为知本之论。弘治己酉,升江西按察副使。癸丑,升四川按察使。所在发奸摘伏,无所挠避。而听决如流,庭无宿讼。由是横豪屏息,自土官宣慰使,皆懔懔奉约束。安氏世有马湖,恃力骄僭,为地方患。公从容画策去之,请吏于朝,遂以帖定,丙辰,入觐,升江西右布政使。丁巳,转福建左布政使。著绩两省。戊午,升都察院右副都御史,巡抚顺天等府,兼整饬蓟州诸边备。时朵颜房势日猖獗,公以边备积弛,乃建议增筑边墙。自山海关界岭口西北至密云古北口黄花镇,直抵居庸,延亘千余里，缮复城堡三百七十，悉城沿边诸县，官无浪费，而民不知劳。自是缓急有赖。又奏减防秋官兵六千人，岁省輓输犒赏之费以数万。创建浮桥于通州，以利病涉。毁永平陶窑，以息军民横役之苦。夺民产及牧围草场之入于权贵者而悉还之。远近大悦，名称籍甚。然权贵人之扼势失利者，数短公于上，遂改云南巡抚，再改贵州。顷之，召还督理漕运，兼巡抚凤阳诸处。正德丁卯，升右都御史，仍董漕政。戊辰，命掌南京都察院事，寻升南京刑部尚书。已巳，改北京工部，复改刑部，兼都察院左都御史，加太子少保，赐玉带。庚午，特命出总川、陕、湖、河四省军务。时沔阳洞庭水寇丘仁、杨清等攻掠城邑，其锋甚锐，官军屡失利。公至，以计擒灭之。蓝五起蜀，与鄢老人等聚众往来，寇暴川、陕间，远近骚动。公涉历险阻，深入贼巢，运谋设奇，躬冒矢石，前后斩获招降以十数万，擒其渠酋二十八人，露布以闻。土官杨友、杨爱相仇激为变，众至三万余，流劫重庆、保宁诸州县。公随调兵剿平之，复其故业。朝廷七降敕奖励，赐白金麒麟服，进太子太保。公辞不获，则引年恳疏乞归。章七上，始允之。圣谕优奖，赐驰驿还，仍进光禄大夫，录其孙一人入胄监。

公既归，筑两峰书院于西湖之上，自号两峰居士。日与朋旧倘伴诗酒以为乐，如是者十有一年。嘉靖改元之壬午，朝廷念公寿耉，诏进公阶，特进光禄大夫柱国，赐玄纁羊酒，遣有司劳问。士夫之议者，咸以公先朝之老，抱负经济，年虽若迈而精力未衰，优之廊庙，足倚以为重，思复起公于家，而公已不可作矣。

公元娶郑氏，累赠一品夫人。继周氏、徐氏，又继魏氏，南京吏部尚书文靖公之女，女卒，赠一品夫人。二子魏出，长澄，乡进士，才识英敏，方向于用；次涛，荫授南京都察院都事，先卒。女二，侧出，长适漕运参将张奎，次适国子生李綦。孙男四，梗、楠、桥、檀，女七。墓合魏夫人之兆。铭曰：桓桓襄惠，巍然人杰。自其始仕，声闻已揭。于臬于藩，益弘以骞。略于西陲，实屏实垣。既荒南服，圬漕是督。巫命于南，亟召于北。司空司寇，邦宪是肃。帝曰司寇，尔总予师。寇贼奸宄，维尔予治。既搜既遏，豕毙狐逸。暨其成功，卒以老乞。天子曰俞，可长尔劬。西湖之湄，徉徉于于！圣化维新，聿怀旧臣。公已不作，维时之屯。天子曰咨，谥锡有阶！哀荣终始，其畴则如。穆坞之原，有郁其阡。诗此贞石，垂千万年！

赠翰林院编修湛公墓表 壬申

呜呼！圣学晦而中行之士鲜矣。世方拿阿为工，方特为厉，纷纵倒置，孰定是非之归哉！盖公冶长在缧绁之中，仲尼明非其罪；匡章通国称不孝，孟子辩之。夫然后在所礼貌焉。刚狷振砺之士，独行违俗，为世所娼嫉，卒以倾废蹳堕，又浼以非其罪者，可胜道哉！予读《怡庵志》而悲之。

怡庵湛公英者，广之增城人。介直方严，刻行砥俗，乡之善良，咸服信取则，倚以扶弱御侮。然不辞色少贷人，面斥人过恶，至无所容。狡狯之徒动见矫拂，嫉视如仇，聚谋必覆公于恶，毋使抗吾为。公直行其心，不顾，竟为所构诬。愤，发病以死。公既死，其徒恶益行。乡之人遂皆谓湛公行义，顾报戾其施，而恶者自若，吾侪何以善为！后十余年，为奸者贯盈，剪灭浸尽，而公子若水求濂洛之学，为世名儒，举进士，官国史编修。推原寻绎，公德益用表著。朝廷赠官如子，日显赫竦耀。乡人相与追嗟慕叹，为善之报何如？向特未定耳！呜呼！古有狷介特行之士，直志犯众恶，之死靡悔，湛公殆其人，非邪？向使得志立朝，当大节，其肯俯首为奸人仆役，呴濡喘息以蕲缓须臾死？其不能矣！夫脂韦佞悦，亦何能缓急有毫毛之赖？为国者，当何取哉？予悲斯人之不遇，而因重有所感也。昔者君子显微阐幽，以明世警瞶。信暴者，无庸扬矣，彼忞然就抑，蒙溷垢而弗雪，其可以无表而出之！

节庵方公墓表 乙酉

苏之昆山有节庵方翁麟者，始为士，业举子，已而弃去，从其妻家朱氏居。朱故业商，其友曰："子乃去士而从商乎？"翁笑曰："子乌知士之不为商，而商之不为士乎？"其妻家劝之从事，遂为郡从事。其友曰："子又去士而从从事乎？"翁笑曰："子又乌知士之不为从事，而从事之不为士乎？"居久之，叹曰："吾愤世之碌碌者，刀锥利禄，而屑为此以矫俗振颓，乃今果不能为益也。"又复弃去。会岁歉，尽出其所有以赈饥乏。朝廷义其所为，荣之冠服，后复遥授建宁州吏目。翁视之萧然若无与，与其配朱竭力农耕植其家，以士业授二子鹏、凤，皆举进士，历官方面。翁既老，日与其乡土为诗酒会，乡人多能道其平生，皆磊落可异。顾太史九和云："吾尝见翁与其二子书，亹亹皆忠孝节义之言，出于流俗，类古之知道者。"阳明子曰："古者四民异业而同道，其尽心焉，一也。士以修治，农以具养，工以利器，商以通货，各就其资之所近，力之所及者而业焉，以求尽其心。其归要在于有益于生人之道，则一而已。士农以其尽心于修治具养者，而利器通货，犹其士与农也。工商以其尽心于利器通货者，而修治具养，犹其工与商也。故曰四民异业而同道。盖昔舜叙九官，首稷而次契。垂工益、虞，先于夔、龙。商、周之代，伊尹耕于莘野，传说板筑于岩，胶鬲举于鱼盐，吕望钓于磻渭，百里奚处于市，孔子为乘田委吏，其诸仪封、晨门、荷蒉、斫轮之徒，皆古之仁圣英贤，高洁不群之士。书传所称，可考而信也。自王道熄而学术乖，人失其心，交骛于利，以相驱轶，于是始有歆士而卑农，荣宦游而耻工贾。夷考其实，射时罔利，有甚焉。特异其名耳。极其所趋，驾浮辞诡辩以诬世惑众，比之具养器货之益，罪浮而实反不逮。吾观方翁'士商从事'之喻，隐然有当于古四民之义，若有激而云者。呜呼！斯义之亡也久矣！翁殆有所闻欤？抑其天质之美而默有契也？吾于是而重有所感焉。吾尝获交于翁二子，皆颖然敦古道，敏志于学。其居官临民，务在济世及物，求尽其心。吾以是得其源流，故为之论著之云耳。"翁既殁，葬于邑西马鞍山之麓。配朱孺人，有贤行，合葬焉。乡人为表其墓，曰"明赠礼部主事节庵方公之墓"。呜呼！若公者，其亦可表也矣！

湛贤母陈太孺人墓碑 甲戌

　　湛子之母卒于京师，葬于增城。阳明子迎而吊诸龙江之浒。已，湛子泣曰："若水之辱于吾子，盖人莫不闻。吾母殁而子无一言，人将以病子。"阳明子曰："名者，为之铭矣；表者，为之表矣。某何言！虽然，良亦无以纾吾情。吾闻太孺人之生七十有九，其在孀居者余四十年，端靖严洁如一日。既老，虽其至亲卑幼之请谒，见之未尝逾阈也，不亦贞乎！绩麻舂粱，教其子以显，尝使从白沙之门，曰'宁学圣人而未至也'，不亦知乎！恤其庶姑与其庶叔，化厉为顺，抚孤与女，爱不违训，不亦慈乎！已膺封锡，禄养备至，而缟衣疏食，不改其初，不亦俭乎！贞知慈俭，老而弥坚，不亦贤乎！请著其石曰'湛贤母之墓'。"湛子拜泣而受之。既行，人曰："湛母之贤，信矣。若湛子之贤，则吾犹有疑焉。湛子始以其母之老，不试者十有三年，是也。复出而取上第，为美官，则何居？母亦老矣，又去其乡而迎养，既归复往，卒于旅，则何居？"阳明子曰："是乌足以疑湛子矣！夫湛子，纯孝人也，事亲以老于畎亩，其志也；其出而仕，母命之也；其迎之也，母欲之也；既归而复往，母泣而强之也。是能无从乎？无大拂于义，将东西南北之惟命。彼湛子者，亦岂以人之誉毁于外者，以易其爱亲之诚乎？"曰："湛子而是，则湛母非欤？"曰："乌足以非湛母矣！夫湛父之早世也，属其子曰：'必以显吾世。'故命之出者，行其夫之志也；就之养者，安其子之心也；强之往者，勉其子之忠，以卒其夫之愿也。昔者孟母断机以励其子，盖不归者几年，君子不以孟子为失养，孟母为非训。今湛母之心亦若此，而湛子之又未尝违乎养也。故湛母，贤母也；湛子，孝子也。然犹不免于世惑，吾虽欲无言也，可得乎？"

程守夫墓碑 甲申

吾友程守夫以弘治丁巳之春卒于京，去今嘉靖甲申二十有八年矣。呜呼！朋友之墓有宿草则勿哭，而吾于君，尚不能无潸然也。君之父味道公与家君为同年进士，相知甚厚，故吾与君有通家之谊。弘治壬子，又同举于乡，已而又同卒业于北雍，密迩居者四年有余。凡风雪之晨，花月之夕，山水郊园之游，无不与共。盖为时甚久而为迹甚密也，而未尝见君有愤词忤色，情日益笃，礼日以恭。其在家庭，雍雍于于，内外无间。交海内之士，无贵贱少长，咸敬而爱之。虽粗鄙暴悍，遇君未有不熏然而心醉者。当是时，予方驰骛于举业词章，以相矜高为事，虽知爱重君，而未尝知其天资之难得也。其后君既殁，予亦入仕，往往以粗浮之气得罪于人。稍知创艾，始思君为不可及。寻谪贵阳，独居幽寂穷苦之乡，困心衡虑，乃从事于性情之学。方自苦其胜心之难克，而客气之易动。又见夫世之学者，率多媢嫉险隘，不能去其有我之私，以共明天下之学，成天下之务，皆起于胜心客气之为患也。于是愈益思君之美质，盖天然近道者，惜乎当时莫有以圣贤之学启之！有启之者，其油然顺道，将如决水之赴壑矣。呜呼惜哉！乃今稍见端绪，有足以启君者，而君已不可作也已。君之子国子生炷，致君临没之言，欲予与林君利瞻为之表志。林君既为之表，而君之葬已久，志已无所及，则为书其墓之碑，聊以识吾之哀思。夫君者，不徒嬉游征逐之好而已。君讳文楷，世居严之淳安，其详已具于墓表。

太傅王文恪公传 丁亥

公讳鏊，字济之，王氏。其先自汴扈宋南渡。讳百八者，始居吴之洞庭山。曾祖伯英，祖惟道。考光化知县朝用。皆赠光禄大夫柱国少傅兼太子太傅户部尚书武英殿大学士，妣三代皆一品夫人。公自幼颖悟不凡，十六随父读书太学，太学诸生争传诵其文，一时先达名流咸屈年行求为友。侍郎叶文庄、提学御史陈士贤，咸有重望于时，见而奇之，曰"天下士"。于是名声动远迩。成化甲午，应天乡试第一，主司异其文，曰："苏子瞻之流也。"录其论策，不易一字。乙未会试，复第一，入奉廷对，众望翕然。执政忌其文，乃置一甲第三，时论以为屈。授翰林编修，闭门力学，避远权势，若将浼焉。九载，升侍讲。宪庙《实录》成，升右谕德，寻荐为侍讲学士兼日讲官。每进讲至天理人欲之辩，君子小人之用舍，必反覆规谕，务尽启沃。方春，上游后苑，左右谏不听，公讲文王不敢盘于游田，上为罢游。讲罢，常召所幸广戒之，曰："今日讲官所指，殆为若等，好为之！"时东宫将出阁，大臣请选正人以端国本，首荐用公以本官兼谕德。寻升少詹事兼侍讲学士。既而吏部阙侍郎，又遂以为吏部。时北虏入寇，公上筹边八事，虽忤权幸，而卒多施行，公辅之，望日隆。于是灾异，内阁谢公引咎求退，遂举公以自代。武宗在亮闇，内侍八人，荒游乱政，台谏交章，中外汹汹。公协韩司徒率文武大臣伏阁以请，上大惊怒，有旨召公等。至左顺门，中官传谕甚厉，众相视莫敢发言。公曰："八人不去，乱本不除，天下何由而治！"议论侃侃，韩亦危言继之，中官语塞。一时国论倚以为重。然自是八人者竟分布要路，瑾入柄司礼，而韩公遂逐，内阁刘、谢二公亦去矣。诏补内阁缺，瑾意欲引冢宰焦，众议推公。瑾虽中忌，而外难公论，遂与焦俱入阁。瑾方威钳士类，按索微瑕，辄枷械之，几死者累累。公亟言于瑾曰："士大夫可杀不可辱，今既辱之，又杀之，吾尚何颜于此！"由是类从宽释。瑾衔韩不已，必欲置之死，无敢言者，又欲以他事中内阁刘、谢二公，前后力救之，乃皆得免。大司马华容刘公，以瑾旧怨，逮至京，将坐以激变土官岑氏罪死。公曰："岑氏未叛，何名为激变乎？"刘得减死。或恶石淙杨公于瑾，谓其筑边太费，屡以为言。公曰："杨有高才重望，为国修边，乃可以功为罪乎？"瑾议焚废后吴氏之丧以灭迹，曰："不可以成服。"公曰："服可以不成，葬不可以苟。"景泰汪妃薨，疑其礼。公曰："妃废不以罪，宜复其故号，葬以妃，祭以后。"皆从之。当是时，瑾权倾中外，虽意不在公，然见公开诚与言，初亦间听。及焦专事婥阿，议弥不协。而瑾骄悖日甚，毒流缙绅。公遏之不能得，居常戚然。瑾曰："王先生居高位，何自苦乃尔耶？"公日求去。瑾意愈怫，众虞祸且不测。公曰："吾义当去，不去乃祸耳。"瑾使伺公，无所得，且闻交贽亦绝，乃笑曰："过矣。"于是恳疏三上，许之。赐玺书、乘传、岁夫、月米以归。时方危公之求去，咸以为异数云。

公既归吴，屏谢纷嚣，悠然山水之间，究心理性，尚友千古。至其与人，清而不绝于俗，和而不淆于时；无贵贱少长，咸敬慕悦服，有所兴起。平生嗜欲澹然，吴中士夫所好尚珍赏观游之具，一无所入。惟喜文辞翰墨之事，至是亦皆脱落雕绘，出之自然。中年尝作《明理》、《克己》二箴，以进德砥行。及充养既久，晚益纯明，心有著述，必有所发。其论性善云："欲知性之善乎，盍反而内观乎？寂然不动之中，而有至虚至灵者存焉。湛兮其非有也，窅兮其非无也；不堕于中边，不杂于声臭。当是时也，善且未形，而恶有所谓恶者哉？恶有所谓善恶混者哉？恶有所谓三品者哉？性，其犹监乎！鉴者，善应而不留。物来则应，物去则空，监何有焉！性，惟虚也，惟灵也，恶安从生？其生于蔽乎！气质者，性之所寓也，亦性之所由蔽也。气质异而性随之。譬之珠焉，坠于澄渊则明，坠于浊水则昏，坠于污秽则秽。澄渊，上智也；浊水，凡庶也；污秽，下愚也。天地间膈塞充满，皆气也；气之灵，皆性也。人得气以生而灵随之，譬之月在天，物各随其分而受之。江湖淮海，此月也；池沼，此月也；沟渠，此月也；坑堑，亦此月也，岂必物物而授之！心者，月之魄也；性者，月之光也；情者，光之发于物者也。"其所论造，后儒多未之及。居闲十余年，海内士夫交章论荐不辍。及今上即位，始遣官优礼，岁时存问。将复起公，而公已没，时嘉靖三年三月十一日，寿七十五矣。赠太傅，谥文恪，祭葬有加礼。四子：延喆，中书舍人；

延素，南京中军都督府都事；延陵，郡学生；延昭，尚幼。皆彬彬世其家。

史臣曰：世所谓完人，若震泽先生王公者，非邪？内裕伦常，无俯仰之憾；外际明良，极禄位声光之显。自为童子，至于耆耋，自庙朝下逮闾巷，至于偏隅，或师其文学，或慕其节行，或仰其德业。随所见异其称，莫或有瑕疵之者。所谓寿福康宁，攸好德而考终命，公殆无愧尔矣！无锡邵尚书国贤，与公婿徐学士子容，皆文名冠一时，其称公之文，规模昌黎，以及秦汉，纯而不流于弱，奇而不涉于怪，雄伟俊洁，体裁截然，振起一代之衰，得法于《孟子》。论辩多古人未发。诗萧散清逸，有王、岑风格。书法清劲自成，得晋、唐笔意。天下皆以为知言。阳明子曰："王公所深造，世或未之能尽也，然而言之亦难矣。著其性善之说，以微见其概，使后世之求公者，以是观之。"

平茶寮碑 丁丑

正德丁丑，瑶寇大起，江、广、湖、郴之家骚然，且三四年矣。于是三省奉命会征。乃十月辛亥，予督江西之兵自南康人。甲寅，破横水、左溪诸巢，贼败奔。庚申，复连战，奔桶冈。十一月癸酉，攻桶冈，大战西山界。甲戌，又战，贼大溃。丁亥，尽殪之。凡破巢八十有四，擒斩三千余，俘三千六百有奇。释其胁从千有余众，归流亡，使复业。度地居民，凿山开道，以夷险阻。辛丑，师旋。于乎！兵惟凶器，不得已而后用。刻茶寮之石，匪以美成，重举事也。提督军务都御史王某书。

平浰头碑 丁丑

四省之寇，惟浰尤黠，拟官僭号，潜图孔亟。正德丁丑冬，崋、瑶既殄，益机险阱毒，以虞王师。我乃休士归农。戊寅正月癸卯，计擒其魁，遂进兵击其懈。丁未，破三浰，乘胜归北。大小三十余战，灭巢三十有八，俘斩三千余。三月丁未，回军。壶浆迎道，耕夫遍野，父老咸欢。农器不陈，于今五年。复我常业，还我室庐，伊谁之力？赫赫皇威，匪威曷凭？爰伐山石，用纪厥成。提督军务都御史王某书。

田州立碑 丙戌

嘉靖丙戌夏，官兵伐田，随与思恩之人相比复煽，集军四省，汹汹连年。于时皇帝忧悯："元元容有无辜而死者乎？"乃命新建伯王守仁："曷往视师！其以德绥，勿以兵虔。"班师撤旅，信义大宣。诸夷感慕，旬日之间，自缚来归者，七万一千。悉放之还农，两省以安。昔有苗徂征，七旬来格。今未期月而蛮夷率服。绥之斯来，速于邮传，舞干之化，何以加焉！爰告思田，毋忘帝德；爰勒山石，昭此赫赫。文武圣神，率土之滨，凡有血气，莫不尊亲。

田州石刻

田石平，田州宁 民谣如此。田水萦，田山迎 府治新向。千万世，巩皇明。嘉靖岁，戊子春，新建伯，王守仁，勒此石，告后人。

陈直夫南宫像赞

夫子称史鱼曰："直哉！邦有道如矢，邦无道如矢。"谓祝鮀、宋朝曰："非斯人，难免乎今之世矣。"予尝三复而悲之。直道之难行，而谄谀之易合也，岂一日哉！鱼之直，信乎后世，其在当时，不若朝与鮀之易容也，悲夫！

吾越直夫陈先生，严毅端洁，其正言直气，放荡佞谀之士，嫉视若仇。彼宁无知之，卒于己非便也。故先生举进士不久，辄致仕而归。屡荐复起，又不久辄退，以是也哉！然天下之言直者，必先生与焉。始予拜先生于钱清江上，欢然甚得。先生奚取于予？殆空谷之足音也。世日趋于下，先生而在，虽执鞭之事，吾亦为之。今既没矣，其子子钦以先生南宫图像请识一言。先生常尘视轩冕，岂一第之为荣！闻之子钦，盖初第时有以相遗者，受而存之。先生没，子钦始装潢，将藏诸庙，则又为子者宜尔也。诗曰：

有服襜襜，有冠翼翼；在彼周行，其容孔式。秉笏端弁，中温且栗。既醉以酒，既饱以德。彼何人斯？邦之司直。邦之司直，宜公宜孤。既来既徂，为冠为模。孰久其道，众听且乎。如江如河，其趋弥污。邦之司直，今也则亡。

三箴

呜呼小子，曾不知警！尧讵未圣？犹日兢兢。既坠于渊，犹恬履薄；既折尔股，犹迈奔蹶；人之冥顽，则畴与汝。不见雍肿，砭乃斯愈？不见痿痹，剂乃斯起？人之毁诟，皆汝砭剂。汝曾不知，反以为怒。匪怒伊色，亦反其语；汝之冥顽，则畴之比。呜呼小子！告尔不一。既四十有五，而曾是不忆！

呜呼小子，慎尔出话！憸言维多，吉言维寡。多言何益？徒以取祸。德默而成，仁者言认。孰默而讥？孰讷而病？誉人之善，过情犹耻；言人之非，罪曷有已？呜呼多言，亦惟汝心！汝心而存，将日钦钦。岂遑多言，卜帝汝临！

呜呼小子，辞章之习，尔工何为！不以钓誉，不以蛊愚。佻彼优伶，尔视孔丑；覆蹈其术，尔颜不厚？日月逾迈，尔胡不恤？弃尔天命，昵尔仇贼；昔皇多士，亦胥兹溺。尔独不鉴，自抵伊巫！

南镇祷雨文 癸亥

惟神秉灵毓秀，作镇于南，实与五岳分服而治。维是扬州之域，咸赖神休，以生以养，凡其疾疫灾眚之不时，雨旸寒暑之弗若，无有远近，莫不引颈企足，惟神是望。怨有归，功有底，神固不得而辞也。而况绍兴一郡，又神之宫墙辇毂之下乎？谓宜风雨节而寒暑当，民无疾而五谷昌，特先诸郡以霑神惠。而乃入夏以来，亢阳为虐，连月弗雨，泉源告竭，黍苗荐槁，岁且不登，民将无食。农夫相与咨于野，商贾相与憾于市，行旅相与怨于途，守土之官，帅其吏民奔走呼号。维是祈祷告请，亦无不至矣。而犹雨泽未应，旱烈益张，是岂吏之不职而贪墨者众欤？赋敛繁刻而狱讼冤滞欤？祀典有弗修欤？民怨有弗平欤？夫是数者，皆吏之谪，而民何咎之有？夫怒吏之不臧，而移其谪于民，又知神之所不忍也。不然，岂民之冥顽妄作者众，将奢淫暴殄以怒神威，神将罚而惩之欤？夫薄罚以示戒，神之威灵，亦即彰矣。百姓震惧忧惶，请罪无所，遂弃而绝之，使无噍类，神之慈仁，固应不为若是之甚也！夫民之所赖者神，神之食于兹土，亦非一日矣。今民不得已有求于神，而神无以应之，然则民将何恃？而神亦何以信于民乎？

某生长兹土，犹乡之人也。乡之人以某尝读书学道，缪以为是乡人之杰者，其有得于山川之秀为多，藉之以为吾愚民之不能自达者，通诚于山川之神，其宜有感。夫某非其人也，而冒有其名，人而冒以其名加我，我既不得而辞矣，又何敢独辞其责耶？是以冒昧辄为之请，固知明神亦有所不得而辞也。谨告。

瘗旅文 戊辰

维正德四年秋月三日，有吏目云自京来者，不知其名氏。携一子一仆，将之任，过龙场，投宿土苗家。予从篱落间望见之，阴雨昏黑，欲就问讯北来事，不果。明早遣人觇之，已行矣。薄午有人自蜈蚣坡来，云一老人死坡下，傍两人哭之哀。予曰："此必吏目死矣。伤哉！"薄暮复有人来，云："城下死者二人，傍一人坐叹。"询其状，则其子又死矣。明日复有人来，云："见坡下积尸三焉。"则其仆又死矣。呜呼伤哉！念其暴骨无主，将二童子持畚锸，往瘗之，二童子有难色然。予曰："嘻！吾与尔犹彼也。"二童悯然涕下，请往。就其傍山麓为三坎埋之，又以只鸡饭三盂，嗟吁涕洟而告之。曰：

呜呼伤哉！系何人？系何人？吾龙场驿丞余姚王守仁也。吾与尔皆中土之产，吾不知尔郡邑，尔乌为乎来为兹山之鬼乎？古者重去其乡，游宦不逾千里。吾以窜逐而来此，宜也，尔亦何辜乎？闻尔官，吏目耳，俸不能五斗，尔率妻子躬耕，可有也，乌为乎以五斗而易尔七尺之躯？又不足，而益以尔子与仆乎？呜呼伤哉！尔诚恋兹五斗而来，则宜欣然就道，乌为乎吾昨望见尔容蹙然，盖不任其忧者？夫冲冒雾露，扳援崖壁，行万峰之顶，饥渴劳顿，筋骨疲惫，而又瘴厉侵其外，忧郁攻其中，其能以无死乎？吾固知尔之必死，然不谓若是其速，又不谓尔子尔仆亦遽尔奄忽也。皆尔自取，谓之何哉！吾念尔三骨之无依而来瘗尔，乃使吾有无穷之怆也，呜呼痛哉！纵不尔瘗，幽崖之狐成群，阴壑之虺如车轮，亦必能葬尔于腹，不致久暴露尔。尔既已无知，然吾何能为心乎？自吾去父母乡国而来此，二年矣，历瘴毒而苟能自全，以吾未尝一日之戚戚也。念悲伤若此，是吾为尔者重而自为者轻也。吾不宜复为尔悲矣。吾为尔歌，尔听之。歌曰：连峰际天兮，飞鸟不通；游子怀乡兮，莫知西东。莫知西东兮，维天则同。异域殊方兮，环海之中；达观随寓兮，奚必予宫？魂兮魂兮，无悲以恫！

又歌以慰之，曰：与尔皆乡土之离兮，蛮之人言语不相知兮。性命不可期，吾苟死于兹兮，率尔子仆来从予兮。吾与尔遨以嬉兮，骖紫彪而乘文螭兮，登望故乡而嘘唏兮。吾苟获生归兮，尔子尔仆尚尔随兮，无以无侣悲兮。道傍之冢累累兮，多中土之流离兮，相与呼啸而徘徊兮。飧风饮露，无尔饥兮；朝友麋鹿，暮猿与栖兮。尔安尔居兮，无为厉于兹墟兮！

祭郑朝朔文 甲戌

维正德九年，岁次甲戌，七月壬戌朔越十有六日丁丑，南京鸿胪寺卿王守仁驰奠于监察御史亡友郑朝朔之墓。

呜呼！"道之将行，其命也与！道之将废，其命也与！"呜呼朝朝！命实为之，将何如哉！将何如哉！辛未之冬，朝于京师，君为御史，余留铨司。君因世杰，谬予是资；予辞不获，抗颜以尸。君尝问予："圣学可至？"余曰："然哉！克念则是。"隐辞奥义，相与剖析；探本穷原，夜以继日。君喜谓予："昔迷今悟；昔陷多歧，今由大路。"呜呼绝学！几年于兹。孰沿就绎？君独奋而。古称豪杰，无文犹兴；有如君者，无愧斯称！当是之时，君疾已构；忍痛扶孱，精微日究。人或劝君："盍亦休只？"君曰："何哉？夕死可矣！"君遂疾告，我亦南行。君与世杰，访予阳明。君疾亦笃，遂留杭城。天不与道，善类云倾。呜呼痛哉！时予祖母，亦婴危疾，汤药自须，风江阻涉。君丧遂行，靡由一诀！扶榇而南，事在世杰；负恨负愧，予复何说！嗟予颛弱，实赖友朋；砥砺切磋，庶几有成。死者生者，索居离群。静言永怀，中心若焚。墓草再青，甫兹驰奠，遥望岭云，有泪如霰。呜呼哀哉！予复何言？尚飨！

祭浰头山神文 戊寅

维正德十三年戊寅，二月十五日甲申，提督军务都御史王某谨以刚鬣柔毛，昭告于浰头山川之神。

惟广谷大川，阜财兴物，以域民畜众。故古者诸侯祭封内山川，亦惟其有功于民。然地灵则人杰，人之无良，亦足以为山川之羞！兹土为盗贼所盘据且数十年，远近之称浰头者，皆曰"贼巢"，耻莫大焉，是岂山川之罪哉？虽然，清洌之井，粪秽而不除，久则同于而厕溷矣；丹凤之穴，鸱狐聚而不去，久则化为妖窟矣。粪秽之所，过者掩鼻；妖孽之窟，人将持刃燔燎，环而攻之。何者？其积聚招致使然也。诚使除其粪秽，刮剃涤荡，将不终朝而复其清洌。鸱狐逐而鸾凤归，妖孽之窟还为孕祥育瑞之所矣。今兹土之山川，亦何以异于是？

守仁奉天子明命，来镇西陲。愤浰贼之凶悖，民苦荼毒，无所控吁，故迩者计擒渠魁，提兵捣其巢穴。所向克捷，动获如志。斯固人怨神怒，天人顺应之理，将或兹土山川之神厌恶凶残，思欲洗其积辱，阴有以相协，假手于予。今驻兵于此弥月余旬，虽巢穴悉已扫荡，擒斩十且八九，然漏殄之徒，尚有潜逃，小民不能无怨于山川之神为之逋逃主萃渊薮也。今予提兵深入，岂独除民之害，亦为山川之神雪其耻。夫安旧染，弃新图，非中人之情，而况于鬼神乎？今此残徒，势穷力屈，亦方遣人投招，将顺而抚之，则虑其无革心之诚，复遗患于日后；逆而弗受，又恐其或出于诚心，杀之有不忍也。神其阴有以相协，使此残寇而果诚心邪，即阴佑其衷，俾尽携其党类，自缚来投，若水之赴壑，予将堤沿停畜之。如其设诈怀奸，即阴夺其魄，张我军威，风驰电扫，一鼓而歼之。兹惟下民之福，亦惟神明之休。坛而祀之，神亦永永无祚。惟神实鉴图之！尚飨！

祭徐曰仁文 戊寅

　　呜呼痛哉，曰仁！吾复何言！尔言在吾耳，尔貌在吾目，尔志在吾心，吾终可奈何哉！记尔在湘中，还，尝语予以寿不能长久，予诘其故。云："尝游衡山，梦一老瞿昙抚曰仁背，谓曰：'子与颜子同德。'俄而曰：'亦与颜子同寿。'觉而疑之。"予曰："梦耳。子疑之，过也。"曰仁曰："此亦可奈何？但令得告疾早归林下，冀从事于先生之教，朝有所闻，夕死可矣！"呜呼！吾以为是固梦耳，孰谓乃今而竟如所梦邪！向之所云，其果梦邪？今之所传，其果真邪？今之所传，亦果梦邪？向之所梦，亦果妄邪？呜呼痛哉！

　　曰仁尝语予："道之不明，几百年矣。今幸有所见，而又卒无所成，不亦尤可痛乎？愿先生早归阳明之麓，与二三子讲明斯道，以诚身淑后。"予曰："吾志也。"自转官南、赣，即欲过家，坚卧不出。曰仁曰："未可。纷纷之议方驰，先生且一行！爱与二三子姑为馈粥计，先生了事而归。"呜呼！孰谓曰仁而乃先止于是乎！吾今纵归阳明之麓，孰与予共此志矣！二三子又且离群而索居，吾言之，而孰听之？吾倡之，而孰和之？吾知之，而孰问之？吾疑之，而孰思之？呜呼！吾无与乐余生矣。吾已无所进，曰仁之进未量也。天而丧予也，则丧予矣，而又丧吾曰仁何哉？天胡酷且烈也！呜呼痛哉！朋友之中，能复有知予之深、信予之笃如曰仁者乎？夫道之不明也，由于不知不信。使吾道而非邪，则已矣；吾道而是邪，吾能无蕲于人之不予知予信乎？

自得曰仁讣，盖哽咽而不能食者两日。人皆劝予食。呜呼！吾有无穷之志，恐一旦遂死不克就，将以托之曰仁，而曰仁今则已矣。曰仁之志，吾知之，幸未即死，又忍使其无成乎？于是复强食。呜呼痛哉！吾今无复有意于人世矣。姑俟冬夏之交，兵革之役稍定，即拂袖而归阳明。二三子苟有予从者，尚与之切磋砥砺。务求如平日与曰仁之所云。纵举世不以予为然者，亦且乐而忘其死，惟百世以俟圣人而不惑耳。曰仁有知，其尚能启予之昏而警予之惰邪？呜呼痛哉！予复何言！

祭孙中丞文 己卯

呜呼！弇阿苟容，生也何庸！慷慨激烈，死也何恫！勤劳施于国，而惠泽被于民，孰谓公之死而非生乎？守臣节以无亏，秉大义而不屈，孰谓公之归而非全乎？方逆焰之已炎，公盖力扑其燎原之势而不能。屡疏乞免，又不获请。则旁行曲成，冀缓其怒而徐为之图。盖公处事之权，而人或未之尽知也。比其当危临难，伏节申忠，之死靡回，然后见公守道之常，心迹如青天白日，而天下之人始洞然无疑矣。呜呼！逆藩之谋，积之十有余年，而败之旬日，岂守仁之智谋才力能及此乎？是固祖宗之德泽，朝廷之神武，而公之精忠愤烈，阴助默相于冥冥之中，是亦未可知也。公之子挟刃赴仇，奔走千里，至则逆贼已擒，遂得改殡正殓，扶公榇而还。父子之间，忠孝两无所怆矣，亦何憾哉！守仁于公，既亲且友，同举于乡，同官于部，今又同遭是难，岂偶然哉！灵輀将发，薄奠写哀，言有尽而意无穷。呜呼！

祭外舅介庵先生文 辛巳

呜呼！自公之葬兹土，逮今二十有六年，乃始复一拜墓下。中间盛衰之感，死生之戚，险夷之变，聚散之情，可悲可愕，可扼腕而流涕者，何可胜道？呜呼伤哉！死者日以远，生者日以谢，而少者日以老矣。自今以往，其可悲可愕，可扼腕而流涕者，其又可胜道耶？二十六年而始获一拜，自今以往，获拜公之墓下者知复能几？呜呼伤哉！惟是公之子姓群然集于墓下，皆鸾停鹤峙，振羽翮而翱乎云霄未已也。所以报纯德而慰公于地下者，庶亦在兹已乎！某奉召北行，便道归省，甫申展谒，辄已告辞，言有尽而意无穷。顾瞻丘垅，岂胜凄断！尚飨！

祭文相文

呜呼！文相迈往直前之气，足以振颓靡而起退懦；通敏果决之才，足以应烦剧而解纷拏；激昂奋迅之谈，足以破支辞而折多口。此文相之所以超然特出乎等夷，而世之人亦方以是而称文相者也。然吾之所望于文相，则又宁止于是而已乎！与文相别数年矣，去岁始复一会于江浒。握手半日之谈，豁然遂破百年之惑，一何快也！吾方日望文相反其迈往直前之气，以内充其宽裕温厚之仁；敛其通敏果决之才，以自昭其文理密察之智；收其奋迅激昂之辩，以自全其发强刚毅之德；固将日趋于和平而大会于中正。斯乃圣贤之德之归矣，岂徒文章气节之士而已乎？惜乎，吾见其进而未见其止也！一疾奄逝，岂不痛哉！闻讣实欲渡江一恸，以舒永诀之哀。暑病且冗，欲往不能。临风长号，有泪如雨。呜呼文相，予复何言！

又祭徐曰仁文 甲申

呜呼曰仁！别我而逝兮，十年于今。葬兹丘兮，宿草几青。我思君兮一来寻，林木拱兮出日深，君不见兮，窅嵯峨之云岑。四方之英贤兮日来臻，君独胡为兮与鹤飞而猿吟？忆丽泽兮欷歔，奠椒醑兮松之阴，良知之说兮闻不闻？道无间于隐显兮，岂幽明而异心！我歌白云兮，谁同此音？

祭国子助教薛尚哲文 甲申

呜呼！良知之学不明于天下，几百年矣。世之学者，蔽于见闻习染，莫知天理之在吾心，而无假于外也。皆舍近求远，舍易求难，纷纭交鹜，以私智相高，客气相竞，日陷于禽兽夷狄而不知。间有独觉其非而略知反求其本源者，则又群相诟笑，斥为异学。呜呼，可哀也已！

盖自十余年来，而海内同志之士稍知讲求于此，则亦如晨星之落落，乍明乍灭，未见其能光大也。潮阳在南海之滨，闻其间亦有特然知向之士，而未及与见。间有来相见者，则又去来无常。自君之弟尚谦始从予于留都，朝夕相与者三年。归以所闻于予者语君，君欣然乐听不厌，至忘寝食，脱然弃其旧业如敝屣。君素笃学高行，为乡邦子弟所宗依，尚谦自幼受业焉。至是闻尚谦之言，遂不知己之为兄，尚谦之为弟；己之尝为尚谦师，而尚谦之尝师于己也。尽使其群子弟侄来学于予，而君亦躬枉辱焉。非天下之大勇，能自胜其有我之私而果于徙义者，孰能与于此哉！自是其邑之士，若杨氏兄弟与诸后进之来者，源源以十数。海内同志之盛，莫有先于潮阳者，则实君之昆弟之为倡也。其有功于斯道，岂小小哉！

方将因藉毘赖，以共明此学，而君忽逝矣，其为同志之痛，何可言哉！虽然，君于斯道亦既有闻，则夕死无憾矣，其又奚悲乎？吾之所为长号涕洟而不能自已者，为吾道之失助焉耳。天也，可如何哉！

相望千里，靡由走哭；因风寄哀，言有尽而意无穷。呜呼，哀哉！

祭朱守忠文 甲申

呜呼！圣学之不明也久矣。予不自量，犯天下之诋笑，而冒非其任。

恃以无恐者,谓海内之同志若守忠者,为之胥附先后,终将必有所济也。而自十余年来,若吾姚之徐曰仁,潮阳之郑朝朔、杨仕德,武陵之冀惟乾者,乃皆相继物故。其余诸同志之尚存足可倚赖者,又皆离群索居,不能朝夕相与以资切磋砥砺之益。今守忠又复弃我而逝,天其或者既无意于斯文已乎?何其善类之难合而易睽,善人之难成而易丧也!呜呼痛哉!

守忠之于斯道,既已识其大者,又能乐善不倦,旁招博采,引接同志而趋之同归于善,若饥渴之于饮食,视天下之务不啻其家事,每欲以身殉之。今兹之没也,实以驱贼山东,昼夜劳瘁,至殒其身而不顾。呜呼痛哉!

始守忠之赴山东也,过予而告别,云:"节于先生之学,诚有终身几席之愿,顾事功之心犹有未能脱然者。先生将何以裁之?"予曰:"君子之事,敬德修业而已。虽位天地、育万物,皆己进德之事,故德业之外无他事功矣。乃若不由天德,而求骋于功名事业之场,则亦希高慕外。后世高明之士,虽知向学,而未能不为才力所使者,犹不免焉。守忠既已心觉其非,固当不为所累矣。"呜呼,岂知竟以是而忘其身乎!

守忠之死,盖御灾捍患而死勤事,能为忠臣志士之所难能矣。而吾犹以是为憾者,痛吾道之失助,为海内同志之不幸焉耳。呜呼痛哉!灵輀云迈,一奠永诀。岂无良朋,孰知我心之悲!呜呼痛哉!

祭洪襄惠公文

呜呼!公以雄特之才,豪迈之气,际明良之会,致位公孤。勋业振于当时,声光被于远迩。功成身退,全节令终。若公真可谓有济时之具,而为一世之杰矣。悲夫,才之难成也!干云合抱,岂岁月所能致?任之栋梁,已不为不见用矣,又辍而置之闲散者十余年,不亦人可惜也乎!天岂以公有克肖之子,将敛其所未尽者而大发诸其后人也乎?公优游林下,以乐太平之盛。其没也,天子锡之祭葬,褒以美谥。生荣死哀，亦复何憾矣！而予独不能无悲且感者。方公之生，人皆知公之才美，而忌者抑之，使不得尽用，时之人顾亦概然视之，曾不知以为意。呜呼！岂知其没也，遂一仆而不可复起矣。老成典刑，为世道计者，能无悲伤乎哉！

先君子素与于公，守仁虽晚，亦辱公之知爱。公子尝以公之墓铭见属，曾不能发扬盛美。兹公之葬，又不能奔走执绋，驰奠一觞。聊以寓其不尽之衷焉尔。呜呼哀哉！尚飨！

祭杨士鸣文 丙戌

呜呼士鸣！吾见其进也，而遽见其止耶！往年士德之殁，吾已谓天道之无知矣，今而士鸣又相继以逝，吾安所归咎乎？呜呼痛哉！

忠信明睿之资，一郡一邑之中不能一二见，而顾萃于一家之兄弟，又皆与闻斯道，以承千载之绝学，此岂也出于偶然者！固宜使之得志大行，发圣学之光辉，翼斯文于悠远。而乃栽培长养，则若彼其艰；而倾覆摧折，又如此其易！其果出于偶然，倏聚倏散，而天亦略无主宰于其间耶？呜呼痛哉！

潮郡在南海之涯，一郡耳。一郡之中，有薛氏之兄弟子侄，既足盛矣，而又有士鸣之昆季。其余聪明特达毅然任道之器，后先颉颃而起者以数十。其山川灵秀之气，殆不能若是其淑且厚，则亦宜有盈虚消息于其间矣乎？士鸣兄弟虽皆中道而逝，然今海内善类，孰不知南海之滨有杨士德、杨士鸣者为成德之士？如祥麟瑞凤。争一睹之为快，因而向风兴起者比比。则士鸣昆季之生，其潜启默相以有绩于斯道，岂其微哉！彼黄馘槁毙，与草木同腐者，又何可胜数！求如士鸣昆季一日之生以死，又安可得乎？呜呼！道无生死，无去来，士鸣则既闻道矣，其生也奚以喜？其死亦奚以悲。独吾党之失助而未及见斯道之大行也，则吾亦安能以无一恸乎！呜呼痛哉！

祭元山席尚书文丁亥

呜呼元山！真可谓豪杰之士，社稷之臣矣。世方没溺于功利辞章，不复知有身心之学，而公独超然远览，知求绝学于千载之上。世方党同伐异，徇俗苟容，以钩声避毁，而公独卓然定见，惟是之从，盖有举世非之而不顾。世方植私好利，依违反覆，以垄断相与，而公独世道是忧。义之所存，冒孤危而必吐；心之所宜，经百折而不回。盖其所论虽或亦有动于气、激于忿，而其心事磊磊，则如青天白日，洞然可以信其无他。世方娼嫉谗险，排胜己以嫉高明，而公独诚心乐善。求以伸人之才，而不自知其身之为屈，求以进贤于国，而不自知其怨谤之集于其身。盖所谓"断断休休，人之有技，若己有之者"。此大臣之盛德，自古以为难，非独近世之所未见也。呜呼！世固有有君而无臣，亦有有臣而无君者矣。以公之贤，而又遭逢主上之神圣，知公之深而信公之笃，不啻金石之固、胶漆之投，非所谓明良相逢，千载一时者欤？是何天意之不可测？其行之也，方若巨舰之遇顺风，而其倾之也，忽中流而折樯舵；其植之也，方尔枝叶之敷荣，而摧之也，遂根株而蹶拔。其果无意于斯世斯人也乎？呜呼痛哉！呜呼痛哉！

某之不肖，屡屡辱公过情之荐，自度终不能有济于时，而徒以为公知人之累，每切私怀惭愧。又忆往年与公论学于贵州，受公之知实深。近年以来，觉稍有所进，思得与公一面，少叙其愚以来质正，斯亦千古之一快。而公今复已矣！呜呼痛哉！

闻公之讣，不能奔哭，千里设位，一恸割心。自今以往，进吾不能有益于君国，退将益修吾学，期终不负知己之报而已矣。呜呼痛哉！言有尽而意无穷，呜呼痛哉！

祭吴东湖文丁亥

呜呼吴公！吾不可得而见之矣。公之才如干将、莫邪，随其所试，皆迎刃而解。公之志如长川逝河，信其所趣，虽百折不回；公之节如坚松古柏，必岁寒而后见；公之学如深林邃谷，必穷探而始知。自其筮仕，迄于退休，扬历中外，几于四十年，而天下皆以为未能尽公之才；登陟崇显，至于大司空，而天下皆以为未能行公之志。虽未尝捐躯丧元，而天下信其有成仁死义之勇；虽未尝讲学论道，而天下知其有避邪卫正之心。呜呼！若公者，真可谓一世豪杰，无所待而兴者矣。

某与公未获倾盖，而向慕滋切；未获识公之面，而久已知公之心。公于某，其教爱勤倦，不特篇章之稠叠，而过情推引，亦复荐剡之频烦。长愧菲薄，何以承公之教？而惧其终不免为知人之累也。今兹承乏是土而来，正可登堂请谢，论心求益，而公则避我长逝已一年矣！呜呼伤哉！幸与公并生斯世，而复终身不及一面，茫茫天壤，竟成千古之神交，岂不痛哉！薄奠一觞，以哭我私；公神有知，尚来格斯！

祭永顺宝靖土兵文 戊子

维湖广永顺、宝靖二司之土兵，多有物故于南宁诸处者。嘉靖七年六月十五日乙卯，钦差总制四省军务尚书左都御史新建伯王委南宁府知府蒋山卿等告于南宁府城隍之神，使号召诸物故者之魂魄，以牛二、羊四、豕四，祭而告之曰：

呜呼！诸湖兵壮士，伤哉！尔等皆勤国事而来死于兹土，山溪阻绝，不能一旦归见其父母妻子，旅魂飘飘于异城，无所依倚，呜呼痛哉！三年之间，两次调发，使尔络绎奔走于道途，不获顾其家室，竟死客乡，此我等上官之罪也，复何言哉！复何言哉！古者不得已而后用兵，先王不忍一夫不获其所，况忍群驱无辜之赤子而填之于沟壑？且兵之为患，非独锋镝死伤之酷而已也。所过之地，皆为荆棘；所住之处，遂成涂炭。民之毒苦，伤心惨目，可尽言乎？迩者思、田之役，予所以必欲招抚之者，非但以思、田之人无可剿之罪，于义在所当抚，亦正不欲无故而驱尔等于兵刃之下也。而尔等竟又以疾病物故于此，则岂非命耶？呜呼伤哉！人孰无死，岂必穷乡绝域能死人乎？今人不出户庭，或饮食伤多，或逸欲过节，医治不痊，亦死矣。今尔等之死，乃因驱驰国事，捍患御侮而死，盖得其死所矣。古人之固有愿以马革裹尸，不愿死于妇人女子之手者。若尔等之死，真无愧于马革裹尸之言矣。呜呼壮士！尔死何憾乎？

今尔等徒侣，皆已班师去矣。尔等游魂漂泊，正可随之西归。尔等尚知之乎？尔等其收尔游魂，敛尔精魄，驾风逐雾，随尔徒侣去归其乡。依尔祖宗之坟墓，以栖尔魂。享尔妻子之蒸尝，以庇尔后。尔等徒侣或有征调之役，则尔等尚鼓尔生前义勇之气，以阴助尔徒侣立功报国，为民除患。岂不生为壮烈之夫，而没为忠义之士也乎！

予因疾作，不能亲临祭所，一哭尔等，以舒予伤感之怀。临文凄怆，涕下沾臆。今委知府布告予衷，尔等有灵，尚知之乎？呜呼伤哉！

祭军牙六纛之神文 戊子

惟神秉扬神武，三军司命。今制度聿新，威灵丕振。伏惟仰镇国家，缉定祸乱，平服蛮夷，以永无穷之休。尚飨！

祭南海文 戊子

天下之水，萃于南海；利济四方，涵濡万类。自有天地，厥功为大。今皇圣明，露降河清。我实受命，南荒以平。阴阳表里，维海效灵。乃陈牲帛，厥用告成。尚飨！

祭六世祖广东参议性常府君文 戊子

于惟我祖，效节于高皇之世；肇礼兹土，岁久沦芜。无宁有司之不遑，实我子孙门祚衰微，弗克灵承显扬。盖冥迷昏隔者八九十年，言念怆恻，子孙之心，亦徒有之。

恭惟我祖晦迹长遁，迫而出仕，务尽其忠，岂曰有身没之祀？父死于忠，子殚其孝，各安其心，白刃不见，又知有一祀之荣乎？顾表扬忠孝，树之风声，实良有司修举国典，以宣流王化之盛美，我祖之烈，因以复彰。见人心之不泯，我子孙亦藉是获申其怆郁，永有无穷之休焉。及兹庙成，而末孙某适获来蒸，事若有不偶然者。我祖之道，其殆自兹而昌乎！

某承上命，来抚是方。上无补于君国，下无益于生民，循例省绩，实怀多惭。至于心之不敢以不自尽，则亦求无忝于我祖而已矣。承事之余，敢告不忘。以五世祖秘湖渔隐先生彦达府君配。尚飨！

卷二十六　续编一

德洪葺师《文录》，始刻于姑苏，再刻于越，再刻于天真，行诸四方久矣。同志又以遗文见寄，俾续刻之。洪念昔葺师录，同门已病太繁，兹录若可缓者。既而伏读三四，中多简书默迹，皆寻常应酬、琐屑细务之言，然而道理昭察，仁爱恻怛，有物各付物之意。此师无行不与，四时行而百物生，言虽近而旨实远也。且师没既久，表仪日隔，苟得一纸一墨，如亲面觌。况当今师学大明，四方学者徒喜领悟之易，而未究其躬践之实，或有离伦彝日用、乐悬虚妙顿以为得者，读此能无省然激衷！此吾师中行之证也，而又奚以太繁为病邪？同门唐了尧臣佥宪吾浙，尝谋刻未遂。今年九月，虬峰谢君来按吾浙，刻师《全书》，检所未录尽刻之，凡五卷，题曰《文录续编》。师胤子王正亿尝录《阳明先生家乘》凡三卷，今更名《世德纪》，并刻于《全书》末卷云。隆庆壬申一阳日，德洪百拜识。

大学问

吾师接初见之士，必借《学》、《庸》首章以指示圣学之全功，使知从入之路。师征思田，将发，先授《大学问》，德洪受而录之。

"《大学》者，昔儒以为大人之学矣。敢问大人之学何以在于'明明德'乎？"

阳明子曰："大人者，以天地万物为一体者也，其视天下犹一家，中国犹一人焉。若夫间形骸而分尔我者，小人矣。大人之能以天地万物为一体也，非意之也，其心之仁本若是，其与天地万物而为一也。岂惟大人，虽小人之心亦莫不然，彼顾自小之耳。是故见孺子之入井，而必有怵惕恻隐之心焉，是其仁之与孺子而为一体也；孺子犹同类者也，见鸟兽之哀鸣觳觫，而必有不忍之心焉，是其仁之与鸟兽而为一体也；鸟兽犹有知觉者也，见草木之摧折而必有悯恤之心焉，是其仁之与草木而为一体也；草木犹有生意者也，见瓦石之毁坏而必有顾惜之心焉，是其仁之与瓦石而为一体也：是其一体之仁也，虽小人之心亦必有之。是乃根于天命之性，而自然灵昭不昧者也，是故谓之'明德'。小人之心既已分隔隘陋矣，而其一体之仁犹能不昧若此者，是其未动于欲，而未蔽于私之时也。及其动于欲，蔽于私，而利害相攻，忿怒相激，则将戕物圮类，无所不为，其甚至有骨肉相残者，而一体之仁亡矣。是故苟无私欲之蔽，则虽小人之心，而其一体之仁犹大人也；一有私欲之蔽，则虽大人之心，而其分隔隘陋犹小人矣。故夫为大人之学者，亦惟去其私欲之蔽，以自明其明德，复其天地万物一体之本然而已耳，非能于本体之外而有所增益之也。"

曰："然则何以在'亲民'乎？"

曰："明明德者，立其天地万物一体之体也。亲民者，达其天地万物一体之用也。故明明德必在于亲民，而亲民乃所以明其明德也。是故亲吾之父，以及人之父，以及天下人之父，而后吾之仁实与吾之父、人之父与天下人之父而为一体矣；实与之为一体，而后孝之明德始明矣！亲吾之兄，以及人之兄，以及天下人之兄，而后吾之仁实与吾之兄、人之兄与天下人之兄而为一体矣；实与之为一体，而后弟之明德始明矣！君臣也，夫妇也，朋友也，以至于山川鬼神鸟兽草木也，莫不实有以亲之，以达吾一体之仁，然后吾之明德始无不明，而真能以天地万物为一体矣。夫是之谓明明德于天下，是之谓家齐国治而天下平，是之谓尽性。"

曰："然则又乌在其为'止至善'乎？"

曰："至善者，明德、亲民之极则也。天命之性，粹然至善，其灵昭不昧者，此其至善之发见，是乃明德之本体，而即所谓良知也。至善之发现，是而是焉，非而非焉，轻重厚薄，随感随应，变动不居，而亦莫不自有天然之中，是乃民彝物则之极，而不容少有议拟增损于其间也。少有拟议增损于其间，则是私意小智，而非至善之谓矣。自非慎独之至、惟精惟一者，其孰能与于此乎？后之人惟其不知至善之在吾心，而用其私智以揣摸测度于其外，以为事事物物各有定理也，是以昧其是非之则，支离决裂，人欲肆而天理亡，明德、亲民之学遂大乱于天下。盖昔之人固有欲明其明德者矣，然惟不知止于至善，而骛其私心于过高，是以失之虚罔空寂，而无有乎家国天下之施，则二氏之流是矣。固有欲亲其民者矣，然惟不知止于至善，而溺其私心于卑琐，是以失之权谋智术，而无有乎仁爱恻怛之诚，则五伯功利之徒是矣。是皆不知止于至善之过也。故止至善之于明德、亲民也，犹之规矩之于方圆也，尺度之于长短也，权衡之于轻重也。故方圆而不止于规矩，爽其则矣；长短而不止于尺度，乘其剂矣；轻重而不止于权衡，失其准矣；明明德、亲民而不止于至善，亡其本矣。故止于至善以亲民，而明其明德，是之谓大人之学。"

曰："'知止而后有定，定而后能静，静而后能安，安而后能虑，虑而后能得'，其说何也？"

曰："人惟不知至善之在吾心，而求之于其外，以为事事物物皆有定理也，而求至善于事事物物之中，是以支离决裂，错杂纷纭，而莫知有一定之向。今焉既知至善之在吾心，而不假于外求，则志有定向，而无支离决裂、错杂纷纭之患矣。无支离决裂、错杂纷纭之患，则心不妄动而能静矣。心不妄动而能静，则其日用之间，从容闲暇，而能安矣。能安，则凡念之发，一事之感，其为至善乎？其非至善乎？吾心之良知自有以详审精察之，而能虑矣。能虑，则择之无不精，处之无不当，而至善于是乎可得矣。"

曰："'物有本末'，先儒以明德为本，新民为末，两物而内外相对也。'事有终始'，先儒以知止为始，能得为终，一事而首尾相因也。如子之说，以新民为亲民，则本末之说，亦有所未然欤？"

曰："终始之说，大略是矣。即以新民为亲民，而曰明德为本，亲民为末，其说亦未为不可，但不当分本末为两物耳。夫木之干，谓之本，木之梢，谓之末，惟其一物也，是以谓之本末。若曰两物，则既为两物矣，又何可以言本末乎？新民之意，既与亲民不同，则明德之功，自与新民为二。若知明明德以亲其民，而亲民以明其明德，则民德亲民焉可析而为两乎？先儒之说，是盖不知明德亲民之本为一事，而认以为两事，是以虽知本末之当为一物，而亦不得不分为两物也。"

曰："古之欲明明德于天下者，以至于先修其身，以吾子明德亲民之说通之，亦既可得而知矣。敢问欲修其身，以至于致知在格物，其功夫次第，又何如其用力欤？"

曰："此正详言明德、亲民、止至善之功也。盖身、心、意、知、物者，是其功夫所用之条理，虽亦各有其所，而其实只是一物。格、致、诚、正、修者，是其条理所用之功夫，虽亦皆有其名，而其实只是一事。何谓身？心之形体运用之谓也。何谓心？身之灵明主宰之谓也。何谓修身？为善而去恶之谓也。吾身自能为善而去恶乎？必其灵明主宰者欲为善而去恶，然后其形体运用者始能为善而去恶也。故欲修其身者，必在于先正其心也。然心之本体则性也。性无不善，则心之本体本无不正也。何从而用其正之之功乎？盖心之本体本无不正，自其意念发动，而后有不正。故欲正其心者，必就其意念之所发而正之，凡其发一念而善也，好之真如好好色；发一念而恶也，恶之真如恶恶臭；则意无不诚，而心可正矣。然意之所发，有善有恶，不有以明其善恶之分，亦将真妄错杂，虽欲诚之，不可得而诚矣。故欲诚其意者，必在于致知焉。致者，至也，如'云丧致乎哀'之'致'。《易》言'知至至之'，'知至'者，知也；'至之'者，致也。'致知'云者，非若后儒所谓充广其知识之谓也，致吾心之良知焉耳。良知者，孟子所谓'是非之心，人皆有之'者也。是非之心，不待虑而知，不待学而能，是故谓之良知。是乃天命之性，吾心之本体，自然灵昭明觉者也。凡意念之发，吾心之良知无有不自知者。其善欤，惟吾心之良知自知之；其不善欤，亦惟吾心之良知自知之；是皆无所与于他人者也。故虽小人之为不善，既已无所不至，然其见君子，则必厌然掩其不善，而著其善者，是亦可以见其良知之有不容于自昧者也。今欲别善恶以诚其意，惟在致其良知之所知焉尔。何则？意念之发，吾心之良知既知其为善矣，使其不能诚有以好之，而复背而去之，则是以善为恶，而自昧其知善之良知矣。意念之所发，吾之良知既知其为不善矣，使其不能诚有以恶之，而复蹈而为之，则是以恶为善，而自昧其知恶之良知矣。若是，则虽曰知之，犹不知也，意其可得而诚乎！今于良知之善恶者，无不诚好而诚恶之，则不自欺其良知而意可诚也已。然欲致其良知，亦岂影响恍惚而悬空无实之谓乎？是必实有其事矣。故致知必在于格物。物者，事也，凡意之所发，必有其事，意所在之事谓之物。格者，正也，正其不正，以归于正之谓也。正其不正者，去恶之谓也。归于正者，为善之谓也。夫是之谓格。《书》言'格于上下'，'格于文祖'，'格其非心'，格物之格，实兼其义也。良知所知之善，虽诚欲好之矣，苟不即其意之所在之物而实有以为之，则是物有未格，而好之之意犹为未诚也。良知所知之恶，虽诚欲恶之矣，苟不即其意之所在之物而实有以去之，则是物有未格，而恶之之意犹为未诚也。今焉于其良知所知之善者，即其意之所在之物而实为之，无有乎不尽。于其良知所知之恶者，即其意之所在之物而实去之，无有乎不尽。然后物无不格，而吾良知之所知者无有亏缺障蔽，而得以极其至矣。夫然后吾心快然无复余憾而自谦矣，夫然后意之所发者，始无自欺而可以谓之诚矣。故曰：'物格而后知至，知至而后意诚，意诚而后心正，心正而后身修。'盖其功夫条理，虽有先后次序之可言，而其体之惟一，实无先后次序之可分。其条理功夫虽无先后次序之可分，而其用之惟精，固有纤毫不可得而缺焉者。此格致诚正之说所以阐尧、舜之正传而为孔氏之心印也。"

德洪曰：《大学问》者，师门之教典也。学者初及门，必先以此意授，使人闻言之下，即得此心之知，无出于民彝物则之中，致知之功，不外乎修齐治平之内。学者果能实地用功，一番听受，一番亲切。师常曰："吾此意思，有能直下承当，只此修为，直造圣域。参之经典，无不吻合，不必求之多闻多识之中也。"门人有请录成书者。曰："此须诸君口口相传，若笔之于书，使人作一文字看过，无益矣。"嘉靖丁亥八月，师起征思田，将发，门人复请。师许之。录既就，以书贻洪曰："《大学或问》数条，非不顾共学之士尽闻斯义，顾恐藉寇兵而赍盗粮，是以未欲轻出。"盖当时尚有持异说以混正学者，师故云。然师既没，音容日远，吾党各以己见立说。学者稍见本体，即好为径超顿悟之说，无复有省身克己之功。谓"一见本体，超圣可以跂足"，视师门诚意格物、为善去恶之旨，皆相鄙以为第一义。简略事为，言行无顾，甚者荡灭礼教，犹自以为得圣门之最上乘。噫！亦已过矣。自便径约，而不知已沦入佛氏寂灭之教，莫之觉也。古人立言，不过为学者示下学之功，而上达之机，待人自悟而有得，言语知解，非所及也。《大学》之教，自孟氏而后，不得其传者几千年矣。赖良知之明，千载一日，复大明于今日。兹未及一传，而纷错若此，又何望于后世耶？是篇邹子谦之尝附刻于《大学》古本，兹收录《续编》之首。使学者开卷读之，思吾师之教平易切实，而圣智神化之机，固已跃然，不必更为别说，匪徒惑人，只以自误，无益也。

教条示龙场诸生

诸生相从于此，甚盛。恐无能为助也，以四事相规，聊以答诸生之意：一曰立志；二曰勤学；三曰改过；四曰责善。其慎听毋忽！

立志

志不立，天下无可成之事，虽百工技艺，未有不本于志者。今学者旷废隳惰，玩岁愒时，而百无所成，皆由于志之未立耳。故立志而圣，则圣矣；立志而贤，则贤矣。志不立，如无舵之舟，无衔之马，漂荡奔逸，终亦何所底乎？昔人有言，使为善而父母怒之，兄弟怨之，宗族乡党贱恶之，如此而不为善可也；为善则父母爱之，兄弟悦之，宗族乡党敬信之，何苦而不为善为君子？使为恶而父母爱之，兄弟悦之，宗族乡党敬信之，如此而为恶可也；为恶则父母怒之，兄弟怨之，宗族乡党贱恶之，何苦而必为恶为小人？诸生念此，亦可以知所立志矣。

勤学

已立志为君子，自当从事于学。凡学之不勤，必其志之尚未笃也。从吾游者，不以聪慧警捷为高，而以勤确谦抑为上。诸生试观侪辈之中，苟有虚而为盈，无而为有，讳己之不能，忌人之有善，自矜自是，大言欺人者，使其人资禀虽甚超迈，侪辈之中，有弗疾恶之者乎？有弗鄙贱之者乎？彼固将以欺人，人果遂为所欺，有弗窃笑之者乎？苟有谦默自持，无能自处，笃志力行，勤学好问，称人之善，而咎己之失，从人之长，而明己之短，忠信乐易，表里一致者，使其人资禀虽甚鲁钝，侪辈之中，有弗称慕之者乎？彼固以无能自处，而不求上人，人果遂以彼为无能，有弗敬尚之者乎？诸生观此，亦可以知所从事于学矣。

改过

夫过者，自大贤所不免，然不害其卒为大贤者，为其能改也。故不贵于无过，而贵于能改过。诸生自思平日亦有缺于廉耻忠信之行者乎？亦有薄于孝友之道，陷于狡诈偷刻之习者乎？诸生殆不至于此。不幸或有之，皆其不知而误蹈，素无师友之讲习规饬也。诸生试内省，万一有近于是者，固亦不可以不痛自悔咎。然亦不当以此自欺，遂馁于改过从善之心。但能一旦脱然洗涤旧染，虽昔为寇盗，今日不害为君子矣。若曰吾昔已如此，今虽改过而从善，将人不信我，且无赎于前过，反怀羞涩凝沮，而甘心于污浊终焉，则吾亦绝望尔矣。

责善

责善，朋友之道，然须忠告而善道之。悉其忠爱，致其婉曲，使彼闻之而可从，绎之而可改，有所感而无所怒，乃为善耳。若先暴白其过恶，痛毁极诋，使无所容，彼将发其愧耻愤恨之心，虽欲降以相从，而势有所不能，是激之而使为恶矣。故凡讦人之短，攻发人之阴私，以沽直者，皆不可以言责善。虽然，我以是而施于人不可也。人以是而加诸我，凡攻我之失者，皆我师也，安可以不乐受而心感之乎？某于道未有所得，其学卤莽耳。谬为诸生相从于此，每终夜以思，恶且未免，况于过乎？人谓事师无犯无隐，而遂谓师无可谏，非也。谏师之道，直不至于犯，而婉不至于隐耳。使吾而是也，因得以明其是；吾而非也，因得以去其非：盖教学相长也。诸生责善，当自吾始。

五经臆说十三条

师居龙场，学得所悟，证诸《五经》，觉先儒训释未尽，乃随所记忆，为之疏解。阅十有九月，《五经》略遍，命曰《臆说》。既后自觉学益精，功夫益简易，故不复出以示人。洪尝乘间以请。师笑曰："付秦火久矣。"洪请问。师曰："只致良知，虽千经万典，异端曲学，如执权衡，天下轻重莫逃焉，更不必支分句析，以知解接人也。"后执师丧，偶于废稿中得此数条。洪窃录而读之，乃叹曰："吾师之学，于一处融彻，终日言之不离是矣。即此以例苏，全经可知也。"

元年春王正月○人君即位之一年，必书"元年"。元者，始也，无始则无以为终。故书元年者，正始也。大哉乾元，天之始也。至哉坤元，地之始也。成位乎其中，则有人元焉。故天下之元在于王，一国之元在于君，君之元在于心。"元"也者，在天为生物之仁，而在人则为心。心生而有者也，曷为为君而始乎？曰："心生而有者也。未为君，而其用止于一身；既为君，而其用关于一国。故元年者，人君为国之始也。当是时也，群臣百姓，悉意明目以观维新之始。则人君者尤当洗心涤虑，以为维新之始。故元年者，人君正心之始也。"曰："前此可无正乎？"曰："正也，有未尽焉，此又其一始也。改元年者，人君改过迁善，修身立德之始也，端本澄源，三纲五常之始也；立政治民，休戚安危之始也。呜呼！其可以不慎乎？"

"元年"者，鲁隐公之元年。"春"者，天之春。"王"，周王也。王次春，示王者之上承天道也。"正月"者，周王之正月。周人以建子为天统，则夏正之十一月也。夫子以天下之诸侯不复知有周也，于是乎作《春秋》以尊王室，故书"王正月"，以大一统也。书"王正月"以大一统，不以王年，而以鲁年者，《春秋》鲁史，而书"王正月"，斯所以为大一统也。隐公未尝即位也，何以有元年乎？曰："隐公即位矣。不即位，何以有元年？夫子削之不书，欲使后人之求其实也。"曰："隐公即位矣，而不书，何也？"曰："隐公以桓之幼而摄焉，其以摄告，故不即位也。然而天下知隐公让国之善，而争夺觊觎者知所愧矣。"曰："以摄告，则宜以摄书，而不书何也？"曰："隐公，兄也，桓公，弟也，庶均以长，隐公君也，奚摄焉？然而天下知嫡庶长幼之分，而乱常失序者知所定也。"曰："隐公君也，非摄也，则宜即位矣，而不即位焉，何也？"曰："诸侯之立国也，承之先君，而命之天子，隐无所承命也。然而天下知父子君臣之伦，而无父无君者知所惧矣。一不书即位，而隐公让国之善见焉，嫡庶长幼之分明焉，父子君臣之伦正焉，善恶兼著，而是非不相掩。呜呼！此所以为化工之妙也欤！"

《郑伯克段于鄢》书"郑伯",原杀段者惟郑伯也。段以弟篡兄,以臣伐君,王法之所必诛,国人之所共讨也。而专罪郑伯!盖授之大邑,而不为之所,纵使失道,以至于败者,伯之心也。段之恶既已暴著于天下,《春秋》无所庸诛矣。书"克",原伯之心素视段为寇敌,至是而始克之也。段居于京,而书于鄢,见郑伯之既伐诸京,而复伐诸鄢,必杀之而后已也。郑伯之于叔段,始焉授之大邑,而听其收鄙,若爱弟之过而过于厚也。既其畔也,王法所不赦,郑伯虽欲已焉,若不容已矣。天下之人皆以为段之恶在所必诛,而郑伯讨之宜也。是其迹之近似,亦何以异于周公之诛管、蔡。故《春秋》特诛其意而书曰"郑伯克段于鄢",辩似是之非,以正人心,而险谲无所容其奸矣。

天地感而万物化生,实理流行也。圣人感人心而天下和平,至诚发见也。皆所谓"贞"也。观天地交感之理,圣人感人心之道,不过于一贞,而万物生,天下和平焉,则天地万物之情可见矣。

《恒》,所以亨而无咎,而必利于贞者,非《恒》之外复有所谓贞也,久于其道而已。贞即常久之道也。天地之道,亦惟常久而不已耳,天地之道无不贞也。"利有攸往"者,常之道,非滞而不通,止而不动之谓也。是乃始而终,终而复始,循环无端,周流而不已者也。使其滞而不通,止而不动,是乃泥常之名,而不知常之实者也,岂能常久而不已乎?故"利有攸往"者,示人以常道之用也。以常道而行,何所往而不利!无所往而不利,乃所以为常久不已之道也。天地之道,一常久不已而已。日月之所以能昼而夜,夜而复昼,而照临不穷者,一天道之常久而不已也。四时之所以能春而冬,冬而复春,而生运不穷者,一天道之常久而不已也。圣人之所以能成而化,化而复成,而妙用不穷者,一天道之常久不已也。夫天地、日月、四时、圣人之所以能常久而不已者,亦贞而已耳。观夫天地、日月、四时、圣人之所以能常久而不已者,不外乎一贞,则天地万物之情,其亦不外乎一贞也,亦可见矣。《恒》之为卦,上《震》为雷,下《巽》为风,雷动风行,簸扬奋厉,翕张而交作,若天下之至变也。而所以为风为雷者，则有一定而不可易之理，是乃天下之至恒也。君子体夫雷风为《恒》之象，则虽酬酢万变，妙用无方，而其所立，必有卓然而不可易之体，是乃体常尽变。非天地之至恒，其孰能与于此？

　　《遯》，阴渐长而阳退遯也。《彖》言得此卦者，能遯而退避则亨。当此之时，苟有所为，但利小贞而不可大贞也。夫子释之以为《遯》之所以为亨者，以其时阴渐长，阳渐消，故能自全其道而退遯，则身虽退而道亨，是道以遯而亨也。虽当阳消之时，然四阳尚盛，而九五居尊得位；虽当阴长之时，然二阴尚微，而六二处下应五。盖君子犹在于位，而其朋尚盛，小人新进，势犹不敌，尚知顺应于君子，而未敢肆，其恶故几微。君子虽已知其可遯之时，然势尚可为，则又未忍决然舍去，而必于遯，且欲与时消息，尽力匡扶，以行其道。则虽当遯之时，而亦有可亨之道也。虽有可亨之道，然终从阴长之时，小人之朋日渐以盛。苟一裁之以正，则小人将无所容口而大肆其恶，是将以救敝而反速之乱矣。故君子又当委曲周旋，修败补罅，积小防微，以阴扶正道，使不至于速乱。程子所谓"致力于未极之间，强此之衰，艰彼之进，图其暂安"者，是乃小利贞之谓矣。夫当遯之时，道在于遯，则遯其身以亨其道。道犹可亨，则亨其遯以行于时。非时中之圣与时消息者，不能与于此也。故曰："《遯》之时义大矣哉！"

　　"明出地上，《晋》，君子以自昭明德。"日之体本无不明也，故谓之大明。有时而不明者，入于地则不明矣。心之德本无不明也，故谓之明德。有时而不明者，蔽于私也。去其私，无不明矣。日之出地，日自出也，天无与焉。君子之明明德，自明之也，人无所与焉。自昭也者，自去其私欲之蔽而已。

　　初阴居下，当进之始，上与四应，有晋如之象。然四意方自求进，不暇与初为援，故又有见摧之象。当此之时，苟能以正自守，则可以获吉。盖当进身之始，德业未著，忠诚未显，上之人岂能遽相孚信。使其以上之未信，而遂汲汲于求知，则将有失身枉道之耻，怀愤用智之非，而悔咎之来必矣。故当宽裕雍容，安处于正，则德久而自孚，诚积而自感，又何咎之有乎？盖初虽晋如，而终不失其吉者，以能独行其正也。虽不见信于上，然以宽裕自处，则可以无咎者，以其始进在下，而未尝受命当职任也。使其已当职任，不信于上，而优裕废弛，将不免于旷官之责，其能以无咎乎？

《时迈》十五句，武王初克商，巡守诸侯，朝会祭告之乐歌。言我不敢自逸，而以时巡行诸侯之邦。我勤民如此，天其以我为子乎？今以我巡行之事占之，是天之实有以右序夫我有周矣。何者？我之巡行诸侯，所以兴废举坠，削有罪，黜不职者，亦聊以警动震发其委靡颓惰者耳。而四方诸侯莫不警惧修省，敦薄立懦，而兴起夫维新之政，至于怀柔百神，而河之深广，岳之崇高，莫不感格焉。则信乎天之以我为王，而于以君临夫天下矣。于是我其宣明昭布我有周之典章，于以式序在位之诸侯；我其戢敛夫干戈弓矢，以偃夫武功；我其旁求懿德之士，陈布于中国，以敷夫文德。则亦信乎可以为王，而能保有上天右序我有周之命矣。

《执竞》十四句，言武王持其自强不息之心，其功烈之盛，天下既莫得而强之矣。成、康继之，其德亦若是其显，而复为上帝之所皇焉。夫继武王之后，盖难乎其为德也，然自成、康之相继为君，而其德愈益彰明，则于武王无竞之烈为有光，而成、康诚可谓善继矣。今我以三王之功德，作之于乐，以祈感格，而果能降福之多且大若此，我其可不反身修德，而思有以成之乎？我能反身修德，而威仪之反，则可享神之福，既醉既饱，而三王之所福我者，益将反覆而无穷矣。此盖祭武王、成王、康王之诗也。

《思文》八句，言思文后稷，其德真可以配上天矣。盖凡使我蒸民之得以粒食者，莫非尔后稷之德之所建也。斯固后稷之德矣，然来牟之种，非天不生，则是来牟之贻我者，实由上帝，以此命之后稷，而使之遍养夫天下，是以天下之民皆有所养，而得以复其常道，则后稷之德，固亦莫非上天之德也。此盖郊祀后稷以配天之诗，故颂后稷之德而卒归之于天云。

《臣工》十五句，戒农官之诗。言嗟尔司农之臣工，当各敬尔在公之事。今王以治农之成法赐汝，汝宜来咨来度，而敬承毋怠也。因并呼农官之属而总诏之曰："嗟尔保介，当兹暮春之月，牟麦在田，而百谷未播，盖农工之暇也，汝亦何所为乎？"因问："汝所治之新田，其牟麦亦如何哉？"夫牟麦之茂盛，皆上帝之明赐也。牟麦渐熟，则行将受上帝之明赐矣。上帝有是明赐，尔苟惰农自安，是不克灵承，而泯上帝之赐矣。尔尚永力尔田，以昭明上帝之赐，务底于丰年有成可也。然则尔亦乌可谓兹农工之尚远，而遂一无所事乎？汝当命尔众农，乘兹闲暇，预修播种之事，以具乃田器。奄忽之间，又将艾麦而与东作矣。"暮春"，周正建寅之月，夏之正月也。

《有瞽》十三句，言"有瞽有瞽，在周之廷"，而乐工就列矣。"设业设虡，崇牙树羽，应田县鼓，鞉磬柷圉"，而乐器具陈矣。乐器既以备陈，于是众乐乃奏，而箫管之属亦皆备举矣。由是乐声之喤喤，其整密丽肃者，莫非至敬之所寓，而雍容畅达者，莫非至和之所宜，其肃雍和鸣如此，是以幽有以感乎神，而先祖是听，明有以感乎人，而我客来观厥成者。盖武王功成作乐，使非继述之孝真无愧于文考，固无以致先祖之格，而非其盛德之至，伐纣救民之举，真有以顺乎天，应乎人，而于汤有光焉！其亦何以能使亡国者之子孙永观厥成，而略无忌嫉之心乎？此盖始作乐而合于祖庙之诗。

与滁阳诸生书并问答语

诸生之在滁者，吾心未尝一日而忘之。然而阔焉无一字之往，非简也，不欲以世俗无益之谈徒往复为也。有志者，虽吾无一字，固朝夕如面也。其无志者，盖对面千里，况千里之外盈尺之牍乎！孟生归，聊寓此于有志者，然不尽列名，且为无志者讳，其因是而尚能兴起也。

或患思虑纷杂，不能强禁绝。阳明子曰："纷杂思虑，亦强禁绝不得，只就思虑萌动处省察克治，到天理精明后，有个物各付物的意思，自然静专，无纷杂之念。《大学》所谓'知止而后有定'也。"

德洪曰："滁阳为师讲学首地，四方弟子，从游日众。嘉靖癸丑秋，太仆少卿吕子怀复聚徒于师祠。洪往游焉，见同门高年，有能道师遗事者。当时师惩末俗卑污，引接学者，多就高明一路，以救时弊。既后渐有流入空虚，为脱落新奇之论。在金陵时，已心切忧焉。故居赣则教学者存天理，去人欲，致省察克治实功。而征宁藩之后，专发致良知宗旨，则益明切简易矣。兹见滁中子弟尚多能道静坐中光景。洪与吕子相论致良知之学无间于动静，则相庆以为新得。是书孟源伯生得之金陵。时闻滁士有身背斯学者，故书中多愤激之辞。后附问答语，岂亦因静坐顽空而不修省察克治之功者发耶？

家书墨迹四首

四首墨迹，先师胤子正亿得之书柜中，装制卷册，手泽宛然，每篇乞洪跋其后。

一 与克彰太叔

克彰号石川，师之族叔祖也。听讲就弟子列，退坐私室，行家人礼。

别久缺奉状，得诗，见迩来进修之益，虽中间词意未尽纯莹，而大致加于时人一等矣。愿且玩心高明，涵泳义理，务在反身而诚，毋急于立论饰辞，将有外驰之病。所云"善念才生，恶念又在"者，亦足以见实尝用力。但于此处，须加猛省。胡为而若此也？无乃习气所缠耶？

自俗儒之说行，学者惟事口耳讲习，不复知有反身克己之道。今欲反身克己，而犹狃于口耳讲诵之事，固宜其有所牵缚而弗能进矣。夫恶念者，习气也；善念者，本性也；本性为习气所汩者，由于志之不立也。故凡学者为习所移，气所胜，则惟务痛惩其志。久则志亦渐立。志立而习气渐消。学本于立志，志立而学问之功已过半矣。此守仁迩来所新得者，愿毋轻掷。

若初往年亦常有意左、屈，当时不暇与之论，至今缺然。若初诚美质，得遂退休，与若初了夙心，当亦有日。见时为致此意，务相砥砺以臻有成也。人行遽，不一一。

恶念者，习气也；善念者，本性也；本性为习所胜、气所汩者，志不立也。痛惩其志，使习气消而本性复，学问之功也。噫！此吾师明训昭昭，告太叔者，告吾人也，可深省也夫！德洪为亿弟书。

二 与徐仲仁
仲仁即曰仁，师之妹婿也。

北行仓率，不及细话。别后日听捷音，继得乡录，知秋战未利。吾子年方英妙，此亦未足深憾，惟宜修德积学，以求大成。寻常一第，固非仆之所望也。家君舍众论而择子，所以择子者，实有在于众论之外，子宜勉之！勿谓隐微可欺，而有放心，勿谓聪明可恃，而有怠志；养心莫善于义理，为学莫要于精专；毋为习俗所移，毋为物诱所引；求古圣贤而师法之，切莫以斯言为迂阔也。

昔在张时敏先生时，令叔在学，聪明盖一时，然而竟无所成者，荡心害之也。去高明而就污下，念虑之间，顾岂不易哉！斯诚往事之鉴，虽吾子质美而淳，万无是事，然亦不可以不慎也。意欲吾子来此读书，恐未能遂离侍下，且未敢言此，俟后便再议。所不避其切切为吾子言者，幸加熟念，其亲爱之情，自有不能已也。

海日翁为女择配，人谓曰仁聪明不逮于其叔，海日翁舍其叔而妻曰仁。既后，其叔果以荡心自败，曰仁卒成师门之大儒。噫！聪明不足恃，而学问之功不可诬也哉！德洪跋。

三 上海翁书
寓吉安男王守仁百拜书上父亲大人膝下：

江省之变，昨遣来隆归报，大略想已如此。时宁王尚留省城，未敢远出，盖虑男之捣其虚，蹑其后也。男处所调兵，亦稍稍聚集，忠义之风，日以奋扬，观天道人事，此贼不久断成擒矣。昨彼遣人赍檄至，欲遂斩其使，奈赍檄人乃参政季斅，此人平日善士，又其势亦出于不得已，姑免其死，械系之。已发兵至丰城诸处分布，相机而动。所虑京师遥远，一时题奏无由即达。命将出师，缓不及事，为可忧尔。男之欲归已非一日，急急图此，已两年，今竟陷身于难。人臣之义，至此岂复容苟逃幸脱！惟俟命师之至，然后敢申前恳。俟事势稍定，然后敢决意驰归尔。伏望大人陪万保爱，诸弟必能勉尽孝养旦暮，切勿以不孝男为念。天苟悯男一念血诚，得全首领，归拜膝下，当必有日矣。因闻巡检便，草此。临书慌愦，不知所云。七月初二日。

右吾师逢宸濠之变，上父海日翁第二书也。自丰城闻变，与幕士定兴兵之策，恐翁不知，为贼所袭，即日遣家人间道趋越。至是发兵于吉安，复为是报，慰翁心也。且自称姓者，别疑也。尝闻幕士龙光云："时师闻变，返风回舟。濠追兵将及，师欲易舟潜遁。顾夫人诸、公子正宪在舟。夫人手提剑别师曰：'公速去，毋为妾母子忧。脱有急，吾恃此以自卫尔！'及退还吉安，将发兵，命积薪围公署，戒守者曰：'傥前报不利，即举火爇公署。'时邹谦之在中军，闻之，亦取其夫人来吉城，同誓国难。人劝海日翁移家避仇。翁曰：'吾儿以孤旅急君上之难，吾为国旧臣，顾先去以为民望耶？'遂与有司定守城之策，而自密为之防。"噫！吾师于君臣、父子、夫妇之间，一家感遇若此，至今人传忠义凛凛。是书正亿得于故纸堆中，读之怆然，如身值其时。晨夕展卷，如侍对亲颜。嘉靖壬子，海夷寇黄岩，全城煨烬。时正亿游北雍，内子黄哀惶奔亡，不携他物，而独抱木主图像以行，是卷亦幸无恙。噫！岂正亿平时孝感所积，抑吾师精诚感通，先时身离患难，而一墨之遗，神明有以护之耶？后世子孙受而读之，其知所重也哉！

德洪拜手跋。

四　岭南寄正宪男

初到江西，因闻姚公已在宾州进兵，恐我到彼，则三司及各领兵官未免出来迎接，反致阻挠其事，是以迟迟其行。意欲俟彼成功，然后往彼，公同与之一处。十一月初七，始过梅岭，乃闻姚公在彼，以兵少之故，尚未敢发哨，以是只得昼夜兼程而行。今日已度三水，去梧州已不远，再四五日可到矣。途中皆平安，只是咳嗽尚未全愈，然亦不为大患。书到，可即告祖母汝诸叔知之，皆不必挂念。家中凡百皆只依我戒谕而行。魏廷豹、钱德洪、王汝中当不负所托，汝宜亲近敬信，如就芝兰可也。廿二叔忠信好学，携汝读书，必能切励汝。不审近日亦有少进益否？聪儿迩来眠食如何？凡百只宜谨听魏廷豹指教，不可轻信奶婆之类，至嘱至嘱！一应租税帐目，自宜上紧，须不俟我丁宁。我今国事在身，岂复能记念家事，汝辈自宜体悉勉励，方是佳子弟尔。十一月望。

正亿初名聪，师之命名也。嘉靖壬辰秋，依其舅氏黄久庵寓留都，值时相更名于朝，责洪为文告师，请更今名。当时问眠食如何，今正亿壮且立，男女森列矣。噫，吾何以不负师托乎！方今四方讲会日殷，相与出求同志，研究师旨，以成师门未尽之志，庶乎可以慰遗灵于地下尔。是在二子！嘉靖丁巳端阳日，门人钱德洪百拜跋于天真精舍之传经楼。

赣州书示四侄正思等

近闻尔曹学业有进，有司考校，获居前列，吾闻之喜而不寐。此是家门好消息，继吾书香者，在尔辈矣。勉之勉之！吾非徒望尔辈但取青紫，荣身肥家，如世俗所尚，以夸市井小儿。尔辈须以仁礼存心，以孝弟为本，以圣贤自期，务在光前裕后，斯可矣。吾惟幼而失学无行，无师友之助，迨今中年，未有所成。尔辈当鉴吾既往，及时勉力，毋又自贻他日之悔，如吾今日也。习俗移人，如油渍面，虽贤者不免，况尔曹初学小子能无溺乎？然惟痛惩深创，乃为善变。昔人云："脱去凡近，以游高明。"此言良足以警，小子识之！吾尝有《立志说》与尔十叔，尔辈可从钞录一通，置之几间，时一省览，亦足以发。方虽传于庸医，药可疗夫真病。尔曹勿谓尔伯父只寻常人尔，其言未必足法；又勿谓其言虽似有理，亦只是一场迂阔之谈，非我辈急务。苟如是，吾末如之何矣！读书讲学，此最吾所宿好，今虽干戈扰攘中，四方有来学者，吾亦未尝拒之。所恨牢落尘网，未能脱身而归。今幸盗贼稍平，以塞责求退，归卧林间，携尔曹朝夕切磋砥砺，吾何乐如之！偶便先示尔等，尔等勉焉，毋虚吾望。正德丁丑四月三十日。

又与克彰太叔

日来德业想益进修，但当兹末俗，其于规切警励，恐亦未免有群雌孤雄之叹，如何？印弟凡劣，极知有劳心力，闻其近来稍有转移，亦有足喜。所贵乎师者，涵育薰陶，不言而喻，盖不诚未有能动者也。于此亦可以验己德。因便布此言，不尽意。

正月廿六日，得旨，令守仁与总兵各官解囚至留都。行及芜湖，复得旨回江西抚定军民。皆圣意有在，无他足虑也。家中凡百安心，不宜为人摇惑，但当严缉家众，扫除门庭，清静俭朴以自守，谦虚卑下以待人，尽其在我而已，此外无庸虑也。正宪辈狂稚，望以此意晓谕之。近得书，闻老父稍失调，心极忧苦。老年之人，只宜以宴乐戏游为事，一切家务皆当屏置，亦望时时以此开劝，家门之幸也。至祝至祝！事稍定，即当先报归期。家中凡百，全仗训饬照管，不一。

老父疴疾，不能归侍，日夜苦切，真所谓欲济无梁，欲飞无翼。近来诚到，知渐平复，始得稍慰。早晚更望太叔宽解怡悦其心。闻此时尚居丧次，令人惊骇忧惶。衰年之人，妻孥子孙日夜侍奉承直，尚恐居处或有未宁，岂有复堪孤疾劳苦如此之理！就使悉遵先生礼制，则七十者亦惟衰麻在身，饮酒食肉处于内，宴饮从于游可也。况今七十五岁之人，乃尚尔茕茕独苦若此，妻孥子孙何以自安乎？若使祖母在冥冥之中，知得如此哀毁，如此孤苦，将何如为心？老年之人，独不为子孙爱念乎？况于礼制亦自过甚，使人不可以继，在贤知者亦当俯就，切望恳恳劝解，必须入内安歇，使下人亦好早晚服事。时尝游嬉宴乐，快适性情，以调养天和。此便自为子孙造无穷之福。此等言语，为子者不敢直致，惟望太叔为我委曲开譬，要在必从而后已，千万千万！至恳至恳！正宪读书，一切举业功名等事，皆非所望，但惟教之以孝弟而已。来诚还，草草不尽。

祖母岑太夫人百岁考终时，海日翁寿七十有五矣，尤茕茕苦块，哀毁逾制。师十二失恃，鞠于祖母，在赣屡乞终养弗遂，至是闻讣，已不胜痛割。又闻海日翁居丧之戚，将何以为情？"欲济无梁，欲飞无翼"，读之令人失涕。师之学发明同体万物之旨，使人自得其性，故于人义天常，无不恳至，而居常处变，神化妙应，以成天下之务，可由此出。其道可以通诸万世而无弊者，得其道之中也。录此可以想见其概。德洪跋。

寄正宪男手墨二卷

正宪字仲肃，师继子也。嘉靖丁亥，师起征思、田，正亿方二龄。托家政于魏廷豹，使饬家众，以字胤子。托正宪于洪与汝中，使切磨学问，以饬内外。延途所寄音问，当军旅倥偬之时，犹字画遒劲，训戒明切。至今读之，宛然若示严范。师没后，越庚申，邹子谦之、陈子惟浚来自怀玉，奠师墓于兰亭，正宪携卷请题其后。噫！今二子与正宪俱为泉下人矣，而斯卷独存。正宪年十四，袭师锦衣荫，喜正亿生，遂辞职出就科试。即其平生，邹子所谓"授简不忘"，"夫子于昭之灵，实宠嘉之"，其无愧于斯言矣乎!

即日舟已过严滩,足疮尚未愈,然亦渐轻减矣。家中事凡百与魏廷豹相计议而行。读书敦行,是所至嘱。内外之防,须严门禁。一应宾客来往,及诸童仆出入,悉依所留告示,不得少有更改。四官尤要戒饮博,专心理家事。保一谨实可托,不得听人哄诱,有所改动。我至前途,更有书报也。

舟过临江,五鼓与叔谦遇于途次,灯下草此报汝知之。沿途皆平安,咳嗽尚未已,然亦不大作。广中事颇急,只得连夜速进,南、赣亦不能久留矣。汝在家中,凡宜从戒谕而行。读书执礼,日进高明,乃吾之望。魏廷豹此时想在家,家众悉宜遵廷豹教训,汝宜躬率身先之。书至,汝即可报祖母诸叔。况我沿途平安,凡百想能体悉我意,钤束下人,谨守礼法,皆不俟吾喋喋也。廷豹、德洪、汝中及诸同志亲友,皆可致此意。

近两得汝书,知家中大小平安。且汝自言能守吾训戒,不敢违越,果如所言,吾无忧矣。凡百家事,及大小童仆,皆须听魏廷豹断决而行。近闻守度颇不遵信,致牴牾廷豹。未论其间是非曲直,只是牴牾廷豹,便已大不是矣。纪闻其游荡奢纵如故,想亦终难化导。试问他毕竟如何乃可,宜自思之。守悌叔书来,云汝欲出应试。但汝本领未备,恐成虚愿。汝近来学业所进,吾不知,汝自量度而行,吾不阻汝,亦不强汝也。德洪、汝中及诸直谅高明,凡肯勉汝以德义,规汝以过失者,汝宜时时亲就。汝若能如鱼之于水,不能须臾而离,则不及人不为忧矣。吾平生讲学,只是"致良知"三字。仁,人心也;良知之诚爱恻怛处便是仁,无诚爱恻怛之心,亦无良知可致矣。汝于此处,宜加猛省。家中凡事不暇一一细及,汝果能敬守训戒,吾亦不必一一细及也。余姚诸叔父昆弟皆以吾言告之。前月曾遣舍人任锐寄书历,此时当已发回。若未发回,可将江西巡抚时奏报批行稿簿一册,共计十四本,封固付本舍带来。我今已至平南县,此去田州渐近。田州之事,我承姚公之后，或者可以因人成事。但他处事务似此者尚多，恐一置身其间，一时未易解脱耳。汝在家凡百务宜守我戒谕，学做好人。德洪、汝中辈须时时亲近，请教求益。聪儿已托魏廷豹时常一看。廷豹忠信君子，当能不负所托。但家众或有桀骜不肯遵奉其约束者，汝须相与痛加惩治。我归来日，断不轻恕。汝可早晚常以此意戒饬之。廿二弟近来砥砺如何？守度近来修省如何？保一近来管事如何？保三近来改过如何？王祥等早晚照管如何？王祯不远出否？此等事，我方有国事在身，安能分念及此？琐琐家务，汝等自宜体我之意，谨守礼法，不致累我怀抱乃可耳。

东廓邹守益曰："先师阳明夫子家书二卷，嗣子正宪仲肃甫什袭藏之。益趋天真，奠兰亭，获睹焉。喜曰：'是能授简不忘矣！'书中'读书敦行，日进高明'、'钤束下人，谨守礼法'，及切磋道义，请益求教，互相夹持，接引来学，真是一善一药。至'吾平日讲学，只是"致良知"三字。仁，人心也；良知之诚爱恻怛处便是仁，无诚爱恻怛，亦无良知可致'，是以继志述事望吾仲肃也。仲肃日孳孳焉，进而书绅，退而服膺，则大慰吾党爱助之怀，而夫子于昭之灵实宠嘉之。"

又

去岁十二月廿六日始抵南宁，因见各夷皆有向化之诚，乃尽散甲兵，示以生路。至正月廿六日，各夷果皆投戈释甲，自缚归降，凡七万余众。地方幸已平定。是皆朝廷好生之德，感格上下，神武不杀之威，潜孚默运，以能致此。在我一家，则亦祖宗德泽阴庇，得无杀戮之惨，以免覆败之患。俟处置略定，便当上疏乞归。相见之期，渐可卜矣。家中自老奶奶以下，想皆平安。今闻此信，益可以免劳挂念。我有地方重寄，岂能复顾家事！弟辈与正宪，只照依我所留戒谕之言，时时与德洪、汝中辈切磋道义，吾复何虑。余姚诸弟侄，书到咸报知之。

八月廿七日，南宁起程，九月初七日，已抵广城，病势今亦渐平复，但咳嗽终未能脱体耳。养病本北上已二月余，不久当得报。即逾岭东下，则抵家渐可计日矣。书至即可上白祖母知之。近闻汝从汝诸叔诸兄皆在杭城就试。科第之事，吾岂敢必于汝得，汝立志向上，则亦有足喜也。汝叔汝兄，今年利钝如何？想旬月后此间可以得报，其时吾亦可以发舟矣。因山阴林掌教归便，冗冗中写此与汝知之。

　　我至广城已逾半月，因咳嗽，兼水泻，未免再将息旬月，候养病疏命下，即发舟归矣。家事亦不暇言，只要戒饬家人，大小俱要谦谨小心，余姚八弟等事，近日不知如何耳？在京有进本者，议论甚传播，徒取快谗贼之口，此何等时节，而可如此！兄弟子侄中，不肯略体息，正所谓操戈入室，助仇为寇者也，可恨可痛！兼因谢姨夫回便，草草报平安。书至，即可奉白老奶奶及汝叔辈知之。钱德洪、王汝中及书院诸同志皆可上覆，德洪、汝中亦须上紧进京，不宜太迟滞。

　　近因地方事已平靖，遂动思归之怀，念及家事，乃有许多不满人意处。守度奢淫如旧，非但不当重托，兼亦自取败坏，戒之戒之！尚期速改可也。宝一勤劳，亦有可取。只是见小欲速，想福分浅薄之故，但能改创亦可。宝三长恶不悛，断已难留，须急急遣回余姚，别求生理；有容留者，即是同恶相济之人，宜并逐之。来贵奸惰，略无改悔，终须逐出。来隆、来价不知近来干办何如？须痛自改省，但看同辈中有能真心替我管事者，我亦何尝不知。添福、添定、王三等辈，只是终日营营，不知为谁经理，试自思之！添保尚不改过，归来仍须痛治。只有书童一人实心为家，不顾毁誉利害，真可爱念。使我家有十个书童，我事皆有托矣。来琐亦老实可托，只是太执憨，又听妇言，不长进。王祥、王祯务要替我尽心管事，但有阙失，皆汝二人之罪。俱要拱听魏先生教戒，不听者责之。

　　明水陈九川曰："此先师广西家书付正宪仲肃者也。中间无非戒谕家人谨守素训。至'致良知'三字，乃先师平素教人不倦者。云'诚爱恻怛之心即是致良知'，此晚年所以告门人者，仅见一二于全集中，至为紧要。乃于家书中及之，可见先师之所以丁宁告戒者，无异于得力之门人矣。仲肃宜世袭之。"

卷二十七　续编二

书

与郭善甫

朱生至，得手书，备悉善甫相念之恳切。苟心同志协，功夫不懈，虽隔千里，不异几席，又何必朝夕相与一堂之上而为后快耶？

来书所问数节，杨仁夫去，适禅事方毕，亲友纷至，未暇细答。然致知格物之说，善甫已得其端绪。但于此涵泳深厚诸如数说，将沛然融释，有不俟于他人之言者矣。荒岁道路多阻，且不必远涉，须稍收稔，然后乘兴一来。不缕缕。

寄杨仕德

临别数语极奋励，区区闻之，亦悚然有警。归途又往西樵一过，所进当益不同矣。此时已抵家。大抵忘己逐物，虚内事外，是近来学者时行症候。仁德既已看破此病，早晚自不废药石。康节云："与其病后能服药，不若病前能自防。"此切喻爱身者自当无所不用其极也。病疏至今未得报，此间相聚日众，最可喜。但如仕德、谦之既远去，而惟乾复多病，又以接济乏人为苦尔。尚谦度未能遽出。仕德明春之约，果能不爽，不独区区之望，尤诸同游之切望也。

与顾惟贤

闻有枉顾之意，倾望甚切。继闻有夹剿之事，盖我独贤劳，自昔而然矣。此间上犹、南康诸贼，幸已扫荡，渠魁悉已授首，回军且半月。以湖广之故，留兵守隘而已。奏捷须湖广略有次第然后举。朱守忠闻在对哨，有面会之图，此亦一奇遇。近得甘泉书，已与叔贤同往西樵，令人想企不能一日处此矣。承示："既饱，不必问其所食之物。"此语诚有病。已不能记当时所指，恐亦为世之专务辨论讲说而不求深造自得者说，故其语意之间不无抑扬太过。虽然，苟诚知求饱，将必五谷是资。鄙意所重，盖以责夫不能诚心求饱者，故遂不觉其言之过激，亦犹养之未至也。凡言意所不能达，多假于譬喻。以意逆志，是为得之。若必拘文泥象，则虽圣人之言，且亦不能无病，况于吾侪，学未有至，词意之间，本已不能无弊者，何足异乎。今时学者大患，不能立恳切之志，故鄙意专以责志立诚为重。同志者亦观其大意之所在，斯可矣。惟贤谓："有所疑而未解，正如饥者之求食，若一日不食，则一日不饱。"诚哉是言！果能如饥者之求饱，安能一日而不食，又安能屏弃五谷而食画饼者乎？此亦可以不言而喻矣。承示为益已多，友朋切磋之职，不敢言谢。何时遇甘泉，更出此一正之。

闽广之役，偶幸了事，皆诸君之功，区区盖坐享其成者。但闽寇虽平而虔南之寇乃数倍于闽，善后之图，尚未知所出。野人归兴空切，不知知己者亦尝为念及此否也？曰仁近方告病，与二三友去耕雪上。雪上之谋，实始于陆澄氏。陆与潮人薛侃，皆来南都从学，二子并佳士，今皆举进士，未免又失却地主矣。向在南都相与者，曰仁之外，尚有太常博士马明衡、兵部主事黄宗明、见素之子林达有、御史陈杰、举人蔡宗兖、饶文璧之属。蔡今亦举进士，其时凡二三十人，日觉有相长之益。今来索居，不觉渐成放倒，可畏可畏！闲中有见，不妨写寄，庶亦有所警发也。甘泉此时已报满。叔贤闻且束装，会相见否？霍渭先亦美质，可与言。见时皆为致意。

承喻讨有罪者，执渠魁而散胁从，此古之政也，不亦善乎！顾浰贼皆长恶怙终，其间胁从者无几，朝撤兵而暮聚党，若是者亦屡屡矣，诛之则不可胜诛，又恐以其患遗诸后人。惟贤谓："政教之不行，风俗之不美，以至于此。"岂不信然。然此膏肓之疾，吾其旬日之间，可奈何哉？故今三省连累之贼，非杀之为难，而处之为难；非处之为难，而处之者能久于其道之为难也。贱躯以多病之故，日夜冀了此塞责而去，不欲复以其罪累后来之人，故犹不免于意必之私，未忍一日舍置。嗟乎！"我躬不阅，遑恤我后？"尽其力之所能为。今其大势亦幸底定，如其礼乐，以俟君子而已。数日前，已还军赣州。风毒大作，壅肿坐卧，恐自此遂成废人，行且告休。人还，草草复。

承喻用兵之难，非独曲尽利害，足以开近议之惑，其所以致私爱于仆者，尤非浅也，愧感愧感！但龙川群盗为南、赣患，岁无虚月，剿捕之命屡下，所以未敢轻动，正亦恐如惟贤所云耳。虽今郴、桂夹攻之举，亦甚非鄙意所欲，况龙川乎！夏间尝具一疏，颇上其事，以湖广奉有成命，遂付空言。今录去一目，鄙心可知矣。湖广夹攻，为备已久。郴、桂之贼，为湖广兵势所迫，四出攻掠，南、赣日夜为备，今始稍稍支持。然广东以府江之役，尚未调集，必待三省齐发，复恐老师费财，欲视其缓急，以次渐举。盖桂东上游之贼，湖广与江西夹攻，广东无与也。昌乐、乳源之贼，广东与湖广夹持，江西无与也。龙川之贼，江西与广东夹攻，湖广无与也。事虽一体，而其间贼情地势，自不相及，若先举桂东上游，候广东兵集，然后举乳源诸处，末乃及于龙川，似亦可以节力省费，而易为功。不知诸公之见又何如耳？所云龙川亦止浰头一巢。盖环巢数邑，被害已极，人之痛愤，势所不容已也。

来谕谓："得书之后，前疑涣然冰释。"幸甚幸甚！学不如此，只是一场说话，非所谓盈科而后进，成章而后达也。又自谓："终夜思之，如污泥在面而不能即去。"果如污泥在面，有不能即去者乎，幸甚幸甚！自来南、赣，平生益友离群索居，切磋之间不闻。近日始有薛进士辈一二人自北来，稍稍各有砥砺。又以讨贼事急，今屯兵浰头，且半月矣。浰头贼首池大鬓等二十余人，悉已授首。漏网者甲从一二辈，其余固可略也。狼兵利害相半，若调犹未至，且可已之。此间所用，皆机快之属，虽不能如狼兵之犀利，且易驱策，就约束。闻乳源诸贼已平荡，可喜。湖兵四哨，不下数万，所获不满二千，始得子月朔日会剿依期而往。彼反以先期见责，所谓文移时出侵语，诚有之。此举本渠所倡，今所俘获反不能多，意有未惬，而愤激至此，不足为怪。浰头巢穴虽已破荡，然须建一县治以控制之，庶可永绝啸聚之患。已檄赣、惠二知府会议可否。高见且以为何如？南、赣大患，惟桶冈、横水、浰头三大贼，幸皆以次削平。年来归思极切，所恨风波漂荡，茫无涯涘。乃今幸有湾泊之机，知已当亦为吾喜也。乳源各处克捷，有两广之报，区区不敢冒捷。然亦且须题知，事毕之日，须备始末知之。

近得甘泉、叔贤书，知二君议论既合。自此吾党之学廓然同途，无复疑异矣，喜幸不可言！承喻日来进修，警省不懈，尤足以慰倾望。此间朋友亦集，亦颇有奋起者。但惟鄙人冗疾相仍，精气日耗，兼之淹滞风尘中，未遂脱屣林下，相与专心讲习，正如俳优场中奏雅，纵复音调尽协，终不免于剧戏耳。乞休疏已四上，銮舆近闻且南幸，以疮疾暂止。每一奏事，辄往复三四月。此番倘得遂请，亦须冬尽春初矣。后山应援之说，审度事势，亦不必然，但奉有诏旨，不得不一行。此亦公文体面如此。闻彼中议论颇不齐，惟贤何以备？见示，区区庶可善处也。

近得省城及南都诸公书，报云即日初十日圣驾北还，且云船头已发，不胜喜跃。贼羔亦遂顿减。此宗社之福，天下之幸，人臣之至愿，何喜何慰如之！但区区之心犹怀隐忧，或恐须及霜降以后，冬至以前，方有的实消息。其时贼恙当亦平复,即可放舟东下,与诸群一议地方事,遂图归计耳。闻永丰、新淦、白沙一带皆被流劫,该道守巡官皆宜急出督捕,非但安靖地方,亦可乘此机会,整顿兵马,以预备他变。今恐事势昭彰,惊动远近,且不行文,书至,即可与各守巡备道区区之意,即时一出,勿更迟迟,轻忽坐视。思抑归兴,近却如何,若必不可已,俟回銮信的,徐图之未晚也。

近得江西策问,深用警惕。然自反而缩,固有举世非之而不顾者矣,其敢因是遂靡然自弛耶?《易》曰:"知至至之。""知至"者,知也;"至之"者,致知也;此知行之所以合一也。若后世致知之说,止说得一知字,不曾说得致字,此知行所以二也。病发荼苦之人,已绝口人间事,念相知之笃,辄复一及。

北行不及一面,甚阙久别之怀。承寄《慈湖文集》,客冗未能遍观。来喻欲摘其尤粹者再图翻刻,甚喜。但古人言论,自各有见,语脉牵连,互有发越。今欲就其中以己意删节之,似亦甚有不易。莫若尽存,以俟具眼者自加分别。所云超捷,良如高见。今亦但当论其言之是与不是,不当逆观者之致疑,反使吾心昭明洞达之见有所掩覆而不尽也。尊意以为何如?

与当道书

江省之变,大略具奏内。此人逆谋已非一日,久而未发,盖其心怀两图,是以迟疑未决,抑亦虑生之蹑其后也。近闻生将赴闽,必经其地,已视生为几上肉矣。赖朝廷之威灵,诸老先生之德庇,竟获脱身虎口。所恨兵力寡弱,不能有为尔。南、赣旧尝屯兵四千,朝有警而夕可发。近为户部必欲奏革商税,粮饷无所取给,故遂放散,未三月而有此变,复欲召集,非数月不能,亦且空然无资矣。世事之相挠阻,每每如此,亦何望乎?今亦一面号召忠义,取调各县机快,且先遣疲弱之卒,张布声势于丰城诸处,牵蹑其后。天夺其魄,彼果迟疑而未进。若再留半月，南都必已有备。彼一离窠穴，生将奋捣其虚，使之进不得前，退无所据。勤王之师，又四面渐集，必成擒矣。此生忆料若此，切望诸老先生急赐议处，速遣能将，将重兵声罪而南，以绝其北窥之望。飞召各省，急兴勤王之师。此人凶残忌刻，世所未有，使其得志，天下无遗类矣。谅在庙堂，必有成算，区区愚诚，亦不敢不竭尽，生病疲冱，仅存余息。近者入闽，已具本乞休，必不得已，且容归省。不意忽遭此变，本非生之责任。但阖省无一官见在，人情涣散，汹汹震摇，使无一人牵制其间，彼得安意顺流而下，万一南都无备，将必失守。彼又分兵四掠，十三郡之民，素劫于积威，必向风而靡。如此，则湖、湘、闽、浙皆不能保。及事闻朝廷，大兵南下，彼之奸计渐成，破之难矣。以是遂忍死暂留于此，徒以空言收拾散亡，感激忠义。日望命帅之来、生得以舆疾还越，死且瞑目。伏惟诸老先生鉴其血诚，必赐保全，勿遂竭其力所不能，穷其智所不及，以为出身任事者之戒，幸甚幸甚！

与汪节夫书

足下数及吾门，求一言之益，足知好学勤勤之意。人有言："古之学者为己，今之学者为人。"今之学者须先有笃实为己之心，然后可以论学。不然，则纷纭口耳讲说，徒足以为为人之资而已。仆之不欲多言者，非有所靳，实无可言耳。以足下之勤勤下问，使诚益励其笃实为己之志，归而求之，有余师矣。有能一日用其力于仁矣乎，我未见力不足者。足下勉之！"道南"之说，明道实因龟山南归，盖亦一时之言，道岂有南北乎？凡论古人得失，莫非为己之学，诵其诗，读其书，不知其人，可乎？是以论其世也，是尚友也。果能有所得于尚友之实，又何以斯录为哉？节夫姑务为己之实，无复往年务外近名之病，所得必已多矣，此事尚在所缓也。凡作文，惟务道其心中之实，达意而止，不必过求雕刻，所谓修辞立诚者也。

寄张世文

执谦枉问之意甚盛。相与数月，无能为一字之益，乃今又将远别矣，愧负愧负！今时友朋，美质不无，而有志者绝少。谓圣贤不复可冀，所视以为准的者，不过建功名，炫耀一时，以骇愚夫俗子之观听。呜呼！此身可以为尧、舜参天地，而自期若此，不亦可哀也乎？故区区于友朋中，每以立志为说。亦知往往有厌其烦者，然卒不能舍是而别有所先。诚以学不立志，如植木无根，生意将无从发端矣。自古及今，有志而无成者则有之，未有无志而能有成者也。远别无以为赠，复申其立志之说。贤者不以为迂，庶勤勤执谦枉问之盛心为不虚矣。

与王晋溪司马

伏惟明公德学政事高一世，守仁晚进，虽未获亲炙，而私淑之心，已非一日。乃者承乏鸿胪，自以迂腐多疾，无复可用于世，思得退归田野，苟存余息。乃蒙大贤君子，不遗葑菲，拔置重地，适承前官，谢病之后，地方亦复多事，遂不敢固以疾辞。已于正月十六日抵赣，扶疾莅任。虽感恩图报之心，无不欲尽，而精力智虑，有所不及，恐不免终为荐举之累耳。伏惟仁人君子，器使曲成，责人以其所可勉，而不强人以其所不能，则守仁羁鸟故林之想，必将有日可遂矣。因遣官诣阙陈谢，敬附申谢私于门下，伏冀尊照。不备。

守仁近因峒贼大修战具，远近勾结，将遂乘虚而入，乃先其未发，分兵掩扑。虽斩获未尽，然克全师而归，贼巢积聚，亦为一空。此皆老先生申明律例，将士稍知用命，以克有此。不然，以南、赣素无纪律之兵，见贼不奔，亦已难矣。况敢暮夜扑剿，奋呼追击，功虽不多，其在南、赣，则实创见之事矣。伏望老先生特加劝赏，使自此益加激励，幸甚。今各巢奔溃之贼，皆聚横水、桶冈之间，与郴、桂诸贼接境。生恐其势穷，或并力复出。且天气炎毒，兵难深入远攻。乃分留重卒于金坑营前，扼其要害，示以必攻之势，使之旦夕防守，不遑他图。

又潜遣人于已破各巢山谷间多张疑兵，使既溃之贼不敢复还旧巢，聊且与之牵持。候秋气渐凉，各处调兵稍集，更图后举。惟望老先生授之以成妙之算，假之以专一之权，明之以赏罚之典。生虽庸劣，无能为役，敢不鞭策驽钝，以期无负推举之盛心。秋冬之间，地方苟幸无事，得以归全病喘于林下，老先生肉骨生死之恩，生当何如为报耶！正署，伏惟为国为道自重，不宣。

前月奏捷人去，曾渎短启，计已达门下。守仁才劣任重，大惧覆悚，为荐扬之累。近者南、赣盗贼虽外若稍定，其实譬之疽痈，但未溃决。至其恶毒，则固日深月积，将渐不可瘳治。生等固庸医，又无药石之备，不过从旁抚摩调护，以纾目前。自非老先生发针下砭，指示方药，安敢轻措其手，冀百一之成？前者申明赏罚之请，固来求针砭于门下，不知老先生肯赐俯从，卒授起死回生之方否也？近得辈中消息，云将大举，乘虚入广。盖两广之兵，近日皆聚府江，生等恐其声东击西，亦已密切布置，将为先事之图。但其事隐而未露，未敢显言于朝。然又不敢不以闻于门下。且闻府江不久班师，则其谋亦将自阻。大抵南、赣兵力极为空疏，近日稍加募选训练，始得三千之数。然而粮赏之资，则又百未有措。若夹攻之举果行，则其势尤为窘迫。欲称贷于他省，则他省各有军旅之费。欲加赋于贫民，则贫民又有从盗之虞。惟赣州虽有盐税一事，迩来既奉户部明文停止。但官府虽有禁止之名，而奸豪实窃私通之利。又盐利下通于三府，皆民情所深愿，而官府稍取其什一，亦商人所悦从。用是辄因官僚之议，仍旧抽放。盖事机窘迫，势不得已。然亦不加赋而财足，不扰民而事办，比之他图，固犹计之得者也。今特具以闻奏，伏望老先生曲赐扶持，使兵事得赖此以济，实亦地方生灵之幸。生等得免于失机误事之诛，其为感幸，尤深且大矣。自非老先生体国忧民之至，何敢每事控聒若此？伏冀垂照。不具。

生于前月二十日，地方偶获微功，已于是月初二日具本闻奏。差人既发，始领部咨，知夹攻已有成命。前者尝具两可之奏，不敢专主夹攻者，诚以前此三省尝为是举，乃往复勘议，动经岁月，形迹显暴，事未及举，而贼已奔窜大半。今老先生略去繁文之扰，行以实心，断以大义，一决而定，机速事果，则夹攻之举，固亦未尝不善也。凡败军偾事，皆缘政出多门，每行一事，既禀巡抚，复禀镇守，复禀巡按，往返需迟之间，谋虑既泄，事机已去。昨睹老先生所议，谓阃外兵权，贵在专委；征伐事宜，切忌遥制。且复除去总制之名，使各省事有专责，不令掣肘，致相推托。真可谓一洗近年琐屑牵扰之弊。非有大公无我之心发强刚毅者，孰能与于斯矣？庙堂之上，得如老先生者为之张主，人亦孰不乐为之用乎？幸甚幸甚？今各贼巢穴之近江西者，盖已焚毁大半。但擒斩不多，徒党尚盛。其在广东、湖广者，犹有三分之一。若平日相机掩扑，则贼势分而兵力可省。今欲大举，贼且并力合势，非有一倍之众，未可轻议攻围。况南、赣之兵，素称疲弱，见贼而奔，乃其长技。广、湖所用，皆土官狼兵，贼所素畏，夹攻之日，势必偏溃江西，今欲请调狼兵以当其锋，非惟虑其所过残掠，兼恐缓不及事。生近以漳南之役，亲见上杭、程乡两处机快，颇亦可用，且在抚属之内。故今特调二县各一千名，并凑南、赣新集起倩，共为一万二千之数。若以军法五攻之例，必须三省合兵十万而后可。但南、赣粮饷无措，不得已而从减省若此。伏望老先生特赐允可。若更少损其数，断然力不足以支寇矣。腐儒小生，素不习兵，勉强当事，惟恐覆公之觫。伏惟老先生悯其不逮，教以方略，使得有所持循，幸甚幸甚！

守仁始至赣，即因闽寇猖獗，遂往督兵。故前者渎奏谢启，极为草略，迄今以为罪。闽寇之始，亦不甚多，大军既集，乃连络四面而起，几不可支。今者偶获成功，皆赖庙堂德威成算，不然，且不免于罪累矣，幸甚。守仁腐儒小生，实非可用之才。盖未承南、赣之乏，已尝告病求退。后以托疾避难之嫌，遂不敢固请，黾勉至此，实恐得罪于道德，负荐举之盛心耳。伏惟终赐指教而曲成之，幸甚幸甚！今闽寇虽平，而南、赣之寇，又数倍于闽，且地连四省，事权不一，兼之敕旨又有不与民事之说，故虽虚拥巡抚之名，而其实号令之所及，止于赣州一城。然且尚多牴牾，是亦非皆有司者敢于违抗之罪，事势使然也。今为南、赣，止可因仍坐视，稍欲举动，便有掣肘。守仁窃以南、赣之巡抚，可无特设，止存兵备，而统于两广之总制，庶几事体可以归一。不然，则江西之巡抚，虽三省之务尚有牵碍，而南、赣之事，犹可自专。一应军马钱粮，皆得通融裁处，而预为之所，犹胜于今之巡抚，无事则开双眼以坐视，有事则空两手以待人也。夫弭盗所以安民，而安民者弭盗之本。今责之以弭盗，而使无与于民，犹专以药石攻病，而不复问其饮食调适之宜，病有日增而已矣。今巡抚之改革，事体关系，或非一人私议之间便可更定，惟有申明赏罚，犹可以稍重任使之权，而因以略举其职，故今辄有是奏。伏惟特赐采择施行，则非独生一人得以稍逭罪戮，地方之困亦可以少苏矣。非特道谊深爱，何敢冒渎及此？万冀鉴恕。不宣。

即日，伏惟经纶帮政之暇，台候万福。守仁学徒慕古，识乏周时，谬膺简用，惧弗负荷。祇命以来，推寻酿寇之由，率因姑息之弊。所敢陈情，实恃知己。乃蒙天听，并赐允从，蕃锡宠石，恩与至重。是非执事，器使曲成，奖饰接引，何以得此？守仁无似，敢不勉奋庸劣，遵禀成略，冀收微效，以上答圣眷，且报所自乎？兹当发师，匆遽陈谢，伏惟台照。不备。

生惟君子之于天下，非知善言之为难，而能用善之为难。舜在深山之中，与木石居、鹿豕游，其所以异于深山之野人者几希。舜亦何以异于人哉？至其闻一善言，见一善行，沛然若决江河，莫之能御，然后见其与世之人相去甚远耳。今天下知谋才辩之士，其所思虑谋猷，亦无以大相远者。然多蔽而不知，或虽知而不能用，或虽用而不相决，雷同附和。求其然真见其孰为可行，孰为不可行，孰为似迂而实切，孰为似是而实非，断然施之于用，如神医之用药，寒暑虚实，惟意所投，而莫不有以曲中其机，此非有明睿之资，正大之学，刚直之气，其孰能与于此？若此者，岂惟后世之所难能，虽古之名世大臣，盖亦未之多闻也。守仁每诵明公之所论奏，见其洞察之明，刚果之断，妙应无方之知，灿然剖析之有条，而正大光明之学，凛然理义之莫犯，未尝不拱手起诵，歆仰叹服。自其识事以来，见世之名公巨卿，负盛望于当代者，其所论列，在寻常亦有可观，至于当大疑，临大利害，得丧毁誉，眩瞀于前，力不能正，即依违两可，掩覆文饰，以幸无事，求其卓然之见，浩然之气，沛然之词，如明公之片言者，无有矣。在其平时，明公虽已自有以异于人，人固犹若无以大异者，必至于是而后见其相去之甚远也。守仁耻为佞词以谀人，若明公者，古之所谓社稷大臣，负王佐之才，临大节而不可夺者，非明公其谁欤！守仁后进迂劣，何幸辱在驱策之末。奉令承教，以效其尺寸，所谓驽骀遇伯乐而获进于百里，其为感幸何如哉！迩者龙川之役，亦幸了事，穷本推原，厥功所自，已略具于奏末，不敢复缕缕。所恨福薄之人，难与成功，虽仰赖方略，侥幸塞责，而病患日深，已成废弃。昨日乞休疏入，辄尝恃爱控其恳切之情，日夜瞻望允报。伏惟明公终始曲成，使得稍慰老父衰病之怀，而百岁祖母，亦获一见为诀，死生骨肉之恩，生当何如为报耶！情隘词迫，乞冀矜亮，死罪死罪！

　　近领部咨，见老先生之于守仁，可谓心无不尽，而凡其平日见于论奏之间者，亦已无一言之不酬。虽上公之爵，万户侯之封，不能加于此矣。自度鄙劣，何以克堪，感激之私，中心藏之，不能以言谢。然守仁之所以隐忍扶疾，身披锋镝，出百死一生，以赴地方之急者，亦岂苟图旌赏，希阶级之荣而已哉？诚感老先生之知爱，期无负于荐扬之言，不愧称知己于天下而已矣。今虽不能大建奇伟之绩，以仰答知遇，亦幸苟无挠败戮辱，遗缪举之羞于门下，则守仁之罪责亦已少塞，而志愿亦可以无大憾矣，复何求哉！复何求域！伏惟老先生爱人以德，器使曲成，不责人以其所不备，不强人以其所不能，则凡才薄福尪，羸疾废如某者，庶可以遂其骸骨之请矣。乞休疏待报已三月，尚杳未有闻。归魂飞越，夕不能旦。伏望悯其迫切之情，早赐允可，是所谓生死而肉骨者也，感德当何如耶！

辄有私梗，仰恃知爱，敢以控陈。近日三省用兵之费，广、湖两省皆不下十余万，生处所乞，止于三万，实皆分毫扣算，不敢稍存赢余。已蒙老先生洞察其隐，极力扶持，尽赐准允。后户部复见沮抑，以故昨者进兵之际，凡百皆临期那借屑凑，殊为窘急。赖老先生指授，幸而两月之内，偶克成功。不然，决致败事矣。此虽已遂之事，然生必欲一鸣其情者，窃恐因此遂误他日事耳。又南、赣盗贼巢穴，虽幸破荡，而漏殄残党，难保必无。兼之地连四省，深山盘谷，逃流之民，不时啸聚。辄采民情，议于横水大寨，请建县治，为久安之图。乘间经营，已略有次第。守仁迂疏病懒，于凡劳役之事，实有不堪。但筹度事势，有不得不然者，是以不敢以病躯欲归之故。闭遏其事而不可闲，苟幸目前之塞责而已也。伏惟老先生并赐裁度施行，幸甚！

守仁不肖，过蒙荐奖，终始曲成，言无不行，请无不得，既假以赏罚之权，复委以提督之任，授之方略，指其迷谬，是以南、赣数十年桀骜难攻之贼，两月之内，扫荡无遗。是岂驽劣若守仁者之所能哉？昔人有言，追获兽兔，功狗也；发纵指示，功人也。守仁赖明公之发纵指示，不但得免于挠败之戮，而又且与于追获兽兔之功，感恩怀德，未知此生何以为报也！因奏捷人去，先布下恳。俟兵事稍间，尚当具启修谢。伏惟为国为道自重，不宣。

迩者南、赣盗贼遂获底定，实皆老先生定议授算，以克有此。生辈不过遵守奉行之而已。何功之有，而敢冒受重赏乎？伏惟老先生橐籥元和，含洪无迹，乃欲归功于生物。物惟不自知其生之所自焉，尔苟知其生之所自，其敢自以为功乎？是自绝其生也已。拜命之余，不胜惭惧，辄具本辞免，非敢苟为逊避，实其中心有不自安者。升官则已过甚，又加之荫子，若之何其能当之。负且乘致寇至。生非无贪得之心，切惧寇之将至也。伏惟老生鉴其不敢自安之诚，特赐允可，使得仍以原职致事而去，是乃所以曲成而保全之也，感刻当何如哉！渎冒尊威，死罪死罪！

忧危之际，不敢数奉起居，然此心未尝一日不在门墙也。事穷势极，臣子至此，惟有痛哭流涕而已，可如何哉！生前者屡乞省葬，盖犹有隐忍苟全之望。今既未可，得以微罪去归田里，即大幸矣。素蒙知爱之深，敢有虚妄，神明诛殛。惟鉴其哀恳，特赐曲成，生死肉骨之感也。地方事决知无能为，已闭门息念，袖手待尽矣。惟是苦痛切肤，未免复为一控，亦聊以尽吾心焉尔。临启悲怆，不知所云。

自去冬畏途多沮，遂不敢数数奉启，感刻之情，无由一达，缪劣多忤，尚获曲全，非老先生何以得此。"中心藏之，何日忘之。"诵此而已，何能图报哉！江西之民，困苦已极，其间情状，计已传闻，无俟复喋。今骚求既未有艾，钱粮又不得免，其变可立待。去岁首为控奏，既未蒙旨，继为申请，又不得达，今兹事穷势极，只得冒罪复请。伏望悯地方之涂炭，为朝廷深忧远虑，得与速免，以救燃眉，幸甚幸甚！生之乞归省葬，去秋已蒙"贼平来说"之旨，冬底复请，至今未奉允报。生之汲汲为此，非独情事苦切，亦欲因此稍避怨嫉。素蒙老先生道谊骨肉之爱，无所不至，于此独忍不一举手投足为生全之地乎？今地方事残破悉极，其间宜修举者百端，去岁尝缪申一二，奏皆中途被沮而归。继是而后，遂以形迹之嫌，不敢复有所建白。兼贱恙日旺瘵，又以父老忧危致疾之故，神志恍恍，终日如在梦寐中。今虽复还省城，不过闭门昏卧，服药喘息而已。此外人事，都不复省，况能为地方救灾拯难，有所裨益于时乎？所以复有蠲租之请者，正如梦中人被锥刺，未能不知疼痛，纵其手足扑疗不及，亦复一呻吟耳。老先生幸怜其志，哀其情，速免征科，以解地方之倒悬。一允省葬之乞，使生得归全首领于牖下，则阖省蒙更生之德，生父子一家，受骨肉之恩举含刻于无涯矣。昏憒中控诉无叙，临启不胜怆栗。

屡奉启，皆中途被沮，无由上达。幸其间乃无一私语可以质诸鬼神。自是遂不敢复具。然此颠顿窘局，苦切屈仰之情，非笔舌可尽者，必蒙悯照，当不俟控吁而悉也。日来呕血，饮食顿减，潮热夜作。自计决非久于人世者，望全始终之爱，使得早还故乡。万一苟延余息，生死肉骨之恩，当何如图报耶？余情张御史当亦能悉，伏祈垂亮。不备。

比兵部差官来赍示批札，开谕勤倦，佐亦随至，备传垂念之厚。昔人有云，公之知我，胜于我之自知。若公今日之爱生，实乃胜于生之自爱也，感报当何如哉！明公一身系宗社安危，持衡甫旬月，略示举动，已足以大慰天下之望矣。百凡起居，尤望倍常慎密珍摄，非独守仁之私幸也。佐且复北，当有别启。差官回，便辄先附谢，伏惟台鉴。不具。

与陆清伯书

屡得书，见清伯所以省愆罪己之意，可谓真切恳到矣。即此便是清伯本然之良知。凡人之为不善者，虽至于逆理乱常之极，其本心之良知，亦未有不自知者。但不能致其本然之良知，是以物有不格，意有不诚，而卒入于小人之归。故凡致知者，致其本然之良知而已。《大学》谓之"致知格物"，在《书》谓之"精一"，在《中庸》谓之"慎独"，在《孟子》谓之"集义"，其功夫一也。向在南都，尝谓清伯吃紧于此。清伯亦自以为既知之矣。近睹来书，往往似尚未悟，辄复赘此。清伯更精思之。《大学》古本一册寄去，时一览。近因同志之士，多于此处不甚理会，故序中特改数语。有得便中写知之。季惟乾事善类所共冤，望为委曲周旋之。

与许台仲书

荣擢谏垣，闻之喜而不寐。非为台仲喜得此官，为朝廷谏垣喜得台仲也。孟子云："人不足与适也，政不足与间也。惟大人为能格君心之非。""一正君而国定矣。"碌碌之士，未论其言之若何，苟言焉，亦足尚矣。若夫君子之志于学者，必时然后言而后可，又不专以敢言为贵也。去恶先其甚者。颠倒是非。固已得罪于名教；若搜罗琐屑，亦君子之所耻矣。尊意以为何如？向时格致之说，近来用功有得力处否？若于此见得真切，即所谓一以贯之。如前所云，亦为琐琐矣。

又

吾子累然忧服之中，顾劳垂念，至勤贤即以书币远及，其何以当！其何以当！道不可须臾而离，故学不须臾而间，居丧亦学也。而丧者以荒迷自居，言不能无荒迷尔，学则不至于荒迷，故曰："丧事不敢不勉。"宁戚之说，为流俗忘本者言也。喜怒哀乐，发皆中节谓和。哀亦有和焉，发于至诚，而无所乘戾之谓也。夫过情，非和也；动气，非和也；有意必于其间，非和也。孺子终日啼而不嗌，和之至也。知此，则知居丧之学，固无所异于平居之学矣。闻吾子近日有过毁之忧，辄敢以是奉告，幸图其所谓大孝者可也。

与林见素

执事孝友之行，渊博之学，俊伟之才，正大之气，忠贞之节，某自弱冠从家君于京师，幸接比邻，又获与令弟相往复，其时固已熟闻习见，心悦而诚服矣。第以薄劣之资，未敢数数有请。其后执事德益盛，望益隆，功业益显，地益远，某企仰益切，虽欲忘其薄劣，一至君子之庭，以濡咳唾之余，又益不可得矣。执事中遭谗嫉，退处丘园，天下之士，凡有知识，莫不为之扼腕不平，思一致其勤惓。而况某素切向慕者，当如何中为心？顾终岁奔走于山夷海獠之区，力不任重，日不暇给，无由一申起居，徒时时于交游士夫间，窃执事之动履消息。皆以为人不堪其忧愤，而执事处之恬然，从容礼乐之间，与平居无异。《易》所谓"时困而德辨，身退而道亨"，于执事见之矣。圣天子维新政化，复起执事，寄之股肱，诚以慰天下之望。此盖宗社生民之庆，不独知游之幸，善类之光而已也。正欲作一书，略序其前后倾企纡郁未伸之怀，并致其欢欣庆忭之意，值时归省老亲，冗病交集，尚尔未能。而区区一时侥幸之功，连年屈辱之志，乃蒙为之申理，诱掖过情，而褒赏逾分，又特遣人驰报慰谕。此固执事平日与人为善之素心，大公无我之盛节，顾浅陋卑劣，其将何以承之乎！感激惶悚，莫知攸措。使还，冗剧草草，略布下悃。至于恩命之不敢当，厚德之未能谢者，尚容专人特启。不具。

与杨邃庵

某之缪辱知爱，盖非一朝一夕矣。自先君之始托交于门下，至于今，且四十余年。父子之间，受惠于不知，蒙施于无迹者，何可得而胜举？就其显然可述不一而足者，则如先君之为祖母乞葬祭也，则因而施及其祖考。某之承乏于南、赣，而行事之难也，则因而改授以提督。其在广会征，偶获微功，而见诎于当事也，则竟违众议而申之。其在西江，幸夷大憝，而见构于权奸也，则委曲调护，既允全其身家，又因维新之诏，而特为之表扬暴白于天下，力主非常之典，加之以显爵。其因便道而告乞归省也，则既嘉允其奏，而复优之以存问。其颁封爵之典也，出非望之恩而遂推及其三代。此不待人之请，不由有司之议，傍无一人可致纤毫之力，而独出于执事之心者，恩德之深且厚也如是，受之者宜何如为报乎！夫人有德于己，而不知以报者，草木鸟兽也，栎之树，随之蛇，尚有灵焉，人也而顾草木鸟兽之弗若耶？顾无所可效其报者，惟中心藏之而已。中心藏之，而辄复言之，惧执事之谓其藐然若罔闻知，而遂以草木视之也。迩者先君不幸大故，有司以不肖孤方茕然在疚，谓其且无更生之望，遂以葬祭赠谥为之代请，颇为该部所抑，而朝廷竟与之以葬祭。是执事之心，何所不容其厚哉！乃今而复有无厌之乞，虽亦其情之所不得已，实恃知爱之笃，遂径其情，而不复有所讳忌嫌沮，是诚有类于藐然若罔闻知者矣。事之颠末，别具附启。惟执事始终其德而不以之为戮也，然后敢举而行之。

与萧子雍

　　缪妄迂疏，多招物议，乃其宜然。每劳知己为之忧念不平，徒增悚赧耳。荼毒未死之人，此身已非己有，况其外之毁誉得丧，又敢与之乎？哀痛稍苏时，与希渊一二友喘息于荒榛丛草间，惴惴焉惟免于戮辱是幸，他更无复愿矣。近惟教化大行，已不负平时祝望。知者不虑其不明，而虑其过察；果者不虑其无断，而虑其过严。若夫尊德乐义，激浊扬清，以丕变陋习，吾与昔人，可无间然矣。盛价还，草草无次。

与德洪

　　《大学或问》数条，非不愿共学之士尽闻斯义，顾恐藉寇兵而赍盗粮，是以未欲轻出。且愿诸公与海内同志口相授受，俟其有风机之动，然后刻之非晚也。此意尝与谦之面论，当能相悉也。江、广两途，须至杭城始决。若从西道，又得与谦之一话于金、焦之间。冗甚，不及写书，幸转致其略。

卷二十八　续编三

杂著

自劾不职以明圣治事疏

臣闻之，主圣则臣直，上易知而下易治。今圣主在上，泽壅而未宣，怨积而不闻。臣等曾无一言，是甘为容悦，而上无以张主之圣，下无以解于百姓之惑也。伏惟陛下神明英武，自居春宫，万姓仰德。及登大宝，四夷向风。不幸贼臣刘瑾，窃弄威柄，流毒生灵，潜谋僭逆，几危郊社。赖祖宗上天之灵，俾张永等早发其奸，陛下奋雷霆之断，诛灭党与，划涤凶秽；复祖宗之旧章，吊黎元之疾苦；任贤修政，与民更始。天下莫不欢欣鼓舞，谓陛下固爱民之主，而前此皆贼瑾之荼毒；知陛下固有为之君，而前此皆贼瑾之蒙蔽。日早跂足延颈，以望太平。奈何积暴所加，民瘴未复，余烈所煽，妖孽连兴，几及二年，愈肆愈横。兵屯不解，民困日深。贼势相连殆遍，财匮粮竭，旦夕汹汹。臣等备位大臣，不能展一筹以纾患害，宽一缚以苏倒悬。抚心反己，自知之罪，莫可究言。至其暴扬于天下，訾詈于道途，而尤难掩饰者，大罪有三，请自陈其略，以伏厥辜。

夫朝以出政，政以成事。陛下每月视朝，朔望之外，不过一二。岂不以臣等分职于下，事苟无废，不朝奚损乎？然群臣百司，愿时一睹圣颜而不获，则忧思徬徨，渐以懈弛。远近之民，遂疑陛下不复念其困苦，而日兴怨怼；四方盗贼，亦谓陛下未尝有意剪除，而益猖獗。夫昧爽临朝，不过顷刻间，陛下何惮而不为？所以若此，则实由臣等不能备言天下汹汹之情，以悟陛下，是其大罪一也。

陛下日于后苑训练兵事，鼓噪之声，震骇城域。岂不以寇盗未平，思欲奋威讲武乎？然此本亦将卒之事，兼非宫禁所宜。况今前星未耀，震位犹虚，而乃劳力于掣肘，耗气于驰逐，群臣惶惑，两宫忧危，宗社大本，无急于是。而臣等不能力劝陛下蓄精养神，以衍皇储之庆，思患预防。以为燕翼之谋，是其大罪二也。

夫日近儒臣，讲论道德，涵泳义理，以培养本原，开发志意。则耳目日以聪明，血气日以和畅，穷天地之化，尽万物之情，优游泮涣，以与古先神圣为伍，此亦天下之至乐矣。陛下苟知此，则将乐之终身而不能以须臾舍，奚暇游戏之娱乎？今陛下自即位以来，经筵之御，未能四五，而悦心于骑射疲劳之事，皆由臣等不能备陈至乐，以易陛下之所好，是其大罪三也。

陛下有尧、舜之资，臣等不能导陛下于三代，而使天下之民疾首蹙额相告，归咎怀愤，若汉、唐之季，臣等死有余罪矣。伏愿陛下继自今昧爽以视朝，励精而图治。端拱玄默，以养天和，正《关雎》之风，毓《麟趾》之祥。日御经筵，讲求治道，悦理义之悦心，去游宴之败度。正臣等不职之罪，罢归田里，举耆德宿望之贤，与共天职。使天下晓然皆知陛下忧悯元元之本心，由臣等不能极言切谏，以至于斯。自兹以往，务在休养生息，无复有所骚扰。躬修圣政，以弭天下之艰，屯广圣嗣，以定天下之危，疑勤圣，学以立天下之大本。其余习染，以次洗刷。则民生自遂，若阳气至而万物春；寇盗自消，若白日出而魍魉灭。上以承祖宗之鸿休，下以垂子孙之统绪；近以慰臣庶之忧惶，远以答四方之观向。臣等虽死之日，犹生之年。

不胜激切颠陨待罪之至，具疏上闻。

乞恩表扬先德疏

窃照臣父致仕南京吏部尚书王华，以今年二月十二日病故。臣时初丧荼苦，气息奄奄，不省人事。有司以臣父忝在大臣之列，特为奏闻，兼乞葬祭赠谥事下该部，以臣父为礼部侍郎时，尝为言官所论，谓臣父于暮夜受金而自首，清议难明；承朝廷遣告而乞归，诚意安在。又为南京吏部尚书时，因礼部尚书李杰乞恩认罪回话事，奉钦依李杰、王华彼时共同商议，如何独言张升，显是饰词。本当重治，姑从轻，都著致仕。伏遇圣慈覆载宽容，不轻绝物。然犹赐之葬祭，感激浩荡之恩，阖门粉骨，无以为报。窃念臣父始得暗投之金，若使其时秘而不宣，人谁知者。而必以自首，其于心迹，可谓清矣。乞便道省母于既行祭告之后，其于遣祀之诚，自无妨矣。当时论者不察其详，而辄以为言。臣父盖尝具本六乞退休，请究其事。当时朝廷特为暴白，屡赐温旨，慰谕勉留，其事固已明白久矣。乃不意身没之后，而尚以此为罪也，臣切痛之。

正德初年，逆瑾肇乱，威行中外。其时臣为兵部主事，因瑾绑拿科道官员，臣不胜义愤，斥瑾罪恶。瑾怒臣，因而怒及臣父。既而使人讽臣父令出其门。臣父不往，瑾益怒。然臣父乃无可加之罪，后遂推寻礼部旧事与臣父无干者，因传旨并令臣父致仕，以泄其怒。此则臣父以守正不阿，触忤权奸，而为所摈抑，人皆知之，人皆冤之。乃不知身没之后而反以此为咎也，臣尤痛之。

臣父以一甲进士，授官翰林院修撰，历升春坊谕德、翰林院学士、詹事府少詹事、礼部侍郎、南京吏部尚书。其间充经筵官、经筵讲官、日讲官，又选充东宫辅导官、东宫讲读官，与修《宪庙实录》及《大明会典》《通监纂要》等书。积劳久而被遇深矣。故事侍从日讲辅导等官身没之后，类得优以殊恩，荣以美谥。而臣父独以无实之谤，不附权奸之义，生被诬抑，而没有余耻，此臣之所以割心痛骨，不得不从陛下而求一表暴者也。

夫人子之孝，莫大于显亲；其不孝亦莫大于辱亲。臣以犬马微劳，躐致卿位。故事在卿佐之列者，亲没之后，皆得为之乞请恩典。臣今未敢有所陈乞以求显其亲，而反以无实之诟辱其亲于身没之后，不孝之罪，复何以自立于天地间乎！此臣之所尤割心痛骨，不得不从陛下而求一表暴者也。

臣自去岁乞恩便道归省，陛下垂悯乌鸟，且念臣父系侍从旧臣，特推非常之恩，赐之存问。臣父先于正德九年尝蒙朝廷推恩进阶，臣伏睹制词有云："直道见沮于权奸，晚节遂安于静退。"则当时先帝固已洞知臣父之枉矣。臣又伏睹陛下即位诏书内开："自弘治十八年五月十八日以后，大小官员有因忠直谏诤，及守正被害去任等项，各该衙门备查奏请，大臣量进阶级，并与应得恩荫。"臣父以守正触怒逆瑾，无故被害去任，此固恩诏之所悯录，正在量进阶级之列。臣父既耻于自陈，而有司又未为奏请，乃今身没之后而反犹以为诟，臣窃自伤痛其无以自明也。臣父中遭屈抑，晚遇圣明，庶几沐浴恩泽，以一雪其拂郁。而忽复逝矣，岂不痛哉！今又反以为辱，岂不冤哉！

臣又查得先年吏部尚书马文升、屠滽等皆尝屡被论劾，其后朝廷推原其事，卒赐之以赠谥。臣父才猷虽或不逮于二臣，而无故被诬，实有深于二臣者。惟陛下矜而察之。臣以功微赏重，深忧覆败，方尔冒死辞免封爵，前后恩典，已惧不克胜荷。故于臣父之没，断已不敢更有乞请。乃不意蒙此诬辱，臣又安能含羞饮泣，不为臣父一致其辩乎？

夫人臣之于国也，主辱则臣死，子之于父也，亦然。今臣父辱矣，臣何以生为哉！

夫朝廷恩典所以报有功而彰有德，岂下臣所敢幸乞。顾臣父被无实之耻于身后，陛下不为一明其事，自此播之天下，传之后代，孝子慈孙将有所不能改，而臣父之目不瞑于地下矣，岂不冤哉！

夫饰非以欺其上者，不忠；矫辞以诬于世者，无耻；不忠无耻，亦所以为不孝。若使臣父果有纤毫可愧于心，而臣乃为之文饰矫诬以欺陛下，以罔天下后世，纵幸逃于国宪，天地鬼神实临殛之。臣虽庸劣之甚，不忠无耻之事，义不忍为也。惟陛下哀而察之。臣不胜含哀抱痛战栗惶惧激切控吁之至，谨具本令舍人王宗海代赍奏闻，伏候敕旨。

辨诛遗奸正大法以清朝列疏

丁忧南京兵部尚书臣王某谨奏，为诛遗奸，正大法，以清朝列事。

嘉靖元年十月初十等日，准南京兵部咨，准都察院咨，该巡按广西监察御史张钺奏，为前事题，奉圣旨："是，这所劾张子麟事情，还著王守仁、伍希儒、伍文定看了，上紧开具明白，奏来定夺，钦此。"又准该部咨，准都察院咨，该丁忧刑部尚书张子麟奏，为辨污枉，清名节，以雪大冤事题，奉圣旨："是，张子麟所奏事情，著王守仁等一并看了来说，钦此。"俱钦遵外，方在衰绖之中，忧病哀苦，神思荒愦，一切世务，悉已昏迷恍惚，奉命震悚。旋复追惟，臣先正德十四年六月初六日，奉敕前往福建查处聚众谋反等事。本月十五日，行至丰城地方，适遇宁藩之变，仓卒脱身，誓死讨贼。十八日回至吉安，督同知府伍文定等起兵。七月二十日引兵收复南昌。二十三日宸濠还救。二十六日宸濠就擒。其时余党尚有未尽，百务丛集，臣因先令各官分兵守视王府各门。至月初五六间，始克率同御史伍希儒、知府伍文定等入府，按视宫殿库藏诸处。其间未经烧毁者，重加封识，以俟朝命。已被残坏者，分令各官逐一整检。有刑部尚书张子麟启本一封，众共开视，云是胡世宁招词。臣当与各官商说，此等公文书启之类，皆在宸濠未反数年前事。虽私与交往，不为无罪，而反逆之举，未必曾与通谋。况此交通之人，今或多居禁近，分布联络，若存此等形迹，恐彼心怀疑惧，将生意外不测之变。且卢悷人因而点缀掇拾，异时根究牵引，奸党未必能惩，而忠良或反被害。昔人有焚吏民交关文书数千章以安反侧之心者，今亦宜从其处，以息祸端。遂议与各官公同烧毁。后奉刑部题奉钦依："原搜簿籍，既未送官封记收掌，又事发日久，别生事端，委的真伪难辨，无凭查考。着原搜获之人尽行烧毁，钦此。"钦遵外，臣等莫不仰叹圣主包含覆帱之量，范围曲成之仁，可谓思深而虑远也已。以是臣等不复为言，且谓朝廷于此等事既已一概宥略，与天下洗涤更始矣。

今御史张钺风闻其事，复有论列，是亦防闲为臣之大义，效忠于陛下之心也。尚书张子麟力辩其事，而都察院覆奏，以为世宁之狱，悉由该院，与子麟无干，则诚亦暧昧难明之迹。今臣等亦不过据事直言其实耳，岂能别有所查访。然以臣愚度之，尝闻昔年宸濠奸党为之经营布置于外，往往亦有诈为他人书启归以欺濠而罔利者。则此子麟之启，无乃亦是类欤？不然，子麟身为执法大臣，非一日矣，纵使与濠交通，岂略不知有畏忌，而数年之前，辄以肆然称臣于濠耶？

夫人臣而怀二心，此岂可以轻贷？然亦加人以不忠之罪，则亦非细故矣。此在朝廷必有明断。臣偶有所见，亦不敢不一言之。缘奉钦依"这所劾张子麟事情，还着王守仁、伍希儒、伍文定看了，上紧开具明白奏来定夺"；及"张子麟所奏事情，着王守仁等一并看了来说事理"，为此具本差舍人李升亲赍奏闻，伏候敕旨。

书同门科举题名录后

尝读《文中子》，见唐初诸名臣若房、杜、王、魏之流，大抵皆出其门，而论者犹以文中子之书乃其徒伪为之而托焉者，未必其实然也。今以邃庵先生之徒观之，则文中子之门又奚足异乎？予尝论文中子盖后世之大儒也，自孔、孟既没，而周、程未兴，董、韩诸子未或有先焉者。

先生自为童子，即以神奇荐入翰林，未弱冠而已为人师。其颖悟之蚤，文学之懿，比之文中，实无所愧。而政事之敏卓，才识之超伟，文中未有见焉。文中之在当时，尝以策干隋文，不及一试，而又蚤死。先生少发科第，入中书，督学政，典礼太常，经略边陲，弭奸戡乱，陟司徒，登冢宰，晋位师相，威名振于夷狄，声光被于海宇，功成身退，优游未老之年，以身系天下安危，圣天子且将复起之，以恢中兴之烈，而海内之士日翘首跂足焉。则天之厚于先生者，殆文中子所不能有也。

文中之徒，虽显于唐，然皆异代隔世。若先生之门，具体而微者，亦且几人，其余或得其文学，或得其政事，或得其器识，亦各彬彬成章，足为名士，布列中外，不下数十，又皆同朝共事，光耀于时。其间乔、靳诸公，遂与先生同升相位，相继为冢宰。若此者，文中子之门，益有所不敢望矣。且文中子之门，其亲经指受，若董常、程元之流，多不及显而章明于世，往往或请益于片言，邂逅于一接，非若今之题名所载，皆出于先生之陶冶，其出于陶冶而不显于世，若常、元之徒，殆未暇悉数也。

先生之在吏部，守仁常为之属，受知受教，盖不止于片言一接者。然以未尝亲出陶冶，不敢憾于兹录之不与。若其出于陶冶而有若常、元者焉，或亦未可以其不显于世而遂使之不与也。续兹录者，且以为何如？嘉靖甲申季冬望。

书宋孝子朱寿昌孙教读源卷

教读朱源，见其先世所遗翰墨，知其为宋孝子寿昌之裔也，既弊烂矣，使工为装缉之。因论之曰："孝，人之性也。置之而塞乎天地，溥之而横乎四海，施之后世而无朝夕。保尔先世之翰墨，则有时而弊；保尔先世之孝，无时而或弊也。人孰无是孝？岂保尔先世之孝，保尔之孝耳。保先世之翰墨，亦保其孝之一事，充是心而已矣。"源归其以吾言遍谕乡邻，苟有慕寿昌之孝者，各充其心焉，皆寿昌也已。正德己卯春三月晦，书虔台之静观轩。

书汪进之卷

程先生云:"有求为圣人之志,然后可与共学。"夫苟有必为圣人之志,然后能加为己谨独之功。能加为己谨独之功,然后于天理人欲之辨日精日密,而于古人论学之得失,孰为支离,孰为空寂,孰为似是而非,孰为似诚而伪,不待辩说而自明。何者?其心必欲实有诸己也。必欲实有诸己,则殊途而同归,其非且伪者,自不得而强入。不然,终亦忘己逐物,徒弊精力于文句之间,而曰吾以明道,非惟有捕风捉影之弊,抑且有执指为月之病,辩析愈多,而去道愈远矣。故某于朋友论学之际,惟举立志以相切砺。其于议论同异之间,姑且置诸未辩。非不欲辩也,本之未立,虽欲辩之,无从辩也。夫志,犹木之根也;讲学者,犹栽培灌溉之也。根之未植,而徒以栽培灌溉,其所滋者,皆萧艾也。进之勉之!

书赵孟立卷

赵仲立之判辰也,问政于阳明子。阳明子曰:"郡县之职,以亲民也。亲民之学不明,而天下无善治矣。""敢问亲民。"曰:"明其明德以亲民也。""敢问明明德。"曰:"亲民以明其明德也。"曰:"明德亲民一乎?君子之言治也,如斯而已乎?"曰:"亲吾之父,以及人之父,而孝之德明矣;亲吾之子,以及人之子,而慈之德明矣。明德亲民也,而可以二乎?惟夫明其明德以亲民也,故能以一身为天下;亲民以明其明德也,故能以天下为一身。夫以天下为一身也,则八荒四表,皆吾支体,而况一郡之治,心腹之间乎?"

书李白骑鲸

李太白,狂士也。其谪夜郎,放情诗酒,不戚戚于困穷。盖其性本自豪放,非若有道之士,真能无入而不自得也。然其才华意气,足盖一时,故既没而人怜之。骑鲸之说,亦后世好事者为之。极怪诞,明者所不待辨。

因阅此，间及之尔。

书三酸

人言鼻吸五斗醋，方可作宰相。东坡平生自谓放达，然一滴入口，便尔闭目攒眉，宜其不见容于时也。偶披此图，书此发一笑。

书韩昌黎与太颠坐叙

退之《与孟尚书书》云："潮州有一老僧，号太颠，颇聪明识道理。与之语，虽不尽解，要自胸中无滞碍。因与来往，及祭神于海上，遂造其庐。来袁州，留衣服为别，乃人情之常，非崇信其法，求福田利益。"退之之交太颠，其大意不过如此。而后世佛氏之徒张大其事，往往见之图画，真若弟子之事严师者，则其诬退之甚矣。然退之亦自有以取此者。故君子之与人不可以不慎也。

春郊赋别引

钱君世恩之将归养也，厚于世恩者皆不忍其去，先行三日，会于天官郎杭世卿之第以聚别。明日，再会于地官秦国声。与者六人：守仁与秋官徐成之、天官杨名父及世卿之弟进士东卿也。

世恩以其归也，以疾告也，皆不至。于是惜别之怀，无所于发，而托之诗，前后共得诗十首。六人者，以世恩之犹在也，而且再会而不一见，其既去也，又可以几乎。乃相与约为郊饯，必期与世恩一面以别。至日，成之以候旨，东卿以待选，世卿、名父以各有部事，皆势不容出。及饯者，守仁与国声两人而已。世恩既去之明日，复会于守仁，各言所以，相与感叹咨嗟，复成二诗。

世卿曰："世恩之行也，终不及一饯。虽发之于诗，而不以致之世恩，吾心有缺也。盍亦章次而将之，何如？"皆曰："诺。"国声得小卷，使世卿首会之作，国声与名父、东卿分书再会，成之书末会，谓守仁弱也，宜为诸公执笔砚之役以叙。

嗟乎！一别之间,而事之参错者凡几。虽吾与世恩复期于来岁之秋,以为必得重聚于此,然又何可以逆定乎！惟是相勉以道义,而相期于德业,没之污涂之中,而质之天日之表,则虽断金石,旷百世,而可以自信其常合。然则未忘于言语之间者,其亦相厚之私欤？考功正郎乔希大闻之,来题其卷端曰："春郊赋别"。给事陈惇贤复为之图。皆曰："吾亦厚于世恩也,聊以致吾私。"

告谕庐陵父老子弟

庐陵文献之地,而以健讼称,甚为吾民羞之。县令不明,不能听断,且气弱多疾。今与吾民约：自今非有迫于躯命,大不得已事,不得辄兴词。兴词但诉一事,不得牵连,不得过两行,每行不得过三十字。过是者不听,故违者有罚。县中父老谨厚知礼法者,其以吾言归告子弟,务在息争兴让。呜呼！一朝之忿忘其身,以及其亲,破败其家,遗祸于其子孙。孰与和巽自处,以良善称于乡族,为人之所敬爱者乎？吾民其思之。

今灾疫大行,无知之民,惑于渐染之说,至有骨肉不相顾疗者。汤药馆粥不继,多饥饿以死。乃归咎于疫。夫乡邻之道,宜出入相友,守望相助,疾病相扶持。乃今至于骨肉不相顾。县中父老,岂无一二敦行孝义,为子弟倡率者乎？夫民陷于罪,犹且三宥致刑。今吾无辜之民,至于阖门相枕藉以死。为民父母,何忍坐视？言之痛心。中夜忧惶,思所以救疗之道,惟在诸父老劝告子弟,兴行孝弟。各念尔骨肉,毋忍背弃。洒扫尔室宇,具尔汤药,时尔馆粥。贫弗能者,官给之药。虽已遣医生老人分行乡井,恐亦虚文无实。父老凡可以佐令之不逮者,悉已见告。有能兴行孝义者,县令当亲拜其庐。凡此灾疫,实由令之不职,乘爱养之道,上干天和,以至于此。县令亦方有疾,未能躬问疾者,父老其为我慰劳存恤,谕之以此意。

谕告父老为吾训戒子弟,吾所以不放告者,非独为吾病不任事。以今农月，尔民方宜力田，苟春时一失，则终岁无望，放告尔民，将牵连而出，荒尔田亩，弃尔室家，老幼失养，贫病莫全，称贷营求，奔驰供送，愈长刁风，为害滋甚。昨见尔民号呼道路，若真有大苦而莫伸者。姑一放告，尔民之来讼者以数千。披阅其词，类虚妄。取其近似者穷治之，亦多凭空架捏，曾无实事。甚哉，尔民之难喻也，自今吾不复放告。尔民果有大冤，抑人人所共愤者，终必彰闻，吾自能访而知之。有不尽知者，乡老据实呈县。不实，则反坐乡老以其罪。自余宿憾小忿，自宜互相容忍。夫容忍美德，众所悦爱，非独全身保家而已。嗟乎！吾非无严刑峻罚以惩尔民之诞，顾吾为政之日浅，尔民未吾信，未有德泽及尔，而先概治以法，是虽为政之常，然吾心尚有所未忍也。姑申教尔。申教尔而不复吾听，则吾亦不能复贷尔矣。尔民其熟思之，毋遗悔。

一应公差人员经过河下，验有关文，即行照关应付，毋得留难取罪。其无关文，及虽有关文而分外需求生事者，先将装载船户摘挐，送颗取供。即与搜盘行李，上驿封贮，仍将本人绑拿送县，以凭参究惩治。其公差人安分守法，以礼自处，而在官人役辄行辱慢者，体访得出，倍加惩究，不恕。

借小银两，本非正法。然亦上人行时之急计，出于无聊也。今上人有急难，在尔百姓，亦宜与之周旋。宁忍坐视不顾，又从而怨詈讪讦之，则已过矣。夫忘身为民，此在上人之自处。至于全躯保妻子，则亦人情之常耳。尔民毋责望太过。吾岂不愿尔民安居乐业，无此等骚扰事乎？时势之所值，亦不得已也。今急难已过，本府决无复行追求之理。此必奸伪之徒，假府为名，私行需索。自后但有下乡征取者，尔等第与俱来，吾有以处之。毋遽汹汹！

今县境多盗，良由有司不能抚绥，民间又无防御之法，是以盗起益横。近与父老豪杰谋，居城郭者，十家为甲；在乡村者，村自为保。平时相与讲信修睦，寇至，务相救援。庶几出入相友，守望相助之义。

今城中略已编定。父老其各写乡村为图，付老人呈来。子弟平日染于薄恶者，固有司失于抚缉，亦父老素缺教诲之道也。今亦不追咎，其各改行为善。老人去，宜谕此意，毋有所扰。

谕示乡头粮长人等，上司奏定水次兑运，正恐尔辈在县拖延，不即起运。苟钱粮无亏，先期完事，岂有必以水次责尔之理？纵罪不免，比之后期不纳者，获罪必轻。昨呼兑运军旗面语，亦皆乐从，不敢有异。尔辈第于水次速兑，苟有益于民，吾当身任其咎，不以累上官。但后期误事，则吾必尔罚。定限二十九日未时完报。

今天时亢旱，火灾流行，水泉枯竭，民无屋庐，岁且不稔。实由令之不职，获怒神人，以致于此。不然，尔民何罪？今方斋戒省咎，请罪于山川社稷，停催征，纵轻罪。尔民亦宜解讼罢争，息心火，无助烈焰。禁民间毋宰杀酗饮。前已遣老人遍行街巷，其益修火备，察奸民之因火为盗者。县令政有不平，身有缺失，其各赴县直言，吾不惮改。

昨行被火之家，不下千余，实切痛心。何延烧至是，皆由衢道太狭，居室太密，架屋太高，无砖瓦之间，无火巷之隔。是以一遇火起，即不可救扑。昨有人言，民居夹道者，各退地五尺，以辟衢道，相连接者，各退地一尺，以拓火巷。此诚至计。但小民惑近利，迷远图，孰肯为久长之虑，徒往往临难追悔无及。今与吾民约，凡南北夹道居者，各退地三尺为街；东西相连接者，每间让地二寸为巷。又间出银一钱助边巷者为墙，以断风火。沿街之屋，高不过一丈五六，厢楼不过二丈一二。违者各有罚。地方父老及子弟之谙达事体者，其即赴县议处，毋忽。

昨吴魁昊、石洪等军民互争火巷，魁昊等赴县腾告，以为军强民弱已久。在县之人，皆请抑军扶民。何尔民视吾之小也？夫民吾之民，军亦吾之民也。其田业吾赋税，其室宇吾井落，其兄弟宗族吾役使，其祖宗坟墓吾土地，何彼此乎？今吉安之军，比之边塞，虽有间然，其差役亦甚繁难，月粮不得食者半年矣。吾方悯其穷，又可抑乎？今法度严厉，一陷于罪，即投诸边裔，出乐土，离亲戚，坟墓不保其守领，国典具在，吾得而绳之，何强之能为？彼为之官长者，平心一视，未尝少有同异。而尔民先倡为是说，使我负愧于彼多矣。今姑未责尔，教尔以敦睦，其各息争安分，毋相侵陵。火巷吾将亲视，一不得，吾其罪尔矣。诉状诸军，明早先行赴县面审。

谕告父老子弟，县令到任且七月，以多病之故，未能为尔民兴利去弊。中间局于时势，且复未免催科之扰。德泽无及于民，负尔父老子弟多矣。今兹又当北觐，私计往返，与父老且有半年之别。兼亦行藏靡定，父老其各训诫子弟，息忿罢争，讲信修睦，各安尔室家，保尔产业，务为善良，使人爱乐，勿作凶顽，下取怨恶于乡里，上招刑戮于有司。呜呼！言有尽而意无穷，县令且行矣，吾民其听之。

庐陵县公移

庐陵县为乞蠲免以苏民困事，准本县知县王关查得正德四年十一月二十六日，本县抄蒙本府纸牌，抄奉钦差镇守江西等处太监王钧牌，差吏龚彰赍原发银一百两到县，备仰掌印官督同主簿宋海拘集通县粮里，收买葛纱。比因知县员缺，主簿宋海官征钱粮，典史林嵩郭粮，止有县丞杨融署印。又蒙上司络绎行委催提勘合人犯印信，更替不一。

正德五年三月十八日，本职方才到任，随蒙府差该吏郭孔茂到县守，并当拘粮里陈江等，着令领价收买。据各称本县地方，自来不产葛布，原派岁额，亦不曾开有葛布名色，惟于正德二年，蒙钦差镇守太监姚案行本布政司，备查出产葛布县分，行令依时采办，无产县分，量地方大小，出银解送收买。本县奉派折银一百五两。当时百姓呹呹，众口腾沸。江等迫于征催，一时无由控诉，只得各自出办赔贩。正德四年，仍前一百五两，又复忍苦赔解。今来复蒙催督买办，又在前项加派一百五两之外。百姓愈加惊惶，恐自此永为定额，遗累无穷。兼之岁办料杉、楠木、炭、牲口等项，旧额三千四百九十八两，今年增至一万余两，比之原派，几于三倍。其余公差往来，骚扰刻剥，日甚一日。

江等自去年以来，前后赔贻七十余两，皆有实数可查。民产已穷，征求未息。况有旱灾相仍，疾疫大作，比巷连村，多至阖门而死，骨肉奔散，不相顾疗。幸而生者，又为征求所迫，弱者逃窜流离，强者群聚为盗，攻劫乡村，日无虚夕。今来若不呈乞宽免，切恐众情忿怨，一旦激成大变。为此连名具呈，乞为转申祈免等情。

据此，欲为备由申请间，蓦有乡民千数拥入县门，号呼动地，一时不辨所言。大意欲求宽贷。仓卒诚恐变生，只得权辞慰解，谕以知县自当为尔等申诸上司，悉行蠲免。众始退听，徐徐散归。

本月初七日，复蒙镇守府纸牌催督前事，并提当该官吏，看得前项事件，既已与民相约，岂容复肆科敛？非惟心所不忍，兼亦势有难行。参照本职自到任以来，即以多病不出，未免有妨职务。坐视民困而不能救，心切时弊而不敢言，至于物情忿激，拥众呼号，始以权辞慰谕，又复擅行蠲免，论情虽亦纾一时之急，据理则亦非万全之谋。既不能善事上官，又何以安处下位？苟欲全信于民，其能免祸于己。除将原发银两解府转解外，合关本县当道垂怜小民之穷苦，俯念时势之难为，特赐宽容，悉与蠲免。其有迟违等罪，止坐本职一人，即行罢归田里，以为不职之戒。中心所甘，死且不朽等因。备关到县，准此，理合就行。

教场石碑

正德丁丑，瑶寇大起，江、广、湖、郴之间骚然，且四三年矣。于是三省奉命会征。乃十月辛亥，予督江西之兵，自南康入。甲寅，破横水、左溪诸巢，贼败奔。庚辛，复连战，贼奔桶冈。十一月癸酉，攻桶冈，大战西山界。甲戌，又战，贼大溃。丁亥，尽殪之。凡破巢八十有四，擒斩三千余，俘三千六百有奇，释其胁从千有余众。归流亡，使复业。度地居民，凿山开道，以夷险阻。辛丑，师旋。于乎！兵惟凶器，不得已而后用。刻茶寮之石，匪以美成，重举事也。

戊寅正月癸卯，计擒其魁，遂进兵击其懈。丁未，破三浰，乘胜追北，大小三十余战，灭巢三十，有八，俘斩三千余。三月丁未，回军，壶浆迎道，耕夫遍野，父老咸欢农器不陈。于今五年，复我常业，还我室家，伊谁之力？四省之寇，惟浰尤黠，拟官僭号，潜图孔蒸。正德丁丑冬，峯贼既殄，盖机险阱毒，以虞王师，我乃休士归农。赫赫皇威，匪威曷凭。爰伐山石，用纪厥成。

铭一首

来尔同志，古训尔陈。惟古为学，在求放心。心苟或放，学乃徒勤。勿忧文辞之不富，惟虑此心之未纯；勿忧名誉之不显，惟虑此心之或湮。斯须不敬鄙慢入，造次不谨放僻成。反观而内照，虚己以受人。言勿伤于烦易，志勿惰于因循。勿以亡而为有，勿以虚而为盈。勿遂非而文过，勿务外而徇名。温温恭人，允惟基德。堂堂张也，难与为仁。卓尔在如愚之回，一贯乃质鲁之参。终身可行惟一恕，三年之功去一矜。不贵其辨贵其讷，不患其钝患其轻。惟龟焉而时敏，乃暗然而日新。凡我同志，宜鉴兹铭。

箴一首

古之教者，莫难严师。师严道尊，教乃可施。严师维何？庄敬自持，外内若一，匪徒威仪。施教之道，在胜己私，孰义孰利，辨析毫厘。源之弗洁，厥流孔而。毋忽其细，慎独谨微；毋事于言，以身先之。教不由诚，曰惟自欺。施不以序，孰云匪愚！庶予知新，患在好为。凡我师士，宜鉴于兹。

阳朔知县杨君墓志铭

阳明子谪居贵阳，有齐衰而杖者，因乡进士郑銮氏而来请曰："阳朔令杨尚文卒，其孤侄卿来谓銮曰：'先伯父死无嗣，子所知我。后人又不竞，非得当世名贤勖一言于墓，将先德其泯废无日。子辱于伯父久，亦宜所甚悯，其若之何？'敢遂以卿奉其先人之遗币，再拜阶下以请。"

阳明子曰："嘻！予摈人惧僇辱之弗遑，奚取以铭人之墓为？其改图诸。"

卿伏阶下，泣弗兴。郑为之请益固。则登其状与币于席，而揖使归曰："吾徐思之。"

明日，卿来伏阶下泣。又明日复来，曰："不得命，无以即丧次。"馆下之士，多为之请，且言尚文之为人曰："尚文敦信狷直，其居乡不苟，与所交，必名士巨人，视侪辈之弗臧者若浼焉。尝召其友饮，狂士有因其友愿纳欢者，与偕往。尚文拒弗受曰：'吾为某不为若。'其峻绝如是。"

阳明子曰："其然，斯亦难得矣。今之人，惟同污逐垢，弗自振立，故风俗靡靡至此。若斯人，又易得耶？"

因取其状视之，多若馆下士之言焉，乃许为之志：

维杨氏之先，居扬之泰州，祖廉，为监察御史，擢参议贵阳，卒遂家焉。考祥，终昭化县尹。生三子：伯斅；仲敞，即尚文；季敬，宰荆门之建阳驿。

尚文始从同郡都宪徐公授《易》。寻举乡荐，中进士乙榜，三为司训庐江、溧阳、平乐，总试事于蜀。末用大臣荐，擢尹桂林阳朔县。

瑶顽，弗即工者累年，尚文谕以威德，皆相率来受约束，供赋税。流移闻之，归复业者以千数。部使者以闻，将加擢用，而尚文死矣。得年仅五十有五，又无嗣。天于善人何哉！

然尚文所历，三庠之士思其教，阳朔之民怀其惠，乡之后进高其行，其与身没而名踣。又为人所秽鄙者，虽有子若孙何如哉？

娶同郡阮氏瑞，新昌主簿君女。尚文虽无子，有卿存焉，犹子也。

铭曰：狮山之麓，有封若斧。左冈右砠，栩栩其树。爰有周行，于封之下。乡人过者，来视其处，曰："呜呼！斯杨尹之墓耶？"

刘子青墓表

此浙江按察佥事刘子青之墓。呜呼！子青洁其行不洁其名，有其实不宏其声。宁藩之讨，子青在师，相知甚悉。吾每叹其才敏，而世或訾之以无能。吾每称其廉慎，而世或诟之以不清。岂非命耶？安常委命，其往而休。人谓子青为愤抑不平以卒，殆其不然。既以奠于子青，复以识其墓石。

祭刘仁征主事

维正德三年岁次戊辰十一月十八日，友生王某谨以清酌庶羞，致奠于亡友刘君。

呜呼！仁者必寿，吾敢谓斯言之予欺乎？作善而降殃，吾窃于君而有疑乎？跖、蹻之得志，在往昔而既有，夷、平之馁以称也，亦宁独无于今之时乎？人谓君之死，瘴疠为之。

噫嘻！彼封豕长蛇，膏人之髓，肉人之肌者，何啻千百，曾不彼厄，而惟君是罹！斯言也，吾初不以为是。人又谓瘴疠盖不正之气，其与人相遭于幽昧遭难之区也，在憸邪为同类，而君子为非宜。则斯言也，吾又安得而尽非之乎？

於乎！死也者，人之所不免。名也者，人之所不可期。虽修短枯荣，变态万状，而终必归于一尽。君子亦曰："朝闻道，夕死可矣。"视若夜旦。其生也，奚以喜？其死也，奚以悲乎？其视不义之物，若将浼己，又肯从而奔趋之乎？而彼认为己有，恋而弗能舍，因以沉酗于其间者，近不出三四年，或八九年，远及一二十年，固已化为尘埃，荡为沙泥矣。而君子之独存者，乃弥久而益辉。

呜呼！彼龟鹤之长年，蜉蝣亦何自而知之乎？属有足疾，弗能走哭，寄奠一觞，有泪盈掬。复何言哉！复何言哉！呜呼尚飨。

祭陈判官文

维嘉靖七年月日，钦差总制四省军务新建伯兵部尚书兼都察院左都御史王，差南宁府推官冯衡，南宁卫指挥王佐，致祭于已故德庆州陈判官之墓。

往年罗滂、渌水诸贼为地方患害，判官尝与已故指挥李松议设墟场以制御贼党，安靖地方，殚心竭力，尽忠国事，人皆知之。然其时百姓虽稍赖以宁，而各贼之不得肆其凶虐者，嫉恨日深。其后不幸判官与李松竟为贼首赵木子等所害。以忠受祸，心事未由暴白。连年官府亦欲为之讨贼雪愤，然以地方多事之故，又恐锋刃所加，玉石无分，滥及良善，是以因循未即进兵。今贼首赵木子等已为该道官兵用计擒获，明正典刑。松与判官之忠勤益以彰著。已特遣官以赵木子等各贼首级祭告于李松之墓矣。今复遣南宁府卫官祭告于判官之墓。死而有知，亦可以少泄连年忠愤不平之气也夫！

祭张广溪司徒

呜呼！留都之别，条焉二载，讵谓迄今，遂成永诀，呜呼伤哉！悼朋侪之零落，悲岁月之遄逝，感时事之艰难，叹老成之凋谢。伤心触目，有泪如泻。灵柩南还，维江之湄。聊奠一觞，以寄我悲。呜呼伤哉！

卷二十九　续编四

序

是卷师作于弘治初年，筮仕之始也。自题其稿曰《上国游》。洪茸师录，自辛巳以后文字，厘为《正录》；已前文字，则间采《外集》，而不全录者。盖师学静入于阳明洞，得悟于龙场，大彻于征宁藩。多难殷忧，动忍增益，学益彻则立教益简易，故一切应酬诸作，多不汇入。是卷已废阁逸稿中久矣，兹刻《续录》，复检读之。见师天禀夙悟，如玉出璞，虽未就追琢，而暗暗内光。因叹师禀夙智，若无学问之全功，则逆其所造，当只止此。使学者智不及师，肯加学问之全功，则其造诣日精，当亦莫御。若智过于师，而功不及师，则终无所造，自负其质者多矣。乃复取而刻之。俾读师全录者，闻道贵得真修，徒恃其质，无益也。嘉靖辛酉，德洪百拜识。

鸿泥集序

《鸿泥集》十有三卷、《燕居集》八卷，半闲龙先生之作也。其子金宪君致仁将刻诸梓，而属其序于守仁曰："斯将来之事也，然吾家君老矣，及见其言之传焉，庶以悦其心。吾子以为是传乎？"

守仁曰:"是非所论也,孝子之事亲也,求悦其心志耳目,惟无可致力,无弗尽焉。况其言语文辞,精神之所存,非独意玩手泽之余,其得而忽也。既思永其年,又思永其名,笃爱无已也。将务悦其亲,宁是之与论乎?"

君曰:"虽然,吾子言之。"

守仁曰:"是乃所以自尽者。夫必其弗传也,斯几于不仁;必其传之也,斯几于不知其传也。属之己,其传之弗传之也,属之人。姑务其属之己也已。"

君曰:"虽然,吾子必言之。"

守仁曰:"绘事之诗,不入于《风》、《雅》;《孺子之歌》,见称于孔、孟。然则古之人其可传而弗传者多矣,不冀传而传之者有矣。抑传与不传之间乎!昔马谈之史,其传也,迁成之;班彪之文,其传也,固述之。卫武公老矣,而有抑之戒,盖有道矣。夫子删《诗》,列之《大雅》,以训于世。吾闻先生年八十,而博学匪懈,不忘乎警惕,又尝数述《六经》、宋儒之绪论。其于道也,有闻矣;其于言也,足训矣。致仁又尊显而张大之,将益兴起乎道德,而发挥乎事业,若泉之达,其放诸海,不可限而量。是集也,其殆有传乎?"

致仁起拜曰:"是足以为家君寿矣。霓也敢忘吾子之规?"遂书之为叙。

澹然子序 有诗

澹然子四易其号:其始曰凝秀,次曰完斋,又次曰友葵,最后为澹然子。阳明子南迁,遇于潇湘之上,而语之故,且属诗焉,诗而叙之。

其言曰:"人,天地之心,而五行之秀也。凝则形而生,散则游而变。道之不凝,虽生犹变。反身而诚,而道凝矣。故首之以'凝秀'。道凝于己,是为率性。率性而人道全,斯之谓'完',故次之以'完斋'。完斋者,尽己之性也。尽己之性,而后能尽人之性,尽万物之性，至于草木，至矣。葵，草木之微者也，故次之以'友葵'。友葵，同于物也。内尽于己，而外同乎物，则一矣。一则吻然而天游，混然而神化，同归而殊途，一致而百虑，天下何思何虑矣。故次之以'澹然子'终焉。"

或曰："阳明子之言，伦矣，而非澹然子之意也。澹然之意，玄矣，而非阳明子之言也。"

阳明子闻之曰："其然，岂其然乎？"书之以质于澹然子。澹然子，世所谓滇南赵先生者也。

诗曰：两端妙阖辟，五连无留停。藐然覆载内，真精谅斯凝。鸡犬一驰放，散失随飘零。惺惺日收敛，致曲乃明诚。

明诚为无忝，无忝斯全归。深渊春冰薄，千钧一丝微。肤发尚如此，天命焉可违？参乎吾与尔，免矣幸无亏。

人物各有禀，理同气乃殊。曰殊非有二，一本分澄淤。志气塞天地，万物皆吾躯。炯炯倾阳性，葵也吾友于。

孰葵孰为予，友之尚为二。大化岂容心，絷我亦何意。悠哉澹然子，乘化自来去。澹然匪冥然，勿忘还勿助。

寿杨母张太孺人序

考功主事杨名父之母张太孺人，以敏慧贞肃为乡邑女氏师，凡乡人称闺阃之良，必曰张太孺人。而名父亦以孝行闻。苟拟人物，有才识行谊，无问知不知，必首曰名父。名父盖今乡评士论之公则尔也。

今年六月，太孺人寿六十有七，大夫卿士美杨氏母子之贤，以为难得，举酒毕贺。于是太孺人之长女若婿，从事于京师，且归，太孺人一旦欣然治装，欲与俱南。名父帅妻子从亲戚百计以留。太孺人曰："噫，小子无庸尔焉！自尔举进士，为令三邑，今为考功，前后且十有八年，吾能一日去尔哉？尔为令，吾见尔出入以劳民务，昕夕不遑，而尔无怠容，吾知尔之能勤。然其时监司督于上，或尔有所畏也。见尔之食贫自守，一介不以苟，而以色予养，吾知尔之能廉。然其时方有以贿败者，或尔有所惩也。见尔毁淫祠，崇正道，礼先贤之后，旌行举孝，拳拳以风俗为心，吾知尔能志于正。然其时远近方以是烨，尔或以是发闻也。自尔入为部属且五年，庶几得以自由，而尔食忘味，寝忘寐，鸡鸣而作，候予寝而出朝于上，疾风甚雨，雷电晦暝，而未尝肯以一日休，予然后信尔之诚于勤身。与妻子为清苦，而澹然以为乐；交天下之士，而莫有以苞苴馈遗至，予然后信尔之诚于廉。凡交尔而来者，予耳其言，非文学道义之相资，则朝廷之政、边徼之务是谋，磨砻砥砺，惟不及古之人是忧焉，予然后信尔之诚志于正，而非有所色取于其外，吾于是而可以无忧尔也已。且尔弟亦善养。吾老矣，姻族乡党之是怀，南归，予乐也。"名父跽请不已。太孺人曰："止。而独不闻之，夫煦煦焉饮食供奉以为孝，而中衡拂之，孰与乐亲之心而志之养乎？"名父惧，乃不敢请。缙绅士夫闻太孺人之言者，莫不咨嗟叹息，以为虽古文伯、子舆之母何以加是。于是相与倡为歌诗，以颂太孺人之贤，而嘉名父之能养。某于名父厚也，比而序之。

对菊联句序

职方南署之前，有菊数本，阅岁既槁。李君贻教为正郎。于时天子居亮阴，西北方多事，自夏徂秋，荒顿窘戚，菊发其故丛，高及于垣署。花盛开且衰，而贻教尚未之知也。一日，守仁与黄明甫过贻教语，开轩而望，始见焉。计其时，重阳之节既去之旬有五日。相与感时物之变衰，叹人事之超忽，发为歌诗，遂成联句。郁然而忧深，悄然而情隐，虽故托辞于觞咏，而沉痛惋恺，终有异乎昔之举酒花前，剧饮酣歌，陶然而乐者矣。古之人谓菊为花之隐逸，则菊固惟涧谷岩洞村圃篱落之是宜。而以植之簿书案牍之间，殆亦昔之所谓"吏而隐者"欤？守仁性僻而野，尝思鹿豕木石之群。贻教与明甫，虽各惟利器，处剧任，而飘然每有烟霞林壑之想。以是人，对是菊，又当是地，呜呼！固宜其重有感也已！

东曹倡和诗序

　　正德改元之三月，两广缺总制大臣。朝议以东南方多事，其选于他日，宜益慎重。于是湖南熊公由兵部左侍郎且满九载秩矣，擢左都御史以行。众皆以两广为东南巨镇，海外诸蛮夷之所向背，如得人而委之，天子四方之忧可免二焉。虽于资为屈，而以清德厚望，选重可知矣。然而司马执兵之枢，居中斡旋，以运制四外，不滋为重欤？方其初议时，亦有以是言者。虑非不及，而当事者卒以公之节操才望为辞，谓非公不可，其意实欲因是而出公于外也。于是士论哄然以为非宜。然已命下无及矣。为重镇得贤大臣而抚之，朝议以重举，而公以德升，物议顾怏然而不满也。衡物之情，以行其私，而使人怀不满焉，非夫忘世避俗之士，不能无忧焉。自命下，暨公之行，曹属之为诗以写其眷留之情者，凡若干人。以前驱之骤发也，叙而次之仅十之一。遮公御而投之，庸以寄其私焉。

豫轩都先生八十受封序

　　弘治癸亥冬，守仁自会稽上天目，东观于震泽。遇南濠子都玄敬于吴门。遂偕之入玄墓，登天平。还，值大雪，次虎丘。凡相从旬有五日。予与南濠子为同年，盖至是而始知其学之无所不窥也。

　　归造其庐，获拜其父豫轩先生。与予坐而语，盖屯然其若避而汇趋也，秩然其若敛而阳煦也。予坎然而心撼焉，倏而色惭焉，倏而目骇焉，亡予之故。

　　先生退，守仁谓南濠子曰："先生殆有道者欤！胡为乎色之不存予，而德之予薰也？"南濠子笑而颔之曰："然，子其知人哉！吾家君于艺鲜不通，而人未尝见其学也。于道鲜不究而人未尝知其有也。夫善之弗彰也，则于子乎避。虽然，吾家君则甚恶之。吾子既知之也，穆其敢隐乎？凡穆之所见知于吾子皆吾家君之所弗屑也。故乡之人无闻焉。非吾子之粹于道，其宁孰识之？"

夫南濠子之学以该洽闻，四方之学者，莫不诵南濠子之名，而莫有知其学之出自先生者。先生之学，南濠子之所未能尽，而其乡人曾莫知之。古所谓潜世之士哉！彼且落其荣而核之存，彼且固灵株而塞其兑，彼且被褐而怀玉，离形迹，遁声华，而以为知己者累，孰比比焉？迹形骸而求之，其远哉！

今年先生寿八十，神完而气全，齿发无所变。八月甲寅，天子崇徽，号于两宫，推恩臣下。于是南濠子方为冬官主事，得被异数，封先生如其官。同年之任于京者，美先生之高寿，乐南濠子之获荣其亲也，集而贺之。夫乐寿康宁，世之所慕，而予不敢以为先生侈。章服华宠，世之所同贵，而予不敢以为先生荣。南濠子以予言致之先生，亦且以予为知言乎？乙丑十月序。

送黄敬夫先生佥宪广西序

古之仕者，将以行其道；今之仕者，将以利其身。将以行其道，故能不以险夷得丧动其心，而惟道之行否为休戚。利其身，故怀土偷安，见利而趋，见难而惧。非古今之性尔殊也，其所以养于平日者之不同，而观夫天下者之达与不达耳。

吾邑黄君敬夫，以刑部员外郎擢广西按察佥事。广西，天下之西南徼也。地卑湿而土疏薄，接境于诸岛蛮夷；瘴疠郁蒸之气，朝夕弥茫，不常睹日月；山獐海獠，非时窃发；鸟妖蛇毒之患，在在而有。固今仕者之所惧而避焉者也。

然予以为中原固天下之乐土，人之所趋而聚居者。然中原之民至今不加多，而岭广之民至今不加少，何哉？中原之民，其始非必尽皆中原者也，固有从岭广而迁居之者矣。岭广之民，其始非必尽皆岭广者也，固有从中原而迁居之者矣。久而安焉，习而便焉，父兄宗族之所居，亲戚坟墓之所在，自不能一日舍此而他也。古之君子，惟知天下之情不异于一乡，一乡之情不异于一家，而家之情不异于吾之一身。故视其家之尊卑长幼，犹家之视身也；视天下之尊卑长幼，犹乡之视家也。是以安土乐天，而无入不自得。后之人视其兄之于己，固已有间，则又何怪其险夷之异趋，而利害之殊节也哉？今仕于世，而能以行道为心，求古人之意，以达观夫天下，则岭广虽远，固其乡间；岭广之民，皆其子弟；郡邑城郭，皆其父兄宗族之所居；山川道里，皆其亲戚坟墓之所在。而岭广之民，亦将视我为父兄，以我为亲戚，雍雍爱戴，相眷恋而不忍去，况以为惧而避之耶？

敬夫吾邑之英也。幼居于乡，乡之人无不敬爱。长徙于南畿之六合，六合之人，敬而爱之，犹吾乡也。及举进士，宰新郑，新郑之民曰："吾父兄也。"入为冬官主事，出治水于山东，改秋官主事，擢员外郎，僚采曰："吾兄弟也。"盖自居于乡，以至于今，经历且十余地，而人之敬爱之如一日。君亦自为童子以至于为今官，经历且八九职，而其所以待人爱众者，恒如一家。今之擢广西也，人咸以君之贤，宜需用于内，不当任远地。君曰："吾则不贤。使或贤也，乃所以宜于远。"

呜呼！若君者可不谓之志于行道，素养达观，而有古人之风也欤？夫志于为利，虽欲其政之善，不可得也。志于行道，虽欲其政之不善，亦不可得也。以君之所志，虽未有所见，吾犹信其能也。况其赫烨之声，奇伟之绩，久熟于人人之耳目，则吾于君之行也，颂其所难而易者见矣。

性天卷诗序

锡之崇安寺有浮屠净觉者，扁其居曰"性天"。因地官秦君国声而请序于予。予不知净觉，顾国声端人也，而净觉托焉，且尝避所居以延国声诵读其间，此其为人必有可与言者矣。然"性天"既非净觉之所及，而"性"与"天"又孔子之所罕言，子贡之所未闻，则吾亦岂易言哉？吾闻浮屠氏以寂灭为宗，其教务抵于木槁灰死，影绝迹灭之境，以为空幻。则净觉所谓"性天"云者，意如此乎？净觉既已习闻，而复予请焉，其中必有愿也，吾不可复以此而渎告之。姑试与净觉观于天地之间，以求所谓"性"与"天"者而论之。

则凡赫然而明，蓬然而生，訇然而惊，油然而兴，凡荡前拥后，迎盼而接睇者，何适而非此也哉？今夫水之生也润以下，木之生也植以上，性也。而莫知其然之妙，水与木不与焉，则天也。激之而使行于山巅之上，而反培其末，是岂水与木之性哉？其奔决而仆，天固非其天矣。人之生，入而父子、夫妇、兄弟，出而君臣、长幼、朋友，岂非顺其性以全其天而已耶？圣人立之以纪纲，行之以礼乐，使天下之过弗及焉者，皆于是乎取中，曰"此天之所以与我，我之所以为性"云耳。不如是，不足以为人，是谓丧其性而失其天。而况于绝父子，屏夫妇，逸而去之耶？吾儒之所谓性与天者，如是而已矣。若曰"性天之流行"云，则吾又何敢蹴以亵净觉乎哉？

夫知而弗以告，谓之不仁；告之而蹴其等，谓之诬；知而不为焉者，谓之惑。吾不敢自陷于诬与不仁。观净觉之所与，与其所以请，亦岂终惑者邪？既以复国声之请，遂书于其卷。

送陈怀文尹宁都序

木之产于邓林者，无弃材；马之出于渥洼者，无凡足。非物性之有异，其种类土地使然也。剡溪自昔称多贤，而陈氏之居剡者，尤为特盛。其先有讳过者，仕宋，为侍御史。子匡，由进士为少詹事。匡之四世孙圣，登进士，判处州。子颐，征著作。颐子国光，元进士，官大理卿。光侄彦范为越州路总管。至怀文之兄尧，由乡进士掌教濮州。弟璟，蜀府右长史。珂，进士，刑曹主事。衣冠文物，辉映后先，岂非人之所谓邓林、渥洼者乎？宜必有环奇之材，绝逸之足，干青云而蹴风电者，出乎其间矣。

怀文始与予同举于乡，望其色而异，耳其言而惊。求其世，则陈氏之产也。曰："嘻！异哉，土地则尔，他时柱廊庙而致千里者，非彼也欤！"既而匠石靡经，伯乐不遇，遂复困寂寞而伏监车者十有五年。斯则有司之不明，于怀文固无病也。今年赴选铨曹，授尹江西之宁都。夫以怀文合抱之具，此宜无适而不可。顾宁都百里之地，吾恐怀文之骥足有所不展也。然而行远之迩，登高之卑，自今日始矣。则如予之好于怀文者，于其行能无言乎？赠之诗曰：

矫矫千金骏，郁郁披云枝。跑风拖雷电，梁栋惟其宜。寒林栖落日，暮色江天厄。元龙湖海士，客衣风尘缁。牛刀试花县，鸣琴坐无为。清濯庐山云，心事良独奇。悠悠西江水，别怀谅如斯。"

送骆蕴良潮州太守序

昔韩退之为潮州刺史，其诗文间亦有述潮之土风物产者。大抵谓潮为瘴毒崎险之乡。而海南帅孔戣又以潮州小，禄薄，特给退之钱千十百，周其阙乏。则潮盖亦边海一穷州耳。今之岭南诸郡，以饶足称，则必以潮为首举，甚至以为虽江、淮财赋之地，亦且有所不及。岂潮之土地啬于古而今有所丰，抑退之贬谪之后，其言不无激于不平而有所过也？退之为刑部侍郎，谏迎佛骨，天子大怒，必欲置之死。裴度、崔群辈为解，始得贬潮州。则潮在当时不得为美地，亦略可见。今之所称，则又可以身至而目击，固非出于妄传。特其地之不同于古，则要为有自也。

予尝谓：牧守之治郡，譬之农夫之治田。农夫上田，一岁不治则半收。再岁不治则无食，三岁不治则化为芜莽，而比于瓦砾。苟尽树艺之方，而勤耕耨之节，则下田之收与上等。江、淮故称富庶，当其兵荒之际，凋残废瘠，固宜有之。乃今重熙累洽之日，而其民往往有不堪之叹，岂非以其俗素习于奢逸，而上之人又从而重敛繁役之剥剥，环四面而集，则虽有良守牧，亦一暴十寒，其为生也无几矣。潮地岸大海积，无饶富之名，其民贡赋之外，皆得以各安地利，业俭朴，而又得守牧如退之、李德裕、陈尧佐之徒相望而抚掬梳摩之，所以积有今日之盛，实始于此。迩十余年来，富盛之声既扬，则其势不能久而无动。有司者又将顾而之焉。则吾恐今日之潮，复为他时之江淮，其甚可念也。

今年潮知府员缺，诸暨骆公蕴良以左府经历擢是任以往。公尝守安陆，至今以富足号，遂用是建重屏其地。继后循其迹而治之者，率多有声闻。及入经历左府都督事，兵府政清，自府帅下迨幕属军吏，礼敬畏戴，不谋而同。其于潮州也，以其治安陆者治之，而又获夫上下之心，如今日之在兵府，将有为而无不从，有革而无不听，政绩之美，又果足为后来者之所遵守，则潮之富足，将终保于无斁，而一郡民神为有福矣。夫为天子延一郡之福，功岂小乎哉？推是以进，他日所成，其又可论？公僚友李载旸辈请言导公行。予素知公之心，且稔其才，自度无足为赠者，为潮民庆之以酒，而颂之以此言。

高平县志序

《高平志》者，高平之山川、土田、风俗、物产无不志焉。曰高平，则其地之所有皆举之矣。

《禹贡职方》之述，已不可尚。汉以来《地理郡国志》、《方舆胜览》、《山海经》之属，或略而多漏，或诞而不经，其间固已不能无憾。惟我朝之《一统志》，则其纲简于《禹贡》而无遗，其目详于《职方》而不冗。然其规模宏大阔略，实为天下万世而作，则王者事也。若夫州县之志，固又有司者之职，其亦可缓乎？

弘治乙卯，慈溪杨君明甫令泽之高平。发号出令，民既悦服。乃行田野，进父老，询邑之故，将以修废举坠。而邑旧无志，无所于考。明甫慨然太息曰："此大阙，责在我。"遂广询博采，搜秘阙疑，旁援直据，辅之以己见，遵《一统志》凡例，总其要节，而属笔于司训李英，不逾月编成。于是繁剧纷沓之中，不见声色，而数千载散乱沦落之事，弃废磨灭之迹，灿然复完。明甫退然若无与也。邑之人士动容相庆，骇其昔所未闻者之忽睹，而喜其今所将泯者之复明也。走京师，请予序。

予惟高平即古长平，战国时秦白起攻赵，坑降卒四十万于此，至今天下冤之。故自为童子，即知有长平。慷慨好奇之士，思一至其地，以吊千古不平之恨，而不可得。或时考图志以求其山川形势于仿佛间。予尝思睹其志，以为远莫致之，不谓其无有也。盖尝意论赵人以四十万俯首降秦，而秦卒坑之，了无哀恤顾忌，秦之毒虐，固已不容诛，而当时诸侯，其先亦自有以取此者。夫先王建国分野，皆有一定之规画经制。如今所谓志书之类者，以纪其山川之险夷，封疆之广狭，土田之饶瘠，贡赋之多寡，俗之所宜，地之所产，井然有方。俾有国者之子孙世守之，不得以己意有所增损取予，夫然后讲信修睦，各保其先世之所有，而不敢冒法制以相侵陵。战国之君，恶其害己，不得骋无厌之欲也，而皆去其籍。于是强陵弱，众暴寡，兼并僭窃，先王之法制荡然无考，而奸雄遂不复有所忌惮。故秦敢至于此。然则七国之亡，实由文献不足证，而先王之法制无存也。典籍图志之所关，其不大哉？

今天下一统，皇化周流。州县之吏，不过具文书，计岁月，而以赘疣之物视图志。不知所以宜其民，因其俗，以兴滞补弊者，必于志焉是赖。则固王政之首务也。今夫一家，且必有谱，而后可齐，而况于州县？天下之大，州县之积也。州县无不治，则天下治矣。明甫之独能汲汲于此，其所见不亦远乎！明甫学博而才优，其为政廉明，毁淫祠，兴社学，敦伦厚俗，扶弱锄强，实皆可书之于志以为后法。而明甫谦让不自有也。故予为序其略于此，使后之续志者考而书焉。

送李柳州序

柳州去京师七千余里，在五岭之南。岭南之州，大抵多卑湿瘴疠，其风土杂夷从，自昔与中原不类。唐、宋之世，地尽荒服。吏其土者，或未必尽皆以谴谪，而以谴谪至者居多。士之立朝，意气激轧，与时抵忤，不容于侪众，于是相与摈斥，必致之远地。故以谴谪而至者，或未必尽皆贤士君子，而贤士君子居多。予尝论贤士君子，于平时随事就功，要亦与人无异。至于处困约之乡，而志愈励，节益坚，然后心迹与时俗相去远甚。然则非必贤士君子而后至其地，至其地而后见贤士君子也。

唐之时，柳宗元出为柳州刺史，刘贲斥为柳州司户。贲之忠义，既已不待言。宗元之出，始虽有以自取，及其至柳，而以礼教治民，砥砺奋发，卓然遂有闻于世。古人云："庸玉女于成也。"其不信已夫？自是寓游其地，若范祖禹、张廷坚、孙觌、高颖、刘洪道、胡梦昱辈，皆忠贤刚直之士，后先相继不绝。故柳虽非中土，至其地者，率多贤士。是以习与化移，而衣冠文物，蔚然为礼义之邦。我皇明重熙累洽，无间迩遐，世和时泰，瘴疠不兴。财货所出，尽于东南。于是遂为岭南甲郡，朝廷必择廉能以任之。则今日之柳州，固已非唐、宋之柳州，而今日之官其土者，岂惟非昔之比，其为重且专，亦较然矣。

弘治丙辰，柳州知府员缺，内江李君邦辅自地官正郎膺命以往。人皆以邦辅居地官十余年，绰有能声，为缙绅所称许，不当远去万里外。予于邦辅知我也，亦岂不惜其远别？顾邦辅居地官上曹，著廉声，有能绩，徐速自如，优游荣乐之地，皆非人所甚难，人亦不甚为邦辅屈，不知其中之所存。今而间关数千里，处险僻难为之地，得以试其坚白于磨涅，则邦辅之节操志虑，庶几尽白于人人，而任重道远，真可以无负今日缙绅之期望，岂不美哉！夫所处冒艰险之名，而节操有相形之美，以不满人之望，加之以不自满之心，吾于邦辅之行所以独欣然而私喜也。

送吕丕文先生少尹京丞序

昔萧望之为谏议大夫，天子以望之议论有余才，任宰相，将观以郡事。而望之坚欲拾遗左右，后竟出试三辅。至元帝之世，而望之遂称贤相焉。

古之英君，其将任是人也，既已纳其言，又必考其行；将欲委以重，则必老其才。所以用无不当，而功无不成。若汉宣者，史称其综核名实，盖亦不为虚语矣。

新昌吕公丕文，以礼科都给事中擢少尹南京兆。给事，谏官也。京兆，三辅之首也。以给事试京兆，是谏官试三辅也。是其先后名爵之偶同于望之，非徒以宠直道而开谠言，固亦微示其意于其间耳。吕公以纯笃之学，忠贞之行，自甲辰进士为谏官十余年。其所论于朝而建明者，何如也？致于上而替可否者，何如也？声光在人，公道在天下。圣天子询事考言，方欲致股肱之良，以希唐虞之盛，耳目之司，顾独不重哉？然则公京兆之擢，固将以信其夙所言者于今日，而须其大用于他时也。其所以贤而试之，有符于汉宣之于望之。而其所将信而任之，则吾又知其决非彼若而已也。君行矣，既已审上意之所在，公卿大夫士，倾耳维新之政，以券其所言，且谓日需其效以俟庸也，其得无念于斯行乎哉？

学士谢公辈与公有同举同乡之好，饮以饯之。谓某也宜致以言。予惟君之文学政事，于平常既已信其必然，知言之弗能毫末加也。而超擢之荣，又不屑为时俗道。若夫名誉之美，期俟之盛，则固君之所宜副，而实诸公饮饯之情也。故比而序之以为赠。

庆吕素庵先生封知州序

朝廷褒德显功，因其子以及其亲，斯固人情事理之所宜然，盖亦所谓忠厚之至也。然旧制京官三载举，得推恩，而州县之职，非至于数载之外，屡为其上官所荐扬，则终不可幸而致。故京官之得推恩，非必其皆有奇绩异能者，苟得及乎三载，皆可以坐而有之。州县之职，非必其皆无奇绩异能，苟其人事之不齐，得于民矣而不获乎上，信于己矣，而未孚于人，百有一不如式，则有司者以例绳之，虽累方岳，欲推恩如其京官之三载者焉，不可得也。

夫父母之所以教养其子，而望其荣显夫我者，岂有异情哉？人子之所以报于其亲，以求乐其心志者，岂有异情哉？及其同为王臣，而其久近难易，相去悬绝如此，岂不益令人重内而轻外也！夫惟其难若此，其久若此，而后能有所成就，故其教子之荣，显亲之志，亦因之而有盛于彼，皆于此见焉。

浙之新昌有隐君子曰素庵吕公者，今刑部员外郎中原之父也。自幼有洁操，高其道，不肯为世用。优游烟壑，专意教其子，使之尽学夫修己治人之方。凡其所欲为而不及为者，皆一以付之，曰："吾不能有补于时，不可使吾子复为独善者。"学成，使之仕。成化庚子，中原遂领乡荐，与家君实同登焉。甲辰举进士，出守石州。石故号难治，中原至，即除旧令之不便于民者，布教条，为约束，以其素所习于家庭者，坐而治之，民皆靡然而从，翕然而起。士夫之腾于议者，部使之扬荐者曰："某廉吏，某勤吏，某才而有能，某贤而多智。"必皆于中原是归焉。有司奉旧典，推原中原厥绩所自，而公之所以训诲其子之功为大。天子下制褒扬，封公为奉直大夫，配某氏，封宜人，以宠荣之。乡士夫皆曰："子为京职，而能克享褒封者，于今皆尔，此不足甚异。公之教其子，为其难而独能易，其获此，则不可以无贺。"于是李君辈皆为诗歌，而来属予言。

予惟天下之事，其得之也不难，则其失之也必易；其积之也不久，则其发之也必不宏。今夫松柏之拂穹霄而击车轮也，其始盖亦必有蔽于蓬蒿，而厄于牛羊，以能有成立。公之先世，自文惠公以来，相业吏治，世济其美，固宜食报于其后矣；而不食以钟于公。公之道自足以显于时矣；而不显，以致于其子。且复根盘节错而中为之处焉，乃有所获。是岂非所谓积之久而得之难者欤？则其他日所发之宏大，其子之陟公卿而树勋业，身享遐龄，以永天禄于无穷，盖未足以尽也。然则公之可贺者在此，而不专在于彼。某也敢赘言之？

贺监察御史姚应隆考绩推恩序

御史姚君应隆监察江西道之三年，冢宰考其绩有成，以最上。于是天子进君阶文林郎,遂下制封君父坡邻公如君之阶,君母某氏为孺人,及君之配某氏。于是僚友毕贺,谓某尤厚于君,属之致所以贺之意。

某曰:"应隆之幼而学之也,坡邻公之所以望之者何?将不在于树功植名,以光大其门闾已乎?坡邻公之教之,而应隆之所以自期之者何?将不在于显扬其所生以不负其所学已乎?然此亦甚难矣。铢铢而积之,皓首而无成者,加半焉。幸而有成,得及其富盛之年,以自奋于崇赫之地者几人?是几人者之中,方起而踬,半途而废,垂成而毁者,又往往有之。可不谓之难乎?应隆年二十一而歌《鹿鸣》于乡,明年,遂举进士,由郎官陟司天子耳目。谓非富盛之年以自奋于崇赫之地不可也。英声发于新喻,休光著于沛邑,而风裁振于朝署,三年之间,遂得以成绩被天子之宠光于其父母。谓非树功植名以光大其门闾而显扬其所生,不可也。坡邻之所望,应隆之所自期,于今日而两有不负焉。某也请以是为贺。虽然,君子之成身也,不惟其外,惟其中;其事亲也,不惟其文,惟其实。应隆之所以自奋于崇赫之地者,果足以树身植名而成其身已乎?外焉而已耳。应隆之所以被宠光于其父母者,果足以为显扬其所生而为事亲之实已乎?文焉而已耳。夫子曰:'成身有道。不明乎善,不成其身矣。'斯之为中。'悦亲有道。反身不诚,不悦于亲矣。'斯之谓实。应隆内明而外通,动以古之豪杰自标准。其忠孝大节,皆其素所积蓄。虽隐而不扬,其所以成身而事亲者自若也。况其外与文者,又两尽焉,斯其不益足贺乎?"

送绍兴佟太守序

成化辛丑,予来京师,居长安西街。久之,文选郎佟公实来与之邻。其貌顾然以秀,其气熙然以和,介而不绝物,宽而有分剂。予尝私语人,以为此真廊庙器也。既而以他事外补,不相见者数年。

弘治癸丑,公为贰守于苏。苏大郡,繁而尚侈,机巧而多伪。公至,移侈以朴,消伪以诚。勤于职务,日夜不懈。时予趋京,见苏之士夫与其民之称颂之也，于是始知公之不独有其德器，又能循循吏职。

甲寅，移守嘉兴。嘉兴，财赋之地，民苦于兼并，俗残于武断。公大锄强梗，剪其芜蔓，起嘉良而植之。予见嘉之民欢趋鼓舞，及其士夫之钦崇之也，于是又知公有刚明果决之才，不独能循循吏事，乃叹其不可测识固如此。

今年吾郡太守缺。吾郡繁丽不及苏，而敦朴或过；财赋不若嘉，而淳善则逾。是亦论之通于吴、越之间者。然而迩年以来，习与时异，无苏之繁丽，而亦或有其靡；无嘉之财赋，而亦或效其强。每与士大夫论，辄叹息兴怀，以为安得如昔之化苏人者而化之乎？安得如昔之变嘉民者而变之乎？方思公之不可得，而公适以起服来朝。又惧吾郡之不能有公也，而天子适以为守。士大夫动容相贺，以为人所祝愿，而天必从之意者，郡民之福，亦未艾也。

公且行，相与举杯酒为八邑之民庆，又不能无惧也。公本廊庙之器，出居于外者十余年，其为苏与嘉，京师之士论，既已惜其归之太徐。其为吾郡，能几月日？且天子之意，与其福一郡，孰与福天下之大也。虽然，公之去苏与嘉，亦且数年，德泽之流，今未替也。公虽不久于吾郡矣，如其不得公也，则如之何！

送张侯宗鲁考最还治绍兴序

胶州张侯宗鲁之节推吾郡也，中清而外慎，宽持而肃行，大获于上下，以平其政刑，三载而绩成，是为弘治十三年，将上最天曹。吾父老闻侯之有行也，皆出自若耶山谷间，送于钱清江上。侯曰："父老休矣。吾无德政相及，徒勤父老，吾惧且怍。父老休矣，吾无以堪也。"父老曰："明府知斯水之所以为钱清者乎？昔汉刘公之去吾郡也，吾侪小人之先，亦皆出送，各有所赠献。刘公不忍违先民之意，乃人取一钱，已而投之斯水，因以名焉。所以无忘刘公之清德，且以志吾先民之事刘公，其勤如此也。今明府之行，吾侪小人，限于法制，既不敢妄有所赠献，又不获奔走服役，致其惓惓之怀，其如先民何？"固辞不可，复行数十里，始去。

三月中旬，侯至于京师，天曹以最上。明日，遂驾以行。乡先生之仕于朝者，闻之，皆出饯，且邀止之曰："侯之远来，亦既劳止。适有司之不暇，是以未能羞一觞于从者，是何行之速耶？"侯俯而谢。复止之曰："侯之劳于吾郡，三年有余，今者行数千里，无非为吾民其勤且劬也，事既竣矣，吾党不得相与为一日之从容，其如吾民何？"侯谢而起。守仁趋而进曰："诸先生毋为从者淹，侯之急于行也，守仁则知之矣。"佥曰："谓何？"曰："昔者汉郭伋之行部也，与诸童为归期。及归，而先一日，遂止于野亭。须期乃入，曰：'惧违信于诸儿也。'吾闻侯之来也，乡父老与侯为归期矣。而复濡迟于此，以徇一朝之乐，隳其所以期父老者，此侯之所惧而有不容已于急行也。毋为侯淹！"侯起拜曰："正学非敢及此，然敢不求承吾子之教？"

送方寿卿广东佥宪序

士大夫之仕于京者，其繁剧难为，惟部属为甚。而部属之中，惟刑曹典司狱讼，朝夕恒窘于簿书案牍，口决耳辩，目证心求，身不暂离于公座，而手不停挥于铅椠，盖部属之尤甚者也。而刑曹十有三司之中，惟云南以职在京几，广东以事当权贵，其剧且难，尤有甚于诸司者。若是而得以行其志，无愧于其职焉。则固有志者之所愿为，而多才者之所欲成也。

然而纷揉杂沓之中，又从而拂抑之，牵制之。言未出于口，而辱已加于身；事未解于倒悬，而机已发于陷阱。议者以为处此而能不挠于理法，不罹于祸败，则天下无复难为之事，是固然矣。然吾以为一有惕于祸败，则理法未免有时而或挠。苟惟理法之求伸，而欲不必罹于祸败，吾恐圣人以下或有所不能也。讼之大者，莫过于人命；恶之极者，无甚于盗贼。朝廷不忍一民冒极恶之名，而无辜以死也，是俗之论皆然。

而寿卿独以金事为乐，此其间夫亦容有所未安，是以宁处其簿与淹者，以求免于过愿欤？夫知其不安而不处，过愿之惧而淹薄是甘焉，是古君子之心也。吾于寿卿之行，请以此为赠。

记

提牢厅壁题名记

京师，天下狱讼之所归也。天下之狱分听于刑部之十三司，而十三司之狱又并系于提牢厅。故提牢厅，天下之狱皆在焉。狱之系，岁以万计。朝则皆自提牢厅而出，以分布于十三司。提牢者目识其状貌，手披其姓名，口询耳听，鱼贯而前，自辰及午而始毕。暮自十三司而归，自未及酉，其勤亦如之。固天下之至繁也。

其间狱之已成者，分为六监。其轻若重而未成者，又自为六监。其桎梏之缓急，扃钥之启闭，寒暑早夜之异防，饥渴疾病之殊养，其微至于箕帚刀锥，其贱至于涤垢除下，虽各司于六监之吏，而提牢者一不与知，即弊兴害作，执法者得以议拟于其后，又天下之至猥也。

狱之重者入于死，其次亦皆徒流。夫以共工之罪恶，而舜姑以流之于幽州。则夫拘系于此，而其情之苟有未得者，又可以轻弃之于死地哉？是以虽其至繁至猥，而其势有不容于不身亲之者，是盖天下之至重也。

旧制提牢月更主事一人，至是弘治庚申之十月，而予适来当事。夫予天下之至拙也，其平居无恙，一遇纷扰，且支离厌倦，不能酬酢，况兹多病之余，疲顿憔悴，又其平生至不可强之日。而每岁决狱，皆以十月下旬，人怀疑惧，多亦变故不测之虞，则又至不可为之时也。夫其天下之至繁也，至猥也，至重也，而又适当天下至拙之人，值其至不可强之日，与其至不可为之时，是亦岂非天下之至难也？

以予之难，不敢忘昔之治于此者，将求私淑之。而厅壁旧无题名，搜诸故牒，则存者仅百一耳。大惧泯没，使昔人之善恶无所考征，而后来者益以畏难苟且，莫有所观感，于是乃悉取而书之厅壁。虽其既亡者不可复追，而将来者尚无穷已，则后贤犹将有可别择以为从违。而其间苟有天下之至拙加予者，亦得以取法明善，而免过愆，将不为无小补。然后知予之所以为此者，固亦推己及物之至情，自有不容于己也矣。弘治庚申十月望。

重修提牢厅司狱司记

弘治庚申七月，重修提牢厅工毕。又两越月，而司狱司成，于是余姚王守仁适以次来提督狱事，六监之吏皆来言曰："惟兹厅若司，建自正统，破敝倾圮，且二十年。其卑浅隘陋，则草创之制，无尤焉矣。是亦岂惟无以凛观瞻而严法制，将治事者风雨霜雪之不免，又何暇于职务之举，而奸细之防哉？然兹部之制，修废补败，有主事一人以专其事，又坏不理，吾侪小人，无得而知之者。独惟拓隘以广，易朽以坚，则自吾刘公实始有是。吾侪目睹其成，而身享其逸，刘公之功不敢忘也。"又曰："六监之囚，其罪大恶极，何所不有，作孽造奸，吏数逢其殃，而民徒益其死。独禁防之不密哉？亦其间容有以生其心。自吾刘公，始出己意，创为木闲，令不苛而密，奸不弭而消，桎梏可驰，缧绁可无，吾侪得以安枕无事，而囚亦或免于法外之诛。则刘公之功，于是为大。小人事微而谋疏，无能为也。敢以布于执事，实重图之。"

于是守仁既无以御其情，又与刘公为同僚，嫌于私相美誉也，乃谓之曰："吾为尔记尔所言，书刘公之名姓，使承刘公之后者，益修刘公之职。继尔辈而居此者，亦无忘刘公之功。则于尔心其亦已矣。"皆应曰："是小人之愿也。"遂记之曰：刘君名琏，字廷美，江西鄱阳人也。

由弘治癸丑进士，今为刑部四川司主事云。弘治庚申十月十九日。

赋

黄楼夜涛赋

朱君朝章将复黄楼，为予言其故。夜泊彭城之下，子瞻呼予曰："吾将与子听黄楼之夜涛乎？"觉则梦也。感子瞻之事，作《黄楼夜涛赋》。

子瞻与客宴于黄楼之上。已而客散日夕，暝色横楼，明月未出。乃隐几而坐，嗒焉以息。忽有大声起于穿窿，徐而察之，乃在西山之麓。倏焉改听，又似夹河之曲，或隐或隆，若断若逢，若揖让而乐进，歘掀舞以相雄。触孤愤于厓石，驾逸气于长风。尔乃乍阖复辟，既横且纵，拟拟冯冯，汹汹瀜瀜，若风雨骤至，林壑崩奔，振长平之屋瓦，舞泰山之乔松。咽悲吟于下浦，激高响于遥空。恍不知其所止，而忽已过于吕梁之东矣。

子瞻曰："噫嘻异哉！是何声之壮且悲也？其乌江之兵，散而东下，感帐中之悲歌，慷慨激烈，吞声饮泣，怒战未已，愤气决臆，倒戈曳戟，纷纷籍籍，狂奔愈走，呼号相及，而复会于彭城之侧者乎？其赤帝之子，威加海内，思归故乡，千乘万骑，雾奔云从，车辙轰霆，旌旗蔽空，击万夫之鼓，撞千石之钟，唱《大风》之歌，按节翱翔，而将返于沛宫者乎？"于是慨然长噫，欠伸起立，使童子启户冯栏而望之。则烟光已散，河影垂虹，帆樯泊于洲渚，夜气起于郊坰，而明月固已出于芒砀之峰矣。

子瞻曰："噫嘻！予固疑其为涛声也。夫风水之遭于濒洞之滨而为是也，兹非南郭子綦之所谓天籁者乎？而其谁倡之乎？其谁和之乎？其谁听之乎？当其滔天浴日，湮谷崩山，横奔四溃，茫然东翻，以与吾城之争于尺寸间也。吾方计穷力屈，气索神惫，懔孤城之岌岌，觊须臾之未坏，山颓于目瞶，霆击于耳聩，而岂复知所谓天籁者乎？及其水退城完，河流就道，脱鱼腹而出涂泥，乃与二三子徘徊兹楼之上而听之也。然后见其汪洋涵浴，潇潇汩汩，彭湃掀簸，震荡泽渤，呀者为竽，喷者为箎，作止疾徐，钟磬枳敔，奏文以始，乱武以居，呦者嗃者，嚣者嗥者，翕而同者，绎而从者，而啁啁者，而嘤嘤者，盖吾俯而听之，则若奏箫咸于洞庭，仰而闻焉，又若张钧天于广野，是盖有无之相激，其殆造物者将以写千古之不平，而用以荡吾胸中之壹郁者乎？而吾亦胡为而不乐也？"

客曰："子瞻之言过矣。方其奔腾漂荡而以厄子之孤城也，固有莫之为而为者，而岂水之能为之乎？及其安流顺道，风水相激，而为是天籁也，亦有莫之为而为者，而岂水之能为之乎？夫水亦何心之有哉？而子乃欲据其所有者以为欢，而追其既往者以为戚，是岂达人之大观，将不得为上士之妙识矣。"

子瞻展然而笑曰："客之言是也。"乃作歌曰："涛之兴兮，吾闻其声兮。涛之息兮，吾泯其迹兮。吾将乘一气以游于鸿蒙兮，夫孰知其所极兮。"弘治甲子七月，书于百步洪之养浩轩。

来雨山雪图赋

昔年大雪会稽山，我时放迹游其间。岩岫皆失色，崖壑俱改颜。历高林兮入深峦，银幢宝纛森围圆。长矛利戟白齿齿，骇心慄胆如穿虎豹之重关。涧溪埋没不可辨，长松之杪，修竹之下，时闻寒溜声潺潺。沓嶂连天，凝华积铅，嵯峨崭削，浩荡无颠。嶙峋眩耀势欲倒，溪回路转，忽然当之，却立仰视不敢前。嵌窦飞瀑，忽然中泻，冰磴崚嶒，上通天罅，枯藤古葛，倚岩嵽而高挂，如瘦蛟老螭之蟠纠，蜕皮换骨而将化。举手攀援足未定，鳞甲纷纷而乱下。侧足登龙虬，倾耳俯听寒籁之飕飕，陆风蹀躞，直际缥缈，恍惚最高之上头。乃是仙都玉京，中有上帝遨游之三十六瑶宫，傍有玉妃舞婆娑十二层之琼楼，下隔人世知几许，真境倒照见毛发，凡骨高寒难久留。划然长啸，天花坠空，素屏缟障坐不厌，琪林珠树窥玲珑。白鹿来饮涧，骑之下千峰。寡猿怨鹤时一叫，仿佛深谷之底呼其侣，苍茫之外争行蠛阵排天风。鉴湖万顷寒蒙蒙，双袖拂开湖上云，照我须眉忽然皓白成衰翁。手掬湖水洗双眼，回看群山万朵玉芙蓉。草围蒲帐青莎蓬，浩歌夜宿湖水东。梦魂清撤不得寐，乾坤俯仰真在冰壶中。幽朔阴岩地，岁暮常多雪，独无湖山之胜，使我每每对雪长郁结。朝回策马入秋台，高堂大壁寒崔嵬，恍然昔日之湖山，双目惊喜三载又一开。谁能缩地法此景，何来石田画师，我非尔，胸中胡为亦有此？来君神骨清莫比，此景奇绝酷相似。石田此景非尔不能摸，来君来君非尔不可当此图。我尝亲游此景得其趣，为君题诗非我其谁乎？

诗

雨霁游龙山次五松韵

晴日须登独秀台，碧山重叠画图开。闲心自与澄江老，逸兴谁还白发来？潮入海门舟乱发，风临松顶鹤双回。夜凭虚阁窥星汉，殊觉诸峰近斗魁。

严光亭子胜云台，雨后高凭远目开。乡里正须吾辈在，湖山不负此公来。江边秋思丹枫尽，霜外缄书白雁回。幽朔会传戈甲散，已闻南橄授渠魁。

雪窗闲卧

梦回双阙曙光浮，懒卧茅斋且自由。巷僻料应无客到，景多唯拟作诗酬。千岩积素供开卷，叠嶂回溪好放舟，破虏玉关真细事，未将吾笔遂轻投。

次韵毕方伯写怀之作

　　孔颜心迹皋夔业，落落乾坤无古今。公自平王怀真气，谁能晚节负初心？猎情老去惊犹在，此乐年来不费寻。矮屋低头真局促，且从峰顶一高吟。

春晴散步

　　清晨急雨过林霏，余点烟稍尚滴衣。隔水霞明桃乱吐，沿溪风暖药初肥。物情到底能容懒，世事从前且任非。对眼春光唯自领，如谁歌咏月中归。

又

　　祗用舞霓裳，岩花自举觞。古崖松半朽，阳谷草长芳。径竹穿风磴，云萝绣石床。孤吟动《梁甫》，何处卧龙冈？

次魏五松荷亭晚兴

　　入座松阴尽日清，当轩野鹤复时鸣。风光于我能留意，世味酣人未解醒。长拟心神窥物外，休将姓字重乡评。飞腾岂必皆伊吕，归去山田亦可耕。

又

　　醉后飞觞乱掷梭，起从风竹舞婆娑。疏慵已分投箕颍，事业无劳问保阿。碧水层城来鹤驾，紫云双阙笑金娥。抟风自有天池翼，莫倚逢蒿斥鷃窠。

次张体仁聊句韵

眼底湖山自一方,晚林云石坐高凉。闲心最觉身多系,游兴还堪鬓未苍。树杪风泉长滴翠,霜前岩菊尚余芳。秋江画舫休轻发,忍负良宵灯烛光。

又

山寺幽寻亦惜忙,长江落落水浪浪。深冬平野风烟淡,斜日沧江鸥鹭翔。

海内交游唯酒伴,年来踪迹半僧房。相过未尽青云语,无奈官程促去航。

又

青林人静一灯归,回首诸天隔翠微。千里月明京信远,百年行乐故人稀。已知造物终难定,唯有烟霞或可依。总为迂疏多牴牾,此生何忍便脂韦。

题郭诩濂溪图

郭生作濂溪像,其类与否,吾何从辨之?使无手中一圈,盖不知其为谁矣。然笔画老健超然,自不妨为名笔。

郭生挥写最超群,梦想形容恐未真。霁月光风千古在,当时黄九解传神。

西湖醉中漫书

湖光潋滟暗偏好,此语相传信不诬。景中况有佳宾主,世上更无真画图。溪风欲雨吟堤树,春水新添没渚蒲。南北双峰引高兴,醉携青竹不须扶。

文衡堂试事毕书壁

棘闱秋锁动经旬，事了惊看白发新。造作曾无酣蚁句，支离莫作画蛇人。寸丝拟得长才补，五色兼愁过眼频。袖手虚堂听明发，此中豪杰定谁真。

白发谩书一绝

诸君以予白发之句，试观予鬓，果见一丝。予作诗，实未尝知也。谩书一绝识之。忽然相见尚非时，岂亦殷勤效一丝？总使皓然吾不恨，此心还有尔能知。

游泰山

飞湍下云窟，千尺泻高寒。昨向山中见，真如画里看。松风吹短鬓，霜气肃群峦。好记相从地，秋深十八盘。

雪岩次苏颖滨韵

客途亦幽寻，窈窕穿谷底。尘土填胸臆，到此方一洗。仰视剑戟锋，巉岏颡有泚。俯窥蛟龙窟，匍伏首如稽。绝境固灵秘，兹游实天启。梵宇遍岩壑，檐牙相角觚。山僧出延客，经营设酒醴。道引入云雾，峻陟历堂陛。石田唯种椒，晚炊仍有米。张灯坐小轩，矮榻便倦体。清游感畴昔，陈李两昆弟。侵晨访旧迹，古碣埋荒荠。

试诸生有作

醉后相看眼倍明，绝怜诗骨逼人清。菁莪见辱真惭我，胶漆常存底用盟。沧海浮云悲绝域，碧山秋月动新情。忧时谩作中宵坐，共听萧萧落木声。

再试诸生

草堂深酌坐寒更,蜡炬烟消落绛英。旅况最怜文作会,客心聊喜困还亨。春回马帐惭桃李,花满田家忆紫荆。世事浮云堪一笑,百年持此竟何成?

夏日登易氏万卷楼用唐韵

高楼六月自生寒,沓嶂回峰拥碧阑。久客已忘非故土,此身兼喜是闲官。幽花傍晚烟初暝,深树新晴雨未乾。极目海天家万里,风尘关塞欲归难。

再试诸生用唐韵

天涯犹未隔年回,何处严光有钓台?樽酒可怜人独远,封书空有雁飞来。渐惊雪色头颅改,莫漫风情笑口开。遥想阳明旧诗石,春来应自长莓苔。

次韵陆文顺佥宪

春王正月十七日,薄暮甚雨雷电风。卷我茅堂岂足念,伤兹岁事难为功。金縢秋日亦已异,鲁史冬月将无同。老臣正忧元气泄,中夜起坐心忡忡。

太子桥

乍寒乍暖早春天,随意寻芳到水边。树里茅亭藏小景,竹间石溜引清泉。汀花照日犹含雨,岸柳垂阴渐满川。欲把桥名寻野老,凄凉空说建文年。

与胡少参小集

细雨初晴蠛蠓飞,小亭花竹晚凉微。后期客到停杯久,远道春来得信稀。翰墨多凭消旅况,道心无赖入禅机。何时喜遂风泉赏,甘作山中一白衣?

再用前韵赋鹦鹉

低垂犹忆陇西飞,金锁长羁念力微。只为能言离土远,可怜折翼叹群稀。春林羞比黄鹂巧,晴渚思忘白鸟机。千古正平名正赋,风尘谁与惜毛衣?

送客过二桥

下马溪边偶共行,好山当面正如屏。不缘送客何因到,还喜门人伴独醒。小洞巧容危膝坐,清泉不厌洗心听。经过转眼俱陈迹,多少高厓漫勒铭。

复用杜韵一首

濯缨何处有清流,三月寻幽始得幽。送客正逢催驿骑,笑人且复任沙鸥。厓傍石偃门双启,洞口萝垂箔半钩。淡我平生无一好,独于泉石尚多求。

先日与诸友有郊园之约,是日因送客后期小诗写怀

郊园隔宿有幽期,送客三桥故故迟。樽酒定应须我久,诸君且莫向人疑。同游更忆春前日,归醉先拼日暮时。却笑相望才咫尺,无因走马送新诗。

自欲探幽肯后期,若为尘事故能迟。缓归已受山童促,久坐翻令溪鸟疑。竹里清醑应几酌,水边相候定多时。临风无限停云思,回首空歌《伐木》诗。

三桥客散赴前期,纵辔还嫌马足迟。好鸟花间先报语,浮云山顶尚堪疑。曾传江阁邀宾句，颇似篱边送酒时。便与诸公须痛饮，日斜潦倒更题诗。

待诸友不至

花间望眼欲崇朝，何事诸君迹尚遥？自处岂宜同俗驾，相期不独醉春瓢。忘形尔我虽多缺，义重师生可待招。自是清游须秉烛，莫将风雨负良宵。

夏日游阳明小洞天，喜诸生偕集偶用唐韵

古洞闲来日日游，山中宰相胜封侯。绝粮每自嗟尼父，愠见还时有仲由。云里高厓微入暑，石间寒溜已含秋。他年故国怀诸友，魂梦还须到水头。

将归与诸生别于城南蔡氏楼

天际层楼树杪开，夕阳下见鸟飞回。城隅碧水光连座，槛外青山翠作堆。颇恨眼前离别近，惟余他日梦魂来。新诗好记同游处，长扫溪南旧钓台。

诸门人送至龙里道中二首

蹊路高低入乱山，诸贤相送愧闲关。溪云压帽兼愁重，峰雪吹衣著鬓斑。花烛夜堂还共语，桂枝秋殿听跻攀。（跻攀之说甚陋，聊取其对偶耳。）相思不用勤书札，别后吾言在订顽。

雪满山城入暮天，归心别意两茫然。及门真愧从陈日，微服还思过宋年。樽酒无因同岁晚，缄书有雁寄春前。莫辞秉烛通宵坐，明日相思隔陇烟。

赠陈宗鲁

　　学文须学古，脱俗去陈言。譬若千丈木，勿为藤蔓缠。又如昆仑派，一泻成大川。人言古今异，此语皆虚传。吾苟得其意，今古何异焉？子才良可进，望汝师圣贤。学文乃余事，聊云子所偏。

醉后歌用燕思亭韵

　　万峰攒簇高连天，贵阳久客经徂年。思亲谩想斑衣舞，寄友空歌《伐木》篇。短鬓萧疏夜中老，急管哀丝为谁好。敛翼樊笼恨已迟，奋翮云霄苦不早。缅怀冥寂岩中人，萝衣薜佩芙蓉巾。黄精紫芝满山谷，采石不愁仓菌贫。清溪常伴明月夜，小洞自报梅花春。高闲岂说商山皓，绰约真如藐姑神。封书远寄贵阳客，胡不来归浪相忆？记取青松涧底枝，莫学杨花满阡陌。

题施总兵所翁龙

　　君不见所翁所画龙，虽画两目不点瞳。曾闻弟子误落笔，即时雷雨飞腾空。运精入神夺元化，浅夫未识徒惊诧。操舵移山律回阳，世间不独所翁画。高堂四壁生风云，黑雷柴电日昼昏。山崩谷陷屋瓦震，雨声如泻长平军。头角峥嵘岁千丈，倏忽神灵露乾象。小臣正抱乌号思，一堕胡髯不可上。视久眩定凝心神，生绡漠漠开嶙峋。乃知所翁遗笔迹，当年为写苍龙真。只今旱剧枯原野，万国苍生望霶丽。凭谁拈笔点双睛，一作甘霖遍天下！

卷三十　续编五

三征公移逸稿

德洪昔裒次师文，尝先刻奏疏、公移凡二十卷，名曰《别录》，为师征濠之功未明于天下也。既后刻《文录》，志在删繁，取公移三之二而去其一。沈子启原冲年即有志师学，搜猎遗文若干篇，录公移所遗者类为四卷，名曰《三征公移逸稿》，将增刻《文录续编》，用以补其所未备也。出以示余。余读而叹曰："吾师学敦大源，故发诸政事，澜涌川决，千态万状，时出而无穷。是稿皆据案批答，平常说去，殊不经意，而仁爱自足以沦人心髓，思虑自足以彻人机智，文章又足以鼓舞天下之人心，若金沙玉屑，散落人世，人自不能弃之，又奚病于繁耶？"乃为条揭其纲以遗之，使读者即吾师应感之陈迹，可以推见性道之渊微云。隆庆庚午八月朔日，德洪百拜识。

南赣公移 凡三十三条

批漳南道教练民兵呈 正德十一年十一月二十五日

据兵备佥事胡琏呈："将各县民快，操练教习颇成。"看得事苟庇民，岂吝小费；功有实效，何恤浮言！参据呈词，区画允当，仰该道依拟施行。再照，兵不在多，惟贵精练。事欲可久，尤须简严。所募打手等项，更宜逐一校阅。必皆技艺绝伦，骁勇出众，因能别队，量材分等，使将有余勇，兵有余资，庶平居不致于冗食，临难可免于败师。批呈缴。

批漳南道进剿呈 十一月二十六日

据兵备佥事胡琏呈："卢溪等洞贼首詹师富等，势甚猖獗，备将画图贴说，待期攻剿。"看得兵难遥度，事贵乘时。今打手民快等兵，既已募集，仰该道上紧密切，相机剿扑。惟在歼取渠魁，毋致横加平善。其大举夹攻行详议。呈缴。

教习骑射牌 十二年五月十六日

看得五兵之用，弓矢为先；南方之技，骑射所短；最宜习演，以修长技。今南、赣诸处军兵所操弓矢，类皆脆弱。十步之外，不穿鲁缟，以是御敌，真同儿戏。访得福建省城弓矢颇胜他处，合行选取。为此牌仰福建漳南道转行福建都司，选取精巧惯习弓兵四名，该道量给口粮、脚夫，送赴军门，成造弓矢事完，仍发原伍著役。

批南安府请兵策应呈 六月初十日

据知府季斆呈："各巢贼党众多，本府兵力寡弱，乞添兵协剿。"该岭北道议，将南康二班赖养介兵，拨补县丞舒富；兴国谢庄兵、雩都张英才兵，拨补冯廷瑞统领。其本府仍用添兵营策应。及行该府起立军营二处，听候官兵到彼安插。其南康、上犹二县，俱该一体起立回报。

看得赖养介、谢庄、张英才所统，准令与峰山、双秀等兵更补，预建营房，议尤适当。即行该府议行，务要地势雄壮，沟堑深高，虽系一时之谋，亦为可久之计。

看得南安、上犹所聚兵众，每处不下二千，防遏剿袭，略已足用。各官犹以兵少为辞，不能运谋出奇，亦已可见。今可行令各官，分部原领各兵，一意防遏。另调坎字营一千二百人，令指挥来春统领，往屯南安。又调艮字营一千二百人，令指挥姚玺统领，往屯上犹。二营人马专以相机剿袭为事，声东击西，务使踪迹靡定，条聚复散。每念变态无常，该道即将该去各兵查给口粮，二十四日巳时起营前去。仍行该府县官，务要协力同心，相为犄角之势，共成夹剿之功。呈缴。

批岭北道攻守机宜呈 六月二十六日

批兵备副使杨璋呈称："访得前项贼徒，俱被逃往横水、桶冈大巢屯聚，所平巢穴，未免复来营给。合行知府季斆统领异字营兵一千二百名，防遏大庾县贼巢。县丞舒富仍统震字营兵一千二百名，防遏上犹、南康二县贼巢。"

看得各巢贼党，虽已溃散，计其势穷食绝，必将复出剽虏。所议防遏事理，照议施行。仍行县丞舒富，务要在于贼巢总会处所屯扎，多遣乖觉乡导，分路爪缉，探知贼徒将出，即便设伏擒剿，务竭忠诚，以副委任，毋得虚文粉饰。此后但有推奸坐视，定行治以军法。再照前项贼徒，今皆聚于横水、桶冈，若遣重兵直捣其地，示以必攻之势，彼将团结自守不暇，势必不敢分众出掠，不过旬余，两巢之贼可以坐取。仍仰该道密议直捣方略呈来定夺。呈缴。

批漳南道给由呈 十二年六月二十八日

据金事胡琏呈给由事。看得本官才器充达，执履坚方，始因军机重务，以致考满过期。今盗贼既靖，合准给由。但久安之图，尚切资于经理，招抚之众，方有待于缉绥。仰本官给由事毕，即便作急回任，勿为桑梓之迟，有孤闾阎之望。呈缴。

批兵备道奖励官兵呈 七月初一日

据副使杨璋呈，据知府季斅等依奉本院方略，攻破禾沙、石路坑等巢一十九处，擒斩首从贼人陈曰能、钟明贵、唐洪众，及杀烧死贼从，俘获贼属，夺获马牛骡羊器械等项。为照各贼肆毒无厌，名号不轨，若使遂其奸谋，得以乘虚入广，其为患害，何可胜言。副使杨璋，乃能先事运谋，潜行剿袭，一夕之间，攻破巢穴，扑燎原之火于方燃，障溃岸之波于已决。知府季斅、指挥冯翔等，亲领兵众，屡挫贼锋，相应奖励，以旌功能。其各营将士，俱能用命效力，奋勇擒斩，亦合一体赏劳。为此仰赣州府官吏，即便支给商税银两，买办后开礼物，及将发去银牌羊酒，就委府卫掌印官备用彩亭鼓乐，迎送各官，用旌剿袭之功，以明奖励之典。仍将发去赏功银两，照名给赏。其阵亡射伤兵夫，亦各查给优恤。各官务要益竭忠贞，协谋并勇，大作三军之气，共收万全之功。

调用三省夹攻官兵 七月十五日

准兵部咨，该湖广巡抚都御史秦题云云。已经开陈两端，具本上请去后。今准前因，除南、赣二府兵粮事宜另行外，所据领兵等官，俱在得人，必须先委。访得九江府知府汪隶、吉安府知府伍文定、汀州府知府唐淳，久习军旅，惠州府知府陈祥，器度深沉，俱各才识练达。程乡县知县张戬，近征大伞等处，独统率新民，奋勇当先，功劳尤著。抚州府东乡县知县黄堂、建昌府新城县知县黄文鹭、袁州府萍乡县知县高桂、吉安府龙泉县知县陈允谐，素有才名，堪以领兵。但事干各府，各官之中，或有违抗推托，临期必致误事。除具本题请，但有不遵约束，许以军法从事，合就通行知会。为此仰抄案回府，即行本官，密切整备衣装。及将上杭县义官李福英名下打手，再行拣选，务要骁勇精悍者一千名，给与资装器械，听候命下。另有公文至日，即便不分星夜，兼程前进军门，以凭调用施行。

夹攻防守咨 十月

准湖广巡抚都御史秦咨云云。看得龙泉一县，与上犹县诸巢接境。将来三省夹攻，使龙泉所守不固，则吉安属县俱被骚扰。必须大兵一哨，就从此路进剿，方可止贼奔冲。已行吉安府知府伍文定，备行所属龙泉、万安、太和等县，永新、安福等所，精选民间打手，或在官机兵，共二千名，编成队伍，督同知县陈允谐等分统，俱赴龙泉县屯扎。该县乡夫，即日起集，守把隘口，听候刻期夹剿外。今准前因，合就咨报。为此备由移咨前去，烦为查照施行。

行岭北道催督进剿牌 十月初十日

案照先经行仰该道守巡官，分投先往上犹、大庾等处住札，听候各哨官兵至日，即便催督进剿去后。今照领兵等官，已该本院坐委，合行分投催督。为此仰抄案回道，即便催督各哨官兵，遵照方略，依期星夜直抵巢穴，务将前贼扫荡扑灭，以靖地方，毋遗芽蘖，致贻后患。本官仍行各官，详察地里险易，相度机宜，慎重行事，毋得轻率寡谋。及逗遛退缩，致误事机，定行军法从事。军中未尽事宜，亦听随机应变施行，仍呈本院知会，俱毋违错。

刻期会剿咨 十月二十一日

准巡抚湖广都御史秦咨："议照会剿事情，已该兵部议奉钦依，刻期于九月中进兵。职等督理兵粮，粗有次第。近因杨总兵病故，又为两广路远，约会颇难，只得改期十月初旬，衡州取齐，听候分哨会兵，具题，及差官约会进剿。即今所调汉土官兵，不旬日间俱集。若令住札候至闰十二月方行会剿，非惟粮饷不敷，亦恐地方骚扰，况贼情狡诈，必致乘虚奔逸。除移文两广总镇军门查照，作急会议，一面严督布守官兵，谨把贼路，防其奔逸；一面督发兵粮，委官分哨，相机策应剿杀外。备咨贵职，查照事理，至期督发各哨夹剿，仍希由咨报"等因。

案照先为紧急军务事，本职看得进攻次第，江西惟桶冈一处，该与湖广之兵会合。其长流左溪、横水等处，皆深入南安府所属三县腹心之内。见今不时，拥众奔冲，势难止遏。欲将前项贼巢以次相机剿扑。候贵治之兵齐集，夹攻桶冈，又经移咨贵职外。

续据县丞舒富等呈称，各巢贼首，闻知湖广士兵将到，欲奔桶冈，集众拒战，战而不胜，奔入范阳大山。乞急为区处等因到院。随将领兵知府邢珣等，指受方略，刻期于十月十二日子时发兵进兵。本院即日进屯，亲临南康督战，遂破横水、左溪等巢。但贼首未获，方行各哨追袭。今准前因，照得江西兵粮粗已齐集。及照十一月初一日之期，亦已不远。除行兵备等官监督各哨，一面分投追袭未获贼徒，一面行令，务在十一月初一日，移兵径趋桶冈等处，分布夹攻，不许后期误事。及行兵备副使杨璋移文参将史春知会外。为此合咨前去，烦请贵院查照，早为督发，切勿后时。

横水建立营场牌 十月二十七日

照得本院亲督诸军，进破横水等巢，贼徒已就诛戮。但山高林密，诚恐漏殄之徒，大军撤后，仍复啸聚，必须建立营场，委官防守。为此牌仰典史梁仪，协同千户林节，统领宁都机兵四百名，信丰机兵六百名，就在横水大村，砍伐木植，相视地势雄阜去处，建立营场一所，周围先竖木栅，逐旋修筑土城，听候本院回军住札，以凭委官留兵防守。各官务要同力协谋，精勤干理，工完之日，照依军功论赏。所领兵众，如有不听约束，许以军令责治。其合用夫匠等项，听于南安所属上犹、南康等县取用。该县俱要即时应付，毋得迟违误事。

搜扒残寇咨 十一月十一日

据知府邢珣、唐淳会呈："各职近奉本院调发，于本年十一月初一日，依湖广刻期，夹攻桶冈峒诸巢，遵依攻破茶寮等处，擒斩贼党已尽。

见今各兵四散搜扒，无贼可捕。访得官兵未进之先，各贼带领家属逃往桂东县连界大山藏躲，及将捕获贼人黄顺等备细研审相同。但今彼处官兵未见前来，若不移文催督，诚恐先遁各贼，乘虚在彼奔窜，各营官兵，难于过境搜扒。呈乞照详"等因到院。查卷先为前事，已经通行湖广、江西、广东三省该道兵备、守巡等官，调集官军，把截夹攻；及严督、府、卫、所、州、县等官，起集兵快乡夫，各于贼行要路，昼夜把截，若贼奔遁，就便相机擒捕，去后。今据前因，照得桶冈贼徒，陆续潜逃，所据守隘等官，未暇参究。但今各贼，久在彼处藏躲，若不速行搜扒，将来大兵既撤，诸贼必将复归桶冈，重贻后患。为此合咨贵院，烦将原调官兵，量摘三四千，前来桂东连界大山，逐一搜扒，必使果无噍类，然后班师，庶几一劳永逸，而彼此两无遗憾。及请戒令各兵，止于连界大山搜扒，不得过境深入，尤为地方之幸。

批准惠州府给由呈 正德十三年二月二十四日

据知府陈祥申给由事。看得知府陈祥，政著循良，才堪统驭，近因兴师之举，且迟考绩之行。今本官亲从本院征剿叛贼，效劳备至，斩获居多，巢穴悉皆扫平，地方已就宁靖，既喜奏功于露布，允宜上最干天曹，除常功之典另行外，仰该府即便照例起送给由。申缴。

批攻取河源贼巢呈 三月二十三日

据佥事王天用呈："河源朱峒吴天王、曹总兵、邓都督等一十三围，并上下二山，共有先锋三千余兵，五府六部俱全，声言起城立殿，势诚猖獗。"看得所呈各贼，聚众三千，设官僭号，即其事势，亦岂一朝一夕之故？而各该府、县等官，前此曾无一言申报，据法即合拿究。但称所呈亦据传闻，未委虚的；又虑万一果如所呈，各该官吏正在紧关剿截之际，姑且俱未参提。仰该道再行查勘的实，果如前情，即便一面严督各该官司，加谨防遏，一面议处机宜，或移夹剿之回师，或促候调之狼卒，度量缓急，相机而行。如其事未猖扬，情犹可抚，亦要周防安插，区处得宜。俱仰火速具由呈来，以凭议奏。仍呈总督巡按等衙门，公同计议施行。呈缴。

批赣州府赈济呈 四月二十八日

据赣州府呈："本府赣县等七县，将在仓稻谷枭银赈济。"看得兵革之余，民困未苏，加以雨水为灾，农务多废，虽将来之患，固宜撙节预防，而目前之急，亦须酌量赈济。据该府所申，计处得宜，合行各县照议施行。仍仰各掌印官，务须严禁富豪之规利，痛革奸吏之贪缘，庶官府不为虚文之应，而贫民果沾实惠之及。各具由回报。申缴。

批岭北道修筑城垣呈 五月十五日

据副使杨璋呈："所属府、卫、县城垣倒塌数多，而石城一县尤甚，应该估计修理。合委知府季斅、邢珣，不妨府事，督修本府城垣。龙南县署印推官危寿，兴国县知县黄泗，瑞金县知县鲍珉，各委督修本县城垣。惟石城县知县林顺，柔懦无为，合行同知夏克义，估计督修。"看得城垣倒塌，地方急务。幸兹盗贼荡平，正可及时修筑。若患至而备，则事已无及。该道即行各该承委官员查照，估算工程，措置物料，一应事宜，各自从长议处呈夺。各官务要视官事如家事，惜民财如己财；因地任力，计日验功；役不逾时，而成坚久之绩，费不扰民，而有节省之美。庶称保障之职，以副才能之举。呈缴。

查访各属贤否牌 六月十九日

节该钦奉敕谕："军卫有司官员中政务修举者，量加奖劝；其有贪残畏缩误事者，文职五品以下，武职三品以下，径自拿问发落。钦此。"钦遵。切照当职抚临赣州等处，向因亲剿群贼，多在军前，所据大小衙门官员中间，志行之贤否，政务之修废，类皆未暇采访，拟合通行查报。为此除布、按二司，本院自行询访外，牌仰本道官吏，即便从公查访所属军卫有司官员。要见某官廉勤公谨，某官贪婪畏缩，某官罢软无为，某官峻刑酷暴，备细开造小册，就于前件下填注，印封密切，马上差人赍报，以凭复奏，黜陟拿问施行。毋得徇情，查报不公，致有物议，自取参究。仍行本道各将掌印佐贰等官年甲籍贯，到任年月日期，亦开前件揭帖一本印信，各令差人赍报，不得稽迟。

一仰广东守巡岭东、岭南道，福建守巡漳南道，湖广守巡上湖南道同。

行漳南道禁支税牌 六月二十八日

照得上杭河税，原系本院钦奉敕谕军马钱粮径自便宜区画事理，专为军饷而设，自来非奉本院明文，分毫不许擅自动支，与该省各衙门原无干预。牌仰该道官吏，今后凡有相应动支，止许具由呈禀本院，听候批允，不得一概申请，有乖事体，渐开多门之弊，反生侵渔之奸。具依准。缴牌。

禁约驿递牌 七月初一日

照得水西驿递旧例，每遇公差，验有真正关文，随即送赴军门挂号，此乃防奸革弊定规。本院抚临赣州未几，即因盗贼猖獗，屡出剿平，尚未清查。访得近来多有奸诈之徒，起一关文，辄就洗改。或改一名为二三名者，或改红船为站船者，或改口粮为廪给者，或改下等马为中等上等马者，或该有司支应而夤缘驿递应付者。又有或看望亲朋，或经过买卖，因与驿递官吏相识，求买关文，诈伪百端。若不挂号清查，非惟奸人得计，抑且有乖事体。为此牌仰本驿所官吏，即便印钤厚白申纸，装钉方尺文簿，一样二本，送赴军门。每遇公差关文，验无前项奸弊，就与誊换，随送军门挂号给付。如或本院出巡，就赴该道兵备挂号。中间若有交通，私与关文，或不经本院挂号，潜行应付者，定行拿问赃罪，决不轻贷。仍仰今后差拨舡只迎送，止许各至交界驿递倒换，立限回还。敢有贪图过关米粮，或权要逼勒过界者，就便指实申来，以凭拿问。仍行岭北道一体查照施行。

申明便宜敕谕 七月二十一日

节该钦奉敕："广东清远、从化、后山等处，与尔所辖南、韶等府，壤地相接，事体互相有关。近该彼处镇巡官奏称，盗贼生发，师行有日，如遇彼处行文征兵协剿，亦要随即发兵前去防剿应援，以收全功。毋得自分彼此，致失事机，钦此。"钦遵。照得南雄府界连南赣大庾、信丰、龙南等县，而惠州、河源、兴宁，亦各逼近贼巢，俱系紧关，奔遁潜匿之处，进攻防截之路。访得前贼为患日久，虽奉成命征兵协剿，诚恐贼计狡猾诈变，东追则西窜，南捕则北奔，若不早为查处，未免有误军机。为此仰抄案回司，会同三司掌印，及各该守巡、兵备等官，上紧调集兵粮，听候克期防剿，并将应剿贼巢，通行查出。行拘熟知地利险易乡导，责令画图贴说。要见某处贼巢，连近某处乡落；某巢界抵某处，系是良善村寨，某处系是善恶相兼；某处平坦，可以直捣；某处险阻，可以把截；某处系贼必遁之路，可以设伏邀击；某处贼所不备，可以间道掩扑；何处官军可以起调，何官可以委用，可以监统；粮饷何处措办，住札何处听候；各要查处停当，备由马上差人飞报本院，以凭遵照钦奉敕谕，与各该镇巡官计议而行。其有军中一应进止机宜，亦要明白呈报，毋分彼此，致有疏虞。国典具存，罪难容恕。仍呈总督、镇守、巡按衙门知会。

犒赏新民牌 七月二十八日

据招抚新民张仲全、陈顺珠等呈，解擒斩贼首池满仔、屠天佑等八名颗到院。为照张仲全等，始能脱离恶党，诚心向善，已为可取。又能擒斩叛贼，立功报效，即其忠勇，尤足嘉尚。所据张仲全合升授以百长，陈顺珠合升为总甲，各给银牌，以酬其功。其兵众三百余人，皆能齐心协力，擒捕叛贼，俱合犒赏。为此牌差百户周芳前去龙南县，着落当该官吏，即将赍去银牌给与张仲全、陈顺珠，牛酒及赏功银两，照数给与部下有功兵众。仍仰督同张仲全等，整束部下兵众，会同王受、郑志高等并力夹剿残贼，务要尽数搜擒，照例从重给赏。其屠天佑手下走散兵夫，原由牵引哄诱，皆可免死。仍仰张仲全遣人告谕，但能悔恶来归，仍与安插。或能擒斩同伙归投者，准其赎罪，仍与给赏。各役俱听推官危寿等节制调度，务要竭忠尽力，愈加奋勇，期收全功，以图报称。

行岭北等道议处兵饷 八月十四日

节该钦奉敕谕："一应军马钱粮事宜，俱听便宜区画，以足军饷，钦此。"钦遵。照得近因夹剿上犹、桶冈等贼，粮饷无措。当时仰赖朝廷威德，两月之间，偶速克捷，不然，必致缺乏。今各巢虽已扫定，而遗党窜伏，难保必无。况广东后山等处，方议征剿，万一奔决过境，调兵遏剿，粮饷为先。查得见行措置军饷，以防民患事例：今后江西南、赣等府有兵备去处，各该军卫有司所问囚犯，审有家道颇可者，不拘笞杖徒流并杂犯死罪。各照做工年月，每日折收工价银一分，送府收贮，以备巡抚衙门军情缓急之用。虽有别项公务，不得擅支，仍要按季申报，合干上司，以凭稽考等因。照得近来官吏因循不行，查照概将问追工价等银，俱称类解买谷，遂致军饷无备，甚属故违。具访前项银两，埋没侵渔甚众。今姑未查究，再行申明，仰抄案回道，着落当该官吏，并行南、赣二府卫、所、县。今后奉到问理等项，笞杖徒流杂犯斩绞罪，除有力纳米照旧外，其家道颇可者，俱要查照先行事例，折纳工价，俱收贮该府，以备本院军情缓急。敢有故违者，定行参以赃罪，决不轻贷。仍仰各置文簿二扇，按季循环开报查考，毋致隐匿。仍呈抚按衙门知会。

再批攻剿河源贼巢呈 八月二十一日

据广东岭东道佥事朱昂等会呈："河源县贼巢一十三处，势相联络，互为应援。贼首吴何俊等，并帽子峰贼首谭广护等，招亡纳叛，不止二千余众，累岁荼毒生灵。况又僭称天王、总兵、都督等号，罪恶滔天，人神共怒。必须请调大兵，剿绝根由，庶足以雪军民之冤。但此黠贼，性尤凶强。必藉狼兵，可以捣巢攻寨。大约以军兵二万有余，方克济事。"合行布政司查议粮饷，并赏功银两等项。又据惠州府云云。看得贼众兵寡，委难集事。但动调狼兵，亦利害相伴。况开报贼巢，前后不同。合用粮赏，俱合预行查处。为此仰抄案回道，会同各守巡、兵备等官，将各巢穴再行备细查访。若果贼巢众多，官兵分哨不敷，必须添调狼兵，仰即径自呈请该省总督等衙门，上紧起调。若见在官兵略以足用，可以不调狼兵，亦免骚扰地方，就仰选委谋勇官，督同府、卫、县、所等官，将各汉达官军、兵快、乡夫，预先起集选练，于该府及近贼县分，密切屯札，勿令张扬，候克期已定，然后昼伏夜行，出其不意，并击合剿。合用粮饷赏功等银，备行广东布政司查照上年大征事体，及时措备，毋致临期误事。如是兵粮措置，俱已齐备，仰即马上差人飞报军门，以凭亲临督战。或差官赍报令旗令牌，分督进剿。其各贼奔遁关隘，相应江西防截者，亦要上紧查报，以凭调发，各毋稽违，致有失误。国典具存，决难轻贷。先选熟知贼情三四人，赴军门听用。军中一应进止，或未尽机宜，应呈报者，亦就上紧呈报。仍呈总镇、镇守、巡按等衙门查照知会。

优礼谪官牌 十一月二十七日

照得本院奉命提督军务，征剿四省盗贼，深虑才微责重，惧无以仰称任使，合求贤能，以资谋略。访得潮州府三河驿驿丞王思，志行高古，学问渊源，直道不能趋时，长才足以济用。惠州府通衢马驿驿丞李中，坚忍之操，笃实之学，身困而道益亨，志屈而才未展，合就延引，以匿不及。为此牌仰该府，照牌事理，措办羊酒礼币，差委该县教官赍送本官处，用见本院优礼之意，仍照例起关应付，以礼起送前赴军门，以凭谘访，该驿印记，别行委官署掌。先具依准及礼过缘由。缴牌。

批漳南道设立军堡呈 十二月初三日

据兵备佥事周期雍呈："深田、半砂等处，负山滨海，地僻人稀，以致贼徒诱结，势渐猖獗。今虽议立军堡，一时未得完工，合行署都指挥佥事侯汴，暂且住札南、韶，设法擒捕。候军堡已完，行令遵照钦奉敕谕，前往武平县驻札。"看得所呈深田等处，盗贼日渐猖炽，各该巡捕等官，因循坐视，致令滋蔓，俱合拿赴军门。但当用人之际，姑且记罪。仰该道严加督捕，在目下靖绝，以功赎罪。及照该道原议，设立军堡十处。每堡军兵不过二三十人，势分力弱，恐亦不足以振军威而扼贼势。仰该道会同守备官再加酌量。如果军堡工费浩大，且可停止，将各堡该成军兵分作两营，选委勇官二员分统，于各该盗贼出没地方，络绎搜捕，每月限定往来次数。就仰经过县分，按月开报兵备官处，不时考较督责。其该设军堡，止于每日程途所到去处，建立一所，以备宿歇。非独省费易举，亦且势并力合，地方可恃以无恐，盗贼闻风而自息矣。但事难遥度，该道仍须计审详议，一面呈报，务求至当，亦无苟从。再照前项地方，盗贼日盛，备御未立，准议暂委守备侯汴前往南、韶住札，严剿捕以靖地方。稍候武备既设，施行有次，仍旧还归武平住札。该道照议批呈事理，即便备行本官查照施行，俱毋违错。

再申明三省敕谕 十二月十二日

节该钦奉敕："该兵科给事中周文熙奏，湖广郴、衡地方瑶贼，不乘时处置，抑恐遗孽复滋，重贻后患。乞要推举抚治宪臣一员，前去会同湖广、广东、江西镇巡三司等官，相度事宜。或设添卫所县治，或置立屯戍屯堡，或仍敕尔每年春夏在南、赣等处，秋冬在郴、衡等处，住札整理。庶几委任专一，有备无患等因，该部议谓宜如所奏施行。今特敕尔亲诣郴、衡等处地方，照依周文熙所奏，并查照御史王度、唐濂及佥事顾英等建言事理，从长议处，定立长治久安之法。应施行者，径自会同各该镇巡等官，从长施行。事体重大者，奏请定夺。尔为风宪大臣，受兹委托，尤宜广询博访，择善而行。务使盗息民安，地方有赖，钦此。"钦遵。卷查先准兵部咨为图议边方后患事。该兵科给事中周文熙奏，该本部覆题，已经案仰湖广都、布、按三司，即行该道守巡、兵备等官，一体钦遵。各诣郴、桂、衡州等处，督同各该掌印等官，相度山川险易之势，谘访贼情起伏之由，查照各官建言事理，从长议处方略。要见某处可以开建县治，某处相应添设卫所，某处营堡宜修，某处道路宜开，备询高年有识，务宜土俗民情。如或开建添设等项，有劳于民，无补于事，亦要明白声说，毋拘成议，附和雷同。别有防奸御患长策，俱要备细呈夺，毋惮改作。仰惟朝廷采纳群策，非徒苟为文具。谅在各官协心承委，决无了塞公移，务竭保民安土之谋，共图久安长治之策。应施行者，就便具由呈来，以凭会议施行。若有事体重大，该具奏者，亦即呈来，奏请定夺去后。今奉前因，拟合通行。为此仰抄案回司，即行掌印并各该道守巡、兵备、守备等官，一体查照钦遵。作急议报施行，毋得稽违。仍行镇守、巡抚、总督、总镇、巡按衙门知会。

批赣州府给由呈 十二月二十五日

据知府邢珣申给由事。照得知府邢珣，久劳郡政，屡立战功。合有赏功之典，出于报最之外。今三年之考，既因事久稽，而六载之期，亦计日非远。况地方盗贼虽平，疮痍未起。仰行本官照旧支俸，益弘永图。苟有善可及民，何厌久于其道！微疾已痊，即起视事，给由一节，六年并考。申缴。

行岭北道裁革军职巡捕牌 十四年五月初五日

访得南、赣巡捕军职官员，有名无实。每遇火盗生发，坐视观望，曾不以时策应。中间更有不守法律，在于私宅接受词讼，吓取财贿纸米。或捕获一贼，则招攀无干之人，乘机诈骗。佥充总小甲，则需索拜见；更换铺夫，则索要年例；稍或不从，百般罗织。又如前往所属巡逻，则索要折乾，刻取酒食。甚至容隐贼徒，窃分赃贿。欲便拿究，缘无指实查行间。为此仰抄案回道，即将巡捕军职官员，就便裁革。一应地方事宜，俱令府、县捕盗等官管理。中间倘有未尽事宜，该道再行议处呈夺。仍候考选之日，备呈镇巡等衙门查照知会。

遵奉钦依行福建三司清查钱粮 五月二十七日

准兵部咨云云。查得先准本部咨，题奉钦依，备行前来，已经案仰福建都、布、按三司，并行所属一体钦遵。

仍查各该府、县卫、所每年额征各项秋屯粮米各计若干。中间起运，每石折银若干，鱼课折银若干。存留数内，应否输纳本色，折收银两。见今小民拖欠者已征若干，未征若干，有无已征捏作未征。其各卫、所军士该支月粮，某卫、所若干石，见今某卫、所已缺支若干月，共该补给米若干石。起运秋屯粮米，要查是何年月，奉何事例。分派某府、卫、所解京，今经几年，是否已为定例。设若存留，必须先查各属官吏、师生、旗军人等，岁用钱粮，大约共计若干，有无足勾。及查该司并各府、州、县见贮库内银两，某项共计若干。中间可以借支，俟后追补，如是扣算不敷，应否将前起运存留。并查汀、漳二府用兵之时，所用粮饷，系何项钱粮，曾否将官军月粮借辏。务要备查明白，具由差人马上赍报。一面会同三司掌印、守巡各官，将一应利弊，相应兴革者，逐一查议停当，俟本院抚临之日呈夺，去后。今准前因，合再通行查处。为此仰抄案回司，即行掌印并各道守巡等官，公同本院委官，速将前项事情，再加用心查议，务要事体稳当，以便经久；明白具由开呈，以凭会处。中间若有未尽事宜，亦就查议呈夺，毋得虚应故事。苟且目前，复遗后患，罪有所归。

议处添设县所城堡巡司咨五月三十日

准兵部咨云云。续据湖广按察司呈，奉巡抚湖广都御史秦案验，为计处地方，以弭盗贼事。准兵部咨："该本院题，备由呈报，及移咨到院，案候间。今准前因，为照添设县所，查处更夫，并设屯堡置巡司等项事宜，俱奉有成命。况皆经巡抚衙门悉心区画，各已虑无遗策，岂能别有议处。惟称分割乳源、乐昌二县里分，节行广东，该道会勘未报，尚恐两省各官，未免互分彼此，不肯协和成事，必须贵院不惮一行，亲临其地，约会总督两广军务都御史杨，面会一处，庶几两省之事，可以一言而决。"及照建立三屯，摘发湖广各卫所官军，协同巡检弓兵守把一节，以今事势而论，亦为久长之防。但访得各卫所官军，皆有安土重迁之怀，无故摘拨，必致奏告推搪，非惟无补于防御，兼且徒益于纷扰，似须更为一处，必使人情乐从，庶几事功易集。本职见奉朝令，前往福建巡视地方，处置军人作乱事情，不日启行，必须遵照敕旨，候事完回日，方可亲诣郴、衡地方，面会贵院议处。但恐旷日弥久，行事益迟，为此合咨贵院，烦请先为查处施行。

督责哨官牌六月初七日

照得本院见往福建公干，所有调来赣州教场操备宁都等县兵快，虽分四哨管领，已有定规。惟恐本院远出，因而懈怠废弛，头目人等，亦或受财放逃，必须委官管领操备，为此仰千百产孙裕等，各照军门原分哨分，用心管领，不时操练，务使行伍整肃，武艺精通。中间若有拒顽不听约束者，轻则量情责治，重则论以军法断处。其各兵快义官百长人等口粮，各照近日减去五分则例。每月人各二钱，义官百长各三钱五分，总小甲各二钱五分，俱仰前去赣州府支给，亦不许冒名顶替关支，查访得出，定行追给还官，仍问重罪发落。承委各官，务称委托，不得假此生奸扰害，未便。

委分巡岭北道暂管地方事 六月初八日

　　据副使杨璋呈："奉兵部札付题称'福建军人作乱事情，请教提督南、赣等处军务都御史王前去处置。其南、赣等处地方事情，合行兵备副使杨璋暂且代替管理，一应紧急贼情，悉听杨璋径自从宜施行，不许失误。候处置福建事宁之日照旧'等因。题奉钦依，备由札仰钦遵外。今照本职升任本司按察使，启行在迩，缺官管理，合就通行呈详"等因。看得本官既已升任，本院不日又往福建公干，南、赣贼情，及该道印信，必须得人经理。已经案仰江西按察司速委风力老成堂上官一员，毋分星夜，前赴该道，暂且管理，去后。今照前因，为照本院已奉敕书，的于本月初九日启行。但分巡该道官员未至，所有各处递报一应公文，多系地方事务。若待议置停当前去，未免顾此失彼，愈加积滞，合行处置。为此仰抄案回府，凡遇各官司赍到一应公文，除地方赋清重事，俱仰差人送赴分巡该道议处，径自施行，仍呈本院知会。其余地方盗息民安缴报批申呈词招由不急之务，就便收候，类赍本院。仍仰作急备行该道查照施行，俱毋违错。

思田公移 凡四十九条

行广西统领军兵各官剿抚事宜牌 嘉靖六年十一月初五日

　　先据领兵、参政等官龙诰等禀称：湖兵已至，已经行令相机行事，去后，近访得各兵已入深地，利在速战，若旷日持久，未免师老气衰，且临敌易将，进退之间，呼吸成败。是以本院沿途且行且访，而传闻不一，未有的报。为此牌仰统兵各官，公同计议。若已在进兵之际，则宜遵照旧任提督军门约束，齐心并力，务在了事，方许旋回军门参谒。若犹在迟疑观望之地，而王受、卢苏等尚有可生之道，朝廷亦岂以必杀为心，则宜旋军左次，开其自新之路，听候本院督临审处，俱毋违错。仍行提督、总镇、总兵及巡按等衙门知会，务在进退合宜，不得轻忽误事。

行南韶二府招集民兵牌 十一月十二日

牌仰韶州、南雄府当该官吏，即于该府地方及所属各县。不拘机兵打手，各色人内，访求武艺骁勇，胆力之士，超群出众，以一当百者。每府三名或四名，每县二名或三名，无者于别县通融取补。务要年齿少壮，三十岁以下者。每月给与工食八钱，就于机快工食内顶贴，仍与办衣装器械。各名备开年貌亲族邻里，限一月之内送赴军门应用，毋得迟违。

奖留佥事顾溱批呈 十一月二十三日

看得士大夫志行无惭，不因毁誉而有荣辱。君子出处有义，岂以人言而为去留？况公论自明，物情已睹。本官素有学术涵养，正宜动心忍性，以增益其所不能。岂可托疾辞归，以求申其愤激？此缴。

批岭西道议处兵屯事宜呈 十一月二十三日

据佥事李香呈。看得财匮于兵冗，力分于备多，此是近日大弊，相应议处。所呈打手，且不必添募。仰将该道屯哨，分布打手，通行查出，大约共有若干。再加精选，去其劣弱，大约共得骁勇若干。及查某处屯堡可裁，某处关隘可革，大约共用打手若干。某哨堪备操演，分聚开闯，若何而力不分，若何而财不费？若何而免于屯兵坐食，若何而可以运谋出奇？该道会同分守道，通融斟酌，务求简易可久之道，呈来施行。

批广州卫议处哨守官兵呈 十一月二十五日

据指挥赵璇呈。看得军门哨守官军两班，共该一千余名。类皆脆弱，不堪征调。兼亦远离乡土，往往多称疾故逃亡，非徒无益于公家之用，而抑未便于军士之情。仰苍梧守巡道，公同会议，酌量利害之多寡，审察人情之顺逆，务求公私两便，经久可行之策，呈来定夺施行。

批都指挥李翱操演哨守官兵呈 十一月二十七日

看得都指挥李翱所呈，足见留心职任，不肯偷惰苟安，有足嘉尚。仰分巡苍梧道，公同坐营官张锐，将见在哨守军兵打手人等，分立班次，发与李翱，在于教场轮班操演。使兵识将意，将识士情，庶职任不虚，缓急可用，仰行各官查照施行。

行两广都布按三司选用武职官员 十二月初七日

准兵部咨云云。为照两广地方广阔，武职官员数多，当爵镇临之初，贤否一时未能备知，拟合通行询访。为此仰抄案回司，备云该部题奉钦依内事理，合行掌印、守巡等官钦遵，严加询访。不拘已用未用，曾否减革武职官员，但有谋勇素著，雄才大略，堪任将领者，从公举保，以凭具奏推用。不许徇情滥举，赃犯人员，自贻玷累，毋得违错。都司仍转行总兵等官，一体钦遵，查照施行。

行两广按察司稽查冒滥关文 十二月十二日

准兵部咨云云，拟合通行。为此仰抄捧回司，照依案验备奉钦依内事理，即行都、布二司一体钦遵。仍转行镇守、主副参将等官，今后除地方机密重情，应该会奏者，各具本共差一人，于批文列会奏职衔。其余常行事务，各自行奏报者，必须积至二三起以上，方许差人，亦于批文开坐朱语，以便稽考，毋得泛填公务字样。若是专为己私，假借公干，擅便分给符验关文挂号，并承委人等，越例索要应付，定行从公参究治罪，俱毋违错。

给思明州官孙黄永宁冠带札付牌

据左江兵备佥事吴天挺呈："据思明府族目王瑙等状告'先蒙军门行取思明州官孙黄永宁领兵听调，乞给冠带，管辖夷民'等情。勘得官孙黄永宁被占年久，今奉断明，若非宠异，无以示信。合请照依黄泽冠带事理，使地方知为定主，实心归向。"呈详到院，相应给与。为此牌仰官孙黄永宁遵照本院钦奉敕谕内便宜事理，就彼暂行冠带，望阙谢恩。该袭之时，具告抚按衙门，另行具奏施行。本官孙黄务要持身律下，谦以睦邻，修复州治，保安境土。凡遇征调，竭忠效命，以报国恩。毋得因此辄兴越分之思，自取侵凌之祸。苟违法制，罚罪难逃。戒之敬之。

省发土官罗廷凤等牌 十二月十七日

看得那地等州土官罗廷凤，泗城州土舍岑施东，兰州知州韦虎林，南丹州土舍莫振亨等，带领兵夫，屯守日久，劳苦良多。即今岁暮天寒，岂无室家之念。牌至，仰本官径自前来军门，面听发放。

给迁隆寨巡检黄添贵冠带牌 嘉靖七年正月初八日

据广西左江道佥事吴天挺呈称："查得《方舆胜览》内开，思明路下有迁隆州，缘无志书案卷，可考沿革。但查递年黄册，及审各目老，皆称迁隆洞黄添贵果系官户宗枝。凡有征调，黄添贵亦果领兵立功。其地界广有百里，虽止征粮四十石，而烟爨多逾二千；虽额属思明，而征兵则各自行管束。委因失其衙门印信，以致地方怀疑生奸。合无准行暂立为思明府迁隆寨巡检司，就授黄添贵职事，听其以后立功积效，渐次升改。庶人心知劝，地方可定"等因，到院，查得先该前巡抚都御史张，累经案仰广西都、布、按三司，及该道兵备、守巡等官，查勘相同，设立巡司，似亦相应。除另行具题外。缘黄添贵正在统兵行事，合无遵照钦奉敕谕便宜事理，先与冠带，以便行事。为此牌仰黄添贵就彼冠带，望阙谢恩，暂署土巡检司事，候命下之日，方许实授。本官务要奉法，严束下人，辑和邻境，保守疆土。每遇调遣，即便出兵报效，立有功劳，赏升不吝。如或贪残恣肆，国典具存，罪亦难逃。

批左州分俸养亲申 正月十八日

据左州申："知州周墨分俸回太仓州养亲。"看得本官发身科甲，久困下僚，虽艰苦备尝，而贫淡如故。虽折挫屡及，而儒朴犹存。凡所施为，多不合于时尚。而原其处心，终不失为善人。即其分俸一事，亦岂今之仕宦于外者所汲汲，而本官申乞不已。虽屡遭厌抑之言，而愈申恳切之请，固流俗共指以为迂，而君子反有取焉者也。案照先任军门，盖已屡经批发，而公文至今未到，想亦道途修阻，不易通达之故。本官近该给由，道经原籍，合就批仰亲自赍递。仰苏州府太仓州当该官吏，查照军门先今批行事理，即将本官分回俸给，照数查考，以慰其一念孝亲之诚。具由缴报。仍行太平府及该州知会。批缴。

批右江道断复向武州地土呈 正月二十六日

据参议邹輗、佥事张邦信呈："勘处都康、向武二州争占安宝峒地土，合断还向武州管业缘由。"看据所呈，官男冯一执称："安宝峒地方深入都康界内，远隔向武六十余里。以近就近，应该都康管业。"其言于人情似亦为便。王仲金又执称："国初设立郡州，原要犬牙相制。今安宝地方深入都康，正是祖宗法制。"其言于国典又为有据。况博访民间物论，亦多是向武而疑都康。今该道又审得王仲金旧藏吏部勘合，奉有圣旨，安宝峒村庄，还着向武州管是实。先年都康州又曾有印信吐退文书。今以此地断还向武，其于天理人心，公论国法，悉已允当。事在不疑，不必再行后湖查册，往复劳扰。该道又审得王仲金先年混将都康州村峒人畜杀虏，要依土俗，责令赔偿，亦于事理相应。悉照所议，取具王仲金、冯一情愿赔偿吐退归一亲笔供词备写札付，用印钤，连送赴军门，重加批判，给付各州，永为执照，以杜后争。此缴。

批左江道推立土官呈 二月初一日

据参议汪必东呈称："武靖州缺官管事，乞推相应上官子孙一员，仍授该州职事，理办兵粮。"仰布政林富会同各守巡、兵备、副参等官，再行从公酌量计议。采诸物论，度诸人情。务要推选素有为该州人民信服爱戴者，坐名呈来，以凭上请。不得苟避一时之嫌疑，不顾百年之祸患，轻忽妄举，异时事有乖缪，追咎始谋，责亦难辞。此缴。

批遣还夷人归国申 二月十四日

据兵备副使范嵩呈称："番人奈邦等不系番贼，又无别项为非重情。合行琼州府查支官银，买办船只，量给米饭，送回该国。若有便船搭附随宜。其原搜获葫芦五个，给还收领。枪镖等物入官，以防在海劫夺之患。"看得各夷既审进贡是实，又无别项诈伪。相应听其回还本国，却淹留日久，致令死亡数多。而郡县徒增供馈之扰，处置失宜，贻累不少。仰该道即如所议，行令琼州府查支官银，买办船只，及措与粮米等项，趁此北风未尽，上紧送发回国。若再会议往复，则愈加迟误，备行合干衙门知会施行。此缴。

批苍梧道修理梧州府城呈 三月十一日

据佥事李杰呈："梧州府城垣修复串楼等项，合用木石砖瓦，于府库抽收竹木银两动支。"看得城上串楼虽有风雨崩塌之备，亦有兵火焚毁之防。得失相半，诚有如该道所虑者。今议修复，虽亦旧贯之仍，若损多益少，则亦终为浪费。该道再行计处，或将见在串楼间节拆卸，每隔二三十丈则存留三四间，或四五间，以居防守之兵夫，而拓其空地，以绝延烧之患。一以便人马往来之奔突,旗鼓刀枪之运用。以其拆卸之材料,修补焚烧之空缺,当亦绰然有余,而更楼火铺之类,亦可藉此以修理矣。但地利土宜,随处各异,未可以本院一时之见悬断遥度。仰该道广询博访,如果有益无损,即查本院所议斟酌施行。若是得失相半,准如该道所呈,一面动支银两修理,一面会同各官再加量度计议,具由呈报。缴。

批永安州知州乞休呈 三月十四日

据佥事申惠呈:"永安州知州陈克恩,立心持己,举无可议。委因感岚瘴,心气不时举发。仍称母老在家,久缺奉侍,情甚恳切。"看得知州陈克恩虽患前病是实,然其年力尚强,才器可用,非可准令休致之时。但以母老多病,固求归养,情词恳迫,志已难夺。其恬退之节,孝母之心,诚有可尚。合照所议,准令致仕还乡。仰该道仍备行本官原籍官司,务要以礼相待,以崇奖恬退孝行之风。

行参将沈希仪守八寨牌 三月二十三日

为照八寨巢穴,及断藤峡等贼,素与柳、庆所割地方瑶、僮村寨连络交通,诚恐乘机奔突,亦合督兵防捕。为此牌仰参将沈希仪照牌事理,即便督率官兵人等,于贼冲要路,严加把截,如遇奔突,相机擒捕,毋容逃遁。仍要严禁下人,惟在珍除真正贼徒,不得妄杀无辜,及侵扰良善一草一木。敢有违犯者,即照军法斩首示众。所获功次,解送该道分巡官纪验,听候纪功御史覆验造报。军中事宜,牌内该载不尽者,亦听本官径自酌量而行。一面禀报,俱毋违错。

行左江道剿抚仙台白竹诸瑶牌 三月二十四日

照得白竹、古陶、罗凤、仙台、花相、石马等巢诸贼,皆稔恶多年,在所必诛,已经牌仰各官督兵进剿。近据参将张经续禀:"仙台、花相、石马等瑶，一月之前，皆各出投抚，愿给告示，从此不敢为恶。"看得各瑶投抚，诚伪虽未可料，但既许其改恶，若复进兵袭剿，未免亏失信义，无以心服蛮夷。亦合暂且宽宥，容其舍旧图新。其白竹、古陶、罗凤等贼，负险桀骜，略无忌惮，若不加剿，何以分别善恶，明示劝惩！为此牌仰左江道守巡守备等官，参议汪必东，佥事吴天挺，参将张经，会同湖广督兵佥事汪溱，都指挥谢珮，督同各宣慰等官，俟牛肠等处事完之日，即便移兵进剿白竹、古陶、罗凤诸贼。其领哨官员，及引路向导人等，俱听参将张经督同指挥周胤宗等，分俵停当，照例逐一讲明，然后分投速进。纵使诸贼先已闻风逃避，亦要严兵深入，捣其巢穴，以宣明本院声罪致讨之义。一剿不获，至于再；再剿不获，至于三；至四，至五，至绝终祸根。不得以今次斩获之少，或遂滥及已招贼巢，亏失信义，所损反多。经过良善村分，尤要严禁官土军兵，不得侵犯一草一木，有犯令者，即以军法斩首示众。

委土目蔡德政统率各土目牌 四月初一日

为照前项城头兵粮等项，虽经行令各目暂行管理，但在流官知府处，必须通晓事体土目一人，专一在府听候传布政令，通达土情，不然，未免上下之情，亦有扞格。查得土目蔡德政，平日颇能通晓事情，相应选委。为此牌仰本目统率各土目供应人役，专一在府听候答应，凡遇差遣及催督公事等项，就便遵照传布督催各管城头土目人等。或有未便情由，亦与申达本府，务通上下之情，以成一府之治。就将七处一城头拨与本目，永远食用，流传子孙。本目务要奉公守法，尽心答应。其或违犯节制，轻则该府官量行究治，重则具由三府军门治以军法。

批左江道查给狼田呈 四月十一日

据佥事吴天挺呈称："遵奉军门方略，剿平牛肠、六寺、磨刀等贼，所有贼田，合行清查，免致纷争。宜选委府卫贤能官亲查，酌量应给还狼民者，明立界至；给还原主耕种，系贼开垦者，丈量顷亩，均给各里十名，招狼佃种，俱候成业一年，方行起科纳粮免差。"本院之意，正欲如此区处。据呈，足见该道各官用心之勤，悉准照依所议。就仰行委该府卫贤能官各一员，亲临踏勘，清查明白，酌量给派招佃，具由呈报。

行浔州府抚恤新民牌

照得浔州等处稔恶瑶贼，既已明正讨伐，其奔窜残党，亦合抚处。但其惊惧之余，未能遽信，必须先将附近良善厚加抚恤，使为善者益知劝勉，然后各贼渐知归向，方可以渐招抚。除行守巡该道施行外，牌仰知府程云鹏等，即行会同指挥等官周胤宗等，及各县知县等官，分投亲至良善各寨，照依案验内开谕事情，谆复晓谕。就将发去告示，鱼盐量行分给，务使向善之心愈加坚定，毋为残贼所扇诱。则良民日多，而恶党日消，又因而使之劝谕各贼，令各改过自新，果有诚心来投者，即与招抚。就便清查侵占田土，以绝后争。推选众所信服之人，立为头目，使各统领，毋令散乱，以渐化导。务使日益亲附，庶几地方可安，而后患可息。各官务要诚爱恻怛，视下民如己子，处民事如家事，使德泽垂于一方，名实施于四远，身荣功显，何所不可。如其苟且目前，虚文抵塞，欺上罔下，假公营私，非但明有人非，幽有鬼责，抑且物议不容。

批兴安县请发粮饷申 四月十三日

据兴安县中称，本县库内，并无军饷银两，亦无堪以动支官钱，诚恐湖兵猝至，不无误事。合无请给发军饷银两下县。先顾船马，参看湖兵归途，合用廪给口粮下程犒劳等项，已经各有成议，自南宁府至梧州止，又自梧州至桂林府止，又自桂林至全州止，各经过几县几驿，每县驿扣算该银若干，各于该府军饷银内照数一并支给，各州县止是应付人夫数十名,再不许别项科派劳扰,已行该道守巡等官,通行各该府县查照施行,去后。今已两月有余,而各州县尚罔闻知,不知该道各官,所理何事,似此紧急军务,尚尔迟慢,其余抑又可知。姑记未究外。仰按察司将该吏先行提问,仍备行各道守巡官,今后该行职务,各要自任其责,可行即行,可止即止,悉心计处,事体重大,自难裁决者,即为定议呈禀,必使政无多门之弊,人有画一之守,毋得虚文委下,推避傍观。州县小官,无所遵承,纷然申扰,奔走道路,延误日月,旷职废事,积弊滋奸,推厥所由,罪归该道,各具不违依准回报查考。缴。

行廉州府清查十家牌法 四月十六日

案照本院先行十家牌谕,专为息盗安民。访得各该官员,因循怠惰,不行经心干理,虽有委官遍历城市乡村查编,亦止取具地方开报,代为造缴,其实未曾编行。且承委人员,反有假此科取纸张供给,或乘机清查流民,分外骚扰,是本院之意务要安民,而各官反以扰民也。本欲拿究,缘出传闻,姑候另行,所有前项牌谕,必须专委贤能官员督查清理。为此牌仰廉州府推官胡松,先将该府及所属州县原编牌谕,不论军民,在城在乡,逐一挨查,务著实举行,仍须责令勤加操演。若各官仍前虚文搪塞者,指实参究。果有科罚骚扰等项,仰即拿问究治。仍行各官,务将牌谕讲究明白,必使胸中洞彻,沛然若出己意,然后施行,庶几事有条理,而功可责成。各府、州、县以次清理,非独因事以别勤惰,且将旌罚以示劝惩,各具讲究过依准缴报查考。又访得各处军民杂居之地,多有桀骜军职,及顽梗军旗,不服有司清查约束,妨碍行事者,仰行重加惩治。应参职官,指名申来,以凭拏究,断不轻恕。

行右江道招回新民牌 五月初六日

仰右江道副使翁素,即便选委的当官员,带同上林县知因晓事之人,将一十八村搬移上山者，通行招回复业，给与良民旗榜，使各安村寨。仍谕以其间有与贼交通结亲往来者，但能搜捕贼徒、立功自赎，即不追论既往，一体给赏。仍要催督分差各官，上紧搜捕，毋令各贼奔逃渐远。晓谕各该地方良善，向化村寨，务将逃躲各贼，尽数擒斩，以泄军民之愤，获功解报，一体给赏。若是与贼通谋，容留隐蔽，访究得出，国宪难逃。如是各贼果有诚心悔罪，愿来投抚立功报效者，亦准免其一死，带来军门，抚谕安插。各官务要尽心竭力，上报国恩，下除民患，副军门之委托，立自己之功名。仍督平日与贼交通之人，令其向导追捕，痛加惩改，及此机会，立功自赎，果能奋不顾身，多获真正恶贼，非但免其既往之罪，抑且同受维新之赏。若犹疑贰观望，意图苟免，定行斩首示众，断不虚言。各官舍目兵人等，若有解到功次，即与纪验明白，以凭照例给赏，事完之日，通送纪功御史衙门覆验奏报。一应机宜，牌谕所不能尽者，就与副总兵张祐计议施行，一面呈报。本院不久亦且亲临各该地方，躬行赏罚，仰各上紧立功，毋自贻悔。

委官赞画牌 五月初七日

今差知州林宽赍文前往宾州、思恩等处公干，就仰本官在右江道守巡官处，随军赞画，一应机宜，不时差人前赴军门禀报，其领兵头目卢苏等，亦要遣人催促上紧剿捕，立功报效，毋得怠惰放纵，玩废日月，徒劳无功。本官务要尽心竭虑，以副委托。

行参将沈希仪计剿八寨牌 五月初九日

近因八寨瑶贼稔恶，已经调发思、田目兵攻破贼巢，方在分投搜捕。访得八寨后路，潜通柳州，又有一路与韦召假贼巢相通，皆未委虚的，合行密切查处。为此牌仰参将沈希仪即行密访，若果有潜通贼路，就仰本官从宜相机行事。或从彼地掩袭韦召假贼巢，就从彼巢径趋八寨后路。或以迎候本院为名，径来宾州督调别项军兵，就从八寨取道。然须将勇兵精，又得知因向导，可以必胜。本院亦无意必之心，俱听本官相机行事，量力可行即行，可止即止。牌至，务在慎密，毋令一人轻泄。

调发土官岑璘牌 五月初十日

牌仰归顺州官男岑璘，挑选部下骁勇惯战精兵二千名，各备锋利器械，亲自统领，前赴军门，面授约束，有事差委。所带兵夫，但在精勇，不许徒多。军门不差旗牌官员，正恐张扬事势，骚扰地方，故今止差参随百户扈濂前去，密切督调。前月官男赴军门参见，已曾当面分付。牌至，限三日内即便起程，星夜前来，毋得循常迟慢。违误刻期，定行究治，决无虚言。

分调土官韦虎林进剿事宜牌 五月十五日

除行守备参将沈希仪相机行事，及差南宁镇抚朱钰赍捧令旗令牌前去督调外。牌仰东兰州知州韦虎林，挑选骁勇惯战精兵三四千名，亲自统领，就于该州附近三旺、德合等处，取道密切进兵，扑剿下岜中寨，寻令东乡、马拦、南岭、新村、莫村、落村等寨贼首韦召蛮、召旷、召假、召僚、召号、召旺、天腊公、线仲、言转周、韦马、覃广、覃文祥等，务要尽数擒斩，以靖地方。所获功次，通行解赴军门，以凭纪验给赏。如遇参将沈希仪已到地方，仍听节制行事。若是尚未来到，仰即火速进剿，不必等候，以致张扬泄漏，失误事机，罪有所归。

行通判陈志敬查禁田州府私征商税牌 五月十五日

据委官通判陈志敬呈称："查得田州府旧例，盐每百斤税银一分，本府河埠税银四分半，经纪税银三分，槟榔每百斤税银一钱，本府税课并经纪各税银二钱，其杂货亦各税不一，除买办应用，年终俱归本府，此岑猛之余烈也，今尚因之而未除。要行照依南宁府事例，止容一税"等因，到院。参看得思、田二府，近该本院会议，设立流官知府，控制土官，各以土俗自治。其官吏合用柴薪马匹，及春秋祭祀等项，仍许商课设于河下，薄取其税，以资给用。而本院明文尚未有行，乃敢辄先私立抽分，巧取民利，甚属违法，合当拿问，缘无指实，合行查究。为此牌仰本官，即查前项抽分，奉何衙门明文，惟复积年奸猾，私立巧取，侵骗税银肥己，务要从实查明，具由星驰呈报。一面密切差人访拿，解赴军门究治，以军法论，毋得容情回护，自取罪戾。

批南宁卫给发土官银两申 五月十八日

据南宁卫申："原收王仲金赔偿都康州银二百两，令官男冯一差头目黄淰等四人来领。"看得王仲金赔偿银两，既该冯一差有的当头目黄淰，赍有该州印信领状前来关领，仰卫审验是实，即将银两照数给与黄淰等带领回州，付与冯一收受，取收过日期回报。仍行该道守巡官备行冯一、王仲金，务要洗涤旧嫌，讲信修睦，各保土地人民，安分守已，同为奉法循礼之官，共享太平无事之乐。如其不能自为主张，听信小民扇惑，规图近利，怀挟前仇，徒使利分下人，恶归一己，贯满罪极，灭身亡家，前车可鉴，后悔何及，各遵照奉行。此缴。

批左江道纪验首级呈 五月二十八日

据佥事吴天挺呈："获过牛肠、六寺、古陶、罗凤等处山巢贼级，中间无小功者，应否纪验？"看得各处用兵，多因贪获首级，不肯奋勇破敌，往往多致失事。是以前月发兵之日，本院分付督兵各官，务以破巢诛恶为事，不以多获首级为功。今若以无小功之故，不与纪验，即与前日号令自相矛盾矣。其湖兵破巢首级，虽无小功，仰该道仍与纪验。至于官军人等剿捕所获，仍照常规施行。缴。

行左江道犒赏湖兵牌 六月初十日

照得湖广永、保二州官舍头目土兵，先该本院撤放回还，道经浔州等处，已经行仰该道守巡等官，督押前进，乘便剿除稔恶瑶贼，随已破荡巢穴，擒斩数多，回报前来，就经牌仰各官，仍押各兵，直抵桂林地方交替。及行参议汪必东，就于梧州府库，量支军饷银一二千两，带去省城，听候本院亲行犒赏。今照本院因地方有事，兼患肿毒，未能亲往，行委该道佥事吴天挺前去省城，代行赏劳。为此牌仰本官，即查前项银两，若未动支，就于该府军饷银内照数动支二千两，委官管领，随带广西省城，听候支给犒赏湖兵等项应用，完日，开数查考。

奖劳督兵官牌 六月初十日

照得先因广西思、田等处土酋倡乱，征调湖广永、保二司宣慰舍目人等，坐委佥事汪溱，都指挥谢珮，统领前来，听调剿杀。后因各酋自缚投顺，班师回还，又该军门行委各官统领，乘便征剿浔州、牛肠、六寺，及平南、仙台、花相等山积年稔恶贼寇，遂能攻破坚巢，多有斩获。虽各宣慰素抱报国之心，舍目人等，并心协力，奋勇效命，亦由监督各官，设策运谋，用能致有成功。今师旋有日，所据宴劳之礼，相应举行。但本院见征八寨瑶贼，未能亲至省城，大享军士，合就先行奖劳。为此仰本官即便亲诣省城，公同布、按二司掌印等官，将军门发去彩段银花等物，照数备用鼓乐导送佥事汪溱等收领，用见本院嘉奖宴劳之意。仍行镇巡衙门知会。

计开：

佥事汪溱：

盘盏一副十两。　　段二匹十两。

银花二枝二两。　　席面一桌银十两。

都指挥谢珮：

盘盏一副十两。　　段二匹十两。

银花二枝二两。　　席面一桌银十两。

部押指挥二员：

每员银牌五两。　　银花一枝五钱。

席面银二两。

分押千户八员：

每员银牌三两。　　银花一枝五钱。

席面银一两。

土舍彭荩臣军前冠带札付 六月初十日

据湖广上湖南佥事汪溱呈："据辰州卫部押指挥张恩呈'据舍目彭九皋等告称：嘉靖五年，奉调征剿田州，有荫袭官男彭虎臣同弟彭良臣，自备衣粮报效，蒙授彭虎臣冠带杀贼。后因阵亡，蒙军门奏奉钦依勘合内开，彭虎臣殁于王事，情可矜怜，赠指挥佥事，移恩弟彭良臣，就彼冠带，袭替宣慰使职事，免其赴京。伊父彭九霄，仍升湖广布政司右参政，准令致仕。除遵依外，近奉军门复调征剿，行令致仕宣慰彭九霄亲统启行。不意宣慰使彭良臣在任病故，有彭荩臣，系宣慰的亲次男，见年一十四岁，与故兄彭良臣同母冉氏所生，应该承袭，别无违碍。乞比照永顺土舍彭宗舜事例，赐给冠带，抚管地方'等情。为照土官袭替，必经原籍该管衙门委官重覆查勘。今彭荩臣不在随征之列，未经结勘，但伊父彭九霄见在统兵，本舍又称选带家丁三千名前往报效，似应俯从。"

呈详到院，为照彭荩臣本以章一，早著英风，自选家丁，随父报效，即其一念报国之诚，已有可嘉；况有查系应袭次男，近日报效家丁于浔州、平南诸处，又能奋勇破贼，斩获数多，则荩臣身虽不出户庭，而功已著于异省。除别行具题外，合就遵照钦奉敕谕内便宜事理，给与冠带。为此札仰官舍彭荩臣先行冠带，就彼望阙谢恩。抚管地方，仍须立志持身，正己律物；顾章服之在躬，思成人之有道；念传世之既远，期绍述于无穷；益竭忠贞，以图报称。先具冠带日期，依准缴报。仍径行本省镇巡衙门知会，毋得违错。

奖劳永保二司官舍土目牌 六月初十日

照得先因思、田等处土酋倡乱，复调永、保二司宣慰彭明辅、彭九霄各统领舍目，听调剿贼。后因各酋自缚投顺，班师回还。又该军门行委各官统领，乘便征剿浔州、牛肠、六寺，及平南、仙台、花相等山稔恶贼寇，遂能攻破坚巢，多有斩获。是皆各宣慰及伊官男平日素抱忠诚报国之心，故能身督各舍目人等，并心协力，奋勇效命，致有成功。今师旋有日，所据宴劳之礼，相应举行。但本院见征八寨瑶贼，未能亲至省城，大享军士，合就先行奖劳。为此牌仰本官，即便亲诣省城，公同布、按二司掌印等官，将军门发去礼物，照依后开数目，各用鼓乐送发宣慰彭明辅、彭九霄等收领，用见本院嘉奖宴劳之意。各宣慰官舍目兵人等，查照单开等项，逐一支出赏犒，就彼督发各兵回还休息。支过数目，开单查考，俱仍行镇巡衙门知会。

计开：

保靖宣慰司：

宣慰彭九霄：

盘盏一副十两。　　段二匹。

一两重金花一枝。　　一两重银花一枝。

席面银五十两。

官男彭荩臣：

银花二枝各一两。　　段二匹。

席面银二十两。

永顺宣慰司：

宣慰彭明辅：

盘盏一副十两。　　段二匹。

一两重金花一枝。　　一两重银花一枝。

席面银五十两。

官男彭宗舜：

银花二枝各一两。　　段二匹。

席面银二十两。

冠带把总头目每名三两重银牌一面。

领征管队冠带头目每名二两重银牌一面。

旗甲小头目洞老每名一两重银牌一面。

随征土兵每名银二钱。家丁银一钱。

病故头目每名银四两。

病故土兵每名银二两。

首级每颗银一两。　　贼首银三两。

生擒每名银二两。

调发武缘乡兵搜剿八寨残贼牌六月十八日

　　先该本院进剿八寨，贼巢已破，但余党逃遁，尚须追捕。访得各处乡民，素被前贼劫害，多有自愿出力杀贼报雠。及访得武缘县地方婴墟等处乡兵，素称骁勇惯战，皆肯为民除害。已经牌差经历罗珍等前去起调，诚恐各官因循，姑未究治。看得通判陈志敬莅官日久，前项婴墟等处乡兵，曾经训缉，颇得其心，合委催督。为此牌仰本官速往婴墟等处，即将前项乡兵，量行选调，多或一千五百名，少或八九百名，各备锋利器械，仍督经历罗珍等分统前赴宾州，照名关支行粮等项，就彼相机搜剿前贼，仍听参将沈希仪调度节制，获有功次，一体重加旌赏。仍谕以当此农忙暑月，本院亦不忍动劳民尔，但欲为而尔民除去地方之害，不得已而为此。尔等各宜仰体此情，务要尽心效力，以报尔雠。是亦一劳永逸之事，先将调过名数并起程日期，随牌回报查考。

行右江道犒赏卢苏王受牌七月初三日

　　看得思、田头目卢苏、王受等，率领部下兵夫，征剿八寨，搜屯日久，劳苦实多，合行量加犒劳。为此牌仰右江道分巡官，即行宾州，起拨夫役人等，将见贮军饷粮米，照依后开数目，运赴三里地方，各目扎营去处，分给各兵，以见本院犒赏之意。开数缴报查考。

计开：

卢苏二百石。王受一百五十石。

给土目行粮牌 七月初八日

照得本院见在进兵征剿八寨瑶贼，而镇安头目岑瑜等，率领目兵四百五十名前赴军门，自愿随军杀贼报效，意有可嘉。除量行犒赏外，仰分巡右江道官，将各目兵即行照名给与行粮一月，就发都指挥高崧哨内，听凭督调杀贼。获有功次，一体解验，以凭给赏施行。

批右江道移置凤化县南丹卫事宜呈 八月初十日

据副使翁素呈："议得南丹卫城垣，并凤化县城垣合用银两。"看得该道议于八寨地方移立南丹卫；三里地方移设凤化县；俱各查访相应，人心乐从。其筑立城垣，起造公廨等项，料价工食，一应合用银两，既经该道守巡官公同计议停当。南丹卫该银三千六百四十五两，凤化县该银三千一百七十六两，其食米南丹卫一万石，凤化县八千石，每石价银三钱，共该银五千四百两。见今各处仓廒贮有粮米，尚够支给。候缺米之日，照数给价；先各量支一半，收贮听用，南丹卫一千五百两，凤化县一千二百两，准议于南宁府库贮军饷银内支给。

该道各官，仍要推选力量廉能官各一员，委同该卫指挥孙纲及该县掌印哨守官，亲至南宁府照数支出，三面秤对匣收领，付宾州库寄贮。置立支销文簿，该道用印钤记，各付一本收执，每用银两，即同该州官开封动支，照数登记，务在实用，不得花费分毫，工完之日，开数缴报，通将各支销簿会合查考。

该道守巡官仍要不时亲诣调度督促，工程务在精致坚牢，永久无坏，当兹盗贼荡灭之余，况又秋冬天气，正可及时工作。各官务在上紧催督，昼夜鸠工，不日而成，一则可以速屯防守之官兵，二则可以不防来岁之农作。城完之日，本院自行旌保擢用，决不虚言。

各官视官事须如家事，刻刻尽心，仰称朝廷之官职，中副上司之委任；内以建自己之功劳，外以垂一方之事业；岂不事立身劳，功成名显，垂誉无穷者哉？若其因循玩愒，隳绩废事，非独自取败坏，抑且罪现难逃。仰该道备行各官查照施行，期务体勤勤嘱付之意，毋负毋负！此缴。

行左江道赈济牌 八月初十日

案照先因南宁府军民困苦，骚扰二年有余，况天道亢旱，青黄不接，已经行仰同知史立诚将停歇湖兵之家，量行赈给。然各色军民人等，同被骚扰，均合行赈。为此牌仰本道官吏，会同分巡道，即行南宁府，备查府城内外大小人户，照依后开等第，就于军饷米内照数通行赈给。务使各沾实惠，毋容奸吏斗级人等作弊克减，有名无实。事完开报查考。

计开：

乡官、举人、监生之家，每家三石。

生员每家二石。

大小人户每家一石。贫难小官，通行查出，量分差等，呈来给赈。

批右江道议筑思恩府城垣呈 八月十五日

据副使翁素呈："估计起造思恩府城池等项，通用银八千五百七十七两零。"看得思恩府城垣，仰行知府桂鳌自行督工起筑，合用料价工食等项银两，准照议于南宁府军饷银内动支。就仰桂鳌公同该府掌印官，当堂秤明，匣锁领回，寄贮宾州库内，查明前批南丹卫事理，置立文簿支销。该道守巡官，仍要不时亲至地方料理催督，务要修筑坚固，工程早完。事毕，开报查考。缴。

奖劳剿贼各官牌 八月十九日

照得八寨积为民患，今克剿灭，罢兵息民，此实地方各官与远近百姓之所同幸。昨者敷文之宴，已与百姓同致其喜，而犒赏尚未及行。为此牌仰南宁府官吏，即便动支库贮军饷银两，照依后开则例，买办彩币羊酒，分送各官，用见本院嘉劳之意。开报查考。

计开：

副总兵张裕、副使翁素。

各花二枝二两。段四匹十两。

羊四只三两。酒四埕一两。

参政沈良佐、佥事吴天挺、

副总兵李璋、参将张经、冯勋：

各花二枝二两。段二匹六两。

羊二只。酒二埕共二两。

知府桂鳌、同知陈志敬、林宽、推官冯衡：同上。

行福建漳州府取回岑邦佐牌

照得田州府土官岑猛稔恶不悛，构祸邻境。该前军门奏奉调兵征剿，并将伊妾子女岑邦相等及各目家属，解京给付功臣之家为奴，及将出继武靖州次男岑邦佐迁徙，已将岑邦佐及母妻人口家当，差委指挥周胤宗等解发福建漳州府安置为民，及将岑邦相等押发南雄府监候听解去后。续照本爵钦奉敕谕："特命尔提督两广及江西、湖广等处地方军务，星驰前去彼处，即查前项夷情，可抚则抚，当剿即剿，公同计议，应设土官流官，何者经久利便，奏闻区处，钦此。"钦遵。随据头目卢苏等率众自缚来降军门，仰体朝廷好生之德，俯顺其情，安插复业，及因其告乞怜悯岑猛原无反叛情罪，存其一脉等因。已该本爵议将该府四十八甲内，割八甲降立田州，立其子一人，以承其后云云。合将岑邦佐仍为武靖州知州，保障地方，而立邦相于田州，以安守其宗祀，庶为两得其宜，已经具题外，今照前项地方，抚处宁靖，所据各男，应合取回议处。为此牌仰福建漳州府官吏，即将发去安置为民岑邦佐并母妻人口家当，通取到官，照例起关，沿途给与脚力口粮，差委的当人员，押送军门，以凭面审施行。仍行本省镇巡衙门及布政司知会，俱毋违错。

批参将沈良佐经理军伍呈 八月二十四日

看得五屯系远年贼巢要害之处，而备御废驰若此，正宜及此平荡之余，经理修复。今该道各官公同议处，要将城垣展拓，建置守备等衙门，及将该所分调各处哨守旗军，尽数取回调用，广东协守官军，发回原卫，缺伍僮军，清查足数，每年贴赆藤县甲首银一百两，通行除免，查编甲军，务足千名之数。议处悉当，除本院已经依议具奏外，仰该道各官照议施行。仍行总镇、总兵及镇巡等衙门知会，该府县、卫、所等官，俱仰查照施行。缴。

告谕新民 八月

告谕各该地方十冬里老人等，今后各要守法安分，务以宁靖地方为心，不得乘机挟势，侵迫新旧投拆僮、瑶等人，因而胁取财物，报复旧雠，以至惊疑远近，阻抑向善之心。有违犯者，官府体访得出，或被人告发，定行拿赴军门，处以军法，决不轻恕。

批佥事吴天挺乞休呈 八月二十五日

据佥事吴天挺呈："乞要致仕。"看得本官识见练达，才行老成，且于左江一道，夷情土俗，熟谙久习。今地方又在紧急用人之际，本院方切倚任，况精力未衰，偶有疾患，不妨就医调理，岂得遽尔恳辞求归。近因征剿浔州诸处贼巢；冒暑督兵，备历艰阻，功劳茂著，不日朝廷必有旌擢之典。仰本官且行安心管理该道印信，勉进药饵，暂辍归图，以慰上下之望，毋再固辞，有孤重委。此缴。

批苍梧道创建敷文书院呈 九月初六日

据佥事李杰呈："据梧州府并苍梧县学生员黎瀫、严肃等连名呈，欲于县之侧，照依南宁书院规制，鼎建书院一所。"看得崇正学以淑人心者，是固该道与有司各官作兴人才之盛心，亦足以见该学师生之有志，举而行之，夫岂不可？但谓本院能讲明是学，而后人心兴起，则吾岂敢当哉？该学师生既称号房缺少，不足以为讲论游息之地，合准于旧书院之傍，开拓地基，增建学舍。该道仍为相度经理，合用银两，亦准于该府库内照数动支，务速成功，以底实效；毋徒浪费，以饰虚文。完日缴报。

改委南丹卫监督指挥牌

先该本院分道进剿八寨，及于八寨周安堡，移设南丹卫以控制要害。查将迁江等所通贼指挥王禄等明正典刑，斩首示众，及将各该目兵通发烟瘴地方哨守。后因王禄等哀求免死，容令各领目兵杀贼赎罪。该道守巡兵备等官亦为恳请，遂遵照钦奉敕谕，便宜事理，容令报效赎罪。就委南丹卫指挥孙纲、监督王禄等各头土目兵夫人等，与同该卫所官军前去八寨周安堡，相兼屯札搜剿，及将移设卫所，估算合用木石砖瓦匠作人夫工食等项，一面择日兴工，先筑土城，设立营房，以居民众。又委南宁府同知陈志敬支领官饷银两，前去协同督理，俱具奏行事外。今访得王禄等与孙纲旧连姻娅，而该卫各官，又皆亲旧，狥恩恃爱，不听约束，所据违梗各官，俱合从重究治，姑且记罪，合行改委。

看得指挥李楠，年力富强，才识通敏，颇有操持，能行纪律。为此牌仰本官即便前去守备宾州及新改南丹卫地方，遵照本院钦奉敕谕便宜事理，暂以都指挥体统行事，仍听副总兵及该道守巡兵备官节制。该卫各官及土官王禄等，敢有违犯约束者，当即治以军令。本官务要殚忠竭力，展布才猷，与同南宁府同知陈志敬上紧起筑城垣，相机抚剿余贼，务建奇功，以靖地方，以副委任，事完之日，奏功推用，决不相负。若玩愒日月，苟且因仍，事无成效，罪亦难逃。一应机宜，牌内该载不尽者，俱听从宜区处，就近于该道守巡等官处计议施行。事体重大者，一面申禀军门。本官合用廪给等项，听于宾州军饷银内支给。指挥孙纲仍照旧掌管卫印。通行总镇、总兵及镇巡衙门知会。

卷三十一（上） 续编六

征藩公移上 凡二十九条

行吉安府收囤兑粮牌 正德十四年六月二十日

　　据赣县、兴国、永新等县县丞等官李富、雷鸣岳等呈称："各蒙差押粮里装运，正德十三年兑淮米，到于吉安水次，听候交兑，经今数月，未见粮船回还。况今省城变乱，被将各处兑米尽行搬用，恐被奸人乘机越来搬抢"等因到院。为照所呈，系于兑淮钱粮，合行处置。为此抄案仰回府，即便处置空闲仓廒，或宽敞寺观去处，令各粮里暂将运来兑淮粮米收囤，候官军回日，听其交兑，毋得迟误，致有他虞。仍行管粮官知会。

行吉安府禁止镇守贡献牌 六月二十日

　　据吉安府守御千户所旗甲马思禀称："蒙所批差，领解镇守江西太监王发买葛布银三封，及本所出备葛布折银，并贡礼银三千两，前赴本镇。今因途阻，不敢前去"等情。参照该所掌印官，既该镇守衙门发银买布，若势不容已，只合照价两平收买为当。乃敢不动原封，分外备办礼银馈送，若非设计巧取，必是科克旗军，事属违法，本当参拿究问。但今江西变乱，姑行从轻查理。为此牌仰吉安府，即查前项布价并贡献礼银，务见的确。如称各军名下粮银，就仰会同该所，唱名给散，取领备照。若是各官自行出备，合仰收入官库，听候军饷支用，毋得纵容侵收入己。及查报不实未便。

行福建布政司调兵勤王

及照福建、浙江系江西邻省，今宁府逆谋既著，彼若北趋不遂，必将还取闽、浙，若不先行发兵，乘间捣虚，将来之噬脐何及。除行湖广、广东及行漳南道，即将见在上杭教场操练兵快，并取漳州铳手李栋等，责委谋勇官员统领，直抵本院住札吉安府，随兵进剿外。仰抄案回司，会行都、按二司转行各道，并行镇巡等衙门，各一体查照知会，选调兵马，选委忠勇胆略堂上官，督领各项交界地方，加谨防截，相机夹剿。仍知会浙江都、布、按三司一体遵照施行，俱毋违错。

预行南京各衙门勤王咨

为照前事系天下非常之变，宗社安危之机，虽今备行江西吉安等府，及湖广、福建、广东等处，调集军兵，合势征剿外。但彼声言欲遂顺流东下，窃据南都。看得，长江天险，南北之限，留都根本，咽喉所关，虽以朝廷威德，人心效顺，逆谋断无有成。但其谲奸阴图，已非一日，兼闻潜伏奸细于京城，期为内应，万一预备无素，为彼所掩，震惊远迩，噬脐何及！为此合咨贵部，烦为通行在京及大小衙门，会谋集议，作急缮完城守，简练舟师，设伏沿江，以防不虞之袭；传檄傍郡，以张必讨之威；先发操江之兵，声义而西，约会湖湘，互为犄角。本职亦砥钝策驽，牵蹑其后，以义取暴，以直加曲，不过两月之间，断然一鼓可缚，惟高明速图之。

抚安百姓告示 六月二十二日

示仰远近城郭乡村军民人等，近日倡乱之徒，上逆天道，下失人心，本院驻军于此，已有定计，勤王之师，四面已集。仰各安居乐业，毋得惊疑，敢有擅自搬移，因而扇惑扰攘者，地方里甲人等绑赴军门，治以军法。其有忠义豪杰，能献计效力，愿从义师击反叛者，俱赴军门投见。

差官调发梅花等峒义兵牌 六月二十七日

近因省城遭变，戕害守臣，正人心思奋、忠议效用之时。访得永新县梅花峒及龙田、上乡、樟梘、关北诸处，人民精悍，见义能勇，拟合起调。为此今差千户高睿赍牌前去该县，著落知县柯相，即便起集梅花峒等乡精勇民兵，大约一千名，各备便用坚利器械，选差该乡义官良民部领，就委该县谋勇胆略官一员总领。其合用行粮或募役之费，就于本县在官钱粮查支，不分雨夜，兼程前进军门，听候调遣。此系紧急事理，毋比寻常贼情，敢有故违，定以军法从事。

行吉安府踏勘灾伤 七月初五日

照得本院驻兵吉安，节据庐陵等县人民告称："自五月以来，天时亢旱，田禾枯死，衣食无所仰给，税粮难以措办，近蒙佥点民兵，保守把截，农业既妨，天时不利，人心惶惶，莫知所依"等因到院。参照迩者省城反叛，煽动军民，各属调发官军，佥点民壮，保障城池，把绝要隘，围结保甲，随同征进，人皆为兵，不暇耕种，况兼三月不雨，四郊赤地，民之危急，莫甚于此。本院除具题外，为此仰抄案回府，著落掌印正官，即便亲临踏看灾伤轻重，分数复查相同，取具乡都里老及官吏不致扶同重甘结状，申报本院，火速径自差人具奏。本年各项钱粮，暂且停征，候命下之日，另行区处，毋得迁延坐视，重贻民患，取究不便。

行吉安府知会纪功御史牌 七月初八日

照得江西宁府据城谋叛云云。仰抄案回府，即便备行巡按两广监察谢御史、伍御史查照知会。凡军中一应事宜，悉要本官赞理区画，以匡本院之不逮。各哨官兵，俱听监督。获有功次，俱凭本院送发，本官验实纪录。官兵人等，但有骚扰所过地方，及军前逗遛观望，畏避退缩者，就行照依本院钦奉敕谕事理，治以军法。抄案官吏，具行过日期，同依准申缴。

行知县刘守绪等袭剿坟厂牌 七月十三日

为照本院亲督诸军，刻期于本月二十日进攻南昌府省城，以破逆党巢穴。探得逆党行曾伏兵三千于老坟厂、新坟厂诸处，以为省城应援，若不先行密为扑剿，诚恐攻城之日，或从间道掩袭我师，未免亦为牵制。为此牌仰奉新县知县刘守绪，靖安县知县万士贤，各统精兵三千，密于西山地界约会刻期，分哨设伏运奇，并力夹剿。各官务栗详察险易，相度机宜，不得尔先我后，力散势分，致有疏失。仍一面差人爪探声息，飞报军门，擒斩功次，审验解院，转发纪录，照例具奏升赏。兵快人等，敢有临阵退缩者，许照本院钦奉敕谕事理，就以军法从事。各官务竭忠贞，以勤国难，苟或观望逗遛，违误事机，军令具存，罪亦难逭。

督责知府伍文定等同心剿贼牌 七月二十五日

切照天下之事，成于同而败于异。本院选调吉安、赣州、临江、袁州等府、卫、所军民兵快，委各该文武等官知府伍文定、邢珣等统领，分立哨分，授以方略，令其并力进剿，互相策应。今访得各官各持己见，自为异同，累有事机可乘，坐视辄致违错，本当拿究，治以军法，但以用人之际，姑且容恕。及照逆贼归援声息已逼，虑恐各官仍蹈覆辙，临期或致偾事，拟合申饬通行。为此牌仰本官，即便督率原领军兵，在于见驻札处所，务要遵依方略，与各哨领兵官同心而行，誓竭并力进死之志，毋为观望苟生之谋。敢有仍前人怀一心，互有异同，以致误事，定行罪坐所由，断依军法斩首，的不食言。先具不致异同重甘结状，并不违依准，随牌缴来。

行南昌府清查占夺民产 八月十六日

照得宁王自正德二年以来，图为不轨，诛求财货，强占田土池塘屋基，立表所至，敢怒而不敢言。税粮在户，而租利尽入王府；家眷在室，而房屋已属他人；流移困苦，无所赴诉。见今天厌其虐，自速灭亡，一应侵占等项，合行改正，以苏民困。为此案仰南昌府，即便清查宁王并内官校尉倚势强占，不问省城内外，查系黄册军民，该载税粮明白，即与清复管业，收租住坐，不许邻佑佃民仍前倚势争夺。其曾经奏请如阳春书院等处，虽有侵占，难以擅动，俟另行处治外，仍行官吏务要尽心清查，以副委用，毋得偏私执拗，致生弊端，通毋违错。

批江西按察司优恤孙许死事 八月二十五日

据按察司呈"副使许逵家眷，日食久缺，并孙都御史未曾殡殓"等情。参看得各官被贼杀害，委可矜怜，合于本司库内各支银三十两，以礼殡殓，候装回日，盘费水手，另行呈夺。许副使家眷缺食，亦听支银五十两，给付应用。取具各该领状，并殡殓过由，同批呈缴。

行南昌府礼送孙公归榇牌 八月二十九日

照得江西巡抚都御史孙燧被宁贼杀害，续该本院统兵攻复省城，当给银两买棺装殓间。随据伊男孙庆，带领家人前来扶柩还乡，所据护送人员，拟合行委。为此牌仰府官吏，即于见在府卫官内，定委一员，送至原籍浙江绍兴府余姚县河下交割，并行沿途经过军卫、有司、驿递、巡司等衙门，各拨人夫，程程护送。仍仰照例从厚佥拨长行水手，起关应付，人夫脚力，验口给与行粮，毋得稽迟未便。

讨叛敕旨通行各属 九月初二日

节该钦奉圣旨敕："近该南京内外守备参赞等官，太监黄伟等先后奏报，江西宁王杀害巡抚等官，烧毁府县，肆行反逆等项事情，已下兵部会官议处停当，朕当亲率六师，奉天征讨。先差安边伯朱泰为前哨，统领各边官军前去南京，相机剿杀。太监张忠、左都督朱晖，统领各边官军前去江西，捣其巢穴。又命南和伯方寿祥及南直隶、江西、湖广各该镇巡等官，各照拟定要路，住札把截。今特命尔照依该部会奏事理，会同镇守太监王宏，选调堪用官军民快，亲自督领，在于所属紧要地方，分布防御。仍委浙江布政司左布政闵楷，选募处州民快，定拟住札地方，听候调用。军中事务，俱要互相传报，彼此通知，一遇有警，勿误策应，或就会合各路人马，设法剿捕。仍出给榜文告示，遍发江西及各该地方张挂晓谕：但有能聚集义兵，擒杀反逆贼犯者，量其功绩大小，封拜侯伯，及升授都指挥指挥千百户等官世袭。贼伙内有能自相擒斩首官者，与免本罪，仍量加恩典。不许乘机挟雠，妄杀平人。一应军中事宜，敕内该载未尽者，俱听尔随宜区处。尔为风宪大臣，受兹重托，宜馨竭忠诚，扫除叛贼，尤要详审慎重，计出万全，务俾地方宁靖，军民安堵，以纾朕南顾之忧，庶称委任，钦此。"钦遵，拟合就行，为此仰都、布、按三司照依案验备奉敕内事理，通行所属，一体钦遵施行。

咨南京兵部议处献俘船只 九月初二日

照得属者宁王宸濠杀害守臣，举兵谋逆，云云。拟于九月十一日亲自督解赴阙，但应赴解人犯，并护解官兵数多，本地驿递残破，红站座船，俱被焚毁无存，议雇民船，自浙取道而北，须烦兵部于南京济州、江淮二卫马快船内，各拨十只，中途接载，庶克有济。为此移咨，特差千户林节、主簿于旺前去，烦请选拨马快船二十只，点齐撑驾人役，差委的当官员，与差去官预先押至镇江河下，候本职到彼，替换装载而行，实为两便。谅宁藩之叛逆，固天下臣民之所共愤，则今日之献俘于京，以彰天讨，必亦忠臣义士之所共欲，当不吝于烦劳也。仍希先示之！

行江西三司清查被劫府库起运钱粮 九月初四日

照得本年六月十四日宁王谋反，尽将江西都、布、按三司及附郭南昌等府、县库，盘检去讫。中间多系各府、州、县解到起运等项钱粮，未经转解，若不严加查考，恐滋侵欺。为此仰抄案回司，即便吊取原行卷簿到官，责令该库官攒并经手人役，从公清查，要见某项原收某府、州、县，解到某色起运钱粮若干；某项原系贮库纸米赃罚金银器物等件各若干，宁王盘检若干，中间有无官吏库役人等，乘机侵骗情弊，即今见在若干；务要通行查明，备造印信手本，火速缴报，以凭查考施行。仍行南昌等府、州、县一体遵照，将起解赴库钱粮查报，俱毋违错。

行江西布按二司看守宁府库藏 九月十一日

照得宁府库藏，已经本院督同戴罪三司官员，并各府知府公同封识完固，合就委官监督看守。为此仰抄案回司，即行该司掌印官，督同南昌府同知何继周，及南、新二县掌印官，定委老成晓事官二员，分领佥定大户人等，每夜上宿，看守东西二库；仍令兵快把守宁府南东西三门，昼夜巡逻，不许移动一草一砖。二司掌印并该道分巡官，不时巡视阄点，毋得视常虚应故事，倘致疏失，责有所归。

委按察使伍文定纪验残孽 九月二十日

照得节该钦奉敕谕："但有生擒盗贼，鞫审明白，亦听就行斩首示众。贼级行令各该兵备守巡官，即时纪验明白，备行江西按察司，造册奏缴，查照事例，升赏激劝，钦此。"钦遵。为照宁王谋反，随本院调兵，已将宁王俘执，谋党李士实、刘养正、王春等，并贼首凌十一、闵念四等，亦就擒获。即今见该本院不日亲自督解赴阙，式昭圣武，及纪功御史谢源、伍希儒亦各赴京复命。所有各哨官兵，尚在搜剿残孽，惟恐解报前来，不无缺官纪录。为此仰抄案回司，即行新任按察使伍文定，如遇各哨官兵解到叛贼并赃仗等项，务要从实审验，应处决者，照依本院敕谕事理，就行斩首，贼级枭挂，明白纪录，备造印钤文册，差人径自奏缴。仍造清册一本，缴报本院查考，毋得违错不便。

委知府伍文定邢珣防守省城牌 九月十二日

照得江西大乱剿平，地方幸已稍靖。但巡抚官员被杀，巡按及三司府、州、县、卫、所等官，俱各戴罪听参，本院即今又督官兵押解宁王并其党与赴京。省城居民，久遭荼苦，疮痍未起，惊疑未息，虽经抚谕，诚恐本院去后或有意外之虞，拟合委官留兵防守。为此牌仰领兵知府伍文定、邢珣等，即便照依后开班次，轮流各行量带官兵，昼夜固守城池，保障地方，抚安居民，禁革骚扰。候抚按官员及三司等官到任事定之日，方许回还，照旧管事。毋得违错。

计开：

一班知府伍文定、邢珣。二班徐琏、戴德孺。

三班曾玙。四班周朝佐、林珹。

行江西布按二司厘革抚绥条件 九月十二日

照得江西未乱之前，民伪颇滋，吏政多弊，抚治之责，已号烦难。况大乱之后，钱粮有侵克之费，军伍有缺乏之虞；奸恶伪兴，灾旱荐作；法度申明之未至，官吏怠玩之或生；本院讨贼平乱，功虽告成；厘革抚绥，力尚未遍；若不条析处分，深为未便。为此仰抄案回司，照依案验内事理，逐一遵照施行。务使事各举行，民沾实惠，毋得虚应故事，取罪不便。

计开：

一，省城大乱，固已剿平，地方守备，难便废驰。除南、新二县机兵令分巡该道分拨守门外，仰布、按二司常印官，会同于所属邻近府州，酌量原编机兵多寡，量取辏二千名，各委相应人员，带领来省操练，以备不虞。仍行南昌道分巡官较视点闸。其各兵口粮，就令各该县分动支预备仓米谷，计日分给，候事完之日停止。

一，十四年起运兑淮，间有被贼房掠。其未兑，及未到水次，并偏僻去处未经贼掠者尚多，诚恐官吏粮里人等，乘机隐匿，捏故侵欺。合先行查，仰布、按二司掌印官，即行各该府、州、县，将已兑粮数通查，要见见在若干，果被贼房若干，取具重甘结状。造册缴报，以凭议处。其见在粮米，就于所在地方暂且囤贮看守。如有未兑捏作已兑，不曾被贼捏作贼劫者，照例问发充军，官吏坐拟赃罪，不恕。

一，南昌、九江、南康三府被贼残害，尤宜矜恤。仰布、按二司掌印官，作急查勘呈来，以凭议处。

一，南昌左卫旗军，多因从逆擒斩，以致缺伍。仰布、按二司官即便出给告示，许令在逃旗军并余丁投首，黑依榜例，免其罪名，著令顶补军役，暂委官员管领，以备操守。

一，建昌、安义二县贼首，虽已擒获，遗漏余党尚多，今既奉有榜例，合与更新。仰布、按二司转行该县，出给告示，许各自新，痛改前恶，即为良民，有司照常抚恤，团保粮里，不得挟私陷害。如有不悛，仍旧为非者，擒捕施行。

一，宁王庄田基屋湖地，并宁府官员人役，及投入用事从逆等项人犯田产，例应籍没，合先查理。除将内官黄瑞基屋改作东湖书院，以便学者讲习外，其余仰布、按二司掌印官，会同南昌道分巡官行委的当官员，逐一清查，如田庄要见坐落地名何处，田亩若干，山场树木若干，湖地广阔若干，房屋几间。今年见在花利，即便收贮，所在地方，责人看守，通造手册缴报。其有原系占夺民间物业，相应给还，及估价发卖仍佃者，俱候查明之日，从容呈议审处。敢有隐匿，及指以原业捏称借贷，辄行据占者先行拿问不恕。

一，省城各衙门，并公廨，有残圮应合修理者，仰布、按二司掌印官会同该道官，参酌缓急，行令府县，移拆无用房屋，量加修理，毋得虚费财物。

一，省城湖地，仰布、按二司行南昌府县：其城濠，行都司，各委人看守。鱼利公同变收入官，以备公用，不许私取及致人偷盗。

一，今年乡试，因乱废格，除应否补试，另行议奏外，其未乱之前，已经举行未毕事件，合先查究。仰布政司将原发修理贡院席舍，并发买物料等项银两若干，委何人管，即今已修完，并已买到物料若干，见存银两若干，查明造报，毋得因循，致令吏胥乘机隐匿作弊。其已买物料，有不堪贮者，姑令变价还官，以俟再买。以后未举事件，有应合预处者，会同按察司并该道官，一面议处施行。按察司仍行提学官，转行所属知悉。

行江西按察司知会逆党宫眷姓名

仰抄案回司，着落当该官吏，即便查照施行。仍呈钦差提督军务御马监太监张，钦差提督军务充总兵官安边伯朱知会，俱毋违错。

计开：宁王郡王将军世子共十六名。

见在十四名：宸濠　拱栟　觐铤　拱樤　宸洧　宸瀛　觐镔　宸汲　宸汤　宸汎　宸浐　宸澜　大世子一哥

已故二名：拱槭　二世子二哥

谋党重犯六十七名：

见在五十九名：刘吉　涂钦　乐平　黄瑞　傅明　陈贤　尹秀　梁伟　沈鳌　熊绥　周瑞　吴松　张嵩　李蕃　于全　秦荣　萧奇　徐辂　贺俊　李琳　丁瓒　王储　甘桂　王琪　杨昇　张隆　刘勋　葛江　杨允　徐锐　丁纲　夏振　唐玉　何受　朱煜　冯旻　周勇　周鼎　於琦　张凤　袁贵　闻凤　顾正　顾雄　徐纪　倪六　王凤　唐

全　闵念八　李世英　徐淦凤

张宣　闵念四　凌十一　万贤一　朱会价　万贤二　熊十四　熊十七

已故八名：万锐　陆程　刘养正　余祥　甘楷　王信　卢铺　刘子达

宫眷四十三口：赵氏　万氏　钟氏　徐氏　宣氏　张氏　张氏　陆氏　蒋氏　陆氏　赵氏　王氏　王氏　李氏　朱氏　郑氏　陈氏　徐氏　刘氏　何氏　张氏　祥瑞　王氏　锦英　王氏　徐氏　周氏　周氏　桂祥　陈氏　春受　刘氏　顾氏　陈氏　婆氏　王氏　艾儿　碧云　刘氏　串香　异兰　爱莲　彭氏

小火者二口：乐秋　乐萱

马八匹。金册十二副，计二十四叶。

行江西按察司编审九姓渔户牌　九月二十四日

为照贼首吴十三、凌十一、闵念四、念八等，俱已擒获，党类亦多诛剿；虽有胁从之徒，皆非得已，节该本院备奉钦降黄榜，通行给发晓谕，许其自首，改过自新，安插讫。数内杨子桥等九姓渔户，又该知县王轼引赴军门投首，审各执称被胁，情有可矜，当该本院量行责治，仍发本官带回安抚外。今访得前项渔户，尚有隐匿未报，及已报在官，而乘势为非者；况查沿江湖港等处亦有渔户，以打鱼为由，因而劫杀人财；虽尝缉捕禁约，而官吏因循，禁防废弛，合就通行查处。为此仰抄案回司，即便选委能干官员，会同安义等县掌印、捕盗等官，拘集杨子桥等九姓渔户到官，从公查审，要见户计若干，丁计若干，已报在官若干，未报在官若干，各驾大小渔船若干，原在某处地方打鱼生理，著定年貌籍贯，编成牌甲，每十名为一牌，内金众所畏服一名为小甲；地方多寡，每五牌或六牌为一甲，内金众所信服一名为总甲，责令不时管束戒谕。仍于原驾船梢，粉饰方尺，官为开写姓名、年甲、籍贯、住址，及注定打鱼所在，用铁打字号，火烙印记，开造印信手册在官，每月朔望各具，不致为非，结状亲自赴县投递，用凭稽考点闸。中间如有隐匿不报者，俱许投首免罪，亦就照前行。若有已报在官，仍前乘机为非，抗顽不行到官，就仰从长计议，应抚应捕，遵照本院钦奉敕谕随宜处置事理，径自施行。今后但有上户官民客商人等被害，就于本处追究，务在得获，明正典刑。仍即通行南昌等一十三府及各州、县一体查处，编立牌甲，严加禁约施行，造册缴报查考。如或故违，定将首领官吏拿问，决不轻贷。

献俘揭贴 九月二十六日

准钦差提督赞画机密军务御用监太监张揭帖开称，今照圣驾亲率六师，奉天征讨，已临山东、南直隶境界，所据前项人犯，宜合比常加谨防守调摄，待候驾临江西省下之日，查勘起谋根由明白，应否起解斩首枭挂等项，就彼处分定夺。若不再行移文知会，诚恐地方官员不知事理，不行奏请明旨，挪移他处，或擅自起解，致使临难对证，有误事机，难以悔罪等因，准此。卷查先为飞报地方谋反重情事云云。本职已将宁王并逆党，亲自量带官兵，径从水路，照依原拟日期，启行解赴京师，已至广信地方外。今又准前因，及该差官留本职并宁王及各党类回省。为照前项人犯，先监按察司，责委官员人等，昼夜严加关防；有病随即拨医调治，数内谋党李士实、王春、刘养正等，已多医治不痊，俱各身故。随差官吏仵作人等前去相验，责付浅殡，拨人看守。其宁王及谋党刘吉等，俱系恶焰久张之人，设若淹禁不行解报，纵有官兵加谨防守，恐或扇诱别生他奸。今若留回省城，中途疏虞，尤为可虑。兼且人犯多生疟痢，沿途亦即拨医调治。又有数内镇国将军拱槭并世子二哥，各行身故；又经差官相明，买棺装殓，责仰贵溪县拨人看守。其余尚未痊可，若更往返跋涉，未免各犯性命愈加狼狈，相继死亡，终无解京人犯，抑恐惊摇远近，变起不测。本职亲解宁王，先已奏闻朝廷，定有起程日期，岂敢久滞因循，不即解献，违慢疏虞，罪将焉逃？及照库藏册籍等项，示准揭帖之先，已会多官封贮在库，待命定夺。况新任按察使伍文定，及戴罪三司官、领兵知府等官，俱各见在，封识明白，别无可疑。除将宁王宸濠等，各另差官分押；宫眷妇女，行各将军府取有内使管伴，俱照旧亲自解京外，所有库藏等项，奉有明旨，自应查盘起解，就请公同三司并各府等官，眼同径自区处，为此合用揭帖前去，烦请查照施行。

行袁州等府查处军中备用钱粮牌 十月初六日

据吉安府申"奉本院钧牌，查得本府在库止有赃罚纸米银一万五千四百三十一两零，其各县寄库银四万六千一百五十九两零，俱系转解之数，似难支动。见今动调各处军快人等数多，诚恐支用不敷，及查庐陵等九县贮库钱粮，亦多称乏，合行邻近府分帮助支用"缘由到院。为照江西宁府变乱，虽经本院起调广东、福建二省汉土狼达官军，江西南、赣等处兵快，计有二十余万，合用粮饷大约且计三四月之费。今该府所申，堪支纸米等银止有一万五千四百有零，其余俱系解京之数，就便从权支用，亦有未敷，必须于各府、县见贮钱粮数内查支接济，庶不误事，拟合通行。为此牌仰本府，即将收贮在库不拘何项钱粮，作急通行查出，三分为率，内将二分称封明白，就委相应官员，不分雨夜，领解军门，以凭接支应用。此系征讨叛逆军机重务，毋得稽迟时刻，定以军法论处，决不轻贷。

行江西布按二司清查军前取用钱粮

案照先因宁王变乱，该本部备行南、赣等府，起调各项军兵追剿，合用粮饷等项，就仰听将在官钱粮支给间。随据吉安府申称，动调兵快数万，本府钱粮数少，乞为急处等情。已经通行各府，速将见贮不拘何项钱粮，以三分为率，内将二分解赴军前接济外。

续看前项事情，系国家大难存亡所关，诚恐兵力不敷。又牌行各该官司，即选父子乡兵，在官操练，听将官钱支作口粮，候本院另有明文一至，启行去后。

今照前项首恶，并其谋党，俱已擒斩，原调各处军兵，久已散归，所据用过粮饷等项，合行查造。为此仰抄案回司，即查各府、州、县自用兵日起，至撤兵日止，要见某项钱粮，差何人役解赴军前，应用若干，有无获奉批回在卷；又将某项钱粮，差何人役解赴某官处，支给官兵口粮等项若干，自某月日期起，至某月日止，各支若干；或系那借，惟复措置之数，务要清查明白，类造文册，星驰差人送院查考。中间如有官吏人等通同作弊，重支冒领；或以少作多，侵欺捏报者，就便拿问，照例发遣，毋得违错。

防制省城奸恶牌 十二月十一日

照得江西省城，近遭宁王之变，巡逻无官，非但军门凋弊，禁防疏阔；兼又军马充斥街巷，难辨真伪；有等无籍小民，因而售奸为恶，恐致日久酿成大患，必须预防早戒，庶使地方有赖。

查得江西都司都指挥马骥，素有干材，军民畏服，合就行委。为此牌仰抄案回司，即行本官，不妨原任，严督府、卫、所、县军民兵快，并地方总小甲人等，于省城内外昼夜巡逻。固守城池，保障地方，洁静街道，禁缉喧争。但有盗贼，即便设法擒捕，务在得获解官，问招呈详，不许妄拿平人，攀诬无干良善，及纵令积年刁徒，吓诈财物，扰害无辜。仍要严加省谕远近乡村居民，各安生理，毋得非为，及容隐面生可疑之人在家，通诱贼情，坐地分赃。敢有故违，仰即拿赴军门，治以军法。承委官员，务在地方为事，用心管要，以称委用，不得因循怠忽，取究未便。

行江西按察司查禁因公科索民财 十二月十一日

照得圣驾南征，所有供应军马粮草并合用器皿等项，已该江西布、按二司分派各府、州、县支给在库官钱，均派经过府、县应用。近访得各该官吏，多有不遵法度，或将官库钱粮，通同侵欺入己，乘机科派民间出办；或取金银器皿银两，或要牛马猪羊等物，辄差多人下乡，狐假虎威，扰害殆遍。中间积年刁徒，又行百般需索，稍有不遂，辄称殴打抗拒，耸信官府，添人捉拿，加以刑辱，重行追索。若不查禁处置，深为民患。为此仰抄案回司，即便会同布政司掌印官，速行计处，先将各应支银两，查解应用；若有不足，就将在库不拘何项银两，给支接济。俱要造册开报，以凭查考，事毕之日，再行议处，作正支销，或设法追补。其各府、州、县科取民间财物，即行查究禁革，未到官者，毋再追并；已在官者，照数给还。中间敢有隐瞒纤毫不发，体访得出，或被人首告，定行拿问赃罪，决不轻贷。仍先出给告示，发仰所属张挂晓谕，务使知悉，俱毋违错。

禁省词讼告谕 十二月十七日

近据南昌等府、州、县人等诉告各项情词到院，看得中间多系户婚田土等事，虽有一二地方重情，又多繁琐牵扯，不干己事，在状除情可矜疑者，亦量轻重准理，其余不行外。为照江西地方，近因宁王变乱，比来官军见省城空虚，况闻圣驾将临，有司官员，俱各公占委用，分理不暇；远近居民，又有差役答应，奔走无休；本院志在抚安地方，休息军民，当此多事之时，岂暇受理词讼？必待地方宁靖，兵众既还，官府稍暇，方从容听断。为此合行出给告示，晓谕各府、州、县军民人等，暂且各回生理，保尔家室，毋轻忿争，一应小事，各宜含忍。不得辄兴词讼，不思一朝之忿，锱铢之利，遂致丧身亡家；始谋不臧，后悔何及。中间果有赃官酷吏，豪奸巨贼，虐众殃民，患害激切者，务要简切直言，字多不过一二行，陈告亦须自下而上，毋致蓦越。其余一切事情，俱候地方宁谧，官军班还之日，各赴该管官司告理。若剖断不公，或有亏枉，方许申诉。敢有故违，仍前告扰者，定行痛责，仍照例枷号问发，决不轻贷。

再禁词讼告谕 十二月

照得本院屡出告示，晓谕军民人等，令其含忍宁耐，止息争讼。而军民人等，全不体息，纷纷告扰不已。及看所告情词，多系小事忿争，全是繁文牵扯，细字叠书，殊可厌恶。当此多事，日不暇给，词状动以千百，徒费精神，何由遍览。除已前情词，俱已不行外，为此再行晓谕，敢有仍前不遵告谕，故违告扰者，定行照例枷号，从重问发，的不虚示。

计开：

一、本院系风宪大臣，职当秉持大体，正肃百僚，非琐屑听理词讼之官。今后军民人等，一应户婚、田土、门争、债负、钱粮、差役等事，俱要自下而上，府、州、县问断不公，方许告守巡按察衙门。守巡按察问断不公，方许赴本院陈告。敢有越诉渎冒宪体者，痛责。

征藩公移下 凡二十七条

开报征藩功次赃仗咨 正德十五年三月初四日

准钦差整理兵马粮草等项兵部左侍郎兼都察院左佥都御史王咨，内开"烦为查照，将征剿防守有功官军人等，俱照功次，分别明白，造册咨送，以凭查议"等因。

卷查先为飞报地方谋叛重情事，本职奉命前往福建公干，中途遭遇宁府反叛，谋危宗祀，系国家大难，义不容舍之而往。当即保吉安，随具本奏闻，及星夜行文各府，起调兵快，召募四方报效义勇。适遇巡按两广御史谢源、伍希儒回京复命，又行具本奏留军前，协谋行事，各哨官兵，俱听监督，获有功次，俱凭本职送发各官审验纪录，去后。续督官兵，前后攻复省城，俘执宸濠，并其党与剧贼起解间，随准南京兵部咨开称前事云云。

照得江西逆贼，既已擒获。逆党已经剪平，所获功次，合行纪验。除原差科道官前来外，烦将征剿逆贼官军民兵，召募义勇，及乡官人等所获功次，分别奇功、头功、次功，造册覆验等因，案经备行江西按察司查照施行去后。

今准前因，看得征剿宸濠之时，止是分布哨道，设伏运谋，以攻城破敌为重，擒斩贼徒为轻；且攻城破敌，虽系本职督领各哨官兵协谋并力，缘任非一人，事非一日，各官俱系同功一体，难以分别等第。其擒斩贼徒，虽有等级，自有下手兵夫，难以加于各官之上。止将各哨擒斩贼犯送发御史谢源、伍希儒审验明白，从实直纪；缘各官不曾奉有纪功之命，但照本职钦奉敕谕便宜事理，从权审验纪录，难以分别奇功、头功、次功等项名目。止于造册内开写某人擒斩某贼首、某贼从；重轻多寡，据实造册，中间等第，亦自可见。除行各官再行查照造册径缴外，所据擒获功次总数，及官军兵快报效人等员名数目，合行开造咨报施行。

计开：

一．提督领兵官一员：

钦差提督南、赣、汀、漳等处军务都察院右副都御史王。

一、协谋讨贼审验功次官二员：

钦差巡按两广监察御史谢源、伍希儒。

一、领哨官十员：

冲锋破敌：

吉安府知府伍文定、赣州府知府邢珣、袁州府知府徐琏、临江府知府戴德孺。

邀伏截杀：

赣州卫署都指挥佥事余恩、抚州府知府陈槐、建昌府知府曾玙、饶州府知府林城、广信府知府周朝佐、瑞州府通判胡尧元。

一、分哨官十一员：

邀伏截杀：

吉安府泰和县知县李楫、临江府新淦县知县李美、吉安府万安县知县王冕、南康府安义县知县王轼、瑞州府通判童琦。

守把截杀：

吉安府通判谈储、吉安府推官王暐、南昌府进贤县知县刘源清、南昌府奉新县知县刘守绪、南昌府推官徐文英、抚州府临川县知县傅南乔。

一、随哨官四十六员：

邀伏截杀：

吉安府通判杨旸、吉安守御千户所指挥同知麻玺、赣州府同知夏克义、赣州卫指挥佥事孟俊、永新守御千户所指挥同知高睿、南昌府通判陈旦、南昌府丰城县知县顾佖、袁州府推官陈辂、南昌府宁州知州汪宪、饶州府余干县知县马津、瑞州府上高县知县张淮、瑞州府高安县知县应恩、吉安府永新县知县柯相、南昌府建昌县知县方泽、南昌府靖安县知县万士贤。

守把截杀：

广信府沿山县知县杜民表、广信府永丰县知县谭缙、瑞州府同知杨臣、瑞州府新昌县知县王廷、饶州府安仁县知县杨材、广信府通判俞良贵、广信府通判安节、广信府推官严铠、临江府同知奚钺、临江府通判张郁、广信府同知桂鏊、瑞州府推官金鼎、赣州府赣县知县宋瑢、赣州卫正千户刘镗、赣州卫正千户杨基、广信守御千户所千户秦逊、永新县儒学训导艾珪、瑞州府高安县县丞卢孔光、饶州府余干县县丞梅霖、南昌府靖安县县丞彭龄、吉安府万安县县丞李通、南昌府武宁县县丞张翱、赣州府兴国县主簿于旺、瑞州府高安县主簿胡鉴、饶州府余干县龙津驿驿丞孙天裕、南昌府南昌县市义驿驿丞陈文瑞、吉安府吉水县致仕县丞龙光、赣州府赣县选官雷济、南昌府丰城县省察官文栋材、赣州府赣县义官萧庾、南安府上犹县义官尹志爵。

一、协谋讨贼乡官十二员：

致仕都御史王懋中、养病痊可编修邹守益、丁忧御史张鳌山、养病郎中曾直、养病评事罗侨、调用金事刘蓝、致仕按察使刘逊、致仕参政黄绣、闲住知府刘昭、依亲进士郭持平、参谋驿丞王思、参谋驿丞李中。

一、戴罪杀贼官一十七员：

九江兵备副使曹雷、九江府知府汪颖、九江府德化县知县何士凤、九江府彭泽县知县潘琨。九江府湖口县知县章玄梅、南康府知府陈霖、南康府同知张禄、南康府通判蔡让、南康府通判俞椿、南康府推官王诩、南康府星子县主簿杨永禄、南康府星子县典史叶昌、南昌府知府郑瓛、南昌府同知何继周、南昌府通判张元澄、南昌府南昌县知县陈大道、南昌府新建县知县郑公奇。

一、提调各哨官军兵快人等，除分布把守外，临阵共一万四千二百四十三员名。

一、擒斩首从贼人贼级，并俘获官人贼属，夺回被胁被虏，招抚畏服官民男妇等项，共一万一千五百九十六名颗口；生擒六千二百七十九名：首贼一百零四名，从贼六千一百七十五名，内审放一千一百九十二名；斩获贼级四千四百五十九颗；俘获宫人四十三名，贼属男妇二百三十八名口；夺回被胁被虏官民人等三百八十四员名口；招抚畏服投首一百九十三位名。

一、夺获诰命、符验，并各衙门印信关防，金银赃仗等物：

诰命一道；符验一道，印信关防一百零六颗，金并首饰六百二十三两一钱二分，银首饰、器皿八万三千八百九十七两一钱五分八厘五毫，赃仗一千八百九十件，器械一千一百九十九件，牛三十头，马一百零八匹，驴骡一十三头，鹿三只。

一、追获金玺二颗，金册二付。

一、烧毁贼船七百四十六只。

一、阵亡兵六十八名。

进缴征藩钧帖 四月十七日

卷查先奉钦差总督军务威武大将军总兵官后军都督府太师镇国公朱钧帖："节该钦奉制谕：'江西宸濠悖逆天道，谋为不轨，欲图社稷，得罪祖宗。兹特命尔统率六师，往正其罪，殄除叛逆，以安地方。其随军内外提督及各处镇巡等官，悉听节制。钦此。'钦遵，合行钧帖，仰提督南、赣、汀、漳兼巡抚江西等处右副都御史王守仁，照依制谕内事理，即便转行所属司、府、卫、所、州、县、驿、递衙门，一体钦遵施行"等因，已经依奉备行各属钦遵，及具不违依准，备由呈缴去后。

本职遵奉总督军门节制方略，领部下官军，克复南昌府城，擒获叛党宜春王拱樤，及将军仪宾从逆守城人等一千有余。随于鄱阳湖等处连日大战，擒获叛首宁王宸濠，并其谋主李士实、刘养正、王春等，大贼首吴十三、凌十一等，及其党与胁从人等共一万一千有奇。除将擒斩缘由先后具奏外，窃照宸濠谋危宗社，阴蓄异图，十有余年；及其称兵倡乱，远近忧危，海内震动。仰赖总督军门，统领六师，奉天征讨，督率内外提督等官，及运谋设策分布，前来南京、江西等处，相继进剿，故旬月之间，扫平逆党，奠安宗社。此皆总督军门神武英略，奇谋妙算，一振不杀之威，遂收平定之绩；而内外提督等官，协谋赞成，并力效命之所致也。职等仰仗德威，遵奉方略，不过奔走驱逐，少效犬马之劳而已，何功之有？所有原奉钧帖，今已事完，理合进缴。除部下获功官兵人等，备行纪功官径自查审缴报外，缘系十分紧急军情，及奏缴钧帖事理，合行具由呈乞施行。

行江西三司搜剿鄱阳余贼牌 五月十一日

照得江西鄱阳湖等处盗贼，节行告示晓谕，各安生理，而稔恶不悛者尚多；又有应捕人等，相率同盗；或名虽投首，实阴怀反侧。近因本院住札省城月余，节据官民赴告，盗贼纵横，除行巡捕等官，上紧缉捕，未见以时获报。各官平素怠玩，本当参拿究治，姑且记罪另行。所据前贼，若不速剿，未免酿成大患。为此仰抄案回司，即便备行督捕都指挥佥事冯勋，分守该道，分巡该道，密切赍文，分投近湖各府县该司等衙门，著落掌印捕盗等官，各选骁勇机快人等，各备锋利刀、枪、弓箭、火铳等项，雇惯经风浪船只，及能谙水势水手撑驾；查将在库官钱给作口粮；选委胆略官员管领，俱听都指挥佥事冯勋总统约束；分布哨道，多差知因人役，探贼向往，就便刻期剿杀。务限一月之内尽获，无留芽孽遗患。若违限不获，先将各官住俸杀贼，若怠玩两月之外，通行解赴军门，治以军法。其兵快人等，若有违限逗遛，畏缩误事者，就仰总统官于军前查照本院钦奉敕谕事理，量以军法罚治。仍要戒约应捕，不许妄拿平人，及容贼妄攀，吓诈财物，并卖放真盗，滥及无辜。敢有故违，一体治以军法。承委各官，务要慎重行事，不得轻率寡谋，中贼奸计，所获功次，俱仰解赴该道，从实纪录造报，以凭查考功罪，轻重罚赏，如违节制，国典具存，罪不轻贷。其军中未尽机宜，该道径自处置施行。仍一面先督所属府县，查照本院先颁十家牌式，上紧编举，以为弭盗安民之本，俱毋违错。

追剿入湖贼党牌 十五年

据南康府通判林宽呈称："后港逆犯杨本荣等百十余人，据船逃入鄱阳湖等处，乞行南昌、饶州等府县，及沿湖巡司居民人等截捕。"看得贼既入湖，良善已分，正可乘机合兵捕剿。为此牌仰守巡南昌道，即行点选骁勇军快六七百名，各执备锋利器械，给与口粮一月，就行督捕都指挥佥事冯勋统领，星夜蹑贼向往，用心缉捕，获功人役，一体重赏。如有违令退缩者，遵照钦奉敕谕事理，听以军法从事。本官务要申严纪律，相机而行，毋得退避轻忽，有失机宜，致贼远窜，贻患地方，军法具存，罪亦难道。

行岭北道清查赣州钱粮牌 十月二十三日

照得本院及岭北守巡该道并赣州府卫、所、县问完批申呈词，囚犯、纸米、工价、赃罚等项，及官厂日逐收到商税银两，俱经该官府追收贮库，以备军饷。年久未经清查，该府官吏更换不常，中间恐有那移、侵渔、隐漏等情。为此仰抄案回道，即便亲诣赣州府库，督同该府官，先将正德十二年二月起至正德十五年九月终止，各项纸米、工价、赃罚、商税等项银两卷簿，逐一清查盘理。要见军前用过若干，即今见在若干，有无侵渔、隐漏若干，及有衣物等项，年久朽坏，相应变贸若干，备查开册，缴报本院查考。如有奸弊，就便拿究追问，具招呈详，毋得故纵未便。

申行十家牌法

凡立十家牌，专为止息盗贼；若使每甲各自纠察，甲内之人，不得容留贼盗；右甲如此，左甲复如此，城郭乡村无不如此；以至此县如此，彼县复如此，远近州县，无不如此；则盗贼亦何自而生？夫以一甲之人，而各自纠察，十家之内，为力甚易。使一甲而容一贼，十甲即容十贼，百甲即容百贼，千甲即容千贼矣。聚贼至于千百，虽起一县之兵而剿除之，为力固已甚难。今有司往往不严十家之法，及至盗贼充斥，却乃兴师动众，欲于某处屯兵，某处截捕，不治其本，而治其末，不为其易，而为其难，皆由平日怠忽因循，未尝思念及此也。自今务令各甲各自纠举，甲内但有平日习为盗贼者，即行捕送官司，明正典刑；其或过恶未稔，尚可教戒者，照依牌谕，报名在官，令其改化自新，官府时加点名省谕，又逐日督令各家，轮流沿门晓谕觉察，如此，则奸伪无所容，而盗贼自可息矣。

大抵法立弊生，必须人存政举，若十家牌式，徒尔编置张挂；督劝考较之法,虽或暂行,终归废弛。仰各该县官,务于坊里乡都之内,推选年高有德、众所信服之人,或三四十人,或一二十人,厚其礼貌,特示优崇,使之分投巡访劝谕,深山穷谷必至,教其不能,督其不率,面命耳提,多方化导。或素习顽梗之区,亦可间行乡约,进见之时,咨询民瘼,以通下情,其于邑政,必有裨补。若巡访劝谕,著有成效者,县官备礼亲造其庐,重加奖励,如此,庶几教化兴行,风俗可美。后之守令,不知教化为先,徒恃刑驱势迫,由其无爱民之实心。若使果然视民如己子,亦安忍不施教诲劝勉,而辄加棰楚鞭挞?孟子云:"善政不如善教之得民也。"况非善政乎?守令之有志于爱民者,其盍思之!

行江西布政司清查没官房产 十一月二十日

照得逆党没官房屋、田产等项,近经司府出佃与人暂管,候命下之日定夺。近访得官民之家,不论告佃年月先后,地里远近,应否一概混争,若不预为查处,立定规则,将来必致大兴告扰,渐起衅端。为此仰抄案回司,即查前项没官房屋田产,实计若干处所,某月日期经由某衙门与某人,务以年月先后为次,先尽本县人户,然后及于异县;先尽本府人户,然后及于异府。中间多有势豪之徒,不遵则例,妄起争讼,或不由官府,私擅占管占住者,该司通行查出呈来,以凭拿问参究施行,毋得容隐及查报不清未便。

批再申十家牌法呈 十一月二十九日

据江西按察司呈,看得盗贼之纵横,由于有司之玩弛;沿流推本,实如所呈,失事各官,俱合提究,以警将来。但地方多事未完,缺人管理,除该府县掌印官,姑且记罪,责令惩创奋励,修败补隙,务收桑榆之功,以赎东隅之失;其巡捕等官,即行提问,以戒怠弛。仍备行各府县掌印巡捕等官,自兹申戒之后,悉要遵照本院近行十家牌谕,及于各街巷乡村建置锣鼓等项事理,上紧著实举行,严督查考,务鉴前车之覆,预为曲突之徒，毋得仍前玩忽怠弛，但有疏虞，定行从重拿究，断不轻贷，此缴。

批各道巡历地方呈 十一月二十六日

据江西按察司呈，看得南昌、湖西、湖东、九江各道地方，兵荒之余，民穷财尽，盗贼蜂起，劫库掠乡，无月无警；府县各官，事无纲纪，申请旁午，文移日繁，政务日废。仰各分巡官，不时往来该道临督所属，设法调度，用其所长，而不责其备；教其不及，而勿挠其权；兴廉激懦，祛弊惩奸，务以息讼弭盗，康宁小民；毋惮一身之劳，终岁逸居省城，坐视民患，藐不经心，俱仰备行各官查照施行。缴。

禁约释罪自新军民告示 正德十六年正月初五日

告示：一应平日随从逆府舍余军校人等，论罪俱在必诛，虽经自首，奉有诏宥，据法亦当迁徙边远烟瘴之地，但念其各已诚心悔罪，故今务在委曲安全，仰各洗心涤虑，改恶从善，本分生理，保守身家，毋得仍蹈前非。或又投入各王府，及镇守抚按三司等衙门，充作军牢、伴当、皂隶、防夫等项名目，挟持复仇，定行擒拿，追坐从逆重刑。知情容留，官司参究，论以窝藏逆党。同甲邻佑不举首者，连坐以罪。除已奏请外，仰各遵照毋违。

某县某坊第几甲释罪自新一户某人

左邻某人　右邻某人

仰各邻毋念旧恶，务要与之和睦相处。早晚仍须劝化钤束，毋令投入各府及镇守抚按三司等衙门，充当军牢、伴当、皂隶、防夫等项名目，挟势害人，定行坐以知情容隐逆党重罪，决不轻贷。

批湖广兵备道设县呈 十六年

据整饬郴、桂、衡、永等处兵备湖广按察司副使汪玉呈称："本道接管，看得议奏计处地方以弭盗贼事件，内一件审处贼遗田地，俱经查勘明白：属宜章者，拨与该图领种；属临武者，各归原主；属桂阳者，原议候设立大堰三堡，拨给各堡军兵顶种。续奉巡抚衙门批委同知鲁玘，再行踏勘计处一件，添设屯堡，以严防御。见奉提督衙门案验区处，其第一件设县，所以便抚御，最为紧要重大。县所既设，则更夫有所归着，哨营可以撙散，至于添屯堡、处巡司、并县堡、审田地四事，可以次第兴行。但先因广东守巡兵备等官，所见或异，致蒙该部请命提督大臣亲诣勘处；又缘别有机务，未即临勘，至于今日。本职窃意广东各官，决无不肯协和成事之心，盖因比时多事，未暇细阅文书，及查原经委官，止有同知鲁玘。见在原奉提督衙门行令，径自约会广东各官，速将设县事情及添设屯所事宜查议。除行同知鲁玘前去约会广东该道委官议处，本职仍亲诣适中地方约会外，理合呈详施行"等因到院。卷查先为图议边方后患事，准兵部咨云云。续据湖广按察司呈，奉巡抚湖广都御史秦案验云云。候本院抚临至日，会行议处，具奏定夺施行，各无苟且搪塞去后。

今呈前因，参照前项立县等事，关系地方安危，远近人心悬望，恨不一日而成。本院虽奉敕旨，别有机务，不暇亲诣，而该道前任守巡各官，皆有地方重责，自当遵照昼夜经营；却乃因循一年之卜，尚未完报，纵使国法可以幸免，不知此心亦何以自安？今照接管副使汪玉，久负体用之学，素有爱民之心，据所呈报，既已深明事机，洞知缓急，遂使举而行之，固当易于反掌，合再督催，以速成绩。为此仰抄案回道，即往彼地约会各该道守巡等官，速将设县等项事情，议处定当，具由呈夺。应施行者，一面施行，务为群策毕举之图，以收一劳永逸之绩。毋再因循，仍蹈前辙未便。仍行都、布、按三司一体查照会议施行。

督剿安义逆贼牌 二月十一日

牌仰典史徐诚，既行调选罗坊等处骁勇惯战兵夫四百名，各备锋利器械，就仰该县官于堪动银两内先行给与口粮二月，统领星夜前赴安义县，听凭通判林宽调度追剿，获功人员，一体从重给赏。但有不遵号令及逗遛退缩，扰害平人者，仰即遵照本院钦奉敕谕事理，听以军法从事。本官务要申严纪律，整束行伍，必使所过之地，秋毫无犯；所捕之贼，噍类不遗；庶称委任。如或纵弛怠忽，致有疏虞，军令具存，罪亦难贷。

截剿安义逃贼牌 二月十三日

看得安义逆贼，已经本院严督官兵，四路邀截，诚恐无所逃窜，或归冲县治。除行知县熊价，专一防守县治，以守为战；通判林宽，专一追剿逃贼，以战为守；及行都指挥冯勋，选领南昌府卫军快，督兵截剿外，牌仰饶州、南康、九江府掌印官，知府张愈严、王念等，各行起集兵快，身自督领，于沿湖要害，邀截迎击；仍督令余干、乐平、都昌、建昌、湖口、彭泽等县掌印官，领兵把截沿湖紧关隘路江口，毋令此贼得以出境远遁。一面多差知因乡导，探贼向往，互相传报，合势黏纵追剿，一应机宜，俱听从宜区处。各官务要竭力殚智，杀贼立功，以靖地方；毋得畏缩因循，轻忽疏略，至贼滋漫，军法具存，罪难轻贷。

批议赏获功阵亡等次呈 三月初十日

据江西按察司呈，看得获功阵亡等员役，俱查照赣州事例，获贼首者，赏银十两；次贼首七两，从贼三两，老弱二两。奋勇对敌阵亡者十两；杀伤死者七两五钱，被伤者三两。其有军民人等，各于贼势未败之先，自行帅众擒获送官者，仍照出给告示，贼首赏二十两，次贼首十两，从贼首五两。务查约实，一例给赏，毋吝小费，致失大信。俱仰行南昌府，于本县支剩军饷银内，公同赏功官照数支给，开数缴报查考。

复应天巡抚派取船只咨 三月二十四日

据江西布政司呈："据应天府呈开：'江西、九江等府原派船五十只，装运营建宫室物料，乞查处督发，奉批查处呈夺。'议照江西南康、南昌等府，并无马快船只，虽有额造红船，为因宸濠谋反，被贼烧毁；往来使客及粮运，尚且无船装送，疲困已极，委果无从区处。"呈详到院，为照江西各府，师旅饥馑，疲困已极；况兼本职气昏多病，坐视民瘼，莫措一筹，前项船只，果难措置。南京素称富庶，今虽亦有供馈之烦，然得贵院抚缉有方，兼以长才区画，何事不济。且江西之疲弊，亦贵院所备知，尝蒙轸念，为之奏蠲租税，江西之民，无不感激。独此数十艘，乃不蒙一为分处乎？为此合咨贵院，烦请查照，悯念疲残之区，终始得惠，别为处拨装运施行。

批东乡叛民投顺状词 四月初九日

据东乡县民陈和等连名诉，看得朝廷添设县治，本图以便地方而顺民情，但割小益大，安仁之民既称偏损，亦宜为之处分。在官府自有通融裁制，各民惟宜听顺，果有未当，又可从容告理；而乃辄称背抗，稔恶屡年，愈抚愈甚，不得已而有擒捕之举，亦惟彰国法，禁顽梗，小惩大戒，期在安缉抚定，非必杀为快也。今各民既来投顺，官府岂欲过求，但未审诚伪，恐因擒捕势迫，暂来投顺，以求延缓，亦未可知。仰按察司会同都、布二司，将各情词备加详审，及查立县始末缘由，其各都图，应否归附某县；各县粮差，应否作何区处；各民违抗逃叛之罪，应否作何理断；通行议处呈夺。

批江西布政司清查造册呈 四月十六日

据江西布政司呈，看得造册清查之法，既已详悉备具，但人存政举，使奉行不至，则革弊之法，反为流弊之源。仰布政司照议上紧施行，仍备行总理及各守巡官，同以此事为固本安民之首，各至分地，临督各该府、州、县正官。且将别项职事，牒委佐贰官分理，俱要专心致志，身亲综核，照式依期清量查造，务使积弊顿除，后患永绝，以苏民困。中间但有不行尽心查理，止凭吏胥苟且了事者，即行拿治问发；提调等官，一体参究。其各官分定地方，该司具名开报，缴。

行丰城县督造浅船牌 十六年

仰抄案回县，即行知县顾佖速差能干官，前来樟树，接驾浅船到县，照依该道估价，于官库支给各船旗军收领。就便择日催督县丞沈廷用，遵照本院面授水帘桅等法，兴工修筑。务将前船衔结勾连，多用串关扇束缚坚牢；足障水势，以便施工，毋为摧荡，虚费财力。

行江西按察司审问通贼罪犯牌 六月十五日

照得本院于正德十四年六月内，因宁王谋反，起兵征剿，具本奏闻，当差赣州卫舍人王鼐赍奏，却乃设计诈病，推托不前，显有通贼情弊。及至擒获逆贼，差赍紧关题本，赴京奏报，却又迂道私赴太监张忠处捏报军中事情，几至酿成大变。及将原领题本，通同邀截回还，所据本犯，罪难轻贷。为此牌仰本司，即将发去犯人王鼐从公审问明白，依律议拟，具招呈详。毋得轻纵未便。

行江西按察司清查军前解回粮赏等物 六月十九日

卷查先该本院督解宸濠，中途奉旨仍解回省，随将前项赏功银牌花红彩段及粮饷等项，牌差县丞等官龙光等，解发江西按察司查收贮库，仍候本院明文施行去后。今照前项粮赏等银，已支未支，清查应该起解者，未审曾否尽数解京，拟合查报。为此牌仰本司，即查原发粮赏等银，各计若干。要见于何年月日奉本院批呈或纸牌，支取某项若干，给与某起官军人等行粮或犒劳兵快应用，其应解金册一十二付，上高、新昌玉印二颗，银盆六面，及衣服等件，曾否尽数解京，中间有无遗漏等情，备查明白，具数回报，以凭查对稽考，毋得迟延未便。

批广东按察司立县呈 七月二十八日

　　据副使汪玉呈称云云。卷查先为图议边方后患事，准兵部咨云云。续据湖广按察司呈，奉湖广巡抚都御史秦案验，候本院抚临至日，会行议处具奏定夺施行。随据副使汪玉呈云云。看得立县之举，今且三年，而两省会议，犹是道傍之谈，似此往复不已，毕竟何时定计。自昔举事，须顺人情；凡今立县，专为弭乱；若使两地人心未协，遂尔执己见而行，则是今日定乱之图，反为异时起争之本，今江西安仁、东乡各县，纷纭奏告，连年不息，即今征矣。除行该道兵备官，上紧约会广东各官，亲诣地方，拘集里老年高有识者，备询舆论；务在众议调停，两情和协，就行相度地势，会计财力，监追起工，然后各自回任。若使议终不合，必欲各自立县，亦须酌裁适均。要见广东于高宿立县，都图若干；湖广于笆篱立县，都图若干；城池高广若干；官员裁减若干；异时赋役，两地逃躲，若何区处；盗贼彼时出没，若何缉捕；一应事宜，逐条开议。须于不同之中，务求通融之术；不得徒事空言，彼此推托，苟延目前，不顾后患，异时追论致祸之因，罪亦终有不免。除批行湖广该道兵备官查照外，仰抄案回司，会同布政司各行该道守巡兵备等官，约会湖广各官，面议停当。一面会计工料，委官及时兴工；一面备由开详，以凭覆奏；毋再推延执拗，致有他虞，断行参究不恕。仍行两广提督并巡按衙门查照催督施行。

行江西三司停止兴作牌 八月初九日

　　先该本院看得江西兵荒之余，重以洪水为灾，民穷财尽，正当体养抚息。各该衙门一应修理公廨工役，俱宜停止。已经案仰各司，即将工役悉行停止，其势不容已者，亦待秋成之后，民困稍苏，方许以次呈夺去后。近因本院出巡，访得各该官员，不思地方兵变水患，小民困苦已极，方求蠲赋税，出内帑欲赈而未能，辄复纷然修理，事属故违。本当参究，但传闻未的，姑再查禁。为此仰各抄案回司，即查前项工程，前此果否悉行停止？近来是否重复兴工？具由呈报，以凭施行，毋得隐讳，违错不便。

行岭北道申明教场军令 九月十七日

照得本院调到宁都等县官兵机快人等，见在赣州教场住扎操阅，中间恐有不守军令，罪及无辜，应合禁约。随据副使王度呈开合行事宜，参酌相同。为此仰抄按回道，即行出给告示，张挂教场，晓谕官兵机快，各加遵守。如有违犯，事情重大者，拿送军门，依军令斩首；其事情稍轻者，该道径自究治发落。仍呈本院查考。

计开：

一，各兵但有擅动地方一草一木者，照依军令斩首示众。

一，各兵但有管哨官总指称神福，馈送打点等项名色，科派银物自一分以上，俱许赴该道面告究治。

一，管哨官凡遇歇操之日，并在营房居住，钤束机兵，教演武艺。敢有在家游荡，及挟妓饮酒，朋伙喧哗者，访出捆打一百。

一，各兵但有疾病事故，许管哨官禀明医验，不许雇人顶替，如有用财买求地方光棍替身上操，仰该管总小甲拿获首送该道枷号，如隐情不首，事发，连总小甲一体枷号。

一，各兵在市买办柴米酒肉等项，俱要两平交易，如有恃强多占分两，被人告发，枷号示众。

一，管哨官凡遇各兵斗殴喧闹等项小事，量行惩治，大事禀该道拿问，不许纵容争竞嚣乱辕门。

一，各歇操之日，各将随有器械，务在整刷锋利鲜明，毋得临时有误。如平日懒惰，不行修理，上操之际，弦矢断折，铳炮不响，旗帜不明，查出捆打一百。

一，各兵遇上班之日，不许因便赴该道府告家乡户婚田土等项事情，查出痛责四十。

一，各兵上街行走，俱要悬带小木牌一面，上写某哨官总下某人，年甲籍贯辨别。如有隐下兵打名色，另着别样衣冠，暗入府县，挟骗官吏，及来军门并道门首打听消息，访出枷号不恕。

一，各兵领到工食银两，俱要撙节用度，谨慎收放，如有奢侈用尽，及被人偷盗，纵来诉告缺失，俱不准理，仍重加责治。

一，各该上班兵夫，如有限期未满，先行逃回者，差人原籍拿来，用一百斤大枷枷号教场门首三个月，满日，绑打一百，仍依律问发边远充军。

一，各哨官并兵夫，有军门一应便宜，及利所当兴，害所当革者，许赴军门及该道直白条陈，不许诸人阻当。

行雩都县建立社学牌十二月二十七日

照得本院近于赣州府城设立社学乡馆，教育民间子弟，风俗颇渐移易。牌仰雩都县掌印官，即于该县起立社学，选取民间俊秀子弟，备用礼币，敦请学行之士，延为师长；查照本院原定学规，尽心教导；务使人知礼让，户习《诗》、《书》，丕变偷薄之风，以成淳厚之俗。毋得违延忽视，及虚文搪塞取咎。

卷三十一（下） 山东乡试录

弘治甲子　前序已刻前卷

四书

所谓大臣者以道事君不可则止

负大臣之名，尽大臣之道者也。夫大臣之所以为大臣，正以能尽其道焉耳；不然，何以称其名哉？昔吾夫子因季子然之问以由、求可为大臣，而告之以为大臣之道，未易举也。大臣之名，可轻许乎？彼其居于庙堂之上，而为天子之股肱，处于辅弼之任，而为群僚之表帅者，大臣也。夫所谓大臣也者，岂徒以其崇高贵重，而有异于群臣已乎？岂亦可以奔走承顺，而无异于群臣已乎？必其于事君也，经德不回，而凡所以启其君之善心者，一皆仁义之言，守正不挠，而凡所以格其君之非心者，莫非尧、舜之道，不阿意顺旨，以承君之欲也；必绳愆纠缪，以引君于道也。夫以道事君如此，使其为之君者，于吾仁义之言说，而弗绎焉，则是志有不行矣。其可拙身以信道乎？于吾尧、舜之道，从而弗改焉，则是谏有不听矣，其可枉道以徇人乎？殆必奉身而退，以立其节，虽万钟有弗屑也，固将见机而作，以全其守，虽终日有弗能也。是则以道事君，则能不枉其道，不可则止，则能不辱其身，所谓大臣者盖如此，而岂由、求之所能及哉？尝观夫子许由、求二子以为国，则亦大臣之才也；已而于此，独不以大臣许之者，岂独以阴折季氏之心？诚以古之大臣，进以礼，退以义，而二子之于季氏，既不能正，又不能去焉，则亦徒有大臣之才而无其节，是以不免为才之所使耳。虽然，比之羁縻于爵禄而不知止者，不既有间矣乎！

齐明盛服非礼不动所以修身也

尽持敬之功，端《九经》之本，夫修身为《九经》之本也，使非内外动静之一于敬焉，则身亦何事而修哉？昔吾夫子告哀公之问政，而及于此，若曰：《九经》莫重于修身，修身惟在于主敬；诚使内志静专，而罔有错杂之私，中心明洁，而不以人欲自蔽，则内极其精一矣；冠冕佩玉，而穆然容止之端严，垂绅正笏，而俨然威仪之整肃，则外极其检束矣。又必克己私以复礼，而所行皆中夫节，不但存之静也，遏人欲于方萌，而所由不瞵于礼，尤必察之于动也。是则所谓尽持敬之功者如此，而亦何莫而非所以修身哉？诚以不一其内，则无以制其外；不齐其外，则无以养其中；修身之道未备也。静而不存，固无以立其本，动而不察，又无以胜其私；修身之道未尽也。今焉制其精一于内，而极其检束于外，则是内外交养，而身无不修矣。行必以礼，而不戾其所存，动必以正，而不失其所养，则是动静不违，而身无不修矣。是则所谓端《九经》之本者如此，而亦何莫而不本于持敬哉？大抵《九经》之序，以身为本，而圣学之要，以敬为先，能修身以敬，则笃恭而天下平矣。是盖尧、舜之道，夫子举之以告哀公，正欲以兴唐、虞之治于春秋，而子思以继大舜、文、武、周公之后者，亦以明其所传之一致耳。后世有能举而行之，则二帝、三王之治，岂外是哉！斯固子思之意也。

禹思天下有溺者由己溺之也
稷思天下有饥者由己饥之也

圣人各有忧民之念，而同其任责之心。夫圣人之忧民，其心一而已矣。所以忧之者，虽各以其职，而其任之于己也，曷尝有不同哉？昔孟子论禹、稷之急于救民而原其心，以为大禹之平水土也，虽其所施，无非决川距海之功，而民可免于昏垫矣；然其汲汲之心，以为天下若是其广也，吾之足迹既有所未到之地，则夫水之未治者，亦必有之矣；水之泛滥，既有所不免之地，则夫民之遭溺者，亦容有之矣；夫民之陷溺，由水之未治也，吾任治水之责，使水有不治，以溺吾民，是水之溺民，即吾之溺民也；民之溺于水，实吾之溺之也，吾其救之，可不急乎？后稷之教稼穑也，虽其所为无非播时百谷之事，而民可免于阻饥矣。然其遑遑之心，以为万民若是其众也，吾之稼穑，固未能人人而面诲矣，能保其无不知者乎？民之树艺，即未能人人而必知矣，能保其无不饥者乎？夫民之有饥，由谷之未播也，吾任播谷之责，使谷有未播以饥吾民，是饥之厄民，即吾之厄民也，民之饥于食，实吾之饥之也，吾其拯之，可以缓乎？夫禹、稷之心，其急于救民盖如此，此其所以虽当治平之世，三过其门而不入也欤！虽然，急于救民者，固圣贤忧世之本心，而安于自守者，又君子持己之常道，是以颜子之不改其乐，而孟子以为同道于禹、稷者，诚以禹、稷、颜子莫非素其位而行耳。后世各徇一偏之见，而仕者以趋时为通达，隐者以忘世为高尚，此其所以进不能忧禹、稷之忧，而退不能乐颜子之乐也欤！

易

先天而天弗违后天而奉天时

大人于天，默契其未然者，奉行其已然者。夫大人与天，一而已矣。然则默契而奉行之者，岂有先后之间哉？昔《文言》申《乾》九五爻义而及此意，谓大人之于天，形虽不同，道则无异。自其先于天者言之，时之未至，而道隐于无，天未有为也；大人则先天而为之，盖必经纶以造其端，而心之所欲，暗与道符，裁成以创其始，而意之所为，默与道契。如五典未有也，自我立之，而与天之所叙者，有吻合焉；五礼未制也，以义起之，而与天之所秩者，无差殊焉；天何尝与之违乎？以其后于天者言之，时之既至，而理显于有，天已有为也，大人则后天而奉之，盖必穷神以继其志，而理之固有者，只承之而不悖；知化以述其事，而理之当行者，钦若之而不违。如天叙有典也，立为政教以道之，五典自我而敦矣；天秩有礼也，制为品节以齐之，五礼自我而庸矣；我何尝违于天乎？是则先天不违，大人即天也；后天奉天，天即大人也；大人与天，其可以二视之哉？此九五所以为天下之利见也欤？大抵道无天人之别，在天则为天道，在人则为人道，其分虽殊，其理则一也。众人牿于形体，知有其分，而不知有其理，始与天地不相似耳。惟圣人纯于义理，而无人欲之私，其礼即天地之体，其心即天地之心，而其所以为之者，莫非天地之所为也。故曰："循理则与天为一。"

河出图洛出书圣人则之

天地显自然之数，圣人法之以作经焉。甚矣！经不徒作也。天地不显自然之数，则圣人何由而法之以作经哉？《大传》言卜筮而推原圣人作《易》之由，其意盖谓《易》之用也不外乎卜筮，而《易》之作也则法乎《图》《书》。是故通于天者河也，伏羲之时，天降其祥，龙马负《图》而出，其数则以五生数统五成数而同居其方，是为数之体焉。中于地者洛也，大禹之时，地呈其瑞，神龟载《书》而出，其数则以五奇数统四偶数而各居其所，是为数之用焉。《图》《书》出矣，圣人若何而则之？彼伏羲则图以画卦，虚五与十者，太极也；积二十之奇，而合二十之偶，以一二三四而为六七八九，则仪象之体立矣；析四方之合以为乾、坤、坎、离，补四隅之空以为兑、震、巽、艮，则八卦之位定矣。是其变化无穷之妙，何莫而不本于图乎？大禹则《书》以叙畴，实其中五者，皇极也；一五行而二五事，三八政而四五纪，第于前者，有序而不乱也；六三德而七稽疑，八庶征而九福极，列于后者，有条而不紊也。是其先后不易之序，何莫而不本于《书》乎？吁！圣人之作《易》，其原出于天者如此，而卜筮之用所以行也欤！大抵《河图》、《洛书》相为经纬，八卦九章相为表里，但伏羲先得乎《图》以画卦。无所待于《书》；大禹独得乎《书》以叙畴，不必考于《图》耳。若究而言之，则《书》固可以为《易》，而《图》亦可以作《范》，又安知《图》之不为《书》，《书》之不为《图》哉？噫！理之分殊，非深于造化者，其孰能知之？

书

王懋昭大德建中于民以义制事以礼制心垂裕后昆予闻曰能自得师者王

大臣告君，即勉其修君道以贻诸后，必证以隆师道而成其功。夫君道之修，未有不隆师道而能致者也。大臣之论如此，其亦善于告君者哉！吾想其意，若谓新德固所以属人心，而建中斯可以尽君道，吾王其必勤顾諟之功，以明其德，求此中之全体，而自我建之，以为斯民之极也；操日跻之敬，以明夫善，尽此中之妙用，而自我立之，以为天下之准也。然中果何自而建邪？彼中见于事，必制以吾心之裁制，使动无不宜，而后其用行矣；中存于心，必制以此理之节文，使静无不正，而后其体立矣。若是，则岂特可以建中于民而已邪？本支百世，皆得以承懿范节于无穷，而建中之用，绰乎其有余裕矣。子孙千亿，咸得以仰遗矩于不坠，而建中之推，恢乎其有余地焉。然是道也，非学无以致之。盖古人之言，以为传道者师之责，人君苟能以虚受人，无所拂逆，则道得于己，可以为建极之本，而王者之业，益以昌大矣。考德者师之任，人君果能愿安承教，无所建拒，则德成于身，足以为立准之地，而王者之基，日以开拓矣。是则君道修，而后其及远。师道立，而后其功成。吾王其可以不勉于是哉！抑尝反覆仲虺此章之旨，懋德建中，允执厥中之余绪也；制心制事，制外养中之遗法也；至于"能自得师"之一语，是又心学之格言，帝王之大法。则仲虺之学，其得于尧、舜之所授受者深矣！孟子叙道统之传，而谓伊尹、莱朱为见而知者，而说者以莱朱为仲虺，其信然哉！

继自今立政其勿以憸人其惟吉士

大臣勉贤王之为治，惟在严以远小人，而专于任君子也。盖君子小人之用舍，天下之治忽系焉，人君立政，可不严于彼专于此哉？周公以是而告成王，意岂不曰，立政固在于用人，而非人适所以乱政？

彼吉士之不可舍，而憸人之不可用，盖自昔而然矣。继今以立政，而使凡所以治其民者不致苟且而因循，则其施为之详，固非一人所能任也，而将何所取乎？继此以立政，而使凡所谓事与法者，不致懈怠而废弛，则其料理之烦，亦非独力所能举也，而将何所用乎？必其于憸人也，去之而勿任；于吉士也，任之而勿疑，然后政无不立矣。盖所谓憸人者，行伪而坚，而有以饰其诈，言非而辩，而有以乱其真者也，不有以远之，将以妨吾之政矣；必也严防以塞其幸入之路，慎选以杜其躁进之门，勿使得以戕吾民，坏吾事，而挠吾法焉。所谓吉士者，守恒常之德，而利害不能怵，抱贞吉之操，而事变不能摇者也，不有以任之，无以成吾之治矣；必也推诚信而彼此之不疑，隆委托而始终之无间，务使得以安吾民，济吾事，而平吾法焉。吁！严以去之，则小人无以投其衅；专以任之，则君子有以成其功；国家之治也，其以是欤！抑考之于《书》，禹、益、伊、傅、周、召之告君，至君子小人之际，每致意焉。盖君德之隆替，世道之升降，其原皆出于此，非细故也。秦、汉以下，论列之臣，鲜知此义，惟诸葛孔明之言曰："亲君子远小人，先汉所以兴隆也。"其意独与此合，故论者以为三代之遗才云。

诗

不遑启居狁之故

戍者自言劳之未息，由患之未息也。夫狁之患，不可以不备，则戍役之劳，自有所不免矣。王者于遣戍之时，而代为之言若此，所谓"叙其情而风之以义"者欤！此诗之意，盖谓人固有不能忘之情，然亦有不容已之义；彼休息之乐，吾岂独无其情乎？启居之安，吾宁独无其念乎？诚以王命出戍，则此身既已属之军旅，而势不容于自便耳。是以局促行伍之间，奔走风尘之下，师出以律，而号令之严其敢违？军法有常，而更代之期何敢后？则吾虽有休息之情，而固所不暇矣；虽怀启居之念，而亦所不遑矣。然此岂上人之故欲困我乎？岂吾君之必欲劳我乎？诚以狎狁猾夏，则是举本以卫夫生灵，而义不容于自已耳。彼其侵扰疆场之患虽亦靡常，而凭陵中国之心实不可长，使或得肆猖獗，则腥膻之忧，岂独在于廊庙？如其乘间窃发，则涂炭之苦，遂将及于吾民。是我之不遑休息者，无非保乂室家，而狎狁之是备也；我之不暇启居者，无非靖安中国，而外寇之是防也。吁！叙其勤苦悲伤之情，而风以敌忾勤王之义，周王以是而遣戍役，此其所以劳而不怨也欤！大抵人君之为国，好战则亡，忘战则危，故用兵虽非先王之得已，而即戎之训亦有所不敢后也。观此诗之遣戍，不独以见周王重于役民，悯恻哀怜不容已之至情，而亦可以见周之防御狎狁于平日者，盖亦无所不至。故狎狁之在三代，终不得以大肆其荼毒。后世无事懈弛，有事则张皇，戎之不靖也，有由然哉！

孔曼且硕万民是若

新庙制以顺人心，诗人之颂鲁侯也。夫人君之举动，当以民心为心也，鲁侯修庙而有以顺乎民焉，诗人得不颂而美之乎？鲁人美僖公之修庙而作是诗及此，谓夫我公之修庙也，材木尽来、甫之良，经画殚奚斯之虑。意以卑宫之俭，可以自奉，而非致孝乎鬼神，则新庙之作，虽甚曼焉，亦所宜矣。茅茨之陋，可以自处，而非敬事其先祖，则新庙之修，虽甚硕焉，亦非过矣。是以向之卑者，今焉增之使高，而体制极其巍峨，盖斯革斯飞，孔曼而长也；向之隘者，今焉拓之使广，而规模极其弘远，盖闲如奕如，且硕而大也。然庙制之极美者，岂独以竭我公之孝思？实所以从万民之仰望。盖以周公皇祖，德洽下民，而庙之弗称，固其所愿改作也，今之孔曼，亦惟民之所欲是从耳。泽流后世，而庙之弗缉，固其所愿修治也。今之孔硕，亦惟吾民之所愿是顺耳。是以向之有憾于弗称者，今皆翕然而快睹，莫不以为庙之曼者宜也，非过也；向之致怨于弗缉者，今皆欣然而满望，莫不以为庙之硕者，非过也，宜也。吁！庙制修于上，而民心顺于下，则其举事之善，于此可见，而鲁公之贤，亦可想矣。抑考鲁之先君，自伯禽以下，所以怀养其民人者，无非仁爱忠厚之道，而周公之功德，尤有以衣被而渐渍之，是以其民久而不忘，虽一庙之修，亦必本其先世之泽而颂祷焉。降及秦、汉干戈之际，尚能不废弦诵，守礼义，为主死节，而汉高不敢加兵。圣人之泽，其远矣哉！

春秋

楚子入陈 宣公十一年 楚子围郑 晋荀林父帅师及楚子战于邲晋师败绩 楚子灭萧 晋人宋人卫人曹人同盟于清丘 俱宣公十二年

外兵顺，而伯国自亵其威，既可贬；外兵黩，而伯国徒御以信，尤可讥。此楚以争伯为心，而晋失待之之道，《春秋》所以两示其法也。自夫晋景无制中夏之略，而后楚庄有窥北方之图，始焉县陈，以讨罪也，而征舒就戮；继焉入郑，以贰己也，而潘尫遂盟。一则讨晋之所未讨，一则平郑之所欲平，是虽未免以力假仁，然其义则公，其辞则顺矣。晋欲强之，必修德以俟，观衅而动，斯可也，顾乃兴无名之师，而师之以林父，楚子退师矣，而犹欲与之战，先縠违命矣，而不能行其辟；遂致邲晋战既北，而晋遂不支。则是主晋之师者，林父也，弃晋之师者，林父也，责安所逃乎？《春秋》于陈书入，于郑书围者，所以灭楚之罪，而于邲之战，由独书林父以主之，用以示失律丧师之戒也，自夫晋人之威既亵，而后楚人之势益张，伐萧不已，而围其城，围萧不已，而溃其众，以吞噬小国之威，为恐动中华之计，是其不能以礼制心，而其志已盈，其兵已黩矣。晋欲御之，必信任仁贤，修明政事，斯可也；顾乃为清丘之盟，而主之以先縠，不能强于为善，而徒刑牲歃血之是崇；不能屈于群策，而徒要质鬼神之是务；故其盟亦随败，而晋卒不竞，则是主斯盟者，丧师之縠也，同斯盟者，列国之卿也，责安所归乎？《春秋》不称萧溃，特以灭书者，所以断楚之罪；而清丘之盟，则类贬列卿，而人之用，以示谋国失职之戒也。吁！楚庄之假仁，晋景之失策，不待言说,而居然于书法见之,此《春秋》之所以为化工欤!抑又论之:仗义执言,桓、文之所以制中夏者也。晋主夏盟,虽世守是道,犹不免为三王之罪人,而又并其先人之家法而弃之,顾汲汲于会狄伐郑,而以讨陈遗楚,使楚得风示诸侯于辰陵,则是时也,虽邲之战不败,清丘之盟不渝,而大势固已属之楚矣。呜呼!孔子沐浴之请,不用于哀公而鲁替;董公缟素之说,见用于高帝而汉兴,愚于是而重有感也。

楚子蔡侯陈侯许男顿子沈子徐人越人伐吴　昭公五年

《春秋》纪外兵而特进夫远人,以事有可善,而类无可绝也。盖君子与人为善,而世类之论,亦所不废也。然则徐、越从楚伐吴,而《春秋》进之者,非以此哉!慨夫庆封就戮,楚已见衔于吴东,鄬告入,吴复致怨于楚,至是楚子内搂诸侯,外连徐、越,而有伐吴之役。然何以见其事有可善邪?盖庆封之恶,齐之罪人也,吴子纳而处之,是为崇恶,楚子执而戮之,是为讨罪,彼曲此直,公论已昭于当时矣。夫何吴子违义举兵,困三邑之民,报朱方之憾,岂非狄道哉?楚子率诸侯以伐之,声崇恶之过,问违义之由,是乃以有名而讨无名,以无罪而讨有罪也,揆之彼善于此之义,固有可善者矣。又何以见其类无可绝邪?盖徐、越之夷,夏之变于夷者也,徐本伯益之后,越本大禹之后,元德显功,先世尝通于周室矣,惟其后人渎礼称王,甘心于僭伪,得罪于典常,故为狄道耳。君子正王法以黜之,上虽不使与中国等,下亦不使与夷狄均,盖以后人之僭伪,固法所不贷,而先世之功德,亦义所不泯也;揆之赏延于世之典,殆非可绝者欤!夫事既有可善,类又无可绝,故越始见经,而与徐皆得称人,圣人以为楚之是伐,比吴为善,其从之者,又皆圣贤之后,则进而称人可也。《春秋》之慎于绝人也如是。夫抑论吴、楚,在《春秋》亦徐、越而已矣。吴以泰伯之后而称王,楚以祝融之后而称王,故《春秋》亦以待徐、越者待之,猾夏则举号,慕义则称人,及其浸与盟会,亦止于称子,曾不得以本爵通焉。盖待之虽恕,而其法固未始不严也。然则僭伪者，其能逃于《春秋》之斧钺邪！

礼记

君子慎其所以与人者

君子之所谨者，交接之道也。夫君子之与人交接，必有其道矣，于此而不谨，乌能以无失哉！记礼器者，其旨若曰："观礼乐而知夫治乱之由。"故君子必慎夫交接之具。君子之与人交接也，不有礼乎？而礼岂必玉帛之交错？凡事得其序者皆是也，礼之得失，人之得失所由见，是礼在所当慎矣。不有乐乎？而乐岂必钟鼓之铿锵？凡物得其和者皆是也，乐之邪正，人之邪正所从著，是乐在所当慎矣。君子于和序之德，固尝慎之于幽独之地，而于接人之际，又和序之德所从见也，其能以无慎乎？君子于礼乐之道，固尝谨之于制作之大，而于与人之时，亦礼乐之道所由寓也，其可以不谨乎？故其与人交接也，一举动之微，若可忽矣，而必兢兢焉常致其检束，务有以比于礼而比于乐。其与人酬酢也，一语默之细，若可易矣，而必业业焉恒存夫戒谨，务有以得其序而得其和，所与者乡邦之贱士，而其笑语谁卒获，肃然大宾，是接也，况其所与之尊贵乎？所对者，闾阎之匹夫，而其威仪卒度，严乎大祭，是承也，况其所对之严惮乎？君子之慎其所以与人者如此，此其所以动容周旋，必中夫礼乐，而无失色于人也欤！抑论礼乐者，与人交接之具；慎独者，与人交接之本也。君子戒慎于不睹不闻，省察于莫见莫显，使其存于中者，无非中正和乐之道，故其接于物者，自无过与不及之差。昔之君子，乃有朝会聘享之时，至于失礼而不自觉者，由其无慎独之功，是以阳欲掩之，而卒不可掩焉耳。故君子而欲慎其所以与人，必先慎独而后可。

心好之身必安之君好之民必欲之

内感而外必应，上感而下必应。夫君之于民，犹心之于身也；虽其内外上下之不同，而感应之理何尝有异乎？昔圣人之意，谓夫民以君为心也，君以民为体也，体而必从夫心，则民亦必从夫君矣。彼其心具于内，而体具于外，内外之异势，若不相蒙矣；然心惟无好则已，一有所好，而身之从之也，自有不期然而然。如心好夫采色，则目必安夫采色；心好夫声音，则耳必安夫声音；心而好夫逸乐，则四肢亦惟逸乐之是安矣。发于心而慊于己，有不勉而能之道也；动于中而应于外，有不言而喻之妙也。是何也？心者身之主，心好于内，而体从于外，斯亦理之必然欤！若夫君之于民，亦何以异于是？彼其君居于上，而民居于下，上下之异分，若不相关矣；然君惟无好则已，一有所好，而民之欲之也，亦有不期然而然。如君好夫仁，则民莫不欲夫仁；君好夫义，则民莫不欲夫义；君而好夫暴乱，则民亦惟暴乱之是欲矣。倡于此而和于彼，有不令而行之机也；出乎身而加乎民，有不疾而速之化也。是何也？君者民之主，君好于上，而民从于下，固亦理之必然欤！是则内外上下本同一体，而此感彼应，自同一机，人君之于民也，而可不慎其所以感之邪？抑论之，身固必从乎心矣；民固必从乎君矣；抑孰知心之存亡，有系于身，而君之存亡，有系于民乎？为人君者，但知下之必从夫上，而不知上之存亡有系于下，则将恣己徇欲，惟意所为，而亦何所忌惮乎？故夫子于下文必继之曰："君以民存，亦以民亡。"噫，可惧乎！

论

人君之心惟在所养

人君之心，顾其所以养之者何如耳？养之以善，则进于高明，而心日以智；养之以恶，则流于污下，而心日以愚。故夫人君之所以养其心者，不可以不慎也。天下之物，未有不得其养而能生者，虽草木之微，亦必有雨露之滋，寒暖之剂，而后得以遂其畅茂条达。而况于人君之心，天地民物之主也，礼乐刑政教化之所自出也，非至公无以绝天下之私，非至正无以息天下之邪，非至善无以化天下之恶，而非其心之智焉，则又无以察其公私之异，识其邪正之归，辩其善恶之分，而君心之智否，则固系于其所以养之者也，而可以不慎乎哉？君心之智，在于君子之养之以善也；君心之愚，在于小人之养之以恶也。然而君子小人之分，亦难乎其为辩矣。人心惟危，道心惟微，尧、舜之相授受而所以叮咛反复者，亦维以是；则夫人君之心，亦难乎其为养矣。而人君一身，所以投间抵隙而攻之者，环于四面，则夫君心之养，固又难乎其无间矣。是故必有匡直辅翼之道，而后能以养其心；必有洞察机微之明，而后能以养其心；必有笃确精专之诚，而后能以养其心；斯固公私之所由异，邪正之所从分，善恶之所自判，而君心智愚之关也。世之人君，孰不欲其心之公乎？然而每失之于邪也；孰不欲其心之善乎？然而每失之于恶也。是何也？无君子之养也。养之以君子，而不能不间之以小人也，则亦无惑乎其心之不智矣。昔者太甲颠覆典刑，而卒能处仁迁义，为有商之令主，则以有伊尹之圣以养之；成王孺子襁褓，而卒能祗勤于德，为成周之盛王，则以有周公之圣以养之；桀、纣之心，夫岂不知仁义之为美，而卒不免于荒淫败度，则其所以养之者，恶来、飞廉之徒也。呜呼！是亦可以知所养矣。人虽至愚也，亦宁无善心之萌？虽其贤智也，亦宁无恶心之萌？于其善心之萌也，而有贤人君子扩充培植于其间，则善将无所不至，而心日以智矣；于其恶心之萌也，而有小夫憸人引诱逢迎于其侧，则恶亦无所不至，而心日以愚矣。故夫人君而不欲其心之智焉，斯已矣；苟欲其心之智，则贤人君子之养，固不可一日而缺也。何则？人君之心，不公则私，不正则邪，不善则恶，不贤人君子之是与，则小夫憸人之是狎，固未有漠然中立而两无所在者。一失其所养，则流于私，而心之智荡矣。入于邪，而心之智惑矣；溺于恶，而心之智亡矣；而何能免于庸患之归乎？夫惟有贤人君子以为之养，则义理之学，足以克其私心也；刚大之气，足以消其邪心也；正直之论，足以去其恶心也；扩其公而使之日益大，扶其正而使之日益强，作其善而使之日益新，夫是之谓匡直辅翼之道，而所以养其心者有所赖。然而柔媚者近于纯良，而凶憸者类于刚直，故士有正而见斥，人有憸而获进，而卒无以得其匡直辅翼之资，于是乎慎释而明辩，必使居于前后左右者无非贤人君子，而不得有所混淆于其间，夫是之谓洞察几微之明，而所以养其心者无所惑。然而梗直者难从，而谄谀者易入也；拂忤者难合，而阿顺者易亲也；则是君子之养未几，而小人之养已随；养之以善者方退，而养之以恶者已入。故夫人君之于贤士君子，必信之笃，而小人不得以间；任之专，而邪佞不得以阻；并心悉虑，惟匡直辅翼之是资焉，夫是之谓笃确专一之诚。而所以养其心者，不至于有鸿鹄之分，不至于有一暴十寒之间，夫然后起居动息，无非贤士君子之与处，而所谓养之以善矣。夫然后私者克而心无不公矣，邪者消而心无不正矣，恶者去而心无不善矣。公则无不明，正则无不达，善则无不通，而心无不智矣。夫然后可以绝天下之私，可以息天下之邪，可以化天下之恶，可以兴礼乐，修教化，而为天地民物之主矣。而此何莫而不在于其所养邪！何莫而不在于养之以善邪！人君之心，惟在所养，范氏之说，盖谓养君心者言也，而愚之论，则以为非人君有洞察之明、专一之诚，则虽有贤士君子之善养，亦无从而效之，而犹未及于人君之所以自养也。然必人君自养其心，而后能有洞察之明、专一之诚以资大人，而其所以自养者，固非他人之所能与矣，使其勉强于大庭昭晰之时，有放纵于幽独得肆之地，则虽有贤人君子，终亦无如之何者，是以人君尤贵于自养也。若夫自养之功，则惟在于存养省察，而其要又不外乎持敬而已。愚也请以是为今日献。

表

拟唐张九龄上千秋金鉴录表　开元二十四年

开元二十四年八月五日，具官臣张九龄上言：恭遇千秋圣节，谨以所撰《千秋金鉴录》进呈者。臣九龄诚惶诚恐，顿首顿首：

伏以古训有获，成宪无愆，自昔致治之明君，莫不师资于往典，故武王有《洪范》之访，而高宗起旧学之思，兹盖伏遇皇帝陛下，乃武乃文，好问好察，赤龙感唐尧之端，白鱼兆周武之兴，是以诞应五百载之昌期，而能起绍亿万年之大统。时维八月，节届千秋，凡兹鼎轴之臣，皆有宝镜之献，祝颂所寓，恭敬是将。臣九龄学本面墙，忠存自牖，窃谓群臣所献，虽近正冠之喻，揆诸事君以礼，尚亏懋德之规。顾环奇之珍，则尚方所自有，而珠玉是宝，虽诸侯以为殃。仰窥文皇"以人为鉴"之谟，窃取伏羲制器尚象之义，覃思古昔，效法丹书，粗述废兴，谬名《金鉴》。盖搜寻旧史，无非金石之言；而采掇前闻，颇费陶镕之力；躬铅椠以实录，敢粉饰乎虚文？鼓铸尧舜之模，炉冶商周之范；考是非之迹，莫遁妍媸；观兴替所由，真如形影；彼《六经》之道，夫岂不明？而诸子之谈，亦宁无见？顾恐万机之弗暇，愿摅一得而少裨，虽未能如贾山之《至言》，或亦可方陆生之《新语》。善可循而恶可戒，情状具在目前；乱有始而治有源，仪刑视诸掌上。公私具烛，光涵阳德之精；幽隐毕陈，寒照阴邪之胆。盖华封之祝，未罄于三，而魏征所亡，聊献其一。若陛下能自得师，或亦可近取诸此，视远亦维明矣，反观无不了然。诚使不蔽于私，自当明见万里；终能益磨以义，固将洞察纤毫；维兹昧爽所需，用为缉熙之助。伏愿时赐披阅，无使遂掩尘埃。宜鉴于殷，励周宣之明发；顾諟天命，效成汤之日新；永惟不显之昭昭，庶识微衷之耿耿。月临日照，帝德运于光天；岳峙川流，圣寿同于厚地！臣无任瞻天仰圣激切屏营之至！谨以所述《千秋金鉴录》随表上进以闻。

策五道

问：王者功成作乐，治定制礼，故功大者乐备，治遍者礼具，而五帝不沿乐，三王不袭礼也。自汉而下，礼乐日衰，既不能祖述宪章，以复三代之旧制，则亦不过苟且因循，以承近世之陋习而已。盖有位无德,固宜其然也。惟我太祖、太宗,以圣人在天子之位,故其制作之隆,卓然千古,诚有不相沿袭者,独其广大渊微,有非世儒所能测识耳。夫合九庙而同堂,其有仿于古乎? 一郊社而并祭,其有见于经乎? 声容之为备,而郊祭之舞,去干戚以为容,雅颂之为美,而燕享之乐属教坊以司颂,是皆三代所未闻而创为之者。然而治化之隆,超然于三代之上,则其间固宜自有考诸三王而不谬者,而非圣人其孰能知之? 夫鲁,吾夫子之乡,而先王之礼乐在焉。夫子之言曰:"吾学周礼,今用之,吾从周。"斯固鲁人之所世守也。诸士子必能明言之。

圣人之制礼乐,非直为观美而已也;固将因人情以为之节文,而因以移风易俗也。夫礼乐之说,亦多端矣,而其大意,不过因人情以为之节文。是以礼乐之制,虽有古今之异,而礼乐之情,则无古今之殊。《传》曰:"知礼乐之情者能作,识礼乐之文者能述。作者之谓圣,述者之谓明,故夫钟鼓管磬、羽籥干戚者,乐之器也;屈伸俯仰、缀兆舒疾者,乐之文也;簠簋俎豆、制度文章者,礼之器也;升降上下、周旋裼袭者,礼之文也。"夫所谓礼乐之情者,岂徒在于钟鼓、干戚、簠簋、制度之间而已邪? 岂徒在于屈伸、缀兆、升降、周旋之间而已邪? 后世之言礼乐者,不本其情,而致详于形器之末,是以论明堂,则惑于吕氏《考工》之说;议郊庙,而局于郑氏、王肃之学,钟吕纷争于秬黍,而尺度牵泥于周天,纷纷藉藉,卒无一定之见,而礼乐亦因愈以废坠,是岂知礼乐之大端,不过因人情而为之节文者乎? 《传》曰:"礼也者,义之实也,协诸义而协则礼,虽先王未之有可以义起也。"孟子曰:"今之乐,犹古之乐也。"今夫行礼于此,而有以即夫人心之安焉,作乐于此,而使闻之者欣欣然有喜色焉,则虽义起之礼,世俗之乐,其亦何异于古乎? 使夫行礼于此,而有以大拂乎人之情,作乐于此,而闻之者疾首蹙额而相告也,则虽折旋周礼,而戛击《咸》《韶》,其亦何补于治乎?"即是说而充之,则执事之所以下询者,虽九庙异制可也,合而同堂亦可也,郊社异地可也,一而并祭亦可也。声容之备固善矣,而苟有未备焉，似亦无伤也；雅颂之纯固美矣，而苟有未纯焉，或亦无患也。呜呼！此我太祖、太宗之所以为作者之圣，而有以深识夫礼乐之情者欤！窃尝伏观祖宗之治化功德，荡荡巍巍，蟠极天地之外，真有以超越三代而媲美于唐虞者。使非礼乐之尽善尽美，其亦何以能致若是乎？草莽之臣，心亦能知其大，而口莫能言之，故尝以为天下之人，苟未能知我祖宗治化功德之隆，则于礼乐之盛，固宜其有所未识矣。虽然，先王之制，则亦不可以不讲也。《祭法》"天子七庙，三昭三穆，与太祖之庙而七，益以文武世室而为九，庙门皆南向，主皆东向，各擅一庙之尊，而昭穆不紊焉"，则周制也。郊社之礼，天尊而地卑，郊以大报天，而社以神地道，故燔柴于泰坛，祭天也；瘗埋于泰折，祭地也；其不并祭久矣。祭天之用乐，则吕氏《月令》以仲夏"命乐师修鞀鞞鼓，均琴瑟管箫，执干戚戈羽，调竽笙篪簧，饬钟磬祝敔，而用盛乐以大雩帝"。则祭天之乐，有干戚戈羽矣。子夏告魏文侯以古乐，以为进旅退旅，和正以广，弦匏笙簧，会守拊鼓，始奏以文，复乱以武，治乱以相，讯疾以雅，而所谓及优侏儒者，谓之新乐。夫国家郊庙之礼，虽以义起，固亦不害其为协诸义而协矣。虽然，岂若协于义而合于古之为尤善乎？国家祀享之乐，虽不效古，固亦不害其为因人情而为之饰矣。虽然，岂若因人情而又合于古之尤善乎？昔者成周之礼乐，至周公而始备，其于文武之制，过者损之，不及者益焉，而后合于大中至正。此周公所以为善继善述，而以达孝称也。儒生稽古之谈，固未免于拘滞，所敢肆其狂言，则恃有善继善述之圣天子在上也。

问：佛老为天下害，已非一日，天下之讼言攻之者，亦非一人矣，而卒不能去，岂其道之不可去邪？抑去之而不得其道邪？将遂不去，其亦不足以为天下之患邪？夫今之所谓佛、老者。鄙秽浅劣，其妄初非难见，而程子乃以为比之杨、墨，尤为近理；岂其始固自有说，而今之所习者，又其糟粕之余欤？佛氏之传，经传无所考，至于老子，则孔子之所从问礼者也，孔子与之同时，未尝一言攻其非，而后世乃排之不置，此又何欤？夫杨氏之为我，墨氏之兼爱，则诚非道矣，比之后世贪冒无耻，放于利而行者，不有间乎？而孟子以为无父无君，至比于禽兽，然则韩愈以为佛、老之害甚于杨、墨者，其将何所比乎？抑不知今之时而有兼爱、为我者焉，其亦在所辟乎？其将在所取乎？今之时不见有所谓杨、墨者，则其患止于佛、老矣；不知佛、老之外尚有可患者乎？其无可患者乎？夫言其是，而不知其所以是，议其非，而不识其所以非，同然一辞而以和于人者，吾甚耻之。故愿诸君之深辨之也。

天下之道，一而已矣，而以为有二焉者，道之不明也。孔子曰："道之不明也，我知之矣，知者过之，愚者不及也；道之不行也，我知之矣，贤者过之，不肖者不及也。"呜呼！道一也，而人有知愚贤不肖之异焉，此所以有过与不及之弊，而异端之所从起欤？然则天下之攻异端者，亦先明夫子之道而已耳。夫子之道明，彼将不攻而自破，不然，我以彼为异端，而彼亦将以我为异端，譬之穴中之斗鼠，是非孰从而辨之？今夫吾夫子之道；始之于存养慎独之微，而终之以化育参赞之大；行之于日用常行之间，而达之于国家天下之远。人不得焉，不可以为人，而物不得焉，不可以为物，犹之水火菽帛而不可一日缺焉者也。然而异端者，乃至与之抗立而为三，则亦道之不明者之罪矣。道苟不明，苟不过焉，即不及焉。过与不及，皆不得夫中道者也，则亦异端而已矣。而何以攻彼为哉？今夫二氏之说，其始亦非欲以乱天下也，而卒以乱天下，则是为之徒者之罪也。夫子之道，其始固欲以治天下也，而未免于二氏之惑，则亦为之徒者之罪也。何以言之？佛氏吾不得而知矣；至于老子，则以知礼闻，而吾夫子所尝问礼，则其为人要亦非庸下者，其修身养性，以求合于道，初亦岂甚乖于夫子乎？独其专于为己而无意于天下国家，然后与吾夫子之格致诚正而达之于修齐治平者之不同耳。是其为心也，以为吾仁矣，则天下之不仁，吾不知可也；吾义矣，则天下之不义，吾不知可也。居其实而去其名，敛其器而不示之用,置其心于都无较计之地,而亦不以天下之较计动于其心。此其为念,固亦非有害于天下者,而亦岂知其弊之一至于此乎?今夫夫子之道,过者可以俯而就,不肖者可以企而及,是诚行之万世而无弊矣。然而子夏之后有田子方,子方之后为庄周,子弓之后有荀况,荀况之后为李斯,盖亦不能以无弊,则亦岂吾夫子之道使然哉?故夫善学之,则虽老氏之说无益于天下,而亦可以无害于天下;不善学之,则虽吾夫子之道,而亦不能以无弊也。今天下之患,则莫大于贪鄙以为同,冒进而无耻。贪鄙为同者曰:"吾夫子固无可无不可也。"冒进无耻者曰:"吾夫子固汲汲于行道也。"嗟乎!吾以吾夫子之道以为奸,则彼亦以其师之说而为奸,顾亦奚为其不可哉!今之二氏之徒,苦空其行,而虚幻其说者,既已不得其原矣;然彼以其苦空,而吾以其贪鄙;彼以其虚幻,而吾以其冒进;如是而攻焉,彼既有辞矣,而何以服其心乎?孟子曰:"经正则庶民兴,庶民兴,斯无邪慝矣。"今不皇皇焉自攻其弊,以求明吾夫子之道,而徒以攻二氏为心,亦见其不知本也夫!生复言之,执事以攻二氏为问,而生切切于自攻者,无岂不喻执事之旨哉?《春秋》之道,责己严而待人恕;吾夫子之训,先自治而后治人也。若夫二氏与杨、墨之非,则孟子辟之于前,韩、欧诸子辟之于后,而岂复俟于言乎哉?执事以为夫子未尝攻老氏,则夫子盖尝攻之矣,曰:"乡愿,德之贼也。"盖乡愿之同乎流俗而合乎污世,即老氏之所谓"和其光而同其尘"者也;和光同尘之说,盖老氏之徒为之者,而老氏亦有以启之。故吾夫子之攻乡愿,非攻老氏也;攻乡愿之学老氏而又失之也。后世谈老氏者皆出于乡愿,故曰"夫子盖尝攻之也"。

问:古人之言曰:"志伊尹之所志,学颜子之所学。"诸君皆志伊学颜者,请遂以二君之事质之。夫伊尹之耕于有莘之野,而乐尧舜之道也,固将终身尔矣。汤之聘币三往,而始幡然以起,是岂苟焉者?而后世至以为割烹要汤,斯固孟子已有明辩;至于桀则固未尝以币聘尹也,而自往就之,至再至五,昔人谓其急于生人而往速其功也,果尔,其不类于以割烹要之欤！颜渊之学于孔子也，其详且要，无有过于四勿之训。兹四言者，今之初学之士皆自以为能知，而孔门之徒以千数，其最下者宜其犹愈于今之人也，何独唯颜子而后可以语此乎？至于箪瓢陋巷而不改其乐，此尤孔子之所深嘉屡叹而称以为贤者，而昔之人乃以为哲人之细事，将无类于今之初学自谓能知四勿之训者乎？夫尹也，以汤之圣，则三聘而始往，以桀之虐。则五就而不辞。颜之四勿，孔门之徒所未闻，而今之初学自以为能识箪瓢之乐。孔子以为难，而昔人以为易也，兹岂无其说乎？不然，则伊尹之志荒，而颜子之学浅矣。

求古人之志者，必将先自求其志，而后能辨其出处之是非；论古人之学者，必先自论其学，而后能识其造诣之深浅，此伊尹之志，颜子之学，所以未易于窥测也。尝观伊尹耕于有莘之野，而乐尧舜之道，固将终其身于畎亩，虽禄之以天下，有弗顾者。其后感成汤三聘之勤，而始幡然以起，是诚甚不易矣。而战国之士，犹以为割烹要汤，向非孟氏之辨，则千载之下，孰从而知其说之妄乎？至于五就桀之说，则尚有可疑者。孟子曰："往役，义也；往见，不义也。"夫尹以庶人而往役于桀，可也；以行道而往就于桀，不可也。尹于成汤之圣，犹必待其三聘者，以为身不可辱，而道不可枉也。使尹不俟桀之聘而自往，则其辱身枉道也甚矣，而何以为伊尹乎？使尹之心以为汤虽圣臣也，桀虽虐君也，而就之，则既以为君矣，又可从而伐之乎？桀之暴虐，天下无不知者，彼置成汤之圣而弗用，尚何有于伊尹？使尹不知而就之，是不知也；知而就之，是不明也；就之而复伐之，是不忠也；三者无一可，而谓伊尹为之乎？柳宗元以为伊尹之五就桀，是大人之欲速其功。且曰："吾观圣人之急生人，莫若伊尹，伊尹之大，莫大于五就桀。"苏子瞻讥之，以为宗元欲以此自解其从叔文之非，可谓得其心矣。然五就之说，孟子亦尝言之，而说者以为尹之就桀，汤进之也，则尹惟知以汤之心为心而已，是在圣人固必自有以处此；而愚以为虽诚有之，亦孟子所谓有伊尹之志由可耳。不然，吾未见其不为反覆悖乱之归也。至于颜子四勿之训，此盖圣贤心学之大，有未易以言者，彼其自谓能知，则譬之越南冀北，孰不知越之为南而冀之为北？至其道理之曲折险易，自非所尝经历莫从而识之也。今以四勿而询人，则诚未见其有不知者；及究其所谓非礼，则又莫不喑然而无以为答也。今夫天下之事，固有似礼而非礼者矣，亦有似非礼而实为礼者矣；其纤悉毫厘至于不可胜计，使非尽格天下之物而尽穷天下之理，则其疑似几微之间，孰能决然而无所惑哉？夫于所谓非礼者既有未辨，而断然欲以之勿视听言动，是亦告子之所谓不得于言而勿求于心耳，其何以能克己复礼而为仁哉？夫惟颜子博约之功已尽于平日，而其明睿所照，既已略无纤芥之疑，故于事至物来，天理人欲，不待议拟，而已判然，然后行之，勇决而无疑滞，此正所谓有至明以察其几，有至健以致其决者也。孔门之徒，自子贡之颖悟，不能无疑于一贯；则四勿之训，宜乎唯颜子之得闻也。若夫箪瓢之乐，则颜子之贤尽在于此，盖其所得之深者。周子尝令二程寻之，则既知其难矣。惟韩退之以为颜子得圣人为之依归，则其不忧而乐也岂不易？顾以为哲人之细事，初若无所难者，是盖言其外而未究其中也。盖箪瓢之乐，其要在于穷理，其功始于慎独。能穷理，故能择乎中庸，而复理以为仁；能慎独，故能克己不贰过，而至于三月不违。盖其人欲净尽，天理流行，是以内省不疚，仰不愧，俯不怍，而心广体胖，有不知其手舞足蹈者也。退之之学，言诚正而弗及格致，则穷理慎独之功，正其所大缺，则于颜子之乐，宜其得之浅矣。嗟乎！志伊尹之志也，然后能知伊尹之志；学颜子之学也，然后能知颜子之学。生亦何能与于此哉？顾其平日亦在所不敢自暴自弃，而心融神会之余，似亦微有所见，而执事今日之问，又适有相感发者，是以辄妄言之，幸执事不以为僭而教之也。

问：风俗之美恶，天下之治忽关焉。自汉以来，风俗之变而日下也，犹江河之日趋于海也，不知其犹可挽而复之古乎？将遂往而不返也，孔子谓齐一变至于鲁，鲁一变至于道，而说者以为二国之俗有美恶，故其变而之道也有难易。夫风俗之在三代也，不知其凡几变矣，而始为汉；其在汉也；又不知其凡几变矣，而始为唐为宋。就使屡变而上焉，不过为汉而上耳，为唐而止耳，而何以能遂复于三代乎？今之风俗，则贾谊之所太息者有之矣。皇上之德，过于汉文诸士，苟有贾生之谈焉，固所喜闻而乐道也。

　　天下之患，莫大于风俗之颓靡而不觉。夫风俗之颓靡而不觉也，譬之潦水之赴壑，浸淫泛滥，其始若无所患，而既其末也，奔驰溃决，忽焉不终，朝而就竭，是以甲兵虽强，土地虽广，财赋虽盛，边境虽宁，而天下之治，终不可为，则风俗之颓靡，实有以致之。古之善治天下者，未尝不以风俗为首务，武王胜殷，未及下车，而封黄帝、尧、舜之后；下车而封王子比干之墓，释箕子之囚，式商容之闾。当是时也，拯溺救焚之政，未暇悉布，而先汲汲于为是者，诚以天下风俗之所关，而将以作兴其笃厚忠贞之气也。故周之富强不如秦，广大不如汉，而延世至于八百年者，岂非风俗之美致然欤！今天下之风俗，则诚有可虑者，而莫能明言之，何者？西汉之末，其风俗失之懦；东汉之末，其风俗失之激；晋失之虚；唐失之靡；是皆有可言者也。若夫今之风俗，谓之懦，则复类于悍也；谓之激，则复类于同也；谓之虚，则复类于琐也；谓之靡，则复类于鄙也。是皆有可虑之实，而无可状之名者也。生固亦有见焉，而又有所未敢言也。虽然，圣天子在上，贤公卿在位，于此而不直，是无所用其直矣。请遂言之：孔子曰："乡愿，德之贼也。"孟子曰："非之无举也，刺之无刺也，居之似忠信，行之似廉洁，同乎流俗，合乎污世，自以为是，而不可与入尧、舜之道，阉然媚于世者，是乡愿也。"盖今风俗之患，在于务流通而薄忠信，贵进取而贱廉洁，重儇狡而轻朴直，议文法而略道义，论形迹而遗心术，尚和同而鄙狷介；若是者，其浸淫习染既非一日，则天下之人固已相忘于其间而不觉，骤而语之，若不足以为患，而天下之患终必自此而起；泛而观之，若无与于乡愿，而徐而察之，则其不相类者几希矣。愚以为欲变是也，则莫若就其所藐者而振作之。何也？今之所薄者，忠信也，必从而重之；所贱者，廉洁也，必从而贵之；所轻者，朴直也，必从而重之；所遗者，心术也，必从而论之；所鄙者，狷介也，必从而尚之；然而今之议者，必以为是数者未尝不振作之也，则亦不思之过矣。大抵闻人之言，不能平心易气，而先横不然之念，未有能见其实然者也。夫谓是数者之未尝不振作之也，则夫今之所务者，果忠信欤？果流通欤？所贵者，果进取欤？果廉洁欤？其余者亦皆以是而思之，然后见其所谓振作之者，盖亦其名，而实有不然矣。今之议者，必且以为何以能得其忠信廉洁之实而振作之？则愚以为郭隗之事，断亦可见也。为人上者，独患无其诚耳。苟诚心于振作，吾见天下未有不翕然而向风者也。孟子曰："伯夷，圣之清者也；柳下惠，圣之和者也；故闻伯夷之风者，顽夫廉，懦夫有立志；闻柳下惠之风者，鄙夫敦，薄夫宽。"夫夷、惠之风所以能使人闻于千载之下而兴起者，诚焉而已耳。今曰："吾将以忠信廉洁振作天下，而中心有弗然焉。"则夫乡愿之所谓居之似忠信，而行之似廉洁者，固亦未尝无也。

问：明于当世之务者，惟豪杰为然，今取士于科举，虽未免于记诵文辞之间，然有司之意，固惟豪杰是求也。非不能钩深索隐以探诸士之博览，然所以待之浅矣，故愿相与备论当世之务。夫官冗矣而事益不治，其将何以厘之？赋繁矣而财愈不给，其将何以平之？建屏满于天下而赋禄日增，势将不掉，其将何以处之？清戎遍于海内而行伍日耗，其将何以筹之？蝗旱相仍，流离载道，其将何以拯之？狱讼烦滋，盗贼昌炽，其将何以息之？势家侵利，人情怨咨，何以裁之？戎、胡窥窃，边鄙未宁，何以攘之？凡此数者，皆当今之急务，而非迂儒曲士之所能及也，愿闻其说。

执事询当世之务，而以豪杰望于诸生，诚汗颜悚息，惧无以当执事之待。然执事之问，则不可虚也，生请无辞以对。

盖天下之患，莫大于纪纲之不振，而执事之所问者，未及也。夫自古纪纲之不振，由于为君者垂拱宴安于上，而为臣者玩习懈弛于下。今朝廷出片纸以号召天下，而百司庶府莫不震粟悚惧，不可谓纪纲之不振，然而下之所以应其上者，不过簿书文墨之间，而无有于贞固忠诚之实。譬之一人之身，言貌动止，皆如其常，而神气恍然，若有不相摄者，则于险阻烦难，必有不任其劳矣，而何以成天下之亹亹哉？故愚以为当今之务，莫大于振肃纪纲，而后天下之治可从而理也。是以先进纪纲之说，而后及执事之问。夫官冗而事不治者，其弊有三：朝廷之所以鼓舞天下而奔走豪杰者，名器而已。孔子曰："惟名与器，不可以假人。"今者不能慎惜，而至或加之于异道憸邪之辈，又使列于贤士大夫之上，有志之士，吾知其不能与之齿矣。此豪杰之所以解体，而事之所以不治者，名器之太滥也。至于升授之际，不论其才之堪否，而概以年月名次之先后为序，使天下之人皆有必得之心，而无不可为之虑，又一事特设一官，或二人而共理一职，十羊九牧，徒益纷扰。至于边远疲弊之地，宜简贤能特加抚缉，功成绩著，则优其迁擢，以示崇奖，有志之士，亦亦无不乐为者，而乃反委之于庸劣，遂使日益凋瘵，则是选用太忽之过也。天下之治，莫急守令，而令之于民，尤为切近，昔汉文之时，为吏者长子孙居官，以职为氏，今者徒据纸上之功绩，亟于行取，而责效于二三年之间，彼为守令者，无是亦莫不汲汲于求去，而莫有诚确久远之图，此则求效太速之使然耳。赋繁而财不给者，此无益之费多，而冗食之徒众也；去是二者，而又均一天下之赋，使每郡各计其所人之数，而均之于田，不得有官民三则之异，则诡射之弊息，而赋亦稍平矣。至于建屏之议，尤为当今之切务，而天下之人莫敢言者，欲求善后之策，则在于朝廷之上，心于继志，而不以更改为罪；建议之臣，心于为国，而不以获罪自阻，然后可以议此。不然，虽论无益矣。盖昔者汉之诸侯，皆封以土地，故其患在强大而不分，分则易弱矣。今之藩国，皆给以食禄，故其患在众多而不合，合则易办矣。然晁错一言，而首领不保，天下虽悲错之以忠受戮，其谁复敢言乎？清戎之要，在于因地利而顺人情。盖南人之习于南，而北人之习于北，是谓地利，南之不安于北，而北之不安于南，是谓人情。今以其清而已得者就籍之于其本土，而以其清而不得者之粮，馈输之于边，募骁勇以实塞下，或亦两得之矣。蝗旱相仍而流离载道者，官冗而事益不治之所致也；狱讼繁滋而盗贼昌炽者，赋繁而财愈不给之所起也。势家侵利而人情怨咨，则在于制之以礼，而一转移于向背之间而已。昔田蚡请考工地以益宅，武帝怒曰："何不遂取武库？"蚡惧而退。夫以田蚡之横，而武帝一言不敢复纵，况未及蚡者，诚有以禁戒惩饬之，其亦何敢肆无忌惮也哉？胡戎窥窃而边鄙未宁，则在于备之不预，而畏之太深之过也。夫戎虏之患，既深且久，足可为鉴矣；而当今之士，苟遇边报稍宁，则皆以为不复有事，解严弛备，恬然相安，以苟岁月，而所谓选将练兵，蓄财养士者，一旦置之度外，纵一行焉，亦不过取具簿书，而实无有于汲汲皇皇之意；及其一旦有事，则怆惶失措，若不能以终日。盖古之善御戎狄者，平居无怠忽苟且之心，故临事无纷张缪戾之患，兢惕以备之，谈笑以处之，此所以为得也。若夫制御之策，则古今之论详矣；在当事者择而处之，生不能别为之说也。夫执事之所以求士者，不专于记诵文辞之间，故诸生之文，亦往往出于科举之外，惟其说之或有足取，则执事幸采择之！

山东乡试录后序

弘治甲子秋八月甲申，《山东乡试录》成，考试官刑部主事王守仁既序诸首简，所以纪试事者慎且详矣。鼎承乏执事后，有不容无一言以申告登名诸君子者。夫山东天下之巨藩也，南峙泰岱，为五岳之宗，东汇沧海，会百川之流。吾夫子以道德之师，钟灵毓秀，挺生于数千载之上，是皆穷天地，亘古今，超然而独盛焉者也。然陟泰岱则知其高，观沧海则知其大，生长夫子之邦，宜于其道之高且大者有闻焉，斯不愧为邦之人矣！诸君子登名是录者，其亦有闻乎哉？夫自始学焉，读其书，聚而为论辩，发而为文词，至于今，资藉以阶尺寸之进而方来未已者，皆夫子之绪余也。独于道未之闻，是固学者之通患，不特是邦为然也。然海与岱，天下知其高且大也，见之真而闻之熟，必自东人始，其于道，则亦宜若是焉可也。且道岂越乎所读之书与所论辩而文词之者哉？理气有精粗，言行有难易，穷达有从违，此道之所以鲜闻也。夫海岱云者，形胜也；夫子之道德也者，根本也；虽若相参并立于天地间，其所以为盛，则又有在此而不在彼者矣。鼎实陋于闻道，幸以文墨从事此邦，冀所录之士，有是人也，故列东藩之盛，乐为天下道之。

卷三十二　年谱一

自成化壬辰始生至正德戊寅征赣

先生讳守仁，字伯安，姓王氏。其先出晋光禄大夫览之裔，本琅琊人，至曾孙右将军羲之，徙居山阴；又二十三世，迪功郎寿，自达溪徙余姚；今遂为余姚人。寿五世孙纲，善鉴人，有文武才。国初诚意伯刘伯温荐为兵部郎中，擢广东参议，死苗难。子彦达缀羊革裹尸归，是为先生五世祖。御史郭纯上其事于朝，庙祀增城。彦达号秘湖渔隐，生高祖，讳与准，精《礼》、《易》，尝著《易微》数千言。永乐间，朝廷举遗逸，不起，号遁石翁。曾祖讳世杰，人呼为槐里子，以明经贡太学卒。祖讳天叙，号竹轩，魏尝斋瀚尝立传，叙其环堵萧然，雅歌豪吟，胸次洒落，方之陶靖节、林和靖。所著有《竹轩稿》、《江湖杂稿》行于世。封翰林院修撰。自槐里子以下，两世皆赠嘉议大夫、礼部右侍郎，追赠新建伯。父讳华，字德辉，别号实庵，晚称海日翁，尝读书龙泉山中，又称龙山公。成化辛丑，赐进士及第第一人，仕至南京吏部尚书，进封新建伯。龙山公常思山阴山水佳丽，又为先世故居，复自姚徙越城之光相坊居之。先生尝筑阳明洞，洞距越城东南二十里，学者咸称阳明先生云。

宪宗成化八年壬辰九月丁亥，先生生。

是为九月三十日。太夫人郑娠十四月。祖母岑梦神人衣绯玉云中鼓吹，送儿授岑，岑警寤，已闻啼声。祖竹轩公异之，即以云名。乡人传其梦，指所生楼曰"瑞云楼"。

十有二年丙申，先生五岁。
先生五岁不言。一日，与群儿嬉，有神僧过之曰："好个孩儿，可惜道破。"竹轩公悟，更今名，即能言。一日，诵竹轩公所尝读过书。讶问之。曰："闻祖读时已默记矣。"

十有七年辛丑，先生十岁，皆在越。
是年龙山公举进士第一甲第一人。

十有八年壬寅，先生十一岁，寓京师。
龙山公迎养竹轩翁，因携先生如京师，先生年才十一。翁过金山寺，与客酒酣，拟赋诗，未成。先生从傍赋曰："金山一点大如拳，打破维扬水底天。醉倚纱高台上月，玉箫吹彻洞龙眠。"客大惊异，复命赋蔽月山房诗。先生随口应曰："山近月远觉月小，便道此山大于月。若人有眼大如天，还见山小月更阔。"明年就塾师，先生豪迈不羁，龙山公常怀忧，惟竹轩公知之。一日，与同学生走长安街，遇一相士。异之曰："吾为尔相，后须忆吾言：须拂领，其时入圣境；须至上丹台，其时结圣胎；须至下丹田，其时圣果圆。"先生感其言，自后每对书，辄静坐凝思。尝问塾师曰："何为第一等事？"塾师曰："惟读书登第耳。"先生疑曰："登第恐未为第一等事，或读书学圣贤耳。"龙山公闻之笑曰："汝欲做圣贤耶？"

二十年甲辰，先生十三岁，寓京师。
母太夫人郑氏卒。居丧哭泣甚哀。
二十有二年丙午，先生十五岁，寓京师。

先生出游居庸三关，即慨然有经略四方之志：询诸夷种落，悉闻备御策；逐胡儿骑射，胡人不敢犯。经月始返。一日，梦谒伏波将军庙，赋诗曰："卷甲归来马伏波，早年兵法鬓毛皤。云埋铜柱雷轰折，六字题文尚不磨。"时畿内石英、王勇盗起，又闻秦中石和尚、刘千斤作乱，屡欲为书献于朝。龙山公斥之为狂，乃止。

孝宗弘治元年戊申，先生十七岁，在越。

七月，亲迎夫人诸氏于洪都。

外舅诸公养和为江西布政司参议，先生就官署委禽。合卺之日，偶闲行入铁柱宫，遇道士趺坐一榻，即而叩之，因闻养生之说，遂相与对坐忘归。诸公遣人追之，次早始还。

官署中蓄纸数箧，先生日取学书，比归，数箧皆空，书法大进。先生尝示学者曰："吾始学书，对模古帖，止得字形。后举笔不轻落纸，凝思静虑，拟形于心，久之始通其法。既后读明道先生书曰：'吾作字甚敬，非是要字好，只此是学。'既非要字好，又何学也？乃知古人随时随事只在心上学，此心精明，字好亦在其中矣。"后与学者论格物，多举此为证。

二年己酉，先生十八岁，寓江西。

十二月，夫人诸氏归余姚。

是年先生始慕圣学。先生以诸夫人归，舟至广信，谒娄一斋谅，语宋儒格物之学，谓"圣人必可学而至"，遂深契之。

明年，龙山公以外艰归姚，命从弟冕、阶、宫及妹婿牧相与先生讲析经义。先生日则随众课业，夜则搜取诸经子史读之，多至夜分。四子见其文字日进，尝愧不及，后知之曰："彼已游心举业外矣，吾何及也！"先生接人故和易善谑，一日悔之，遂端坐省言。四子未信，先生正色曰："吾昔放逸，今知过矣。"自后四子亦渐敛容。

五年壬子,先生二十一岁,在越。

举浙江乡试。

是年场中夜半见二巨人,各衣绯绿,东西立,自言曰:"三人好作事。"忽不见。已而先生与孙忠烈燧、胡尚书世宁同举。其后宸濠之变,胡发其奸,孙死其难,先生平之,咸以为奇验。

是年为宋儒格物之学。先生始侍龙山公于京师,遍求考亭遗书读之。一日,思先儒谓"众物必有表里精粗,一草一木,皆涵至理",官署中多竹,即取竹格之;沉思其理不得,遂遇疾。先生自委圣贤有分,乃随世就辞章之学。

明年春,会试下第,缙绅知者咸来慰谕。宰相李西涯戏曰:"汝今岁不第,来科必为状元,试作来科状元赋。"先生悬笔立就。诸老惊曰:"天才!天才!"退有忌者曰:"此子取上第,目中无我辈矣。"及丙辰会试,果为忌者所抑。同舍有以不第为耻者,先生慰之曰:"世以不得第为耻,吾以不得第动心为耻。"识者服之。归余姚,结诗社龙泉山寺。致仕方伯魏瀚平时以雄才自放,与先生登龙山,对弈联诗,有佳句辄为先生得之,乃谢曰:"老夫当退数舍。"

十年丁巳,先生二十六岁,寓京师。

是年先生学兵法。当时边报甚急,朝廷推举将才,莫不遑遽。先生念武举之设,仅得骑射搏击之士,而不能收韬略统驭之才。于是留情武事,凡兵家秘书,莫不精究。每遇宾宴,尝聚果核列阵势为戏。

十一年戊午,先生二十七岁,寓京师。

是年先生谈养生。先生自念辞章艺能不足以通至道,求师友于天下,又不数遇,心持惶惑。一日读晦翁上宋光宗疏,有曰:"居敬持志,为读书之本,循序致精,为读书之法。"乃悔前日探讨虽博,而未尝循序以致精,宜无所得;又循其序,思得渐渍洽浃,然物理吾心,终若判而为二也。沉郁既久,旧疾复作,益委圣贤有分。偶闻道士谈养生,遂有遗世入山之意。

十有二年己未,先生二十八岁,在京师。
举进士出身。
是年春会试。举南宫第二人,赐二甲进士出身第七人,观政工部。
疏陈边务。
先生未第时,尝梦威宁伯遗以弓剑。是秋,钦差督造威宁伯王越坟,驭役夫以什伍法,休食以时,暇即驱演"八阵图"。事竣,威宁家以金帛谢,不受;乃出威宁所佩宝剑为赠,适与梦符,遂受之。时有星变,朝廷下诏求言,及闻达冠猖獗,先生复命上边务八事,言极剀切。

十有三年庚申,先生二十九岁,在京师。
授刑部云南清吏司主事。

十有四年辛酉,先生三十岁,在京师。
奉命审录江北。
先生录囚,多所平反。事竣,遂游九华,作《游九华赋》,宿无相化城诸寺。是时道者蔡蓬头善谈仙,待以客礼。请问。蔡曰:"尚未。"有顷,屏左右,引至后亭,再拜请问。蔡曰:"尚未。"问至再三,蔡曰:"汝后堂后亭,礼虽隆,终不忘官相。"一笑而别。闻地藏洞有异人,坐卧松毛,不火食,历岩险访之。正熟睡,先生坐傍抚其足。有顷醒,惊曰:"路险何得至此!"因论最上乘曰:"周濂溪、程明道是儒家两个好秀才。"后再至,其人已他移,故后有会心人远之叹。

十有五年壬戌,先生三十一岁,在京师。
八月,疏请告。

是年先生渐悟仙、释二氏之非。先是五月复命，京中旧游，俱以才名相驰骋，学古诗文。先生叹曰："吾焉能以有限精神为无用之虚文也！"遂告病归越，筑室阳明洞中，行导引术。久之，遂先知。一日坐洞中，友人王思舆等四人来访，方出五云门，先生即命仆迎之，且历语其来迹。仆遇诸途，与语，良合。众惊异，以为得道。久之，悟曰："此簸弄精神，非道也。"又屏去。已而静久，思离世远去，惟祖母岑与龙山公在念，因循未决。久之，又忽悟曰："此念生于孩提。此念可去，是断灭种性矣。"明年，遂移疾钱塘西湖，复思用世。往来南屏、虎跑诸刹，有禅僧坐关，三年不语不视，先生喝之曰："这和尚终日口巴巴说甚么！终日眼睁睁看甚么！"僧惊起，即开视对语。先生问其家。对曰："有母在。"曰："起念否？"对曰："不能不起。"先生即指爱亲本性谕之，僧涕泣谢。明日问之，僧已去矣。

十有七年甲子，先生三十三岁，在京师。

秋，主考山东乡试。

巡按山东监察御史陆偁聘主乡试，试录皆出先生手笔。其策问议国朝礼乐之制：老、佛害道，由于圣学不明；纲纪不振，由于名器太滥；用人太急，求效太速；及分封、清戎、御夷、息讼，皆有成法。录出，人占先生经世之学。

九月改兵部武选清吏司主事。

十有八年乙丑，先生三十四岁，在京师。

是年先生门人始进。学者溺于词章记诵，不复知有身心之学。先生首倡言之，使人先立必为圣人之志。闻者渐觉兴起，有愿执贽及门者。至是专志授徒讲学。然师友之道久废，咸目以为立异好名，惟甘泉湛先生若水时为翰林庶吉士，一见定交，共以倡明圣学为事。

武宗正德元年丙寅，先生三十五岁，在京师。

二月，上封事，下诏狱，谪龙场驿驿丞。

是时武宗初政，奄瑾窃柄。南京科道戴铣、薄彦徽等以谏忤旨，逮击诏狱。先生首抗疏救之，其言："君仁臣直。铣等以言为责，其言如善，自宜嘉纳；如其未善，亦宜包容，以开忠谠之路。乃今赫然下令，远事拘囚，在陛下不过少示惩创，非有意怒绝之也。下民无知，妄生疑惧，臣切惜之！自是而后，虽有上关宗社危疑不制之事，陛下孰从而闻之？陛下聪明超绝，苟念及此，宁不寒心？伏愿追收前旨，使铣等仍旧供职，扩大公无我之仁，明改过不吝之勇；圣德昭布，远迩人民胥悦，岂不休哉！"疏入，亦下诏狱。已而廷杖四十，既绝复苏。寻谪贵州龙场驿驿丞。

二年丁卯，先生三十六岁，在越。

夏，赴谪至钱塘。

先生至钱塘，瑾遣人随侦。先生度不免，乃托言投江以脱之。因附商船游舟山，偶遇飓风大作，一日夜至闽界。比登岸，奔山径数十里，夜扣一寺求宿，僧故不纳。趋野庙，倚香案卧，盖虎穴也。夜半，虎绕廊大吼，不敢入。黎明，僧意必毙于虎，将收其囊；见先生方熟睡，呼始醒，惊曰："公非常人也！不然，得无恙乎？"邀至寺。寺有异人，尝识于铁柱宫，约二十年相见海上；至是出诗，有"二十年前曾见君，今来消息我先闻"之句。与论出处，且将远遁。其人曰："汝有亲在，万一瑾怒，逮尔父，诬以北走胡，南走粤，何以应之？"因为著，得《明夷》，遂决策返。先生题诗壁间曰："险夷原不滞胸中，何异浮云过太空？夜静海涛三万里，月明飞锡下天风。"因取间道，由武夷而归。时龙山公官南京吏部尚书，从鄱阳往省。十二月返钱塘，赴龙场驿。

是时先生与学者讲授，虽随地兴起，未有出身承当，以圣学为己任者。徐爱，先生妹婿也，因先生将赴龙场，纳贽北面，奋然有志于学。爱与蔡宗兖、朱节同举乡贡，先生作《别三子序》以赠之。

三年戊辰，先生三十七岁，在贵阳。

春，至龙场。

先生始悟格物致知。龙场在贵州西北万山丛棘中，蛇虺魍魉，蛊毒瘴疠，与居夷人鴃舌难语，可通语者，皆中土亡命。旧无居，始教之范土架木以居。时瑾憾未已，自计得失荣辱皆能超脱，惟生死一念，尚觉未化，乃为石墩自誓曰："吾惟俟命而已！"日夜端居澄默，以求静一；久之，胸中洒洒。而从者皆病，自析薪取水，作糜饲之；又恐其怀抑郁，则与歌诗；又不悦，复调越曲，杂以诙笑，始能忘其为疾病夷狄患难也。因念："圣人处此，更有何道？"忽中夜大悟格物致知之旨，寤寐中若有人语之者，不觉呼跃，从者皆惊。始知圣人之道，吾性自足，向之求理于事物者误也。乃以默记《五经》之言证之，莫不吻合，因著《五经臆说》。居久，夷人亦日来亲狎。以所居湫湿，乃伐木构龙冈书院，及寅宾堂、何陋轩、君子亭、玩易窝，以居之。思州守遣人至驿侮先生，诸夷不平，共殴辱之。守大怒，言诸当道。毛宪副科令先生请谢，且谕以祸福。先生致书复之，守惭服。水西安宣慰闻先生名，使人馈米肉，给使令，既又重以金帛鞍马，俱辞不受。始朝廷议设卫于水西，既置城，已而中止，驿传尚存。安恶据其腹心，欲去之，以问先生。先生遗书析其不可，且申朝廷威信，令甲议，遂寝。已而宋氏酋长有阿贾、阿札者叛，宋氏为地方患，先生复以书诋讽之。安悚然，率所部平其难，民赖以宁。

四年己巳，先生三十八岁，在贵阳。

提学 副使席书聘主贵阳书院。

是年先生始论知行合一。始席元山书提督学政，问朱陆同异之辨。先生不语朱陆之学，而告之以其所悟。书怀疑而去。明日复来，举知行本体证之《五经》诸子，渐有省。往复数四，豁然大悟，谓："圣人之学复睹于今日；朱陆异同，各有得失，无事辩诘，求之吾性，本自明也。"遂与毛宪副修葺书院，身率贵阳诸生，以所事师礼事之。

后徐爱因未会先生知行合一之训，决于先生。先生曰："试举看。"爱曰："如今人已知父当孝，兄当弟矣，乃不能孝弟，知与行分明是两事。"先生曰："此被私欲隔断耳，非本体也。圣贤教人知行，正是要人复本体，故《大学》指出真知行以示人曰：'如好好色，如恶恶臭。'夫见好色属知，好好色属行。只见色时，已是好矣，非见后而始立心去好也。闻恶臭属知，恶恶臭属行；只闻臭时，已是恶矣，非闻后而始立心去恶也。又如称某人知孝，某人知弟，必其人已曾行孝行弟，方可称他知孝知弟：此便是知行之本体。"爱曰："古人分知行为二，恐是要人用功有分晓否？"先生曰："此正失却古人宗旨。某尝说知是行之主意，行实知之功夫；知是行之始，行实知之成；已可理会矣。古人立言所以分知行为二者，缘世间有一种人，懵懵然任意去做，全不解思惟省察，是之为冥行妄作，所以必说知而后行无缪。又有一种人，茫茫然悬空去思索，全不肯着实躬行，是之为揣摸影响，所以必说行而后知始真。此是古人不得已之教，若见得时，一言足矣。今人却以为必先知然后能行，且讲习讨论以求知，俟知得真时，方去行，故遂终身不行，亦遂终身不知。某今说知行合一，使学者自求本体，庶无支离决裂之病。"

五年庚午，先生三十九岁，在吉。
升庐陵县知县。
先生三月至庐陵。为政不事威刑，惟以开导人心为本。莅任初，首询里役，察各乡贫富奸良之实，而低昂之。狱牒盈庭，不即断射。稽国初旧制，慎选里正三老，坐申明亭，使之委曲劝谕。民胥悔胜气嚣讼，至有涕泣而归者。由是囹圄日清。在县七阅月，遗告示十有六，大抵谆谆慰父老，使教子弟，毋令荡僻。城中失火，身祷返风，以血禳火，而火即灭。因使城中辟火巷，定水次兑运，绝镇守横征，杜神会之借办，立保甲以弭盗，清驿递以延宾旅。至今数十年犹踵行之。

语学者悟人之功。先是先生赴龙场时，随地讲授，及归，过常德、辰州，见门人冀元亨、蒋信、刘观时辈俱能卓立，喜曰："谪居两年，无可与语者，归途乃幸得诸友！"悔昔在贵阳举知行合一之教，纷纷异同，罔知所入。兹来乃与诸生静坐僧寺，使自悟性体，顾恍恍若有可即者。既又途中寄书曰："前在寺中所云静坐事，非欲坐禅入定也。盖因吾辈平日为事物纷拏，未知为己，欲以此补小学收放心一段功夫耳。明道云：'才学便须知有用力处，既学便须知有得力处。'诸友宜于此处着力，方有进步，异时始有得力处也。"

冬十有一月，入觐。

先生入京：馆于大兴隆寺，时黄宗贤绾为后军都督府都事，因储柴墟巏请见。先生与之语，喜曰："此学久绝，子何所闻？"对曰："虽粗有志，实未用功。"先生曰："人惟患无志，不患无功。"明日引见甘泉，订与终日共学。

按：宗贤至嘉靖壬午春复执贽称门人。

十有二月，升南京刑部四川清吏司主事。

论实践之功。先生与黄绾、应良论圣学久不明，学者欲为圣人，必须廓清心体，使纤翳不留，真性始见，方有操持涵养之地。应良疑其难。先生曰："圣人之心如明镜，纤翳自无所容，自不消磨刮。若常人之心，如斑垢驳蚀之镜，须痛刮磨一番，尽去驳蚀，然后纤尘即见，才拂便去，亦不消费力。到此已是识得仁体矣。若驳蚀未去，其间固自有一点明处，尘埃之落，固亦见得，才拂便去；至于堆积于驳蚀之上，终弗之能见也。此学利困勉之所由异，幸勿以为难而疑之也。凡人情好易而恶难，其间亦自有私意气习缠蔽，在识破后，自然不见其难矣。古之人至有出万死而乐为之者，亦见得耳。向时未见得里面意思，此功夫自无可讲处，今已见此一层，却恐好易恶难，便流入禅释去也。"

按：先生立教，皆经实践，故所言恳笃若此。自揭良知宗旨后，吾党又觉领悟太易，认虚见为真得，无复向里着己之功矣。故吾党颖悟承速者，往往多无成，甚可忧也。

六年辛未，先生四十岁，在京师。

正月，调吏部验封清吏司主事。

论晦庵、象山之学。王舆庵读象山书有契，徐成之与辩不决。先生曰："是朱非陆，天下论定久矣，久则难变也。虽微成之之争，舆庵亦岂能遽行其说乎？"成之谓先生漫为含糊两解，若有以阴助舆庵而为之地者。先生以书解之曰："舆庵是象山，而谓其专以尊德性为主。今观《象山文集》所载，未尝不教其徒读书。而自谓理会文字颇与人异者，则其意实欲体之于身。其亟所称述以诲人者曰：'居处恭，执事敬，与人忠。'曰：'克己复礼。'曰：'万物皆备于我，反身而诚，乐莫大焉。'曰：'学问之道无他，求其放心而已。'曰：'先立乎其大者，而小者不能夺。'是数言者，孔子、孟轲之言也，乌在其为空虚乎？独其易简觉悟之说，颇为当时所疑。然易简之说出于《系辞》；觉悟之说，虽有同于释氏，然释氏之说，亦自有同于吾儒，而不害其为异者，惟在于几微毫忽之间而已。亦何必讳于其同，而遂不敢以言，狃于其异，而遂不以察之乎？是舆庵之是象山，固犹未尽其所以是也。吾兄是晦庵，而谓其专以道问学为事。然晦庵之言，曰：'居敬穷理。'曰：'非存心无以致知。'曰：'君子之心常存敬畏，虽不见闻，亦不敢忽，所以存天理之本然，而不使离于须臾之顷也。'是其为言虽未尽莹，亦何尝不以尊德性为事，而又乌在其为支离乎？独其平日汲汲于训解，虽韩文、《楚辞》、《阴符》、《参同》之属，亦必与之注释考辨，而论者遂疑玩物。又其心虑恐学者之躐等，而或失之于妄作，必先之以格致而无不明，然后有以实之于诚正而无所谬。世之学者挂一漏万，求之愈烦，而失之愈远，至有弊力终身，苦其难而卒无所入，而遂议其支离。不知此乃后世学者之弊，而当时晦庵之自为，则亦岂至是乎？是吾兄之是晦庵，固犹未尽其所以是也。夫二兄之所信而是者，既未尽其所以是，则其所疑而非者，亦岂尽其所以非乎？仆尝以为晦庵之与象山，虽其所以为学者若有不同，而要皆不失为圣人之徒。今晦庵之学，天下之人童而习之，既已入人之深，有不容于论辩者。而独惟象山之学，则以其尝与晦庵之有言，而遂藩篱之；使若由、赐之殊科焉则可矣，而遂摈放废斥，若碱砆之与美玉，则岂不过甚矣乎？故仆尝欲冒天下之讥，以为象山一暴其说，虽以此得罪，无恨。晦庵之学，既已章明于天下，而象山犹蒙无实之诬，于今且四百年，莫有为之一洗者。使晦庵有知，将亦不能一日安享于庙庑之间矣。此仆之至情，终亦必为兄一吐露者，亦何肯漫为两解之说以阴助于舆庵已乎？"

二月，为会试同考试官。

是年僚友方献夫受学。献夫时为吏部郎中，位在先生上，比闻论学，深自感悔，遂执贽事以师礼。是冬告病归西樵，先生为叙别之。

十月，升文选清吏司员外郎。

送甘泉奉使安南。先是先生升南都，甘泉与黄绾言于冢宰杨一清，改留吏部。职事之暇，始遂讲聚。方期各相砥切，饮食启处必共之。至是，甘泉出使安南封国，将行，先生惧圣学难明而易惑，人生别易而会难也，乃为文以赠。略曰："颜子没而圣人之学亡，曾子唯一贯之旨，传之孟轲，绝又二千余年，而周、程续。自是而后，言益详，道益晦。孟氏患杨、墨，周、程之际，释、老大行。今世学者皆知尊孔、孟，贱杨、墨，摈释、老，圣人之道，若大明于世。然吾从而求之，圣人不得而见之矣，其能有若墨氏之兼爱者乎？其能有若杨氏之为我者乎？其能有若老氏之清净自守、释氏之究心性命者乎？吾何以杨、墨、老、释之思哉？彼于圣人之道异，然犹有自得也。而世之学者，章绘句琢以夸俗，诡心色取，相饰以伪，谓圣人之道劳苦无功，非复人之所可为，而徒取辩于言辞之间，古之人有终身不能究者，今吾皆能言其略，自以为若是亦足矣，而圣人之学遂废。则今之所大患者，岂非记诵辞章之习？而弊之所从来，无亦言之太详、析之太精者之过欤？某幼不问学，陷溺于邪僻者二十年，而始究心于老、释。赖天之灵，因有所觉，始乃沿周、程之说求之，而若有得焉，顾一二同志之外，莫予翼也，岌岌乎仆而复兴。晚得于甘泉湛子，而后吾之志益坚，毅然若不可遏。则予之资于甘泉多矣。甘泉之学，务求自得者也。世未之能知，其知者，且疑其为禅。诚禅也，吾犹未得而见，而况其所志卓尔若此？则如甘泉者，非圣人之徒欤？多言又乌足病也？夫多言不足以病甘泉，与甘泉之不为多言病也，吾信之。吾与甘泉，有意之所在，不言而会，论之所及，不约而同，期于斯道，毙而后已者，今日之别，吾容无言？夫惟圣人之学，难明而易惑，习俗之降，愈下而抑不可回，任重道远，虽已无俟于言，顾复于吾心，若有不容已也，则甘泉亦岂以予言为缀乎？"

七年壬申，先生四十一岁，在京师。

三月，升考功清吏司郎中。

按《同志考》，是年穆孔晖、顾应祥、郑一初、方献科、王道、梁毂、万潮、陈鼎、唐鹏、路迎、孙瑚、魏廷霖、萧鸣凤、林达、陈洸及黄绾、应良、朱节、蔡宗兖、徐爱同受业。

十二月，升南京太仆寺少卿，便道归省。

与徐爱论学。爱是年以祁州知州考满进京，升南京工部员外郎。与先生同舟归越，论《大学》宗旨。闻之踊跃痛快，如狂如醒者数日，胸中混沌复开。仰思尧、舜、三王、孔、孟千圣立言，人各不同，其旨则一。今之《传习录》所载首卷是也。其自叙云："爱因旧说汩没，始闻先生之教，实骇愕不定，无人头处。其后闻之既久，渐知反身实践，然后始信先生之学为孔门嫡传，舍是皆傍蹊小径，断港绝河矣。如说格物是诚意功夫，明善是诚身功夫，穷理是尽性功夫，道问学是尊德性功夫，博文是约礼功夫，惟精是惟一功夫，诸如此类，皆落落难合。其后思之既久，不觉手舞足蹈。"

八年癸酉，先生四十二岁，在越。

二月，至越。

先生初计至家即与徐爱同游台、荡，宗族亲友绊弗能行。五月终，与爱数友期候，黄绾不至，乃从上虞入四明，观白水，寻龙溪之源；登杖锡，至雪窦，上千丈岩，以望天姥、华顶；欲遂从奉化取道赤城。适久旱，山田尽龟坼，惨然不乐，遂自宁波还余姚。绾以书迎先生。复书曰："此行相从诸友，亦微有所得，然无大发明。其最所歉然，宗贤不同兹行耳。后辈习气已深，虽有美质，亦渐消尽。此事正如淘沙，会有见金时，但目下未可必得耳。"先生兹游，虽为山水，实注念爱、绾二子。盖先生点化同志，多得之登游山水间也。

冬十月，至滁州。

滁山水佳胜，先生督马政，地僻官闲，日与门人遨游琅琊、瀼泉间。月夕则环龙潭而坐者数百人，歌声振山谷。诸生随地请正，踊跃歌舞。旧学之士，皆日来臻。于是从游之众，自滁始。

孟源问："静坐中思虑纷杂，不能强禁绝。"先生曰："纷杂思虑，亦强禁绝不得；只就思虑萌动处省察克治，到天理精明后，有个物各付物的意思，自然精专无纷杂之念；《大学》所谓'知止而后有定'也。"

九年甲戌，先生四十三岁，在滁。

四月，升南京鸿胪寺卿。

滁阳诸友送至乌衣，不能别，留居江浦，候先生渡江。先生以诗促之归曰："滁之水，入江流，江潮日复来滁州。相思若潮水，来往何时休？空相思，亦何益？欲慰相思情，不如崇令德。掘地见泉水，随处无弗得。何必驱驰为？千里远相即。君不见尧羹与舜墙？又不见孔与蹠，对面不相识？逆旅主人多殷勤，出门转盼成路人。"

五月，至南京。

自徐爱来南都，同志日亲，黄宗明、薛侃、马明衡、陆澄、季本、许相卿、王激、诸偁、林达、张寰、唐俞贤、饶文璧、刘观时、郑骝、周积、郭庆、栾惠、刘晓、何鳌、陈杰、杨杓、白说、彭一之、朱篪辈，同聚师门，日夕渍砺不懈。客有道自滁游学之士，多放言高论，亦有渐背师教者。先生曰："吾年来欲惩末俗之卑污，引接学者多就高明一路，以救时弊。今见学者渐有流入空虚，为脱落新奇之论，吾已悔之矣。故南畿论学，只教学者'存天理，去人欲'为省察克治实功。"王嘉秀、萧惠好谈仙佛，先生尝警之曰："吾幼时求圣学不得，亦尝笃志二氏。其后居夷三载，始见圣人端绪，悔错用功二十年。二氏之学，其妙与圣人只有毫厘之间，故不易辨，惟笃志圣学者始能究析其隐微，非测忆所及也。"

十年乙亥，先生四十四岁，在京师。

正月，疏自陈，不允。

是年当两京考察，例上疏。

立再从子正宪为后。

正宪字仲肃，季叔易直先生兖之孙，西林守信之第五子也。先生年四十四，与诸弟守俭、守文、守章俱未举子，故龙山公为先生择守信子正宪立之，时年八龄。

是年御史杨典荐改祭酒，不报。

八月，拟《谏迎佛疏》。

时命太监刘允、乌思藏赍幡供诸佛，奉迎佛徒。允奏请盐七万引以为路费，许之。辅臣杨廷和等与户部及言官各疏执奏，不听。先生欲因事纳忠，拟疏欲上，后中止。

疏请告。

是年祖母岑太夫人年九十有六，先生思乞恩归一见为诀，疏凡再上矣，故辞甚恳切。

十有一年丙子，先生四十五岁，在南京。

九月，升都察院左佥都御史、巡抚南、赣、汀、漳等处。

是时汀、漳各郡皆有巨寇，尚书王琼特举先生。

十月，归省至越。

王思舆语季本曰："阳明此行，必立事功。"本曰："何以知之？"曰："吾触之不动矣。"

十有二年丁丑，先生四十六岁。

正月，至赣。

先生过万安，遇流贼数百，沿途肆劫，商舟不敢进。先生乃联商舟，结为阵势，扬旗鸣鼓，如趋战状。贼乃罗拜于岸，呼曰："饥荒流民，乞求赈济！"先生泊岸，令人谕之曰："至赣后，即差官抚插。各安生理，毋作非为，自取戮灭。"贼惧散归。以是年正月十六日开府。

行十家牌法。

先是赣民为洞贼耳目，官府举动未形，而贼已先闻。军门一老隶奸尤甚。先生侦知之，呼入卧室，使之自择生死。隶乃输情吐实。先生许其不死。试所言悉验。乃于城中立《十家牌法》。其法编十家为一牌，开列各户籍贯、姓名、年貌、行业，日轮一家，沿门按牌审察，遇面生可疑人，即行报官究理。或有隐匿，十家连坐。仍告谕父老子弟："务要父慈子孝，兄爱弟敬，夫和妇随，长惠幼顺；小心以奉官法，勤谨以办国课，恭俭以守家业，廉和以处乡里；心要平恕，毋得轻易忿争；事要含忍，毋得辄兴词讼；见善互相劝勉，有恶互相惩戒；务兴礼让之风，以成敦厚之俗。"

选民兵。

先生以南、赣地连四省，山险林深，盗贼盘据，三居其一，窥伺剽掠，大为民患；当事者每遇盗贼猖獗，辄复会奏请调土军狼达，往返经年，靡费逾万；逮至集兵举事，即已魍魉潜形，班师旋旅，则又鼠狐聚党，是以机宜屡失，而备御益弛。先生乃使四省兵备官，于各属弩手、打手、机快等项，挑选骁勇绝群、胆力出众者，每县多或十余人，少或八九人，务求魁杰；或悬召募，大约江西、福建二兵备各以五六百名为率，广东、湖广二兵备各以四五百名为率，中间更有出众者，优其廪饩，署为将领。除南、赣兵备自行编选，余四兵备官仍于每县原额数内拣选可用者，量留三分之二，委该县贤能官统练，专以守城防隘为事；其余一分，拣退疲弱不堪者，免其著役，止出工食，追解该道，以益募赏。所募精兵，专随各兵备官屯扎，别选官分队统押教习之。如此，则各县屯戍之兵，既足以护守防截，而兵备募召之士，又可以应变出奇；盗贼渐知所畏，平良益有所恃而无恐矣。

二月，平漳寇。

初，先生道闻漳寇方炽，兼程至赣，即移文三省兵备，克期起兵。自正月十六日莅任，才旬日，即议进兵。兵次长富村，遇贼，大战，斩获颇多。贼奔象湖山拒守。我兵追至莲花石，与贼对垒。会广东兵至，方欲合围，贼见势急，遂溃围而出。指挥覃桓、县丞纪镛马陷，死之。诸将请调狼兵，俟秋再举，先生乃责以失律罪，使立功自赎。诸将议犹未决，先生曰："兵宜随时，变在呼吸，岂宜各持成说耶？福建诸军稍缉，咸有立功赎罪心，利在速战。若当集谋之始，即掩贼不备，成功可必。今既声势彰闻，各贼必联党设械，以御我师，且宜示以宽懈。而犹执乘机之说以张皇于外，是徒知吾卒之可击，而不知敌之未可击也。广东之兵意在倚重狼达土军，然后举事，诸贼亦候吾土兵之集，以卜战期，乘此机候，正可奋怯为勇，变弱为强。而犹执持重之说，以坐失事机，是徒知吾卒之未可击，而不知敌之正可击也。善用兵者，因形而借胜于敌，故其战胜不复，而应形于无穷。胜负之算，间不容发，乌可执滞哉？"于是亲率诸道锐卒进屯上杭，密敕群哨，佯言犒众退师，俟秋再举。密遣义官曾崇秀觇贼虚实，乘其懈，选兵分三路，俱于二月十九日，乘晦夜，衔枚并进，直捣象湖，夺其隘口。诸贼失险，复据上层峻壁，四面滚木礌石，以死拒战。我兵奋勇鏖战，自辰至午，呼声振地。三省奇兵从间鼓噪突登，乃惊溃奔走。遂乘胜追剿。已而福建兵攻破长富村等巢三十余所，广东兵攻破水竹、大重坑等巢一十三所，斩首从贼詹师富、温火烧等七千有奇，俘获贼属、辎重无算，而诸洞荡灭。是役仅三月，漳南数十年逋寇悉平。

是月奏捷，具言福建佥事胡琏、参政陈策、副使唐泽、知府钟湘、广东佥事顾应祥、都指挥杨懋、知县张戬劳绩，赐敕奖赉，其余升赏有差。初，议进兵，谕诸将曰：“贼虽据险而守，尚可出其不意，掩其不备，则用邓艾破蜀之策，从间道以出。若贼果盘据持重，可以计困，难以兵克，则用充国破羌之谋，减冗兵以省费。务在防隐祸于显利之中，绝深奸于意料之外，此万全无失者也。”已而桓等狃于小胜，不从间道，故违节制，以致挫衄。诸将志沮，遂请济师。先生独以为，见兵二千有余，已为不少，不宜坐待济师以自懈，遥制以失机也。遂亲督兵而出，卒成功。

四月，班师。

时三月不雨。至于四月，先生方驻军上杭，祷于行台，得雨，以为未足。及班师，一雨三日，民大悦。有司请名行台之堂，曰"时雨堂"，取王师若时雨之义也；先生乃为记。

五月，立兵符。

先生谓："习战之方，莫要于行伍；治众之法，莫先于分数。"将调集各兵，每二十五人编为一伍，伍有小甲；五十人为一队，队有总甲；二百人为一哨，哨有长，有协哨二人；四百人为一营，营有官，有参谋二人；一千二百人为一阵，阵有偏将；二千四百人为一军，军有副将；偏将无定员，临事而设。小甲于各伍之中选才力优者为之，总甲于小甲之中选才力优者为之，哨长于千百户义官之中选材识优者为之。副将得以罚偏将，偏将得以罚营官，营官得以罚哨长，哨长得以罚总甲，总甲得以罚小甲，小甲得以罚伍众：务使上下相维，大小相承，如身之使臂，臂之使指，自然举动齐一，治众如寡，庶几有制之兵矣。编选既定，仍每五人给一牌，备列同伍二十五人姓名，使之连络习熟，谓之伍符。每队各置两牌，编立字号，一付总甲，一藏本院，谓之队符。每哨各置两牌，编立字号，一付哨长，一藏本院，谓之哨符，每营各置两牌，编立字号，一付营官，一藏本院，谓之营符。凡遇征调发符，比号而行，以防奸伪。其诸缉养训练之方，旗鼓进退之节，务济实用行之。

奏设平和县，移枋头巡检司。

先生以贼据险，久为民患，今幸破灭，须为拊背扼吭之策，乃奏请设平和县治于河头，移河头巡检司于枋头；盖以河头为诸巢之咽喉，而枋头又河头之唇齿也。且曰："方贼之据河头也，穷凶极恶，至动三军之众，合二省之力，而始克荡平。若不及今为久远之图，不过数年，势将复起，后悔无及矣。盖盗贼之患，譬诸病人，兴师征讨者，针药攻治之方；建县抚辑者，饮食调摄之道；徒恃攻治，而不务调摄，则病不旋踵，后虽扁鹊、仓公，无所施其术也。"

按：是月闻蔡宗充、许相卿、季本、薛侃、陆澄同举进士，先生曰："入仕之始，意况未免摇动，如絮在风中，若非粘泥贴网，亦自主张未得。不知诸友却何如？想平时功夫，亦须有得力处耳。"又闻曰仁在告买田霅上，为诸友久聚之计，遗二诗慰之。

六月，疏请疏通盐法。

始，都御史陈金以流贼军饷，于赣州立厂抽分广盐，许至袁、临、吉三府发卖。然起正德六年至九年而止。至是，先生以敕谕有便宜处置语，疏请暂行，待平定之日，仍旧停止。从之。

九月，改授提督南、赣、汀、漳等处军务，给旗牌，得便宜行事。

南、赣旧止以巡抚莅之，至都御史周南会请旗牌，事毕缴还，不为定制。至是，先生疏请，遂有提督之命。后不复，更疏以："我国家有罚典，有赏格。然罚典止行于参提之后，而不行于临阵对敌之时；赏格止行于大军征剿之日，而不行于寻常用兵之际，故无成功。今后凡遇讨贼，领兵官不拘军卫有司，所领兵众，有退缩不用命者，许领兵官军前以军法从事；领兵官不用命者，许总统官军前以军法从事。所领兵众，有对敌擒斩功次，或赴敌阵亡，从实具报，覆实奏闻，升赏如制。若生擒贼徒，问明，即押赴市曹，斩之以徇，庶使人知警畏，亦可比于令典决不待时者。如此，则赏罚既明，人心激励；盗起即得扑灭，粮饷可省，事功可建。"又曰："古者赏不逾时，罚不后事。过时而赏，与无赏同；后事而罚，与不罚同。况过时而不赏，后事而不罚，其何以齐一人心，作兴士气？虽使韩、白为将，亦不能有所成。诚得以大军诛赏之法，责而行之于平时，假臣等令旗令牌，便宜行事。如是而兵有不精，贼有不灭，臣等亦无以逃其死矣！"事下兵部，尚书王琼覆奏，以为宜从所请。于是改巡抚为提督，得以军法从事，钦给旗牌八面，悉听便宜。既而镇守太监毕真，谋于近幸，请监其军。琼奏以为兵法最忌遥制，若使南、赣用兵而必待谋于省城镇守，断乎不可；惟省城有警，则听南、赣策应。事遂寝。

按：敕谕有曰："江西南安、赣州地方，与福建汀、漳二府，广东南、韶、潮、惠四府，及湖广郴州、桂阳县，壤地相接，山岭相连，其间盗贼不时生发，东追则西窜，南捕则北奔。盖因地方各省，事无统属，彼此推调，难为处置。先年尝设有都御史一员，巡抚前项地方，就令督剿盗贼。但责任不专，类多因循苟且，不能申明赏罚，以励人心，致令盗贼滋多，地方受祸。今日所奏，及各该部覆奏事理，特改命尔提督军务，抚安军民，修理城池，禁革奸弊。一应军马钱粮事宜，但听便宜区画，以足军饷。但有盗贼生发，即便设法调兵剿杀，不许蹈袭旧弊，招抚蒙蔽，重为民患。其管领兵快人等官员，不问文职武职，若在军前违期，并逗遛退缩者，俱听军法从事。生擒盗贼，鞫问明白，亦听就行斩首示众。"

抚谕贼巢。

是时漳寇虽平，而乐昌、龙川诸贼巢尚多啸聚，将用兵剿之，先犒以牛酒银布，复谕之曰："人之所共耻者，莫过于身被为盗贼之名；人心之所共愤者，莫过于身遭劫掠之苦。今使有人骂尔等为盗，尔必愤然而怒；又使人焚尔室庐，劫尔财货，掠尔妻女，尔必怀恨切骨，宁死必报。尔等以是加人，人其有不怨者乎？人同此心，尔宁独不知？乃必欲为此，其间想亦有不得已者。或是为官府所迫，或是为大户所侵，一时错起念头，误入其中，后遂不敢出。此等苦情，亦甚可悯。然亦皆由尔等悔悟不切耳。尔等当时去做贼时，是生人寻死路，尚且要去便去。今欲改行从善，是死人求生路，乃反不敢耶？若尔等肯如当初去做贼时拼死出来，求要改行从善，我官府岂有必要杀汝之理？尔等久习恶毒，忍于杀人，心多猜疑。岂知我上人之心，无故杀一鸡犬，尚且不忍，况于人命关天？若轻易杀之，冥冥之中，断有还报，殃祸及于子孙，何苦而必欲为此。我每为尔等思念及此，辄至于终夜不能安寝，亦无非欲为尔寻一生路。惟是尔等冥顽不化，然后不得已而兴兵，此则非我杀之，乃天杀之也。今谓我全无杀人之心，亦是诳尔；若谓必欲杀尔，又非吾之本心。尔等今虽从恶，其始同是朝廷赤子。譬如一父母同生十子，八人为善，二人背逆，要害八人；父母之心，须去二人，然后八人得以安生。均之为子，父母之心，何故必欲偏杀二子，不得已也。吾于尔等，亦正如此。若此二子者，一旦悔恶迁善，号泣投诚，为父母者，亦必哀悯而赦之。何者？不忍杀其子者，乃父母之本心也。今得遂其本心，何喜何幸如之；吾于尔等，亦正如此。闻尔等为贼，所得苦亦不多，其间尚有衣食不充者。何不以尔为贼之勤苦精力，而用之于耕农，运之于商贾；可以坐致饶富，而安享逸乐，放心纵意，游观城市之中，优游田野之内。岂如今日，出则畏官避雠，入则防诛惧剿，潜形遁迹，忧苦终身，卒之身灭家破，妻子戮辱，亦有何好乎？尔等若能听吾言，改行从善，吾即视尔为良民，更不追尔旧恶。若习性已成，难更改动，亦由尔等任意为之。吾南调两广之狼达，西调湖湘之士兵，亲率大军，围尔巢穴，一年不尽，至于两年；两年不尽，至于三年。尔之财力有限，吾之兵粮无穷，纵尔等皆为有翼之虎，谅亦不能逃于天地之外矣。呜呼！民吾同胞，尔等皆吾赤子，吾终不能抚恤尔等，而至于杀尔，痛哉！痛哉！兴言至此，不觉泪下。"

按：是谕文蔼然哀怜无辜之情，可以想见虞廷干羽之化矣。故当时酋长苦黄金巢、卢珂等，即率众来投，愿效死以报。

疏谢升赏。

朝廷以先生平漳寇功，升一级，银二十两，纻丝二表里，降敕奖励，故有谢疏。

疏处南、赣商税。

始，南安税商货于折梅亭，以资军饷，后多奸弊，仍并府北龟角尾，以疏闻。

十月，平横水、桶冈诸寇。

南、赣西接湖广桂阳，有桶冈、横水诸贼巢；南接广东乐昌，东接广东龙川，有浰头诸贼巢。大贼首谢志珊，号征南王，纠率大贼钟明贵、萧规模、陈曰能等，约乐昌高快马等大修战具，并造吕公车。闻广东官兵方有事府江，欲先破南康，乘虚入广。先是湖广巡抚都御史陈金题请三省夹攻。先生以桶冈、横水、左溪诸贼，荼毒三省，其患虽同，而事势各异："以湖广言之，则桶冈为贼之咽喉，而横水、左溪为之腹心。以江西言之，则横水、左溪为之腹心，而桶冈为之羽翼。今议者不去腹心，而欲与湖广夹攻桶冈，进兵两寇之间，腹背受敌，势必不利。今议进兵横水、左溪，克期在十一月朔。贼见我兵未集，师期尚远，必以为先事桶冈，观望未备。乘此急击之，可以得志。由是移兵临桶冈，破竹之势成矣。"于是决意先攻横水、左溪，分定哨道，指授方略，密以十月己酉进兵。至十一月己巳，凡破贼巢五十余，擒斩大贼首谢志珊等五十六,从贼首级二千一百六十八,俘获贼属二千三百二十四。众请乘胜进兵桶冈。先生复以桶冈天险,四塞中坚,其所由入,惟锁匙龙、葫芦洞、察坑、十八磊、新池五处,然皆架栈梯壑,于崖巅坐发垒石,可以御我师。虽上章一路稍平,然迂回半月始达,湖兵从入,我师复往,事皆非便。况横水、左溪余贼悉奔入,同难合势,为守必力。善战者,其势险,其节短。今我欲乘全胜之锋,兼三日之程,争百里之利,以顿兵于幽谷,所谓强弩之末,不能穿鲁缟矣。莫若移屯近地,休兵养威,使人谕以祸福,彼必惧而请伏。或有不从,乘而袭之,乃可以逞。因使其党往说之。贼喜,方集议,而横水、左溪奔入之贼果坚持不可。往复迟疑,不暇为备,而我兵分道疾进,前后合击,贼遂大败。破巢三十余,擒斩大贼首蓝天凤等三十四,从贼首级一千一百四,俘获贼属二千三百,捷闻,赐敕奖谕。

是役也,监军副使杨璋,参议黄宏,领兵都指挥许清,指挥使郑文,知府邢珣、季斅、伍文定、唐淳,知县王天与、张戬,指挥余恩、冯翔,县丞舒富,随征参谋等官,指挥谢泉、冯廷瑞、姚玺,同知朱宪,推官危寿、徐文英,知县陈允谐、黄文鹭、宋瑢、陆璥,千户陈伟、高睿等咸上功。

酋长谢志珊就擒,先生问曰:"汝何得党类之众若此?"志珊曰:"亦不容易。"曰:"何?"曰:"平生见世上好汉,断不轻易放过;多方钩致之,或纵其酒,或助其急,待其相德,与之吐实,无不应矣。"先生退语门人曰:"吾儒一生求朋友之益,岂异是哉?"

十二月,班师。

师至南康,百姓沿途顶香迎拜。所经州、县、隘、所,各立生祠。远乡之民,各肖像于祖堂,岁时尸祝。

闰十二月,奏设崇义县治,及茶寮隘上堡、铅厂、长龙三巡检司。

先生上言:"横水、左溪、桶冈诸贼巢凡八十余,界乎上犹、大庾、南康之中,四方相距各三百余里,号令不及,以故为贼所据。今幸削平,必建立县治，以示控制。议割上犹、崇义等三里，大庾、义安三里，南康、至坪一里，而特设县治于横水，道里适均，山水合抱，土地平坦。仍设三巡检司以遏要害。茶陵复当桶冈之中，西通桂阳、桂东，南连仁化、乐昌，北接龙泉、永新，东入万安、兴国，宜设隘保障。令千户孟俊伐木立栅，移皮袍洞隘兵，而益以邻近隘夫守焉。"议上，悉从之，县名崇义。

十有三年戊寅，先生四十七岁，在赣。

正月，征三浰。

与薛侃书曰："即日已抵龙南，明日入巢，四路皆如期并进，贼有必破之势矣。向在横水，尝寄书仕德云：'破山中贼易，破心中贼难。'区区剪除鼠窃，何足为异？若诸贤扫荡心腹之寇，以收廓清平定之功，此诚大丈夫不世之伟绩。数日来，谅已得必胜之策，奏捷有期矣，何喜如之！梁日孚、杨仕德诚可与共学。廨中事累尚谦。小儿正宪，犹望时赐督责。"时延尚谦为正宪师，兼倚以衙中政事，故云。

二月，奏移小溪驿。

小溪驿旧当南康、南安中。丙子，大庾峰山里民惧贼雠杀，自愿筑城为卫。至是年二月，奏移驿其中。

三月，疏乞致仕，不允。

以病也。

袭平大帽、浰头诸寇。

先生议攻取之宜，先横水，次桶冈，次与广东徐图浰头。方进兵横水时，恐浰头乘之，乃为告谕，颇多感动。惟池仲容曰："我等为贼非一年，官府来招非一次，告谕何足凭？待金巢等无事，降未晚也。"金巢等至，乃释罪，推诚抚之，各愿自投。于是择其众五百人从征横水。横水既破，仲容等始惧，遣其弟池仲安来附，意以缓兵。先生觉之。比征桶冈，使截路上新池，以迁其归，内严警备，外若宽假。被害者皆言池氏凶狡，两经夹剿无功。其曰："狼兵易与耳，调来须半年，我避不须一月。"谓来不能速，留不能久也。咸请济师，不从。乃密画方略，使各归部集，候期遏贼。及桶冈破，贼益惧，私为战守之备。复使人赐酋牛酒，以察其变。贼度不可隐，诈称龙川新民卢珂、郑志高等将行掩袭，故豫为防，非虞官兵也。佯信之，因怒珂等擅兵仇杀，移檄龙川，使廉实，将伐木开道讨之。贼闻且信且惧，复使来谢。会珂等告变，先生欲藉珂以绐三浰，密语珂曰："吾姑毁状，汝当再来；来则受杖三十，系数旬，乃可。"珂知，既喜诺。先生复授其意参随，密示行杖人，令极轻。至是假怒珂，数罪状，且将逮其属尽斩之。而阴纵其弟集兵。先生先期召巡捕官，佯曰："今大征已毕，时和年丰，可令民家盛作鼓乐、大张灯会乐之，亦数十年一奇事也。"又曰："乐户多住龟角尾，恐招盗，曷迁入城来。"于是街巷俱然灯鸣鼓。已旬余，又遣指挥余恩及黄表颁历三浰，推心招徕之。时仲容等疑先生图己，既得历，稍安。黄表辈从容曰："若辈新民，礼节生疏，我来颁历，若可高坐乎？"于是仲容率其党九十三人，皆悍酋，来营教场，而自以数人入见。先生呵曰："若皆吾新民，不入见，而营教场，疑我乎？"仲容惶恐曰："听命耳。"即遣人引至祥符宫，见物宇整洁，喜出望外。是时十二月二十三也。先生既遣参随数人馆伴，复制青衣油靴，教之习礼，以察其志意所向。审其贪残终不可化，而上民咸诉于道口："此养寇贻害。"先生复决歼魁之念矣。逾日辞归，先生曰："自此至三浰八九日，今即往，岁内未必至家；即至，又当走拜正节，徒自取劳苦耳。闻赣州今岁有灯，曷以正月归乎？"数日，复辞，先生曰："正节尚未犒赏，奈何？"初二日，令有司大烹于宫，以次日宴。是夕，令龙光潜入甲士，诘旦，尽歼之。先生自惜终不能化，日已过未刻，不食，大脑晕，呕吐。先时尝密遣千户孟俊督珂弟集兵以防其变，及是夜将半，自率军从龙南、冷水直捣下浰。贼故阻水石，错立水中。先生蹑屦先行，诸军继之，无溺者。门坚甚。先生摘百人，卷旗持炮火，缘后山登。须臾，后山炮火四发，旗帜满山，守者狼顾，门遂破。时正月七日丁未也。兵备副使杨璋，守备指挥郑文，知府陈祥、邢珣、季斅，推官危寿，指挥余恩、姚玺，县丞舒富皆从。凡破巢三十有八，擒斩贼首五十八，从贼二千余，余奔九连山往议。九连山横亘数百里，四面陡绝，须半月始达，而贼已据险。先生选精锐七百余，皆衣贼衣，伴奔溃，乘暮至贼崖下。贼下招之，我兵佯应。既度险，扼其后路。次日，从上下击，西路伏起，一鼓擒之。抚其降酋张仲全等二百余人。视地里险易，立县置隘，留兵防守而归。

　　先生未至赣时，已闻有三省夹攻之议。即谓"夹攻大举，恐不足以灭贼"，乃进《攻治疏》。谓："朝廷若假以赏罚，使得便宜行事，动无掣肘，可以相机而发，一寨可攻，则攻一寨；一巢可扑，则扑一巢。量其罪恶之浅深，而为剿抚之先后，则可以省供馈征调之费。日剪月削，渐尽灰灭。此则如昔人拔齿之喻，齿拔而儿不觉者也。若欲夹攻以快一朝之忿，则计贼二万，须兵十万，积粟料财，数月而事始集。兵未出境，贼已深逃，锋刃所加，不过老弱胁从之辈耳。况狼兵所过，不减于盗。近年江西有姚源之役，福建有汀、漳之寇，府江之师，方集于两广，偏桥之讨，未息于湖、湘，若复加以大兵，民将何以堪命？此则一拔去齿，而儿亦随毙者也。"是疏方上，而夹攻成命已下矣。先生又以为夹攻之策，名虽三省大举，其实举动次第，自有先后。如江西之南安，有上犹、大庾、桶冈等处贼巢，与湖广桂东、桂阳接境，夹攻之举，止宜江西与湖广会合，而广东于仁化县要害把截，不与焉。赣州之龙南，有浰头贼巢，与广东龙川接境，夹攻之举，止宜江西与广东会合，而湖广不与焉。广东乐昌、乳源贼巢，与湖广宜章县接境；惠州贼巢，与湖广临武县接境；仁化县贼巢，与湖广桂阳县接境；夹攻之举，止宜湖广、广东二省会合，而江西于大庾县要害把截，不与焉。若不此之察，必欲通待三省兵齐，然后进剿，则老师费财，为害匪细矣。今并力于上犹也，则姑遣人佯抚乐昌诸贼，以安其心。彼见广东既未有备，而湖广之兵又不及己，乃幸旦夕之生，必不敢越界以援上犹。及上犹既举，而湖广移兵以合广东，则乐昌诸贼其势已孤。二省兵力益专，其举益易，当是之时，龙川贼巢，相去辽绝，自以为风马牛不相及，彼见江西之兵又彻，意必不疑。班师之日，出其不意，回军合击，蔑有不济者矣。疏上，朝廷许以便宜行事。桶冈既灭，湖广兵期始至。恐其徒劳远涉，即奖励统兵参将史春，使之即日回军，及计斩浰头，广东尚不及闻。皆与前议合。

四月，班师，立社学。

先生谓民风不善，由于教化未明。今幸盗贼稍平，民困渐息，一应移风易俗之事，虽未能尽举，姑且就其浅近易行者，开导训诲。即行告谕，发南、赣所属各县父老子弟，互相戒勉，兴立社学，延师教子，歌诗习礼。出入街衢，官长至，俱叉手拱立。先生或赞赏训诱之。久之，市民亦知冠服，朝夕歌声，达于委巷，雍雍然渐成礼让之俗矣。

按：《训蒙大意示教读刘伯颂等》曰："今教童子者，当以孝悌忠信、礼义廉耻为专务，其培植涵养之方，则宜诱之歌诗，以发其志意；导之习礼，以肃其威仪；讽之读书，以开其知觉。今人往往以歌诗习礼为不切时务，此皆末俗庸鄙之见，乌足以知古人立教之意哉？大抵童子之情，乐嬉戏而惮拘检，如草木之始萌芽，舒畅之，则条达；摧挠之，则衰痿。故凡诱之歌诗者，非但发其志意而已，亦所以泄其跳号呼啸于咏歌，宣其幽抑结滞于音节也。导之习礼者，非但肃其威仪而已，亦所以周旋揖让，而动荡其血脉，拜起屈伸，而固束其筋骸也。讽之读书者，非但开其知觉而已，亦所以沉潜反复而存其心，抑扬讽诵以宣其志也。若责其检束，而不知导之以礼，求其聪明，而不知养之以善；彼视学舍如囹狱，而不肯入，视师长如寇雠，而不欲见矣：求其为善也得乎？"

五月，奏设和平县。

和平县治本和平峒羊子地，为三省贼冲要路。其中山水环抱，土地坦平，人烟辏集，千有余家。东去兴宁、长乐、安远，西抵河源，南界龙川，北际龙南，各有数日程。其山水阻隔，道路辽远，人迹既稀，奸宄多萃。

相传原系循州龙川、雷乡一州二县之地，后为贼据，止存龙川一县。洪武中，贼首谢士真等相继作乱，遂极陵夷。先生谓宜乘时修复县治，以严控制；改和平巡检司于浰头，以遏要害。议上，悉从之。

六月，升都察院右副都御史，荫子锦衣卫，世袭百户。辞免，不允。

旌横水、桶冈功也，先生具疏辞免曰："臣过蒙国恩，授以巡抚之寄。时臣方抱病请告，偶值前官有托疾避难之嫌，朝廷谴之简书，臣遂狼狈莅事。当是时，兵耗财匮，盗炽民穷，束手无策。朝廷念民命之颠危，虑臣力之薄劣，本兵议假臣以赏罚，则从之；议给臣以旗牌，则从之；议改臣以提督，则从之；授之方略，而不拘以制；责其成功，而不限以时；由是臣得以伸缩如志，举动自由，一鼓而破横水，再鼓而灭桶冈。振旅复举，又一鼓而破三浰，再鼓而下九连。皆本兵之议，朝廷之断也。臣亦何功之有，而敢冒承其赏乎？况臣福过灾生，已尝恳疏求告；今乃求退获进，引咎蒙赉，其如赏功之典何？"奏入，不允。

七月，刻古本《大学》。

先生出入贼垒，未暇宁居，门人薛侃、欧阳德、梁焯、何廷仁、黄弘纲、薛俊、杨骥、郭治、周仲、周冲、周魁、郭持平、刘道、袁梦麟、王舜鹏、王学益、余光、黄槐密、黄鏊、吴伦、陈稷刘、鲁扶敝、吴鹤、薛侨、薛宗铨、欧阳昱，皆讲聚不散。至是回军休士，始得专意于朋友，日与发明《大学》本旨，指示入道之方。先生在龙场时，疑朱子《大学章句》非圣门本旨，手录古本，伏读精思，始信圣人之学本简易明白。其书止为一篇，原无经传之分。格致本于诚意，原无缺传可补。以诚意为主，而为致知格物之功，故不必增一敬字。以良知指示至善之本体，故不必假于见闻。至是，录刻成书，傍为之释，而引以叙。

刻《朱子晚年定论》。

先生序略曰："昔谪官龙场，居夷处困，动心忍性之余，恍若有悟。

证诸《六经》、《四子》，洞然无复可疑。独于朱子之说，有相牴牾，恒疚于心。切疑朱子之贤，而岂其于此尚有未察？及官留都，复取朱子之书而检求之。然后知其晚岁固已大悟旧说之非，痛悔极艾，至以为自诳诳人之罪，不可胜赎。世之所传《集注》、《或问》之类，乃其中年未定之说，自咎以为旧本之误，思改正而未及。而其诸《语类》之属，又其门人挟胜心以附己见，固于朱子平日之说犹有大相缪戾者。而世之学者，局于见闻，不过持循讲习于此，其于悟后之论，概乎其未有闻。则亦何怪乎予言之不信，而朱子之心无以自暴于后世也乎？予既自幸说之不缪于朱子，又喜朱子之先得我心之同然，且慨夫世之学者，徒守朱子中年未定之说，而不复知求其晚岁既悟之论，竞相呶呶，以乱正学，不自知其已入于异端，辄采录而裒集之，私以示夫同志。庶几无疑于吾说，而圣学之明可冀矣。"

《与安之书》曰："留都时，偶因饶舌，遂至多口，攻之者环四面。取朱子晚年悔悟之说，集为定论，聊藉以解纷耳。门人辈近刻之虔都，初闻甚不喜，然士夫见之，乃往往遂有开发者，无意中得此一助，亦颇省颊舌之劳。近年篁墩诸公尝有《道一》等编，见者先怀党同伐异之念，故卒不能有入，反激而怒。今但取朱子之所自言者表章之，不加一辞，虽有褊心，将无所施其怒矣。有志向者一出指示之。"

八月，门人薛侃刻《传习录》。

侃得徐爱所遗《传习录》一卷，序二篇，与陆澄各录一卷，刻于虔。

是年爱卒，先生哭之恸，爱及门独先，闻道亦早。尝游南岳，梦一瞿昙抚其背曰："尔与颜子同德，亦与颜子同寿。"自南京兵部郎中告病归，与陆澄谋耕雪上之田以俟师。年才三十一。先生每语辄伤之。

九月，修濂溪书院。

四方学者辐辏，始寓射圃，至不能容，乃修濂溪书院居之。

先生大征既上捷，一日，设酒食劳诸生，且曰："以此相报。"诸生瞿然问故。先生曰:"始吾登堂,每有赏罚,不敢肆,常恐有愧诸君。比与诸君相对久之,尚觉前此赏罚犹未也,于是思求其过以改之。直至登堂行事,与诸君相对时无少增损,方始心安。此即诸君之助,固不必事事烦口齿为也。"诸生闻言,愈省各畏。

十月,举乡约。

先生自大征后,以为民虽格面,未知格心,乃举乡约告谕父老子弟,使相警戒,辞有曰:"顷者顽卒倡乱,震惊远迩。父老子弟,甚忧苦骚动。彼冥顽无知,逆天叛伦,自求诛戮,究言思之,实足悯悼。然亦岂独冥顽者之罪,有司抚养之有缺,训迪之无方,均有责焉。虽然,父老之所以倡率饬励于平日,无乃亦有所未至欤?今倡乱渠魁,皆就擒灭,胁从无辜,悉已宽贷,地方虽以宁复,然创今图后,父老所以教约其子弟者,自此不可以不豫。故今特为保甲之法,以相警戒。聊属父老,其率子弟慎行之。务和尔邻里,齐尔姻族,德义相劝,过失相规,敦礼让之风,成淳厚之俗。"

十有一月,再请疏通盐法。

据户部覆疏,所允南、赣暂行盐税例止三年。先生念连年兵饷,不及小民,而止取盐税,所谓"不加赋而财足",所助不少。且广盐止行于南、赣,其利小,而淮盐必行于袁、临、吉,以滩高也。故三府之民,长苦乏盐。而私贩者水发舟多,蔽河而下,寡不敌众,势莫能遏。乃上议以为:"广盐行,则商税集,而用资于军饷,赋省于贫民。广盐止,则私贩兴,而弊滋于奸宄,利归于豪右。况南、赣巢穴虽平,残党未尽,方图保安之策,未有撤兵之期。若盐税一革,军饷之费,苟非科取于贫民,必须仰给于内帑。夫民已贫而敛不休,是驱之从盗也;外已竭而殚其内,是复残其本也。臣窃以为宜开复广盐,著为定例。"朝廷从之,至今军民受其利。

卷三十三 年谱二
自正德己卯在江西至正德辛巳归越

十有四年己卯,先生四十八岁,在江西。

正月,疏谢升荫。

以三浰、九连功荫子锦衣卫,世袭副千户。上疏辞免,谓荫子实非常典,私心终有未安;疾病已缠,图报无日。疏入,不允。

疏乞致仕,不允。

以祖母疾亟故也。上书王晋溪琼曰:"郴、衡诸处,群孽漏殄尚多。盖缘进剿之时,彼省土兵不甚用命,广兵防夹稍迟,是以致此。闽中之变,亦由积渐所致。始于延平,继于邵武,又发于建宁、于汀、漳、于沿海诸卫所。将来之祸,不可胜言,固非迂劣如某所能办此也。又况近日祖母病危,日夜痛苦,方寸已乱。望改授,使全首领以归。"

六月,奉敕勘处福建叛军,十五日丙子,至丰城,闻宸濠反,遂返吉安,起义兵。

时福州三卫军人进贵等胁众谋叛,奉敕往勘。以六月初九日启行,十五日午,至丰城,知县顾佖迎,告濠反。先生遂返舟。

先是宁藩世蓄异志,至濠奸恶尤甚。正德初,与瑾纳结,尝风南昌诸生呈举孝行,抚按诸司表奏,以张声誉。安成举人刘养正,素有词文名,屈致鼓众,株连富民,朘剥财产,纵大贼闵念四、凌十一等四出劫掠,以佐妄费。按察使陆完因濠器重，遂相倾附。及为本兵，首复护卫，树羽翼。而濠欲阴入第二子为武宗后，其内官阎顺等潜至京师，发奏，朝廷置不问，且谪顺等孝陵净军。濠益无忌。完改吏部。王琼代为本兵，度濠必反，乃申军律，督责抚臣修武备，以待不虞。而诸路戒严，捕盗甚急。凌十一系狱劫逃，琼责期必获。濠始恐，复风诸生颂己贤孝，挟当道奏之。武宗见奏，惊曰："保官好升，保宁王贤孝，欲何为耶？"是时江彬方宠幸，太监张忠欲附彬以倾钱宁，闻是言，乃密应曰："钱宁、臧贤交通宁王，其意未可测也。"太监张锐初通濠，复用南昌人张仪言，附忠、彬自固。而御史熊兰居南昌，素雠濠，少师杨廷和亦欲革护卫免患，交为内主。上乃令太监韦霦传旨。故事王府奏事人辞见有常，今稽违非制，于是试御史萧淮上疏曰："近奉敕旨，王人无事不得延留京师，臣有以仰窥陛下微意矣。臣不忍隐默，窃见宁王不遵祖训，包藏祸心，多杀无辜，横夺民产，虐害忠良，招纳亡命，私造兵器，潜谋不轨。交通官校有年，如致仕侍郎李仕实，前镇守太监毕真，及诸前后附势者，皆今日乱臣贼子，关系宗社安危，非细故也。或逮系至京，或坐名罢削。布政使郑岳、副使胡世宁，皆守正蒙害，宜亟起用，庶几人知顺逆，祸变可弥矣。"疏入，忠、彬等赞之，欲内阁降敕责镇巡，而给事中徐之鸾、御史沈约等又具奏其不法。廷和恐祸及，欲濠上护卫自赎。同官外廷不知也。

一日，驸马都尉崔元遣问琼曰："适闻宣召，明早赴阙，何事？"琼问廷和。廷和佯惊曰："何事？"琼微笑曰："公勿欺我。"廷和忸怩，徐曰："宣德中，有疑于赵，尝命驸马袁泰往谕，竟得释，或此意也。"明旦，琼至左顺门，见元领敕，谓曰："此大事，何不廷宣？"乃留，当廷领之。敕有曰："萧淮所言，关系宗社大计，朕念亲亲，不忍加兵，特遣太监赖义、驸马都尉崔元、都御史颜顾寿往谕，革其护卫。"元领敕既行，廷和复令兵部发兵观变。琼曰："此不可泄。近给事中孙懋、易赞建议选兵操江，为江西流贼设备。疏入，留中日久，第请如拟行之，备兵之方，无出此矣。"廷和默然。会濠侦卒林华者，闻朝议二三，不得实，昼夜奔告。值濠生辰宴诸司，闻言大惊，以为诏使此来，必用昔日蔡震擒荆藩故事。且旧制凡抄解宫眷，始遣驸马亲臣，固不记赵王事也。宴罢，密召士实、刘吉等谋之。养正曰："事急矣，明旦，诸司入谢，即可行事。"是夜集兵以俟。比旦，诸司入谢，濠出立露台，宣言于众曰："汝等知大义否？"都御史孙燧对曰："不知。"濠曰："太后有密旨，令我起兵监国，汝保驾否？"燧曰："天无二日，民无二王，此是大义，不知其他。"濠怒令缚之。按察司副使许逵从下大呼曰："朝廷所遣大臣，反贼敢擅杀耶！"骂不绝口。校尉火信曳出惠民门外，同遇害。是时日午，天忽阴曀，遂劫镇巡诸司下狱，夺其印。于是太监王宏、御史王金、公差主事马思聪、金山布政使胡濂、参政陈杲、刘斐、参议许效廉、黄宏、佥事顾凤、都指挥许清、白昂，皆在系。思聪、宏不食死。濠乃伪置官属，以吉暨余钦、万锐等为太监，迎士实为太师，先期迎养正南浦驿为国师，闵念四等各为都指挥，参政王伦为兵部尚书，季斅暨佥事潘鹏、师夔辈俱听役。胁布政使梁宸、按察使杨璋、副使唐锦、都指挥马骥，移咨府部，传檄远近，革年号，斥乘舆。分遣所亲娄伯、王春等四出收兵。

始濠闻武宗嬖伶官臧贤，乃遣奉荣就学音乐，馈万金及金丝宝壶。一日，武宗幸贤，贤以壶注酒，讶其精泽巧丽，曰："何从得此？"贤吐实。武宗曰："宁叔何不献我？"是时小刘新得幸，濠失贿，深衔之。比罢归，小刘笑曰："爷爷尚思宁王物，宁王不思爷爷物足矣！不记荐疏乎？"武宗乃益疑，忠、彬因赞萧疏，遂及贤，贤不知也。濠遣人留贤家，多复壁，外钥木橱，开则长巷，后通屋，甚隐，人无觉者。有旨大索贤家，林华遽走会同馆，得马，故速归。

初，宁献王臞仙传惠、靖、康三王，康王久无子，宫人南昌冯氏以成化丁酉生濠。康王梦蛇入宫，啖人殆尽，心恶之，欲弗举，以内人争免，遂匿优人家，与秦潆同寝处。稍长，淫宫中。康王忧愤且死，不令入诀。

弘治丙辰袭位，通书史歌词。至是谋逆，期以八月十五日因入试官吏生校举事，比林华至，始促反。

十九日，疏上变。

濠既戕害守臣，因劫诸司，据会城，乃悉拘护卫，集亡命，括丁壮，号兵十万，夺运船顺下。戊寅，袭南康，知府陈霖等遁。己卯，袭九江，兵备曹雷、知府汪颖、指挥刘勋等遁，属县闻风皆溃。濠初谋欲径袭南京，遂犯北京，故乘胜克期东下。先生闻变，返舟，值南风急，舟弗能前，乃焚香拜泣告天曰："天若哀悯生灵，许我匡扶社稷，愿即反风。若无意斯民，守仁无生望矣。"须臾，风渐止，北帆尽起。濠遣内官喻才领兵追急，是夜乃与幕士萧禹、雷济等潜入鱼舟得脱。然念两京仓卒无备，欲沮挠之，使迟留旬月。于是故为两广机密大牌，备兵部咨，及都御史颜咨云："率领狼达官兵四十八万江西公干。"令雷济等飞报摇之。濠见檄，果疑惧，迟延未发。先生四昼夜至吉安，明日庚辰，上疏告变。乃与知府伍文定等计，传檄四方，暴发逆濠罪状，檄列郡起兵以勤王。疏留。复命巡按御史谢源、伍希儒、纪功，张疑兵于丰城，又故张接济官军公移，备云兵部咨题，准令许泰、郤永分领边军四万，从凤阳陆路进；刘晖、桂勇分领京边官军四万，从徐淮水陆并进，王守仁领兵二万，杨旦等领兵八万，陈金等领兵六万，分道并进，克期夹攻南昌。且以原奉机密敕旨为据，故令各兵徐行，待其出城，遮击前后以误之。又为李士实、刘养正内应伪书，贼将凌十一、闵念四投降密状，令济、光等亲人计入于濠。濠乃留兵会城以观变。至七月三日，谍知非实，乃属宗支栱橒与万锐等留兵万余守南昌，遣潘鹏持檄说安庆，季斅说吉安，而自与宗支栱栟、士实、养正等东下。贼众六万人，号十万，以刘吉为监军，王纶参赞军务，指挥葛江为伪都督，总一百四十余队，分五哨。出鄱阳，过九江，令师夔守之，直趋安庆。时钦、凌等攻围虽已浃旬，知府张文锦、守备都指挥杨锐、指挥使崔文同守不下。

按：是时巡抚南畿都御史李克嗣飞章告变，琼请会议左顺门。众观望,犹不敢斥言濠反。琼独曰:"竖子素行不义,今仓卒举乱,殆不足虑。都御史王守仁据上游蹑之,成擒必矣。"乃从直房顷刻覆十三疏,首请下诏削濠属籍,正贼名。次请命将出师,趋南都,命伯方寿祥防江都,御史俞谏率淮兵翊南都,尚书王鸿儒主给饷。次请命守仁率南、赣兵由临、吉,都御史秦金率湖兵由荆、瑞会南昌,克嗣镇镇江,许廷光镇浙江,丛兰镇仪真,遏贼冲。传檄江西诸路,但有忠臣义士,能倡义旅以擒反者,封侯。又请南京守备操江武职并五府掌印金书官各自陈取上裁,务在得人,以固根本。诏悉从之。

先生在吉安,守益趋见曰:"闻濠诱叶芳兵夹攻吉安。"先生曰:"芳必不叛。诸贼旧以茅为屋,叛则焚之。我过其巢,许其伐钜木创屋万余。今其党各千余,不肯焚矣。"益曰:"彼从濠,望封拜,可以寻常计乎?"先生默然良久曰:"天下尽反,我辈固当如此做。"益惕然,一时胸中利害如洗。次早复见曰:"昨夜思之,濠若遣逮老父奈何?已遣报之,急避他所。"

壬午,再告变。

叛党方盛,恐中途有阻,故再上。

疏乞便道省葬,不允。

先生起兵,未奉成命。上便道省葬疏,意示遭变暂留,姑为牵制攻讨,俟命师之至,即从初心。时奉旨:"著督兵讨贼,所奏省亲事,待贼平之日来说。"

疏上伪檄。

六月二十二日,参政季斅同南昌府学教授赵承芳旗校十二人赍伪檄榜谕吉安府,至墨潭,领哨官缚送军门。先生即固封以进。其疏略曰:"陛下在位一十四年,屡经变难,民心骚动,尚尔巡游不已,致使宗室谋动干戈,冀窃大宝。且今天下之觊觎,岂特一宁王?天下之奸雄,岂特在宗室?言念及此,懔骨寒心。昔汉武帝有轮台之悔,而天下向治;唐德宗下奉天之诏,而士民感泣。伏望皇上痛自克责,易辙改弦;罢出奸谀，以回天下豪杰之心；绝迹巡游，以杜天下奸雄之望；则太平尚有可图，群臣不胜幸甚。"

甲辰，义兵发吉安。丙午，大会于樟树。己酉，誓师。庚戌，次市汊。辛亥，拔南昌。

先生闻濠兵既出，乃促列郡兵克期会于樟树，自督知府伍文定等及通判谈储、推官王暐，以十三日甲辰发吉安。于是临江知府戴德孺、袁州知府徐琏、赣州知府邢珣、瑞州通判胡尧元、童琦、南安推官徐文英、赣州都指挥余恩、新淦知县李美、泰和知县李楫、宁都知县王天与、万安知县黄冕，各以其兵来赴。己酉，誓师于樟树，次丰城。谍知贼设伏于新旧厂，以为省城之应，乃遣奉新知县刘守绪领兵从间道夜袭破之。庚戌，发市汊，分布既定，薄暮齐发。辛亥黎时，各至信地。先是城中为备甚严，及厂贼溃奔入城，一城皆惊。又见我师骤集，益夺其气。众乘之，呼噪梯絙而登，遂入城，擒栱橡、万锐等千有余人，所遗宫眷纵火自焚。先生乃抚定居民，分释协从，封府库，收印信，人心始宁。于是胡濂、刘裴、许效廉、唐锦、赖凤、王玘等皆自投首。初，会兵樟树，众以安庆被围急，宜引兵赴之。先生曰："今南康、九江皆为贼据，我兵若越二城，直趋安庆，贼必回军死斗，是我腹背受敌也。莫若先破南昌，贼失内据，势必归援。如此，则安庆之围自解，而贼成擒矣。"卒如计云。

遂促兵追濠。甲寅，始接战。乙卯，战于黄家渡。丙辰，战于八字脑。丁巳，获濠樵舍，江西平。

初，濠闻南昌告急，即欲归援，遂解安庆围，移沅子港。先分兵二万趋南昌，身旋继之。二十二日，先生侦知其故，问众计安出？多以贼势强盛，宜坚壁观衅，徐图进止。先生曰："贼势虽强，未逢大敌，惟以爵赏诱人。今进不得逞，退无所归，众已消沮。若出奇击惰，不战自溃：所谓先人有夺人之气也。"会抚州知府陈槐、进贤知县刘源清提兵亦至。乃遣伍文定、邢珣、徐琏、戴德孺各领兵五百，分道并进，击其不意。又遣余恩以兵四百，往来湖上诱致之。陈槐、胡尧元、童琦、谈储、王暐、徐文英、李美、李楫、王冕、王轼、刘守绪、刘源清等，各引兵百余，四面张疑设伏，候文定等合击之。分布既定，甲寅，乘夜急进。文定以正兵当贼锋，恩继之，珣绕出贼后，琏、德孺张两翼以分其势。乙卯，贼兵鼓噪乘风逼黄家渡，气骄甚。文定、恩佯北以致之。贼争趋利，前后不相及。珣从后横击，直贯其中。文定、恩乘之，夹以两翼，四面伏起。贼大溃，退保八字脑。濠惧，厚赏勇者，且令尽发九江、南康守城兵益之。是日建昌知府曾玙兵亦至。先生以为九江不破，则湖无外援；南康不复，则我难后蹑。乃遣槐领兵四百，合饶州知府林城兵攻九江，以广信知府周朝佐取南康。丙辰，贼复并力挑战。我兵少却，文定立铳炮间，火燎其须，殊死战。炮入濠副舟，贼大败，擒斩二千余，溺死者无算。乃聚樵舍，连舟为方阵，尽出金银赏士。先生乃密为火攻具，使珣击其左，琏、德孺出其右，恩等设伏，期火发以合。丁巳，濠方晨朝群臣，责不用命者，将引出斩之。争论未决，我兵掩至，火及濠副舟，众遂奔散。妃嫔与濠泣别，多赴水死。濠为知县王冕所执，与其世子眷属，及伪党士实、养正、刘吉、余钦、王纶、熊琼、卢衍、卢横、丁橚、王春、吴十三、秦荣、葛江、刘勋、何塘、王行、吴七、火信等数百，复执胁从官王宏、王金、杨璋、金山、王畴、程杲、潘鹏、梁宸、郏文、马骥、白昂等，擒斩三千，落水二万余，衣甲器械财物与浮尸横十余里。余贼数百艘逃溃，乃分兵追剿。戊午，及于昌邑，大破之。至吴城，复斩擒千余，死水中殆尽。己未，得槐等报，各擒斩复千余。盖自起兵至破贼，曾不旬日，纪功凡一万一千有奇。初先生屡疏力疾赴闽，值宁藩变，臣子义不容舍。又阖省方面并无一人，事势几会，间不容发，故复图为牵制攻守，以俟命师之至。疏入未报，即以捷闻。

洪尝见龙光述张疑行间事甚悉，尝问曰："事济否？"先生曰："未论济与不济，且言疑与不疑。"光曰："疑固不免。"曰："但得渠一疑，事济矣。"后遇河图为武林驿丞,又言公欲稽留宸濠,何时非间,何事非间。尝问光曰:"曾会刘养正否?"光对曰:"熟识。"即使光行间,移养正家属城内,善饮食之。缚赍檄人欲斩,济蹑足,遂不问。一日发牌票二百余,左右莫知所往。临省城,先以顺逆祸福之理谕官民。闻锐与瑞昌王助逆,遣其心腹胡景隆招回各兵,以离其党。人徒见成功之易,而不知其伐谋之神也。黄弘纲闻安吉居人疑曰:"王公之戈,未知何向?"亟入告,先生笑而不答。出兵誓师,斩失律者殉营中,军士股栗,不敢仰视,不知即前赍檄人也。后贼平,张、许谤议百出,天下是非益乱,非先生自信于心,乌能遽白哉?

先是先生思豫备,会汀、漳兵备佥事周期雍以公事抵赣,知可与谋,且官异省,屏左右语之。雍归,即阴募骁勇,部勒以俟,故晨奉檄而夕就道。福建左布政使席书、岭东兵备佥事王大用,亦以兵来,道闻贼平,乃还。致仕都御史林俊闻变,夜范锡为佛狼机铳,并火药法,遣仆从间道来遗,勉以讨贼。

先生入城,日坐都察院,开中门,令可见前后。对士友论学不辍。报至,即登堂遣之。有言伍焚须状,暂如侧席,遣牌斩之。还坐,众咸色怖惊问。先生曰:"适闻对敌小却,此兵家常事,不足介意。"后闻濠已擒,问故行赏讫,还坐,咸色喜惊问。先生曰:"适闻宁王已擒,想不伪,但伤死者众耳。"理前语如常。傍观者服其学。

濠就擒,乘马入,望见远近街衢行伍整肃,笑曰:"此我家事,何劳费心如此!"一见先生,辄诧曰:"娄妃,贤妃也。自始事至今,苦谏未纳,适投水死,望遣葬之。"比使往,果得尸,盖周身皆纸绳内结,极易辨。娄为谅女,有家学,故处变能自全。

八月,疏谏亲征。

是时兵部会议命将讨贼。武宗诏曰:"不必命将,朕当亲率六师,奉天征讨。"于是假威武大将军镇国公行事,命太监张永、张忠、安边伯许泰、都督刘晖,率京边官军万余,给事祝续、御史张纶,随军纪功。

虽捷音久上，不发，皆云："元恶虽擒，逆党未尽，不捕必遗后患。"先生具疏谏止，略曰："臣于告变之后，选将集兵，振威扬武，先攻省城，虚其巢穴，继战鄱湖，击其惰归。今宸濠已擒，谋党已获，从贼已扫，闽、广赴调军士已散，地方惊搅之民已帖。窃惟宸濠擅作辟威，睥睨神器，阴谋久蓄；招纳叛亡，辇毂之动静，探无遗迹；广置奸细，臣下之奏白，百不一通。发谋之始，逆料大驾必将亲征，先于沿途伏有奸党，期为博浪、荆轲之谋。今逆不旋踵，遂已成擒。法宜解赴阙门，式昭天讨。然欲付之部下各官，诚恐潜布之徒，乘隙窃发；或虞意外，臣死有余憾矣。"盖时事方艰，贼虽擒，乱未已也。

是月疏免江西税，益王、淮王饷军，留朝觐官，恤重刑以实军伍，处置署印府县从逆人，参九江、南康失事，便道省葬，前后凡九上。

再乞便道省葬，不允。

与王晋溪书曰："始恳疏乞归，以祖母鞠育之恩，思一面为诀。后竟牵滞兵戈，不及一见，卒抱终天之痛。今老父衰疾，又复日亟，而地方已幸无事，何惜一举手投足之劳，而不以曲全之乎？"

九月壬寅，献俘钱塘，以病留。

九月十一日，先生献俘发南昌。忠、泰等欲追还之，议将纵之鄱湖，俟武宗亲与遇战，而后奏凯论功。连遣人追至广信。先生不听，乘夜过玉山、草萍驿。张永候于杭，先生见永，谓曰："江西之民，久遭濠毒，今经大乱，继以旱灾，又供京边军饷，困苦既极，必逃聚山谷为乱。昔助濠，尚为胁从，今为穷迫所激，奸党群起，天下遂成土崩之势。至是兴兵定乱，不亦难乎？"永深然之，乃徐曰："吾之此出，为群小在君侧，欲调护左右，以默辅圣躬，非为掩功来也。但皇上顺其意而行，犹可挽回，万一若逆其意，徒激群小之怒，无救于天下大计矣。"于是先生信其无他，以濠付之，称病西湖净慈寺。

武宗尝以威武大将军牌遣锦衣千户追取宸濠，先生不肯出迎。三司苦劝。先生曰："人子于父母乱命，若可告语，当涕泣以从，忍从谀乎？"

不得已令参随负敕同迎以入。有司问劳锦衣礼，先生曰："止可五金。"锦衣怒不纳。次日来辞，先生执其手曰："我在正德间，下锦衣狱甚久，未见轻财重义有如公者。昨薄物出区区意，只求备礼。闻公不纳，令我惶愧。我无他长，止善作文字。他日当为表章，令锦衣知有公也。"于是复再拜以谢。其人竟不能出他语而别。奉敕兼巡抚江西。

十一月，返江西。

先生称病，欲坚卧不出，闻武宗南巡，已至维扬，群奸在侧，人情汹汹。不得已，从京口将径趋行在。大学士杨一清固止之。会奉旨兼巡抚江西，遂从湖口还。

忠等方挟宸濠搜罗百出，军马屯聚，糜费不堪。续、纶等望风附会，肆为飞语，时论不平。先生既还南昌，北军肆坐慢骂，或故冲导起衅。先生一不为动，务待以礼。豫令巡捕官谕市人移家于乡，而以老羸应门。始欲犒赏北军，泰等预禁之，令勿受。乃传示内外，谕北军离家苦楚，居民当敦主客礼。每出，遇北军丧，必停车问故，厚与之槥，嗟叹乃去。久之，北军咸服。会冬至节近，预令城市举奠。时新经濠乱，哭亡酹酒者声闻不绝。北军无不思家，泣下，求归。先生与忠等语，不稍徇，渐已知畏。忠、泰自居所长，与先生较射于教场中，意先生必大屈。先生勉应之，三发三中，每一中，北军在傍哄然，举手啧啧。忠、泰大惧曰："我军皆附王都耶！"遂班师。

十有五年庚辰，先生四十九岁，在江西。

正月，赴召，次芜湖。寻得旨，返江西。

忠、泰在南都谗先生必反，惟张永持正，保全之。武宗问忠等曰："以何验反？"对曰："召必不至。"有诏面见，先生即行。忠等恐语相违，复拒之芜湖半月。不得已，入九华山，每日宴坐草庵中。适武宗遣人觇之，曰："王守仁学道人也，召之即至，安得反乎？"乃有返江西之命。始忠等屡矫伪命，先生不赴，至是永有幕士顺天检校钱秉直急遣报，故得实。

先生赴召至上新河，为诸幸谗阻，不得见。中夜默坐，见水波拍岸，汩汩有声。思曰："以一身蒙谤，死即死耳，如老亲何？"谓门人曰："此时若有一孔可以窃父而逃，吾亦终身长往不悔矣。"

江彬欲不利于先生，先生私计，彬有他，即计执彬武宗前，数其图危宗社罪，以死相抵，亦稍偿天下之忿。徐得永解。其后刑部判彬有曰："虎旅夜惊，已幸寝谋于牛首；宫车宴驾，那堪遗恨于豹房。"若代先生言之者。

以晦日重过开先寺，留石刻读书台后，词曰："正德己卯六月乙亥，宁藩濠以南昌叛，称兵向阙，破南康、九江，攻安庆，远近震动。七月辛亥，臣守仁以列郡之兵复南昌，宸濠擒，余党悉定。当此时，天子闻变赫怒，亲统六师临讨，遂俘宸濠以归。于赫皇威！神武不杀，如霆之震，靡击而折。神器有归，孰敢窥窃。天鉴于宸濠，式昭皇灵，嘉靖我邦国。正德庚辰正月晦，提督军务都御史王守仁书。"从征官属列于左方。明日游白鹿洞，徘徊久之，多所题识。

二月，如九江。

先生以车驾未还京，心怀忧惶。是月出观兵九江，因游东林、天池、讲经台诸处。

是月，还南昌。

三月，请宽租。

江西自己卯三月不雨，至七月，禾苗枯死。继遭濠乱，小民乘隙为乱。先生尽心安戢，许乞优恤。至是部使数至，督促日追，先生上疏略曰："日者流移之民，闻官军将去，稍稍胁息，延望归寻故业，足未入境，而颈已系于追求者之手矣！夫荒旱极矣，而因之以变乱；变乱极矣，而又加之以师旅；师旅极矣，而又加之以供馈。益之以诛求，亟之以征敛。当是之时，有目者不忍观，有耳者不忍闻，又从而刻其膏血，有人心者尚忍乎？宽恤之虚文，不若蠲租之实惠；赈济之难及，不若免税之易行。今不免租税，不息诛求，而徒曰宽恤赈济，是夺其口中之食，而曰吾将疗汝之饥；刳其腹肾之肉，而曰吾将救汝之死：凡有血气者，皆将不信之矣。"

按：是年与巡按御史唐龙、朱节上疏计处宁藩变产官银，代民上纳，民困稍苏。

三疏省葬，不允。

五月，江西大水，疏自劾。

是年四月，江西大水，漂溺公私庐舍，田野崩陷。先生上疏自劾四罪。且曰："自春入夏，雨水连绵，江湖涨溢，经月不退。自赣、吉、临、瑞、广、抚、南昌、九江、南康，沿江诸路，无不被害。黍苗沦没，室庐漂荡，鱼鳖之民聚栖于木杪，商旅之舟经行于闾巷，溃城决堤，千里为壑，烟火断绝，惟闻哭声。询之父老，皆谓数十年所未有也。伏惟皇上轸灾恤变，别选贤能，代臣巡抚。即不以臣为显戮，削其禄秩，黜还田里，以为人臣不职之戒，庶亦有位知警，民困可息，天变可弭，人怒可泄，而臣亦死无憾矣。"

按：是时武宗犹羁南畿，进谏无由，姑叙地方灾异以自劾，冀君心开悟而加意黎元也。

六月，如赣。

十四日，从章口入玉笥大秀宫。十五日，宿云储。十八日，至吉安，游青原山，和黄山谷诗，遂书碑。行至泰和，少宰罗钦顺以书问学。先生答曰："来教训某《大学》古本之复，以人之学但当求之于内，而程、朱格物之说不免求之于外，遂去朱子之分章，而削其所补之传。非敢然也。学岂有内外乎？《大学》古本，乃孔门相传旧本耳。朱子疑其有脱误，而改正补缉之；在某则谓其本无脱误，悉从其旧而已矣。失在过信孔子则有之，非故去朱子之分章，而削其传也。夫学贵得之心。求之于心而非也，虽其言之出于孔子，不敢以为是也，而况其未及孔子者乎？求之于心而是也，虽其言之出于庸常，不敢以为非也，而况其出于孔子者乎？

且旧本之传，数千载矣，今读其文辞，既明白而可通，论其功夫，又易简而可入，亦何所按据而断其此段之必在于彼，彼段之必在于此？与此之如何而缺，彼之如何而误？而遂正补缉之，无乃重于背朱而轻于叛孔已乎？来教谓：'如必以学不资于外求，但当反观内省以为务，则"正心诚意"四字，亦何不尽之有？何必入门之际，使困以格物一段功夫也？'诚然诚然。若语其要，则'修身'二字亦足矣，何必又言'正心'？'正心'二字亦足矣，何必又言'诚意'？'诚意'二字亦足矣，何必又言'致知'，又言'格物'？惟其功夫之详密，而要之只是一事，所以为精一之学，此正不可不思者也。夫理无内外，性无内外，故学无内外。讲习讨论，未尝非内也；反观内省，未尝遗外也。夫谓学必资于外求，是以己性为有外也，是义外也，用智者也；谓反观内省为求之于内，是以己性为有内也，是有我也，自私者也：是皆不知性之无内外也。故曰：'精义入神，以致用也；利用安身，以崇德也。'性之德也，合内外之道也。此可以知格物之学矣。格物者，《大学》之实下手处，彻首彻尾，自始学至圣人，只此功夫而已。非但入门之际，有此一段也。夫正心、诚意、致知、格物，皆所以修身而格物者，其所以用力日可见之地。故格物者，格其心之物也，格其意之物也，格其知之物也；正心者，正其物之心也；诚意者，诚其物之意也；致知者，致其物之知也：此岂有内外彼此之分哉？理而已。以其理之凝聚而言，则谓之性；以其主宰而言，则谓之心；以其主宰之发动而言，则谓之意；以其发动之明觉而言，则谓之知；以其明觉之感应而言，则谓之物。故就物而言，谓之格；就知而言，谓之致，就意而言，谓之诚；就心而言，谓之正。正者，正此也；诚者，诚此也；致者，致此也；格者，格此也。皆所谓穷理以尽也。天下无性外之理，无性外之物。学之不明，皆由世之儒者认理为外，认物为外，而不知义外之说，孟子盖尝辟之，乃至袭陷其内而不觉，岂非亦有似是而难明者欤？不可以不察也。凡执事所以致疑于格物之说者，必谓其是内而非外也；必谓其专事于反观内省之为，而遗弃其讲习讨论之功也；必谓其一意于纲领本原之约，而脱略于支条节目之详也；必谓其沉溺于枯槁虚寂之偏，而不尽于物理人事之变也。审如是，岂但获罪于圣门，获罪于朱子？是邪说诬民，叛道乱正，人得而诛之也，而况于执事之正直哉？审如是，世之稍明训诂，闻先哲之绪纶者，皆知其非也，而况执事之高明乎哉？凡某之所谓格物，其于朱子九条之说，皆包罗统括于其中；但为之有要，作用不同：正所谓毫厘之差耳。然毫厘之差，而千里之谬实起于此，不可不辨。"

是月至赣。

先生至赣，大阅士卒，教战法。江彬遣人来观动静。相知者俱请回省，无蹈危疑。先生不从，作《啾啾吟》解之，有曰："东家老翁防虎患，虎夜入室衔其头。西家小儿不识虎，持竿驱虎如驱牛。"且曰："吾在此与童子歌诗习礼，有何可疑？"门人陈九川等亦以为言。先生曰："公等何不讲学，吾昔在省城，处权竖，祸在目前，吾亦帖然；纵有大变，亦避不得。吾所以不轻动者，亦有深虑焉耳。"

洪昔茸师疏，《便道归省》与《再报濠反疏》同日而上，心疑之，岂当国家危急存亡之日而暇及此也？当是时，倡义兴师，濠且旦夕擒矣，犹疏请命将出师，若身不与其事者。至《谏止亲征疏》，乃叹古人处成功之际难矣哉！

七月，重上江西捷音。

武宗留南都既久，群党欲自献俘袭功。张永曰："不可。昔未出京，宸濠已擒，献俘北上，过玉山，渡钱塘，经人耳目，不可袭也。"于是以大将军钧帖令重上捷音。先生乃节略前奏，入诸人名于疏内，再上之。始议北旋。

尚书霍韬曰："是役也，罪人已执，犹动众出师；地方已宁，乃杀民奏捷。误先朝于过举，摇国是于将危。盖忠、泰之攘功贼义，厥罪滔天，而续、纶之诡随败类，其党恶不才亦甚矣。"御史黎龙曰："平藩事，不难于成功，而难于倡义。盖以逆濠之反，实有内应，人怀观望，而一时勤王诸臣，皆捐躯亡家，以赴国难。其后忌者构为飞语，欲甘心之，人心何由服乎？后有事变，谁复肯任之者？"费文献公宏《送张永还朝序》曰："兹行也，定祸乱而不必功出于己；开主知而不使过归乎上；节财用，不欲久困乎民；扶善类，而不欲罪移非辜。且先是发瑾罪状，首以规护卫为言，实以逆谋之成，萌于护卫之复，其早辨预防，非有体国爱民之心，不能及此。"

洪谓："平藩事不难于倡义，而难于处忠、泰之变。盖忠、泰挟天子以偕乱，莫敢谁何？豹房之谋，无日不在畏，即据上游，不敢骋，卒能保乘舆还宫，以起世宗之正始。开先勒石所谓：'神器有归，孰敢窥窃。'又曰：'嘉靖我邦国。'则改元之兆先征于兹矣。噫！岂偶然哉！"

先生在赣时，有言万安上下多武士者。先生令参随往纪之。命之曰："但多膂力，不问武艺。"已而得三百余人。龙光问曰："宸濠既平，纪此何为？"曰："吾闻交阯有内难，出其不意而捣之，一机会也。"后二十年，有登庸之役，人皆相传先生有预事谋，而不知当时计有所在也。

八月，咨部院雪冀元亨冤状。

先是宸濠揽结名士助己，凡仕江右者，多隆礼际。武陵冀元亨为公子正宪师，忠信可托，故遣往谢，佯与濠论学。濠大笑曰："人痴乃至此耶！"立与绝。比返赣述故，先生曰："祸在兹矣。"乃卫之间道归。及是，张、许等索衅不得，遂逮元亨，备受考掠，亢片语阿顺。于是科道交疏论辩，先生备咨部院白其冤。世宗登极，诏将释。前已得疾，后五日卒于狱。同门陆澄、应典辈备棺殓。讣闻，先生为位恸哭之。元亨字惟乾，举乡试。其学以务实不欺为主，而谨于一念。在狱视诸囚不异一体，诸囚日涕泣，至是稍稍听学自慰。湖广逮其家，妻李与二女，俱不怖，曰："吾夫平生尊师讲学，肯有他乎？"手治麻枲不辍。暇则诵《书》歌《诗》。事白，守者欲出之。李曰："不见吾夫，何归？"按察诸僚妇欲相会，辞不敢赴。已乃洁一室，就视，则囚服不释麻枲。有问者，答曰："吾夫之学不出闺门衽席间。"闻者悚愧。元亨既卒，先生移文恤其家。

罗洪先赠女兄夫周汝方序略曰:"忆龙冈尝自赣病归,附庐陵刘子吉舟。刘与阳明先生素厚善,会母死,往请墓志。实濠事暗相邀结,不合而返。至舟,顾龙冈呻吟昏瞀,意其熟寝也。呼门人王储,叹曰:'初意专倚阳明,两日数调以言,若不喻意,更不得一肯綮,不上此船明矣。此事将遂已乎,且吾安得以一身当重担也?'储拱手曰:'先生气弱,今天下属先生,先生安所退托?阳明何足为有无哉?'刘曰:'是固在我,多得数人更好。阳明曾经用兵尔。'储曰:'先生以阳明为才乎,吾见其怯也。'刘曰:'诚然。赣州峒贼,髦头耳,乃终日练兵,若对大敌,何其张皇哉?'相与大笑而罢。龙冈反舍,语予若此,己卯二月也。其年六月,濠反,子吉与储附之。七月,阳明先生以兵讨贼。八月俘濠。是时议者纷然,予与龙冈窃叹莫能辨。比见诋先生者,问之曰:'吾恶其言是而行非,盖其伪也。龙冈舌尚在,至京师,见四方人士,犹有为前言者否乎?盍以语予者语之。'其后养正既死,先生过吉安,令有司葬其母,复为文以奠。辞曰:'嗟嗟!刘生子吉,母死不葬,爰及干戈;一念之差,遂至于此,呜呼哀哉!今吾葬子之母,聊以慰子之魂。盖君臣之义,虽不得私于子之身,而朋友之情,犹得以尽于子之母也,呜呼哀哉!'其事在是年六月。"

闰八月,四疏省葬,不允。

初,先生在赣,闻祖母岑太夫人讣,及海日翁病,欲上疏乞归,会有福州之命。比中途遭变,疏请命将讨贼,因乞省葬。朝廷许以贼平之日来说。至是凡四请。尝闻海日翁病危,欲弃职逃归,后报平复,乃止。一日,问诸友曰:"我欲逃回,何无一人赞行?"门人周仲曰:"先生思归一念,亦似著相。"先生良久曰:"此相安能不著?"

九月,还南昌。

先生再至南昌。武宗驾尚未还宫,百姓嗷嗷,乃兴新府工役,檄各院道取濠废地逆产,改造贸易,以济饥代税,境内稍苏。尝遗守益书曰:"自到省城,政务纷错,不复有相讲习如虔中者。虽自己舵柄,不敢放手,而滩流悍急,须仗有力如吾谦之者,持篙而来,庶能相助更上一滩耳。"泰州王银服古冠服,执木简,以二诗为贽,请见。先生异其人,降阶迎之。既上坐,问:"何冠?"曰:"有虞氏冠。"问:"何服?"曰:"老莱子服。"曰:"学老莱子乎?"曰:"然。"曰:"将止学服其服,未学上堂诈跌掩面啼哭也?"银色动,坐渐侧。及论致知格物,悟曰:"吾人之学,饰情抗节,矫诸外;先生之学,精深极微,得之心者也。"遂反服执弟子礼。先生易其名为"艮",字以"汝止。"

进贤舒芬以翰林谪官市舶,自恃博学,见先生问律吕。先生不答,且问元声。对曰:"元声制度颇详,特未置密室经试耳。"先生曰:"元声岂得之管灰黍石间哉?心得养则气自和,元气所由出也。《书》云'诗言志',志即是乐之本;'歌永言',歌即是制律之本。永言和声,俱本于歌。歌本于心,故心也者,中和之极也。"芬遂跃然拜弟子。

是时陈九川、夏良胜、万潮、欧阳德、魏良弼、李遂、舒芬及袭衍日侍讲席,而巡按御史唐龙、督学佥事邵锐,皆守旧学相疑,唐复以撤讲择交相劝。先生答曰:"吾真见得良知人人所同,特学者未得启悟,故甘随俗习非。今苟以是心至,吾又为一身疑谤,拒不与言,于心忍乎?求真才者,譬之淘沙而得金,非不知沙之汰者十去八九,然未能舍沙以求金为也。"当唐、邵之疑,人多畏避,见同门方巾中衣而来者,俱指为异物。独王臣、魏良政、良器、钟文奎、吴子金等挺然不变,相依而起者日众。

十有六年辛巳,先生五十岁,在江西。

正月,居南昌。

是年先生始揭致良知之教。先生闻前月十日武宗驾入宫,始舒忧念。自经宸濠、忠、泰之变,益信良知真足以忘患难,出生死,所谓考三王,建天地,质鬼神,俟后圣,无弗同者。乃遗书守益曰:"近来信得致信得'致良知'三字,真圣门正法眼藏。往年尚疑未尽,今自多事以来,只此良知无不具足。譬之操舟得舵，平澜浅濑，无不如意，虽遇颠风逆浪，舵柄在手，可免没溺之患矣。"一日，先生喟然发叹。九川问曰："先生何叹也？"曰："此理简易明白若此，乃一经沉埋数百年。"九川曰："亦为宋儒从知解上入，认识神为性体，故闻见日益，障道日深耳。今先生拈出'良知'二字，此古今人人真面目，更复奚疑？"先生曰："然。譬之人有冒别姓坟墓为祖墓者，何以为辨？只得开圹，将子孙滴血，真伪无可逃矣。我此良知二字，实千古圣圣相传一点滴骨血也。"又曰："某于此良知之说，从百死千难中得来，不得已与人一口说尽。只恐学者得之容易，把作一种光景玩弄，不实落用功，负此知耳。"先生自南都以来，凡示学者，皆令存天理去人欲以为本。有问所谓，则令自求之，未尝指天理为何如也。间语友人曰："近欲发挥此，只觉有一言发不出，津津然如含诸口，莫能相度。"久乃曰："近觉得此学更无有他，只是这些子，了此更无余矣。"旁有健羡不已者，则又曰："连这些子亦无放处。"今经变后，始有良知之说。

录陆象山子孙。

先生以象山得孔、孟正传，其学术久抑而未彰，文庙尚缺配享之典，子孙未沾褒崇之泽，牌行抚州府金溪县官吏，将陆氏嫡派子孙，仿各处圣贤子孙事例，免其差役；有俊秀子弟，具名提学道送学肄业。

按：象山与晦翁同时讲学，自天下崇朱说，而陆学遂泯。先生刻《象山文集》，为序以表彰之。席元山尝闻先生论学于龙场，深病陆学不显，作《鸣冤录》以寄先生。称其身任斯道，庶几天下非之而不顾。

五月，集门人于白鹿洞。

是月，先生有归志，欲同门久聚，共明此学。适南昌府知府吴嘉聪欲成府志，时蔡宗兖为南康府教授，主白鹿洞事，遂使开局于洞中，集夏良胜、舒芬、万潮、陈九川同事焉。先生遗书促邹守益曰："醉翁之意盖有在，不专以此烦劳也。区区归遁有日。圣天子新政英明。如谦之亦宜束装北上，此会宜急图之，不当徐徐而来也。"

庚辰春，甘泉湛先生避地发履冢下，与霍兀崖韬、方叔贤同时家居为会，先生闻之曰："英贤之生，何幸同时共地，又可虚度光阴，失此机会耶？"是秋，兀崖过洪都，论《大学》，辄持旧见。先生曰："若传习书史，考正古今，以广吾见闻则可；若欲以是求得入圣门路，譬之采摘枝叶，以缀本根，而欲通其血脉，盖亦难矣。"至是，甘泉寄示《学庸测》，叔贤寄《大学》、《洪范》。先生遗书甘泉曰："随意体认天理，是真实不诳语。究兄命意发端，却有毫厘未协。修齐治平，总是格物，但欲如此节节分疏，亦觉说话太多。且语意务为简古，比之本文反更深晦。莫若浅易其词，略指路径，使人自思得之，更觉意味深长也。"遗书叔贤曰："道一而已。论其大本一原，则《六经》、《四书》无不可推之而同者，又不特《洪范》之于《大学》而已。譬之草木，其同者生意也；其花实之疏密，枝叶之高下，亦欲尽比而同之，吾恐化工不如是之雕刻也。君子论学固惟是之从，非以必同为贵。至于入门下手处，则有不容于不辨者。"先是伦彦式以训尝过虔中问学，是月遣弟以谅遗书问曰："学无静根，感物易动，处事多悔，如何？"先生曰："三言者病亦相因。惟学而别求静根，故感物而惧其易动；感物而惧其易动，是故处事而多悔也。心无动静者也，故君子之学，其静也常觉，而未尝无也，故常应常寂，动静皆有事焉，是之谓集义。集义故能无祗悔，所谓'动亦定，静亦定'者也。心一而已，静其体也，而复求静根焉，是挠其体也；动其用也，而惧其易动焉，是废其用也。故求静之心即动也，恶动之心非静也，是之谓动亦动，静亦动，将迎起伏相迎于无穷矣。故循理之谓静，从欲之谓动。"

　　六月，赴内召，寻止之，升南京兵部尚书，参赞机务。遂疏乞便道省葬。

　　六月十六日，奉世宗敕旨，以"尔昔能剿平乱贼，安静地方，朝廷新政之初，特兹召用。敕至，尔可驰驿来京，毋或稽迟"。先生即于是月二十日起程，道由钱塘。辅臣阻之，潜讽科道建言，以为"朝廷新政，武宗国丧，资费浩繁，不宜行宴赏之事"。先生至钱塘，上疏恳乞便道归省。朝廷准令归省，升南京兵部尚书，参赞机务。按《乞归省疏》略曰："臣自两年以来，四上归省奏，皆以亲老多病，恳乞暂归省视。复权奸谗嫉，恐罹暧昧之祸，故其时虽以暂归为请，而实有终身丘壑之念矣。既而天启神圣，入承大统，亲贤任旧，向之为谗嫉者，皆以诛斥，阳德兴而公道显。臣于斯时，若出陷阱而登之春台也，岂不欲朝发夕至，一快其拜舞踊跃之私乎？顾臣父老且病，顷遭谗构，朝夕常有父子不相见之痛。今幸脱洗殃咎，复睹天日，父子之情，固思一见颜面以叙其悲惨离隔之怀。况臣取道钱塘，迂程乡土，止有一日。此在亲交之厚，将不能已于情，而况父子乎？然不以之明请于朝，而私窃行之，是欺君也；惧稽延之戮，而忍割情于所生，是忘父也。欺君者不忠，忘父者不孝：故臣敢冒罪以请。"

与陆澄论养生："京中人回，闻以多病之故，将从事于养生。区区往年盖尝毙力于此矣。后乃知养德、养身只是一事。元静所云'真我'者，果能戒谨恐惧而专心于是，则神住、气住、精住，而仙家所谓长生久视之说，亦在其中矣。老子、彭篯之徒，乃其禀赋有若此者，非可以学而至。后世如白玉蟾、丘长春之属，皆是彼所称述以为祖师者，其得寿皆不过五六十。则所谓长生之说，当必有所指也。元静气弱多病，但宜清心寡欲，一意圣贤，如前所谓'真我'之说；不宜轻信异道，徒自惑乱聪明，毙精竭神，无益也。"

八月，至越。

九月，归余姚省祖茔。

先生归省祖茔，访瑞云楼，指藏胎衣地，收泪久之，盖痛母生不及养，祖母死不及殓也。日与宗族亲友宴游，随地指示良知。德洪昔闻先生讲学江右，久思及门，乡中故老犹执先生往迹为疑，洪独潜伺动支，深信之，乃排众议，请亲命，率二侄大经、应扬及郑寅、俞大本，因王正心通贽请见。明日，夏淳、范引年、吴仁、柴凤、孙应奎、诸阳、徐珊、管州、谷钟秀、黄文涣、周于德、杨珂等凡七十四人。

十月二日，封新建伯。

制曰："江西反贼剿平，地方安定，各该官员，功绩显著。你部里既会官集议，分别等第明白。王守仁封新建伯，奉天翊卫推诚宣力守正文臣，特进光禄大夫柱国，还兼两京兵部尚书，照旧参赞机务，岁支禄米壹千石，三代并妻一体追封，给与诰券，子孙世世承袭。正德十六年十二月十九日，准兵部吏部题。"差行人赍白金文绮慰劳。兼下温旨存问父华于家，赐以羊酒。至日，适海日翁诞辰，亲朋咸集，先生捧觞为寿。翁蹙然曰："宁濠之变，皆以汝为死矣而不死，皆以事难平矣而卒平。逸构朋兴，祸机四发，前后二年，岌乎知不免矣。天开日月，显忠遂良，穹官高爵，滥冒封赏，父子复相见于一堂，兹非其幸欤！然盛者衰之始，福者祸之基，虽以为幸，又以为惧也。"先生洗爵而跪曰："大人之教，儿所日夜切心者也。"闻者皆叹会遇之隆，感盈盛之戒。

卷三十四　年谱三

自嘉靖壬午在越至嘉靖己丑丧归越

嘉靖元年壬午，先生五十一岁，在越。

正月，疏辞封爵。

先是先生平贼擒濠，俱琼先事为谋，假以便宜行事，每疏捷，必先归功本兵，宰辅憾焉。至是，欲阻先生之进，乃抑同事诸人，将纪功册改造，务为删削。先生曰："册中所载，可见之功耳。若夫帐下之士，或诈为兵檄，以挠其进止；或伪书反间，以离其腹心；或犯难走役，而填于沟壑；或以忠抱冤，而构死狱中，有将士所不与知，部领所未尝历，幽魂所未及泄者，非册中所能尽载。今于其可见之功，而又裁削之，何以励效忠赴义之士耶！"乃上疏乞辞封爵，且谓："殃莫大于叨天之功，罪莫大于掩人之善，恶莫深于袭下之能，辱莫重于忘己之耻：四者备而祸全。此臣之不敢受爵者，非以辞荣也，避祸焉尔已。"疏上，不报。

二月，龙山公卒。

二月十二日己丑，海日翁年七十，疾且革。时朝廷推论征藩之功，进封翁及竹轩、槐里公，俱为新建伯。是日，部咨适至，翁闻使者已在门，促先生及诸弟出迎，曰："虽仓遽，乌可以废礼？"问已成礼，然后瞑目而逝。先生戒家人勿哭，加新冕服拖绅，饬内外含襚诸具，始举哀，一哭顿绝，病不能胜。门人子弟纪丧，因才任使。以仙居金克厚谨恪，使监厨。克厚出纳品物惟谨,有不慎者追还之,内外井井。室中斋食,百日后,令弟侄辈稍进乾肉,曰:"诸子豢养习久,强其不能,是恣其作伪也。稍宽之,使之各求自尽可也。"越俗宴吊客必列饼糖,设文绮,烹鲜割肥,以竞丰侈,先生尽革之。惟遇高年远客,素食中间肉二器,曰:"斋素行于幕内,若使吊客同孝子食,非所以安高年而酬宾旅也。"后甘泉先生来吊,见肉食不喜,遣书致责。先生引罪不辩。是年克厚与洪同贡于乡,连举进士,谓洪曰:"吾学得司厨而大益,且私之以取科第。先生常谓学必操事而后实,诚至教也。"

先生卧病,远方同志日至,乃揭帖于壁曰:"某鄙劣无所知识,且在忧病奄奄中,故凡四方同志之辱临者,皆不敢相见;或不得已而相见。亦不敢有所论说,各请归而求诸孔、孟之训可矣。夫孔、孟之训,昭如日月,凡支离决裂,似是而非者,皆异说也。有志于圣人之学者,外孔、孟之训而他求,是舍日月之明,而希光于萤爝之微也,不亦缪乎?"

七月,再疏辞封爵。

七月十九日,准吏部咨:"钦奉圣旨:卿倡义督兵,剿除大患,尽忠报国,劳绩可嘉,特加封爵,以昭公义。宜勉承恩命,所辞不允。"先是先生上疏辞爵,乞普恩典,盖以当国者不明军旅之赏,而阴行考察,或赏或否,或不行赏,而并削其绩,或赏未及播,而罚已先行,或虚受升职之名,而因使退闲,或冒蒙不忠之号,而随以废斥,乃叹曰:"同事诸臣,延颈而待,且三年矣!此而不言,谁复有为之论列者?均秉忠义之气,以赴国难,而功成行赏,惟吾一人当之,人将不食其余矣。"乃再上疏曰:"日者宸濠之变,其横气积威,虽在千里之外,无不震骇失措,而况江西诸郡县近切剥床者乎?臣以逆旅孤身,举事其间。然而未受巡抚之命,则各官非统属也;未奉讨贼之旨,其事乃义倡也。若使其时郡县各官,果畏死偷生,但以未有成命,各保土地为辞,则臣亦可如何哉?然而闻臣之调,即感激奋励,挺身而来,是非真有捐躯赴难之义,戮力报主之忠,孰肯甘粉齑之祸,从赤族之诛,以希万一难冀之功乎？然则凡在与臣共事者，皆有忠义之诚者也。夫考课之典，军旅之政，固并行而不相悖，然亦不可混而施之。今也将明旅之赏，而阴以考课之意行于其间，人但见其赏未施而罚已及，功不录而罪有加，不能创奸警恶，而徒以阻忠义之气，快谗嫉之心；譬之投杯醪于河水，而求饮者之醉，可得乎？"疏上不报。

时御史程启充、给事毛玉倡议论劾，以遏正学，承宰辅意也。陆澄时为刑部主事，上疏为六辩以折之。先生闻而止之曰："无辩止谤，尝闻昔人之教矣。况今何止于是。四方英杰，以讲学异同，议论纷纷，吾侪可胜辩乎？惟当反求诸己，苟其言而是欤，吾斯尚有未信欤，则当务求其非，不得辄是己而非人也。使其言而非欤，吾斯既以自信欤，则当益求于自慊，所谓默而成之，不言而信者也。然则今日之多口，孰非吾侪动心忍性，砥砺切磋之地乎？且彼议论之兴，非必有所私怨于我，亦将以为卫夫道也。况其说本自出于先儒之绪论，而吾侪之言，骤异于昔，反若凿空杜撰者，固宜其非笑而骇惑矣。未可专以罪彼为也。"

是月德洪赴省城，辞先生请益。先生曰："胸中须常有舜、禹有天下不与气象。"德洪请问。先生曰："舜、禹有天下而身不与，又何得丧介于其中？"

二年癸未，先生五十二岁，在越。
二月。

南宫策士以心学为问，阴以辟先生。门人徐珊读《策问》，叹曰："吾恶能昧吾知以幸时好耶！"不答而出。闻者难之。曰："尹彦明后一人也。"同门欧阳德、王臣、魏良弼等直接发师旨不讳，亦在取列，识者以为进退有命。德洪下第归，深恨时事之乖。见先生，先生喜而相接曰："圣学从兹大明矣。"德洪曰："时事如此，何见大明？"先生曰："吾学恶得遍语天下士？今会试录，虽穷乡深谷无不到矣。吾学既非，天下必有起而求真是者。"

邹守益、薛侃、黄宗明、马明衡、王艮等侍,因言谤议日炽。先生曰:"诸君且言其故。"有言先生势位隆盛,是以忌嫉谤;有言先生学日明,为宋儒争异同,则以学术谤;有言天下从游者众,与其进,不保其往,又以身谤。先生曰:"三言者诚皆有之,特吾自知诸君论未及耳。"请问。曰:"吾自南京已前,尚有乡愿意思。在今只信良知真是真非处,更无揜藏回护,才做得狂者。使天下尽说我行不揜言,吾亦只依良知行。"请问乡愿狂者之辨。曰:"乡愿以忠信廉洁见取于君子,以同流合污无忤于小人,故非之无举,刺之无刺。然究其心,乃知忠信廉洁,所以媚君子也,同流合污,所以媚小人也,其心已破坏矣,故不可与入尧、舜之道。狂者志存古人,一切纷嚣俗染,举不足以累其心,真有凤凰翔于千仞之意,一克念,即圣人矣。惟不克念,故阔略事情,而行常不掩。惟其不掩,故心尚未坏,而庶可与裁。"曰:"乡愿何以断其媚世?"曰:"自其议狂狷而知之。狂狷不与俗谐,而谓生斯世也,为斯世也,善斯可矣,此乡愿志也。故其所为,皆色取不疑,所以谓之'似'。三代以下,士之取盛名于时者,不过得乡愿之似而已。然究其忠信廉洁,或未免致疑于妻子也。虽欲纯乎乡愿,亦未易得,而况圣人之道乎?"曰:"狂狷为孔子所思,然至于传道,终不及琴张辈而传曾子,岂曾子亦狷者之流乎?"先生曰:"不然,琴张辈狂者之禀也,虽有所得,终止于狂。曾子中行之禀也,故能悟入圣人之道。"

先生《与黄宗贤书》曰:"近与尚谦、子华、宗明讲《孟子》'乡愿狂狷'一章,颇觉有所警发,相见时,须更一论。四方朋友来去无定,中间不无切磋砥励之益,但真有力量能担荷得者,亦自少见。大抵近世学者无有必为圣人之志,胸中有物,未得清脱耳。闻引接同志,孜孜不怠,甚善!但论议须谦虚简明为佳。若自处过任,而词意重复,却恐无益而有损。"

《与尚谦书》曰:"谓自咎罪疾只缘轻傲二字,足知用力恳切。但知轻傲处便是良知,致此良知,除却轻傲,便是格物。得致知二字,千古人品高下真伪，一齐觑破，毫发不容挣藏：前所论乡愿，可熟味也。二字在虔时终日论此，同志中尚多未彻。近于古本序中改数语，颇发此意，然见者往往亦不能察。今寄一纸，幸更熟味。此乃千古圣学之秘，从前儒者多不善悟到，故其说入于支离外道而不觉也。"

九月，改葬龙山公于天柱峰。郑太夫人于徐山。

郑太夫人尝附葬余姚穴湖，既改殡郡南石泉山，及合葬公，开圹有水患，先生梦寐不宁，遂改葬。

十有一月，至萧山。

见素林公自都御史致政归，道钱塘，渡江来访，先生趋迎于萧山，宿浮峰寺。公相对感慨时事，慰从行诸友，及时勉学，无负初志。

张元冲在舟中问："二氏与圣人之学所差毫厘，谓其皆有得于性命也。但二氏于性命中着些私利，便谬千里矣。今观二氏作用，亦有功于吾身者，不知亦须兼取否？"先生曰："说兼取，便不是。圣人尽性至命，何物不具，何待兼取？二氏之用，皆我之用：即吾尽性至命中完养此身，谓之仙；即吾尽性至命中不染世累，谓之佛。但后世儒者不见圣学之全，故与二氏成二见耳。譬之厅堂三间共为一厅，儒者不知皆吾所用，见佛氏，则割左边一间与之；见老氏，则割右边一间与之；而己则自处中间，皆举 而废百也。圣人与天地民物同体，儒、佛、老、庄皆吾之用，是之谓大道。二氏自私其身，是之谓小道。"

三年甲申，先生五十三岁，在越。

正月。

门人日进。 郡守南大吉以座主称门生，然性豪旷不拘小节，先生与论学有悟，乃告先生曰："大吉临政多过，先生何无一言？"先生曰："何过？"大吉历数其事。先生曰："吾言之矣。"大吉曰："何？"曰："吾不言，何以知之？"曰："良知。"先生曰："良知非我常言而何？"大吉笑谢而去。居数日，复自数过加密，且曰："与其过后悔改，曷若预言不犯为佳也。"先生曰："人言不如自悔之真。"大吉笑谢而去。居数日，复自数过益密，且曰："身过可勉，心过奈何？"先生曰："昔镜未开，可得藏垢；今镜明矣，一尘之落，自难住脚。此正入圣之机也，勉之！"于是辟稽山书院，聚八邑彦士，身率讲习以督之。于是萧璆、杨汝荣、杨绍芳等来自湖广，杨仕鸣、薛宗铠、黄梦星等来自广东，王艮、孟源、周冲等来自直隶，何秦、黄弘纲等来自南、赣，刘邦采、刘文敏等来自安福，魏良政、魏良器等来自新建，曾忭来自泰和。宫刹卑隘，至不能容。盖环坐而听者三百余人。先生临之，只发《大学》万物同体之旨，使人各求本性，致极良知以至于至善，功夫有得，则因方设教。故人人悦其易从。

海宁董沄号萝石，以能诗闻于江湖，年六十八，来游会稽，闻先生讲学，以杖肩其瓢笠诗卷来访。入门，长揖上坐。先生异其气貌，礼敬之，与之语连日夜。沄有悟，因何秦强纳拜。先生与之徜徉山水间。沄日有闻，忻然乐而忘归也。其乡子弟社友皆招之反，且曰："翁老矣，何乃自苦若是？"沄曰："吾方幸逃于苦海，悯若之自苦也，顾以吾为苦耶！吾方扬鬐于渤澥，而振羽于云霄之上，安能复投网罟而入樊笼乎？去矣，吾将从吾之所好。"遂自号曰从吾道人，先生为之记。

八月，宴门人于天泉桥。

中秋月白如昼，先生命侍者设席于碧霞池上，门人在侍者百余人。酒半酣，歌声渐动。久之，或投壶聚算，或击鼓，或泛舟。先生见诸生兴剧，退而作诗，有"铿然舍瑟春风里，点也虽狂得我情"之句。明日，诸生入谢。先生曰："昔者孔子在陈，思鲁之狂士。世之学者，没溺于富贵声利之场，如拘如囚，而莫之省脱。及闻孔子之教，始知一切俗缘，皆非性体，乃豁然脱落。但见得此意，不加实践以入于精微，则渐有轻灭世故，阔略伦物之病。虽比世之庸庸琐琐者不同，其为未得于道一也。故孔子在陈思归以裁之，使入于道耳。诸君讲学，但患未得此意。今幸见此，正好精诣力造，以求至于道，无以一见自足而终止于狂也。"

是月，舒柏有敬畏累洒落之问，刘侯有入山养静之问。先生曰："君子之所谓敬畏者，非恐惧忧患之谓也，'戒慎不睹，恐惧不闻'之谓耳。君子之所谓洒落者，非旷荡放逸之谓也，乃其心体不累于欲，无入而不自得之谓耳。夫心之本体，即天理也。天理之昭明灵觉，所谓良知也。君子戒惧之功，无时或间，则天理常存，而其昭明灵觉之本体，自无所昏蔽，自无所牵扰，自无所歉馁愧怍，动容周旋而中礼，从心所欲而不逾：斯乃所谓真洒落矣。是洒落生于天理之常存，天理常存生于戒慎恐惧之无间。孰谓敬畏之心反为洒落累耶？"谓刘侯曰："君子养心之学如良医治病，随其虚实寒热，而斟酌补泄之，要在去病而已，初无一定之方，必使人人服之也。若专欲入坐穷山，绝世故，屏思虑，则恐既已养成空寂之性，虽欲勿流于空寂，不可得矣。"

论圣学无妨于举业。

德洪携二弟德周仲实读书城南。洪父心渔翁往视之。魏良政、魏良器辈与游禹穴诸胜，十日忘返。问曰："承诸君相携日久，得无妨课业乎？"答曰："吾举子业无时不习。"家君曰："固知心学可以触类而通，然朱说亦须理会否？"二子曰："以吾良知求晦翁之说，譬之打蛇得七寸矣，又何忧不得耶？"家君疑未释，进问先生。先生曰："岂特无妨，乃大益耳！学圣贤者，譬之治家，其产业、第宅、服食、器物皆所自置，欲请客，出其所有以享之；客去，其物具在，还以自享，终身用之无穷也。今之为举业者，譬之治家，不务居积，专以假贷为功，欲请客，自厅事以至供具百物，莫不遍借，客幸而来，则诸贷之物一时丰裕可观；客去，则尽以还人，一物非所有也；若请客不至，则时过气衰，借贷亦不备；终身奔劳，作一篓人而已。是求无益于得，求在外也。"明年乙酉大比，稽山书院钱楩与魏良政并发解江、浙。家君闻之笑曰："打蛇得七寸矣。"

是时"大礼议"起，先生夜坐碧霞池，有诗曰："一雨秋凉入夜新，池边孤月倍精神。潜鱼水底传心诀，栖鸟枝头说道真。莫谓天机非嗜欲，须知万物是吾身。无端礼乐纷纷议，谁与青天扫旧尘？"又曰："独坐秋庭月色新，乾坤何处更闲人？高歌度与清风去，幽意自随流水春。千圣本无心外诀，《六经》须拂镜中尘。却怜扰扰周公梦，未及惺惺陋巷贫。"盖有感时事，二诗已示其微矣。

四月，服阕，朝中屡疏引荐。霍兀涯、席元山、黄宗贤、黄宗明先后皆以大礼问，竟不答。

十月，门人南大吉续刻《传习录》。

《传习录》薛侃首刻于虔，凡三卷。至是年，大吉取先生论学书，复增五卷，续刻于越。

四年乙酉，先生五十四岁，在越。

正月，夫人诸氏卒。四月，祔葬于徐山。

是月，作稽山书院《尊经阁记》。略曰："圣人之扶人极忧后世而述《六经》也，犹之富家者之父祖，虑其产业库藏之积，其子孙者或至于遗亡失散，卒困穷而无以自全也，而记籍其家之所有以贻之，使之世守其产业库藏之积而享用焉，以免于困穷之患。故《六经》者，吾心之记籍也，而《六经》之实则具于吾心；犹之产业库藏之实，种种色色，具存于其家，其记籍者，特名状数目而已。而世之学者不知求《六经》之实于吾心，而徒考索于影响之间，牵制于文义之末，硁硁然以为是《六经》矣。是犹富家之子孙，不务守成规享用其产业库藏之实积，日遗忘散失，至于窭人丐夫，而犹嚣嚣然指其记籍曰：'斯吾产业库藏之积也。'何以异于是？"

按：是年南大吉扁莅政之堂曰"亲民堂"，山阴知县吴瀛重修县学，提学佥事万潮与监察御史潘仿拓新万松书院于省城南，取试士之未尽录者廪饩之，咸以记请，先生皆为作记。

六月，礼部尚书席书荐。

先生服阕，例应起复，御史石金等交章论荐，皆不报。尚书席书为疏特荐曰:"生在臣前者见一人,曰杨一清;生在臣后者见一人,曰王守仁。且使亲领诰卷,趋阙谢恩。"于是杨一清入阁办事。明年有领卷谢恩之召,寻不果。

九月,归姚省墓。

先生归,定会于龙泉寺之中天阁,每月以朔望初八廿三为期。书壁以勉诸生曰:"虽有天下易生之物,一日暴之,十日寒之,未有能生者也。承诸君子不鄙,每予来归,咸集于此,以问学为事,甚盛意也。然不能旬日之留,而旬日之间,又不过三四会。一别之后,辄复离群索居,不相见者动经年岁。然则岂惟十日之寒而已乎?若是而求萌蘖之畅茂条达,不可得矣。故予切望诸君勿以予之去留为聚散,或五六日,八九日,虽有俗事相妨,亦须破冗一会于此。务在诱掖奖劝,砥砺切磋,使道德仁义之习日亲日近,则势利纷华之染亦日远日疏:所谓相观而善,百工居肆,以成其事者也。相会之时,尤须虚心逊志,相亲相敬。大抵朋友之交,以相下为益,或议论未合,要在从容涵育,相感以成;不得动气求胜,长傲遂非,务在默而成之,不言而信。其或矜己之长,攻人之短,粗心浮气,矫以沽名,讦以为道,挟胜心而行愤嫉,以圮族败群为志,则虽日讲时习于此,亦无益矣。"

答顾东桥磷书有曰:"朱子所谓格物云者,是以吾心而求理于事事物物之中,如求孝子之理于其亲之谓也。求孝之理果在于吾之心耶?抑果在于亲之身耶?假而果在于亲之身,而亲没之后,吾心遂无孝之理与?见孺子之入井,必有恻隐之理,是恻隐之理果在孺子之身与?抑在于吾身之良知与?以是例之,万事万物之理,莫不皆然。是可以见析心与理为二之非矣。若鄙人所谓致知格物者,致吾心之良知于事事物物也。吾心之良知,即所谓天理也。致吾心之天理于事事物物,则事事物物皆得其理矣。故曰:'致吾心之良知者,致知也。事事物物皆得其理者,格物也。'是合心与理而为一者也。合心与理而为一,则凡区区前之所云,与朱子晚年之论,皆可不言而喻矣。"又曰:"心者身之主也,而心之虚灵明觉,即所谓本然良知也。其虚灵明觉之良知应感而动者,谓之意;有知而后有意,无知则无意矣。知非意之体乎?意之所用,必有其物,物即事也,如意用于事亲,即事亲为一物;意用于治民,则治民为一物;意用于读书,即读书为一物;意用于听讼,即听讼为一物;凡意之所在,无有无物者,有是意,即有是物,无是意,即无是物。物非意之用乎?'格'字之义,有以'至'字训者。如'格于文祖',必纯孝诚敬,幽明之间,无一不得其理,而后谓之格;有苗之顽,实文德诞敷而后格,则亦兼有'正'字之义在其间,未可专以'至'字尽之也。如'格其非心','大臣格君心之非'之类,是则一皆正其不正以归于正之义,而不可以'至'字为训矣。且《大学》格物之训,又安知不以'正'字为义乎?如以'至'字为义者,必曰穷至事物之理,而后其说始通。是其用功之要全在一'穷'字,用力之地全在一'理'字也。若上去一'穷'字,下去一'理'字,而直曰'致知在至物',其可通乎?夫穷理尽性,圣人之成训见于《系辞》者也。苟格物之说而果即穷理之义,则圣人何不直曰'致知在穷理',而必为此转折不完之语,以启后世之弊耶?盖《大学》格物之说,自与《系辞》穷理大旨虽同,而微有分辨。穷理者,兼格致诚正而为功也;故言穷理,则格致诚正之功皆在其中;言格物,则必兼举致知、诚意、正心,而后其功始备而密。今偏举格物而遂谓之穷理,此非惟不得格物之旨,并穷理之义而失之矣。"其末继以拔本塞源之论,其略曰:"圣人之心,视天下之人无内外远近,凡有血气,皆其昆弟赤子之亲,莫不安全而教养之,以遂其万物一体之念。天下之人心,其始亦非有异于圣人也,特其间于有我之私,隔于物欲之蔽;大者以小,通者以塞,甚有视其父子、兄弟如仇雠者。圣人有忧之,是以推其天地万物一体之仁以教天下,使之皆有以克其私、去其蔽,以复其心体之同然。其教之大端,则尧、舜、禹之相授,所谓'道心惟微,惟精惟一,允执厥中'。而其节目,则舜之命契,所谓'父子有亲,君臣有义,夫妇有别,长幼有序,朋友有信'

五者而已。当是之时，人无异见，家无异习，安此者谓之圣，勉此者谓之贤，而背此者，虽启明如朱，亦谓之不肖。下至闾井田野农工商贾之贱，莫不皆有是学，而惟以成其德行为务。何者？无有闻见之杂，记诵之烦，辞章之靡滥，功利之驰逐，而但使之孝其亲，弟其长，信其朋友，以复其心体之同然，则人亦孰不能之乎？学校之中，惟以成德为事；有长于礼乐，长于政教，长于水土播植者，则就其成德而因使益精其能。迨夫举德而任，则用之者惟知同心一德，以共安天下之民，视才之称否，而不以崇卑为轻重；效用者，亦惟知同心一德，以共安天下之民，苟当其能，则终身安于卑琐，而不以为贱。当是时，才质之下者，则安其农工商贾之分，各勤其业以相生相养，而无有乎希高慕外之心；才能之异若皋、夔、稷、契者，则出而各效其能，或营衣食，或通有无，或备器用，集谋并力，以求遂其仰事俯育之愿。譬之一身，目不耻其无聪，而耳之所涉，目必营焉；足不耻其无执，而手之所探，足必前焉；盖其元气充周，血脉条畅，是以痒疴呼吸，感触神应，有不言而喻之妙。此圣人之学所以惟在复心体之同然，而知识技能，非所以与论也。三代以降，教者不复以此为教，而学者不复以此为学。霸者之徒，窃取先生之近似者，假之于外，以内济其私，天下靡然宗之，圣人之道遂以芜塞。仕之儒者慨然悲伤，蒐猎先圣王之典章法制，而掇拾修补于煨烬之余，圣学之门墙，遂不可复观。于是乎有训诂之学，而传之以为名；有记诵之学，而言之以为博；有词章之学，而侈之以为丽。相矜以知，相轧以势，相争以利，相高以技能，相取以声誉。其出而仕也，理钱谷者，则欲并夫兵刑；典礼乐者，又欲与于铨轴；处郡县，则思藩臬之高；居台谏，则望宰执之要。故不能其事，则不得以兼其官；不通其说，则不可以要其誉；记诵之广，适以长其敖也；知识之多，适以行其恶也；闻见之博，适以肆其辩也；辞章之富，适以饰其伪也。呜呼！以若是之积染，以若是之心志，而又讲之以若是之学术，宜其闻吾圣人之教，而视之以为赘疣枘凿矣。非豪杰之士，无所待而兴者，吾谁与望乎！"

十月，立阳明书院于越城。

门人为之也。书院在越城西郭门内光相桥之东。后十二年丁酉，巡按御史门大周汝员建祠于楼前，匾曰："阳明先生祠"。

五年丙戌，先生五十五岁，在越。

三月，与邹守益书。

守益谪判广德州，筑复古书院以集生徒，刻《谕俗礼要》以风民俗。书至，先生复书赞之曰："古之礼存于世者，老师宿儒，当年不能穷其说，世之人苦其烦且难，遂皆废置而不行。故今之为人上而欲导民于礼者，非详且备之为难，惟简切明白而使人易行之为贵耳。中间如四代位次，及祔祭之类，向时欲稍改以从俗者，今昔斟酌为之，于人情甚协。盖天下古今之人，其情一而已矣。先王制礼，皆因人情而为之节文，是以行之万世而皆准。其或反之吾心而有所未安者，非其传记之讹阙，则必古今风气习俗之异宜者矣。此虽先王未之有，亦可以义起，三王之所以不相袭，礼也。后世心学不讲，人失其情，难乎与之言礼。然良知之在人心，则万古如一日，苟顺吾心之良知以致之，则所谓不知足而为屦，我知其不为蒉矣。非天子不议礼制度，今之为此，非以议礼为也，徒以末世废礼之极，聊为之兆以兴起之，故特为此简易之说，欲使之易知易从焉耳。冠婚丧祭之外，附以乡约，其于民俗亦甚有补。至于射礼，似宜别为一书以教学者，而非所以求谕于俗。今以附于其间，却恐民间以非所常行，视为不切；又见其说之难晓，遂并其冠婚丧祭之易晓者而弃之也。文公《家礼》所以不及于射，或亦此意也与？"

按：祠堂位祔之制。

或问："文公《家礼》，高曾祖祢之位，皆西上，以次而东，于心切有未安。"先生曰："古者庙门皆南向，主皆东向。合祭之时，昭之迁主列于北牖，穆之迁主列于南牖，皆统于太祖东向之尊，是故西上，以次而东。今祠堂之制既异于古，而又无太祖东向之统，则西上之说诚有所未安。"曰："然则今当何如？"曰："礼以时为大，若事死如事生，则宜以高祖南向，而曾祖祢东西分列，席皆稍降而弗正对，似于人心为安。曾见浦江之祭，四代考妣皆异席，高考妣南向，曾祖祢考皆西向，妣皆东向，各依世次，稍退半席。其于男女之别，尊卑之等，两得其宜。但恐民间厅事多浅隘，而器物亦有所不备，则不能以通行耳。"又问："无后者之祔，于己之子侄，固可下列矣，若在高曾之行，宜何如祔？"先生曰："古者大夫三庙，不及其高矣。适士二庙，不及其曾矣。今民间得祀高曾，盖亦体顺人情之至，例以古制，则既为僭，况在行之无后者乎？"古者士大夫无子，则为之置后，无后者鲜矣。后世人情偷薄，始有弃贫贱而不嗣者。古所谓无后，皆殇子之类耳。祭法：王下祭殇五，适子，适孙，适曾孙，适玄孙，适来孙。诸侯下祭三，大夫二，适士及庶人祭子而止。则无后之祔，皆子孙属也。今民间既得假四代之祀，以义起之，虽及弟侄可矣。往年湖湘一士人家，有曾伯祖与堂叔祖皆贤而无后者，欲为立嗣，则族众不可，欲弗祀，则思其贤有所不忍。以闻于某。某曰：'不祀二三十年矣，而追为之祀，势有所不行矣。若在士大夫家，自可依古族属之义，于春秋二社之次，特设一祭。凡族之无后而亲者，各以昭穆之次配祔之，于义小可也。'"

四月，复南大吉书。

大吉入觐，见黜于时，致书先生，千数百言，勤勤恳恳，惟以得闻道为喜，急问学为事，恐卒不得为圣人为忧，略无一字及于得丧荣辱之间。先生读之叹曰："此非真有朝闻夕死之志者，未易以涉斯境也！"于是复书曰："世之高抗通脱之士，捐富贵，轻利害，弃爵禄，决然长往而不顾者，亦皆有之。彼其或从好于外道诡异之说，投情于诗酒山水技艺之乐，又或奋发于意气，牵溺于嗜好，有待于物以相胜，是以去彼取此而后能。及其所之既倦，意衡心郁，情随事移，则忧愁悲苦，随之而作，果能捐富贵，轻利害，弃爵禄，快然终身，无入而不自得已乎？夫惟有道之士，真有以见其良知之昭明灵觉，廓然于太虚而同体。太虚之中，何物不有，而无一物能为太虚之障碍。故凡慕富贵，忧贫贱，欣戚得丧，爱憎取舍之类，皆足以蔽吾聪明睿知之体，窒吾渊泉时出之用。如明目之中而翳之以尘沙，聪耳之中而塞之以木楔也。其疾痛郁逆，将必速去之为快，而何能忍于时刻乎？关中自古多豪杰，横渠之后，此学不讲，或亦于四方无异矣。自此有所振发兴起，变气节为圣贤之学，将必自吾元善昆季始也。今日之归，谓天为无意乎？"

答欧阳德书。

德初见先生于虔，最年少，时已领乡荐。先生恒以"小秀才"呼之。故遣服役，德欣欣恭命，虽劳不怠。先生深器之。嘉靖癸未第进士，出守六安州。数月，奉书以为初政倥偬，后稍次第，始得于诸生讲学。先生曰："吾所讲学，正在政务倥偬中。岂必聚徒而后为讲学耶？"又尝与书曰："良知不因见闻而有，而见闻莫非良知之用。故良知不滞于见闻，而亦不离于见闻。孔子云：'吾有知乎哉？无知也。'良知之外，则无知矣。故致良知是圣门教人第一义。今云专求之见闻之末，则落在第二义矣。若曰致其良知而求之见闻，则语意之间未免为二。此与专求之见闻之末者，虽稍不同，其为未得精一之旨则一也。"

德洪与王畿并举南宫，俱不廷对，偕黄弘纲、张元冲同舟归越。先生喜，凡初及门者，必令引导，俟志定有入，方请见。每临坐，默对焚香，无语。

八月，答聂豹书。

是年夏，豹以御史巡按福建，渡钱塘来见先生。别后致书，谓："思、孟、周、程无意相遭于千载之下，与其尽信于天下，不若真信于一人。道固自在，学亦自在。"先生答书略曰："读来谕，诚见君子不见是而无闷之心，乃区区则有大不得已者存乎其间，非以计人之信与不信也。夫人者，天地之心；天地万物，本吾一体者也。生民之困苦荼毒，孰非疾痛之切于吾身者乎？不知吾身之疾痛，无是非之心者也。

是非之心，不虑而知，不学而能，所谓良知也。良知之在人心，无间于圣愚，天下古今之所同也。世之君子，惟务致其良知，则自能公是非，同好恶，视人犹己，视国犹家，而以天地万物为一体，求天下无治不可得矣。古之人所以能见善不啻若己出，见恶不啻若己入，视民之饥溺，犹己之饥溺，而一夫不获，若己推而纳诸沟中者，非故为是而蕲天下之信己也；务致其良知，求其自慊而已矣。后世良知之学不明，天下之人外假仁义之名，而内以行私利之实：诡词以阿俗，矫行以干誉；揜人之善，而袭以为己长；讦人之私，而窃以为己直；忿以相胜，而犹谓之徇义；险以相倾，而犹谓之疾恶；妒贤嫉能，而犹自以为公是非；恣情纵欲，而犹自以为同好恶。相凌相贼，自其一家骨肉之亲，已不能无彼此藩篱之隔，而况于天下之大，民物之众，又何能一体而视之乎！仆诚赖天之灵，偶有见于良知之学，以为必由此而后天下可得而治，是以每念斯民之陷溺，则为之戚然痛心，忘其身之不肖，而思以此救之，亦不自知其量者。天下之人，见其若是，遂相与非笑而诋斥，以为是病狂丧心之人耳。呜呼！吾方疾痛之切体，而暇计人之非笑乎！昔者孔子之在当时，有议其为谄者，有议其为佞者，有毁其未贤，诋其为不知礼，而侮之以为"东家丘"者，有嫉而阻之者，有恶而欲杀之者。晨门、荷蒉之徒，皆当时之贤士，且曰："是知其不可而为之者与？鄙哉硁硁乎，莫己知也，斯已而已矣。"虽子路在升堂之列，尚不能无疑于其所见，不悦于其所欲往，而且以之为迂。则当时之不信夫子者，岂特十之一二而已乎？然而夫子汲汲遑遑，若求亡子于道路，而不暇于暖席者，宁以蕲人之信我知我而已哉？仆之不肖，何敢以夫子之道为己任？顾其心亦已稍知疾痛之在身，是以彷徨四顾，相求其有助于我者，相与讲去其病耳。今诚得豪杰同志之士，共明良知之学于天下，使天下之人皆知自致其良知，一洗谗妒胜忿之习，以跻于大同，则仆之狂病，固将脱然以愈，而终免于丧心之患矣，岂不快哉！会稽素号山水之区，深林长谷，信步皆是，寒暑晦明，无时不宜。良朋四集,道义日新。天地之间,宁复有乐于是者?孔子云"不怨天,不尤人,下学而上达。"仆与二三同志,方将请事斯语,奚暇外慕?独其切肤之痛,乃有未能恝然者,辄复云尔。"

按:豹初见称晚生,后六年,出守苏州,先生已违世四年矣。见德洪、王畿曰:"吾学诚得诸先生,尚冀再见称赞,今不及矣。兹以二君为证,具香案拜先生。"遂称门人。

十一月庚申,子正亿生。

继室张氏出。先生初得子,乡先达有静斋、六有者,皆逾九十,闻而喜,以二诗为贺。先生次韵谢答之,有曰"何物敢云绳祖武?他年只好共爷长"之句,盖是月十有七日也。

先生初命名正聪,后七年壬辰,外舅黄绾因时相避讳,更今名。

十二月,作《惜阴说》。

刘邦采合安福同志为会,名曰"惜阴",请先生书会籍。先生为之说曰:"同志之在安成者,间月为会五日,谓之'惜阴',其志笃矣。然五日之外,孰非惜阴时乎?离群而索居,志不能无少懈,故五日之会,所以相稽切焉耳。呜乎!天道之运,无一息之或停,吾心良知之运,亦无一息之或停。良知即天道,谓之'亦',则犹二之矣。知良知之运无一息之或停者,则知惜阴矣。知惜阴者,则知致其良知矣。子在川上曰:'逝者如斯夫!不舍昼夜。'此其所以学如不及,至于发愤忘食也。尧、舜兢兢业业,成汤日新又新,文王纯亦不已,周公坐以待旦:惜阴之功,宁独大禹为然?子思曰:'戒慎乎其所不睹,恐惧乎其所不闻,知微之显,可以入德矣。'或曰:鸡鸣而起,孳孳为利,凶人为不善,亦惟日不足,然则小人亦可谓之惜阴乎?"

按:先生明年丁亥过吉安,寄安福诸同志书曰:"诸友始为惜阴之会,当时惟恐只成虚语,迩来乃闻远近豪杰闻风而至者以百数,此可以见良知之同然,而斯道大明之几,于此亦可以卜之矣。明道有云:'宁学圣人而不至,不以一善而成名。'此为有志圣人而未能真得圣人之学者，则可如此说。若今日所讲良知之说，乃真是圣学之的传，但从此学圣人，却无不至者。惟恐吾侪尚有一善成名之意，未肯专心致志于此耳。

六年丁亥，先生五十六岁，在越。

正月。

先生与宗贤书曰："人在仕途，比之退处山林时，功夫难十倍；非得良友时时警发砥砺，平日志向鲜有不潜移默夺，弛然日就颓靡者。近与诚甫言，京师相与者少，二君必须彼此约定，便见微有动气处，即须提起致良知话头，互相规切。凡人言语正到快意时，便截然能忍默得；意气正到发扬时，便翕然能收敛得；愤怒嗜欲正到腾沸时，便廓然能消化得：此非天下之大勇不能也。然见得良知亲切时，其功夫又自不难，缘此数病，良知之所本无，只因良知昏昧蔽塞而后有，若良知一提醒时，即如白日一出，魍魉自消矣。《中庸》谓：'知耻近乎勇。'只是耻其不能致得自己良知耳。今人多以言语不能屈服得人，意气不能陵轧得人，愤怒嗜欲不能直意任情为耻；殊不知此数病者，皆是蔽塞自己良知之事，正君子之所宜深耻者。古之大臣，更不称他知谋才略，只是一个断断无他技，休休如有容而已。诸君知谋才略，自是超然出于众人之上，所未能自信者，只是未能致得自己良知，未全得断断休休体段耳。须是克去己私，真能以天地万物为一体，实康济得天下，挽回三代之治，方是不负如此圣明之君，方能不枉此出世一遭也。"

四月，邹守益刻《文录》于广德州。

守益录先生文字请刻。先生自标年月，命德洪类次，且遗书曰："所录以年月为次，不复分别体类，盖专以讲学明道为事，不在文辞体制间也。"明日，德洪掇拾所遗请刻，先生曰："此便非孔子删述《六经》手段。三代之教不明，盖因后世学者繁文盛而实意衰，故所学忘其本耳。比如孔子删《诗》，若以其辞，岂止三百篇；惟其一以明道为志，故所取止。此例《六经》皆然。若以爱惜文辞，便非孔子垂范后世之心矣。"德洪曰："先生文字，虽一时应酬不同，亦莫不本于性情；况学者传诵日久，恐后为好事者搀拾，反失今日裁定之意矣。"先生许刻附录一卷，以遣守益，凡四册。

五月，命兼都察院左都御史，征思、田。

六月，疏辞，不允。

先是广西田州岑猛为乱，提督都御史姚镆征之。奏称猛父子悉擒，已降敕论功行赏讫。遗目卢苏、王受构众煽乱，攻陷思恩。镆复合四省兵征之，久弗克；为巡按御史石金所论。朝议用侍郎张璁、桂萼荐，特起先生总督两广及江西、湖广军务，度量事势，随宜抚剿，设土官流官孰便，并核当事诸臣功过以闻；且责以体国为心，毋或循例辞避。先生闻命，上疏言："臣伏念君命之召，当不俟驾而行，矧兹军旅，何敢言辞？顾臣患痰疾增剧，若冒疾轻出，至于偾事，死无及矣。臣又复思，思、田之役，起于土官雠杀，比之寇贼之攻劫郡县，荼毒生灵者，势尚差缓。若处置得宜，事亦可集。镆素老成，一时利钝，亦兵家之常。御史石金据事论奏，所以激励镆等，使之善后，收之桑榆也。臣以为今日之事，宜专责镆等，隆其委任，重其威权，略其小过，假以岁月，而要其成功。至于终无底绩，然后别选才能，兼谙民情土俗，如尚书胡世宁、李承勋者，往代其任，事必有济。"疏入，诏镆致仕，遣使敦促上道。

八月。

先生将入广，尝为《客坐私嘱》曰："但愿温恭直谅之友，来此讲学论道，示以孝友谦和之行，德业相劝，过失相规，以教训我子弟，使无陷于非僻；不愿狂躁惰慢之徒，来此博弈饮酒，长傲饰非，导以骄奢淫荡之事，诱以贪财黩货之谋，冥顽无耻，扇惑鼓动，以益我子弟之不肖。呜呼！由前之说，是谓良士；由后之说，是为凶人；我子弟苟远良士而近凶人，是谓逆子。戒之戒之！嘉靖丁亥八月，将有两广之行，书此以戒我子弟，并以告夫士友之辱临于斯者，请一览教之。"

九月壬午，发越中。

是月初八日，德洪与畿访张元冲舟中，因论为学宗旨。畿曰："先生说知善知恶是良知，为善去恶是格物，此恐未是究竟话头。"德洪曰："何如？"畿曰："心体既是无善无恶，意亦是无善无恶，知亦是无善无恶，物亦是无善无恶。若说意有善有恶，毕竟心亦未是无善无恶。"德洪曰："心体原来无善无恶，今习染既久，觉心体上见有善恶在，为善去恶，正是复那本体功夫。若见得本体如此，只说无功夫可用，恐只是见耳。"畿曰："明日先生启行，晚可同进请问。"是日夜分，客始散，先生将入内，闻洪与畿候立庭下，先生复出，使移席天泉桥上。德洪举与畿论辩请问。先生喜曰："正要二君有此一问！我今将行，朋友中更无有论证及此者，二君之见正好，相取，不可相病。汝中须用德洪功夫，德洪须透汝中本体。二君相取为益，吾学更无遗念矣。"德洪请问。先生曰："有只是你自有，良知本体原来无有，本体只是太虚。太虚之中，日月星辰，风雨露雷，阴霾饐饮气，何物不有？而又何一物得为太虚之障？人心本体亦复如是。太虚无形，一过而化，亦何费纤毫气力？德洪功夫须要如此，便是合得本体功夫。"畿请问。先生曰："汝中见得此意，只好默默自修，不可执以接人。上根之人，世亦难遇。一悟本体，即见功夫，物我内外，一齐尽透，此颜子、明道不敢承当，岂可轻易望人？二君已后与学者言，务要依我四句宗旨：无善无恶，是心之体，有善有恶，是意之动，知善知恶，是良知，为善去恶，是格物。以此自修，直跻圣位；以此接人，更无差失。"畿曰："本体透后，于此四句宗旨何如？"先生曰："此是彻上彻下语，自初学以至圣人，只此功夫。初学用此，循循有入，虽至圣人，穷究无尽。尧、舜精一功夫，亦只如此。"先生又重嘱付曰："二君以后再不可更此四句宗旨。此四句中人上下无不接着。我年来立教，亦更几番，今始立此四句。人心自有知识以来，已为习俗所染，今不教他在良知上实用为善去恶功夫，只去悬空想个本体，一切事为，俱不著实。此病痛不是小小，不可不早说破。"是日洪、畿俱有省。

甲申，渡钱塘。

先生游吴山、月岩、严滩，俱有诗。《过钓台》曰："忆昔过钓台，驱驰正军旅。十年今始来，复以兵戈起。空山烟雾深，往迹如梦里。微雨林径滑，肺病双足胝。仰瞻台上云，俯濯台下水。人生何碌碌？高尚乃如此。疮痍念同胞，至人匪为己。过门不遑入，忧劳岂得已。滔滔良自伤，果哉末难已。"跋曰："右正德己卯献俘行在，过钓台而弗及登，今兹复来，又以兵革之役，兼肺病足疮，徒顾瞻怅望而已。书此付桐庐尹沈元材刻置亭壁，聊以纪经行岁月云耳。时从行进士钱德洪、王汝中、建德尹杨思臣及元材，凡四人。"

丙申，至衢。

西安雨中，诸生出候，因寄德洪、汝中，并示书院诸生："几度西安道，江声暮雨时。机关鸥鸟破，踪迹水云疑。仗钺非吾事，传经愧尔师。天真泉石秀，新有鹿门期。"德洪、汝中方卜筑书院，盛称天真之奇，并寄及之："不踏天真路，依稀二十年。石门深竹径，苍峡泻云泉。泮壁环胥海，龟畴见宋田。文明原有象，卜筑岂无缘？"今祠有仰止祠、环海楼、太极云、泉泻云诸亭。

戊戌，过常山。

诗曰：长生徒有慕，苦乏大药资。名山遍深历，悠悠鬓生丝。微躯一系念，去道日远而。中岁忽有觉，九还乃在兹。非炉亦非鼎，何坎复何离？本无终始究，宁有死生期？彼哉游方士，诡辞反增疑。纷然诸老翁，自传困多歧。乾坤由我在，安用他求为？千圣皆过影，良知乃吾师。"

十月，至南昌。

先生发舟广信，沿途诸生徐樾、张士贤、桂轼等请见，先生俱谢以兵事未暇，许回途相见。徐樾自贵溪追至余干，先生令登舟。樾方自白鹿洞打坐，有禅定意。先生目而得之，令举似。曰："不是。"已而稍变前语。又曰:"不是。"已而更端。先生曰:"近之矣。此体岂有方所,譬之此烛,光无不在,不可以烛上为光。"因指舟中曰:"此亦是光,此亦是光。"直指出舟外水面曰:"此亦是光。"樾领谢而别。明日至南浦,父老军民俱顶香林立,填途塞巷,至不能行。父老顶舆传递入都司。先生命父老军民就谒,东入西出,有不舍者,出且复入,自辰至未而散,始举有司常仪。明日谒文庙,讲《大学》于明伦堂,诸生屏拥,多不得闻。唐尧臣献茶,得上堂旁听。初尧臣不信学,闻先生至,自乡出迎,心已内动。比见拥谒,惊曰:"三代后安得有此气象耶!"及闻讲,沛然无疑。同门有黄文明、魏良器辈笑曰:"逋逃主亦来投降乎?"尧臣曰:"须得如此大捕人,方能降我,尔辈安能?"

至吉安,大会士友螺川。

诸生彭簪、王钊、刘阳、欧阳瑜等偕旧游三百余,迎入螺川驿中。先生立谈不倦,曰:"尧、舜生知安行的圣人,犹兢兢业业,用困勉的功夫。吾侪以困勉的资质,而悠悠荡荡,坐享生知安行的成功,岂不误己误人?"又曰:"良知之妙,真是周流六虚,变通不居。若假以文过饰非,为害大矣。"临别嘱曰:"功夫只是简易真切,愈真切,愈简易;愈简易,愈真切。"

十一月,至肇庆。

是月十八日抵肇庆。先生寄书德洪、畿曰:"家事赖廷豹纠正,而德洪、汝中又相与薰陶切磋于其间,吾可以无内顾矣。绍兴书院中同志,不审近来意向如何?德洪、汝中既任其责,当能振作接引,有所兴起。会讲之约,但得不废,其间纵有一二懈弛,亦可因此夹持,不致遂有倾倒。余姚又得应元诸友作兴鼓舞,想益日异而月不同。老夫虽出山林,亦每以自慰。诸贤皆一日千里之足,岂俟区区有所警策,聊亦以此视鞭影耳。即日已抵肇庆,去梧不三四日可到。方入冗场,绍兴书院及余姚各会同志诸贤,不能一一列名字。"

乙未,至梧州,上谢恩疏。

二十日，梧州开府。十二月朔，上疏曰："田州之事，尚未及会议审处。然臣沿途咨访，颇有所闻，不敢不为陛下一言其略。臣惟岑猛父子固有可诛之罪，然所以致彼若是者，则前此当事诸人，亦宜分受其责。盖两广军门专为诸瑶、僮及诸流贼而设，事权实专且重，若使振其兵威，自足以制服诸蛮。夫何军政日坏，上无可任之将，下无可用之兵，有警必须倚调土官狼兵，若猛之属者，而后行事。故此辈得以凭恃兵力，日增桀骜。及事之平，则又功归于上，而彼无所与，固不能以无怨愤。始而征发愆期，既而调遣不至。上嫉下愤，日深月积，劫之以势而威益亵，笼之以诈而术愈穷。由是谕之而益梗，抚之而益疑，遂至于有今日。今山瑶海贼，乘衅摇动，穷追必死之寇，既从而煽诱之，贫苦流亡之民，又从而逃归之，其可忧危蛇，奚啻十百于二酋者之为患。其事已兆，而变已形，顾犹不此之虑，而汲汲于二酋，则当事者之过计矣。臣又闻诸两广士民之言，皆谓流官久设，亦徒有虚名，而受实祸。诘其所以，皆云未设流官之前，土人岁出土兵三千，以听官府之调遣；既设流官之后，官府岁发民兵数千，以防土人之反覆。即此一事，利害可知。且思恩自设流官，十八九年之间，反者数起，征剿日无休息。浚良民之膏血，而涂诸无用之地，此流官之无益，亦断可识矣。论者以为既设流官，而复去之，则有更改之嫌，恐招物议，是以宁使一方之民久罹涂炭，而不敢明为朝廷一言，宁负朝廷，而不敢犯众议。甚哉！人臣之不忠也。苟利于国而庇于民，死且为之，而何物议之足计乎！臣始至，虽未能周知备历，然形势亦可概见矣。田州切近交趾，其间深山绝谷，瑶、僮盘据，动以千百。必须存土官，藉其兵力，以为中土屏蔽。若尽杀其人，改土为流，则边鄙之患，我自当之；自撤藩篱，后必有悔。"奏下，尚书王时中持之，得旨："守仁才略素优，所议必自有见。事难遥度，俟其会议熟处，要须情法得中，经久无患。事有宜亟行者，听其便宜，勿怀顾忌，以贻后患。"

初，总督命下，具疏辞免；及豫言处分思、田机宜，凡当路相知者，皆寓书致意。与杨少师曰:"惟大臣报国之忠,莫大于进贤去谗。自信山林之志已坚,而又素受知己之爱,不复嫌避,故辄言之。乃今适为己地也。昔有以边警荐用彭司马者,公独不可,曰:'彭始成功,今或少挫,非所以完之矣。'公之爱惜人才,而欲成全之也如此,独不能以此意推之某乎?果不忍终弃,病痊,或使得备散局,如南北太常国子之任,则图报当有日也。"与黄绾书曰:"往年江西赴义将士,功久未上,人无所动,再出,何面目见之?且东南小丑,特疮疥之疾;百辟谗嫉朋比,此则腹心之祸,大为可忧者。诸公任事之勇,不思何以善后?大都君子道长,小人道消,疾病既除,元气自复。但去病太亟,亦耗元气,药石固当以渐也。"又曰:"思、田之事,本无紧要,只为从前张皇太过,后难收拾:所谓生事事生是已。今必得如奏中所请,庶图久安,否则反覆未可知也。"与方献夫书曰:"圣主聪明不世出,今日所急,惟在培养君德,端其志向,于此有立,是谓一正君而国定。然非真有体国之诚,其心断断休休者,亦徒事其名而已。"又曰:"诸公皆有荐贤之疏,此诚君子立朝盛节,但与名其间,却有所未喻者。此天下治乱盛衰所系,君子小人进退存亡之机,不可以不慎也。譬诸养蚕,便杂一烂蚕其中,则一筐好蚕尽为所坏矣。凡荐贤于朝,与自己用人不同:自己用人,权度在我;若荐贤于朝,则评品宜定。小人之才,岂无可用,如砒硫芒硝,皆有攻毒破痈之功,但混于参苓著术之间而进之,鲜不误矣。"又曰:"思、田之事已坏,欲以无事处之。要已不能;只求减省一分,则地方亦可减省一分之劳扰耳。此议深知大拂喜事者之心,然欲杀敌千无罪之人,以求成一将之功,仁者之所不忍也。"

十有二月,命暂兼理巡抚两广,疏辞,不允。

七年戊子,先生五十七岁,在梧。
二月,思、田平。
先生疏略曰:"臣奉有成命,与巡按纪功御史石金、布政使林富等,副使祝品、林文辂等，参将李璋、沈希仪等，会议思、田之役，兵连祸结，两省荼毒，已逾二年，兵力尽于哨守，民脂竭于转输，官吏罢于奔走。今日之事，已如破坏之舟，漂泊于颠风巨浪，覆溺之患，汹汹在目，不待知者而知之矣。"因详其十患十善，二幸四毁，反覆言之。且曰："臣至南宁，乃下令尽撤调集防守之兵，数日之内，解散而归者数万。惟湖兵数千，道阻且远，不易即归，仍使分留宾宁，解甲休养，待间而发。初苏、受等闻臣奉命处勘，始知朝廷无必杀之意，皆有投生之念，日夜悬望，惟恐臣至之不速。已而闻太监、总兵相继召还，至是又见守兵尽撤，其投生之念益坚，乃遣其头目黄富等先赴军门诉告，愿得扫境投生，惟乞宥免一死。臣等谕以朝廷之意，正恐尔等有所亏枉，故特遣大臣处勘，开尔等更生之路；尔等果能诚心投顺，决当贷尔之死。因复露布朝廷威德，使各持归省谕，克期听降。苏、受等得牌，皆罗拜踊跃，欢声雷动；率众扫境，归命南宁城下，分屯四营。苏、受等囚首自缚，与其头目数百人赴军门请命。臣等谕以朝廷既赦尔等之罪，岂复亏失信义；但尔等拥众负固，虽由畏死，然骚动一方，上烦九重之虑，下疲三省之民，若不示罚，何以泄军民之愤？于是下苏、受于军门，各杖之一百，乃解其缚，谕于今日宥尔一死者，朝廷天地好生之仁，必杖尔示罚者，我等人臣执法之义。于是众皆叩首悦服，臣亦随至其营，抚定其众，凡一万七千，濈濈道路，踊跃欢闻，皆谓朝廷如此再生之恩，我等誓以死报，且乞即愿杀贼立功赎罪。臣因谕以朝廷之意，惟欲生全尔等，今尔等方来投生，岂忍又驱之兵刃之下。尔等逃窜日久，且宜速归，完尔家室，修复生理。至于诸路群盗，军门自有区处，徐当调发尔等。于是又皆感泣欢呼，皆谓朝廷如此再生之恩，我等誓以死报。臣于是遂委布政使林富、前副总张祐督令复业，方隅平定。是皆皇上神武不杀之威，风行于庙堂之上，而草偃于百蛮之表，是以班师不待七旬，而顽夷即尔来格，不折一矢，不戮一卒，而全活数万生灵。是所谓绥之斯来，动之斯和者也。"疏入，敕遣行人奖励，赏银五十两，纻丝四袭，所司备办羊酒，其余各给赏有差。先生为文勒石曰："嘉靖丙戌夏，官兵伐田，随与思恩之人相比相煽，集军四省，汹汹连年。于时皇帝忧悯元元，容有无辜而死者乎？乃令新建伯王守仁曷往视师，其以德绥，勿以兵虐。班师撤旅，信义大宣。诸夷感慕，旬日之间，自缚来归者一万七千。悉放之还农，两省以安。昔有苗徂征，七旬来格；今未期月，而蛮夷率服，绥之斯来，速于邮传，舞于之化，何以加焉。爰告思、田，毋忘帝德。爰勒山石，昭此赫赫。文武圣神，率土之滨。凡有血气，莫不尊亲。"

四月，议迁都台于田州，不果。

先是有制，王守仁暂令兼理巡抚两广，既受命，先生乃疏言："臣以迂疏多病之躯，谬承总制四省军务之命，方怀不胜其任之忧，今又加以巡抚之责，岂其所能堪乎？且两广之事，实重且难，巡抚之任，非得才力精强者，重其事权，进其官阶，而久其职任，殆未可求效于岁月之间也。致仕副都御史伍文定，往岁宁藩之变，常从臣起兵，具见经略；侍郎梁材、南赣副都御史汪铉，亦皆才能素著，足堪此任；愿选择而使之。"会侍郎方献夫建白，宜于田州特设都御史一人，抚绥诸夷，下议。先生复疏言："布政使林富可用，或量改宪职，仍听臣等节制，暂于思、田住札，抚绥其众。然而要之蛮夷之区，不可治以汉法，虽流官之设，尚且弗便，而又可益之以都台乎？今且暂设，凡一切廪饩车马，悉取办于南宁府卫，取给于军饷，不以干思、田之人。俟年余经略有次，思、田止责知府理治，或设兵备宪臣一人于宾州，或以南宁兵备兼理；如此，则目前既得辑宁之效，而日后又可免烦劳之扰矣。"又以柳庆缺参将，特荐用沈希仪，且请起用前副总兵张祐，俾与富协心共事。未几，升富副都御史，抚治郧阳以去。先生再荐布政使王大用、按察使周期雍，又以边方缺官，且言副使陈槐、施儒、杨必进，知府朱衮，皆堪右江兵备之任；知州林宽可为田州知府；推官李乔木可为同知。且言："任贤图治，得人实难，其在边方反覆多事之地，其难尤甚。盖非得忠实、勇果、通达、坦易之才，未易以定其乱。有其才矣，使不谙其土俗，则亦未易以得其本心。得其心矣，使不耐其水土，亦不能以久居其地，以成其功。故用人于边方，必兼是三者而后可。如前四人者，固皆可用之才；今乃皆为时例所拘，弃置不用，而更劳心远索，则亦过矣。"疏上，俱未果行。

兴思、田学校。

先生以田州新服，用夏变夷，宜有学校。但疮痍逃窜，尚无受廛之民，即欲建学，亦为徒劳。然风化之原，又不可缓也。乃案行提学道，着属儒学，但有生员，无拘廪增，愿改田州府学，及各处儒生愿附籍入学者，本道选委教官，暂领学事，相与讲肄游息，兴起孝弟，或倡行乡约，随事开引，渐为之兆。俟建有学校，然后将各生徒通发该学肄业，照例充补廪增起贡。

五月，抚新民。

先生因左江道参议等官汪必东等称："古陶、白竹、石马等贼，近虽诛剿，然尚有流出府江诸处者。诚恐日后为患，乞调归顺土官岑璋兵一千名，万承、龙英共五百名，或韦贵兵一千名，住札平南、桂平冲要地方。"及该府知府程云鹏等亦申量留湖兵，及调武靖州狼兵防守。乃谕之曰："始观论议，似亦区画经久之计；徐考成功，终亦支吾目前之计。盖用兵之法，伐谋为先；处夷之道，攻心为上。今各瑶征剿之后，有司即宜诚心抚恤，以安其心。若不服其心，而徒欲久留湖兵，多调狼卒，凭藉兵力，以威劫把持，谓为可久之计，则亦末矣。殊不知远来客兵，怨愤不肯为用，一也。供馈之需，稍不满意，求索訾詈，将无抵极，二也。就居民间，骚扰浊乱，易生雠隙，三也。困顿日久，资财耗竭，适以自弊，四也。欲借此以卫民，而反为民增一苦；欲借此以防贼，而反为吾招一寇，其可行乎？合行知府程云鹏，公同指挥周胤宗，及各县知县等官，亲至已破贼巢各邻近良善村寨，以次加厚抚恤，给以告示，犒以鱼盐，待以诚信，敷以德恩。谕以朝廷所以诛剿各贼者，为其稔恶不俊,若尔等良善守分村寨,我官府何尝轻动尔等一草一木?尔等各宜益坚向善之心,毋为彼所扇惑摇动。从而为之推选众所信服,立为酋长,以连属之。若各贼果能改恶迁善,实心向化,今日来投,今日即待以良善,决不追既往之恶。尔等即可以此意传告开谕之。我官府亦就实心抚安招来,量给盐米,为之经纪生业。亦就为之选立酋长,使有统率,毋令涣散。一面清查侵占田土,开立里甲,以息日后之争。禁约良民,毋使乘机报复,以激其变。如农夫之植嘉禾,以去稂莠,深耕易耨,芸菑灌溉,专心一事,勤诚无惰,必有秋获。夫善者益知所劝,则助恶者日衰;恶者益知所惩,则向善者益众:此抚柔之道,而非专有恃于甲兵者也。"又曰:"该府议欲散撤顾倩机快等项,调取武靖州土兵,使之就近防守一节,区画颇当。然以三千之众,而常在一处屯顿坐食,亦未得宜。必须分作六班,每五百名为一班,每两个月日而更一次。若有雕剿等项,然后通行起调,然必须于城市别立营房,毋使与民杂处,然后可免于骚扰嫌隙。盖以十家牌门之兵,而为守土安民之本;以武靖起调之兵,而备追捕剿截之用:此亦经权交济相须之意也。自今以后,免其秋调,各处哨守等役,专在浔州地方听凭守备参将调用。凡遇紧急调取,即要星驰赴信地,不得迟违时刻。守巡各官,仍要时加戒谕抚辑,毋令日久玩弛,又成虚应故事。"

六月,兴南宁学校。

先生谓:"理学不明,人心陷溺,是以士习日偷,风教不振。"日与各学顺生朝夕开讲,已觉渐有奋发之志。又恐穷乡僻邑,不能身至其地,委原任监察御史降合浦县丞陈逅主教灵山诸县,原任监察御史降揭阳县主簿季本主教敷文书院。仍行牌谕曰:"仰本官每日拘集该府县学诸生,为之勤勤开诲,务在兴起圣贤之学,一洗习染之陋。其诸生该赴考试者,临期起送;不该赴试者,如常朝夕聚会。考德问业之外,或时出与经书论策题目,量作课程;就与讲析文义,以无妨其举业之功。大抵学绝道丧之余,未易解脱旧闻旧见,必须包蒙俯就,涵育薰陶,庶可望其渐次改化。谅本官平素最能孜孜汲引，则今日必能循循善诱。诸生之中，有不率教者，时行榎楚，以警其惰。本院回军之日，将该府县官员师生查访勤惰，以示劝惩。"

又牌谕曰："照得安上治民，莫善于礼，冠婚丧祭，固宜家喻而户晓者。今皆废而不讲，欲求风俗之美，其可得乎？况兹边方远郡，土夷错杂，顽梗成风，有司徒具刑驱势迫，是谓以火济火，何益于治？若教之以礼，庶几所谓小人学道则易使矣。福建莆田生员陈大章，前来南宁游学，叩以冠婚乡射诸仪，颇能通晓。近来各学诸生，类多束书高阁，饱食嬉游，散漫度日。岂若使与此生朝夕讲习于仪文节度之间，亦足以收其放心，固其肌肤之会，筋骸之束，不犹愈于博弈之为贤乎？仰南宁府官吏即便馆谷陈生于学舍，于各学诸生之中，选取有志习礼，及年少质美者，相与讲解演习。自此诸生得于观感兴起，砥砺切磋，修之于其家，而被于里巷，达于乡村；则边徼之地，遂化为邹鲁之乡，亦不难矣。"

七月，袭八寨、断藤峡，破之。

八寨、断藤峡诸蛮贼，有众数万，负固稔恶，南通交趾诸夷，西接云、贵诸蛮，东北与牛场、仙台、花相、风门、佛子及柳庆、府江、古田诸瑶回旋连络，延袤二千余里，流劫出没，为害岁久。比因有事思、田，势不暇及。至是，先生以思、田既平，苏、受新附，乃因湖广保靖归师之便，令布政使林富、副总兵张祐等，出其不意，分道征之。富、祐率右江及思、田兵进剿八寨诸贼。参议汪必东、副使翁素、佥事汪溱，率左江及永、保土兵进剿断藤峡诸贼。令该道分巡兵备收解，纪功御史册报，及行太监张赐并各镇巡知会，一月之内，大破其众，斩获三千有奇。先生见诸贼巢穴既已扫荡，而我兵疾疫，遂班师奏捷。

按：疏言："断藤峡诸贼，犄角屯聚，自国初以来，屡征不服。至天顺间，都御史韩雍统兵二十万，然后破其巢穴。撤兵无何，贼复攻陷浔州，据城大乱。后复合兵，量从剿抚。自后窃发无时，凶恶成性，不可改化。至于八寨诸贼，尤为凶猛，利镖毒弩，莫当其锋；且其寨壁天险，进兵无路。自国初都督韩观，尝以数万之众围困其地，亦不能破，竟从招抚而罢。报后兴师合剿，一无所获，反多挠丧。惟成化间，土官岑瑛尝合狼兵深入，斩获二百。已而贼势大涌，力不能支，亦从抚罢。今因湖广之回兵，而利导其顺便之势，作思、田之新附，而善用其报效之机。两地进兵，各不满八千之众，而三月报捷，共已逾三千之功。两广父老皆以为数十年来未有此举也。"

疏请经略思、田及八寨、断藤峡。

初，先生既平思、田，乃上疏曰："臣以迂庸，缪当兵事于兹土，承制假以抚剿便宜。是陛下之心惟在于除患安民，未尝有所意必也。又谕令贼平之后，议设土流孰便。是陛下之心惟在于安民息乱，未尝有所意必也。始者思、田梗化，既举兵而加诛矣，因其悔罪投降，遂复宥而释之。固亦莫非仰承陛下不嗜杀人之心，惓惓忧悯赤子之无辜也。凡为经略事宜有三：特设流官知府以制土官之势；仍立土官知府以顺土夷之情；分设土官巡检以散各夷之党。拟府名为'田宁'，以应谶谣，而定人心。设州治于府之西北，立猛第三子邦相为吏目。待其有功，渐升为知州。分设思恩土巡检司九，田州土巡检司十有八，以苏、受并土目之为众所服者世守之。"既而复破八寨、断藤峡。又上疏曰："臣因督兵亲历诸巢，见其形势要害，各有宜改立卫所，开设县治，以断其脉络，而扼其咽喉者。若失今不为，则数年之间，贼复渐来，必归聚生息；不过十年，又有地方之患矣。臣以遵制便宜，相度举行，凡为经略事宜有六：移南丹卫城于八寨；改筑思恩府治于荒田；改凤化县治于三里；增设隆安县治；置流官于思龙，以属田宁；增筑守镇城堡于五屯。"事下，本兵持之，户部复请覆勘，学士霍韬等上疏曰："臣等广人也，是役也，臣等尝为守仁计曰：'前当事者，凡若三省兵若干万，梧州军门费用军储若干万，复从广东布政司支用银米若干万，杀死、疫死官兵、土兵若干万，仅得田州小宁五十日，而思恩叛矣。'今守仁不杀一卒，不费斗米，直宣扬威德，遂使思、田顽叛，稽首来服。虽舜格有苗，何以过此？乃若八寨贼、断藤峡贼，又非思、田之比。八寨为诸贼渊薮，而断藤峡为八寨羽翼也。广西有八寨诸贼，犹人有心腹病也。八寨不平，则两广无安枕期也。今守仁沉机不露，一举平之。百数十年豺虎窟穴，扫而清之，如拂尘然。臣等是以叹服守仁能体陛下之仁，以怀绥思、田向化之民；又能体陛下之义，以讨服八寨、断藤梗化之贼：仁义两得之也。夫守仁之成功，有八善焉：乘湖兵归路之便，兵不调而自集，一也。因思、田效命之助，劳而不怨，二也。机出意外，贼不能遁，所诛者渠恶，非滥杀报功者比，三也。因归师无粮运费，四也。一举成功，民不知扰，五也。平八寨、平断藤峡，则极恶者先诛，其细小巢穴，可渐德化，得抚剿之宜，六也。八寨不平，则西而柳、庆，东而罗旁、禄水、新宁、思平之贼，合数千里，共为窟穴，虽调兵数十万，未易平伏，今八寨平定，则诸贼可以渐次抚剿，两广良民可以渐次安业，纾圣明南顾之忧，七也。韩雍虽平断藤峡贼矣，旋复有倡乱者，八寨乃百六十年所不能诛之剧贼。今守仁既平其巢窟，即徙建城邑以镇定之，则恶贼失险，后日不能为变，逋贼来归，且化为良民矣。诛恶绥良，得民父母之体，八也。或议：'守仁奉命有事思、田，遂剿八寨，可乎？'臣则曰：昔吴、楚反攻梁，景帝诏周亚夫救梁。亚夫不奉诏，而绝吴、楚粮道，遂破吴、楚，而平七国，安汉社稷。传曰：'阃以外，将军制之。'又曰：'大夫出疆，有可以安国家、利社稷，专之可也，古之道也。'是故亚夫知制吴、楚，在绝其食道，而不在于救梁；是故虽有诏命，有所不受。今守仁知思、田可以德怀也，遂纳其降而安定之。知八寨诸贼未易服也，遂因时仗义而讨平之。虽无诏命，先发后闻可也，况有便宜从事之旨乎？或曰：'建置城邑，大事也；区处钱粮，户部职也；不先奉命而辄兴工，可乎？'臣则曰：昔者范仲淹之守西边也，欲筑大顺城，虑敌人争之，乃先具版筑，然后巡边，急速兴工，一月成城。西夏觉而争之，已不及矣。守仁于建置城邑之役，不仰足户部而后有处，其以一肩而分圣明南顾之忧，不以为功，反以为过，可乎？臣等目击八寨之贼，为地方大患百数十年，一旦仰赖圣明，任用守仁，以底平定，不胜庆怃，今兵部功赏未行，户部覆题再勘，臣恐机会一失，大功遂阻，城保不筑，逋贼复聚，地方可虑。是故冒昧建言，唯圣明察焉。"

九月，疏谢奖励赏赉。

赏思、田功也。九月初八日，行人冯恩赍捧钦赐至镇，故有谢疏。

与德洪、畿书："地方事幸遂平息，相见渐可期矣。近年不审同志聚会如何，得无法堂前今已草深一丈否？想卧龙之会，虽不能大有所益，亦不宜遂尔荒落；且存饩羊，后或兴起，亦未可知。余姚得应元诸友相与倡率，为益不小。近有人自家乡来，闻龙山之讲，至今不废，亦殊可喜。书到，望遍寄声，益相与勉之。九十弟与正宪辈，不审早晚能来亲近否？诱掖接引之功，与人为善之心，当不俟多喋也。魏廷豹决能不负所托，儿辈或不能率教，亦望相与夹持之。"

十月，疏请告。

先生以疾剧，上疏请告，具言："臣自往年承乏南、赣，为炎毒所中，遂患咳痢之疾。岁益滋甚。其后退休林野，稍就医药，而疾亦终不能止。自去岁入广，炎毒益甚。力疾从事，竣事而出，遂尔不复能兴。今已舁至南宁，移卧舟次，将遂自桂道厂，待命于韶、雄之间，大竭忠以报国，臣之素志也。受陛下之深恩，思得粉身齑骨以自效，又臣之所日夜切心者也。病日就危，而尚求苟全以图后报，而为养病之举，此臣之所以大不得已也。"疏入，未报。

谒伏波庙。

先生十五岁时尝梦谒伏波庙，至是拜祠下，宛然如梦中，谓兹行殆非偶然。因识二诗。其一曰："四十年前梦里诗，此行天定岂人为？徂征敢倚风云阵，所过如同时雨师。尚喜远人知向望，却惭无术救疮痍。从来胜算归廊庙，耻说兵戈定四夷。"其二诗曰："楼船金鼓宿乌蛮，鱼丽群舟夜上滩。月绕旌旗千嶂静，风传铃木九溪寒。荒夷未必先声服,神武由来不杀难。想见虞廷新气象,两阶干羽五云端。"是月与豹书:"近岁山中讲学者,往往多说勿忘勿助功夫甚难。问之,则云:'才著意,便是助;才不著意,便是忘;所以甚难。'区区因问之云:'忘是忘个甚么?助是助个甚么?'其人默然无对,始请问。区区因与说:'我此间讲学,却只说个必有事焉,不说勿忘勿助。必有事焉者,只是时时去集义。若时时去用必有事的功夫,而或有时间断,此便是忘了,即须勿忘。时时去用必有事的功夫,而或有时欲速求效,此便是助了,即须勿助。其功夫全在必有事焉上用,勿忘勿助,只就其间提撕警觉而已。若是功夫原不间断,即不须更说勿忘;原不欲速求效,即不须更说勿助。此其功夫,何等明白简易,何等洒脱自在。今却不去必有事上用功,而乃悬空守着一个勿忘勿助,漭漭荡荡,只做得个沉空守寂,学成一个痴呆汉,事来,即便牵滞纷扰,不复能经纶宰制。此皆由学术误人之故,甚可悯矣。'"

又与邹守益书曰:"随处体认天理,勿忘勿助之说,大约未尝不是。只要根究下落,即未免捕风捉影。纵令鞭辟向里,亦与圣门致良知之功尚隔一尘。若复失之毫厘,便有千里之缪矣。世间无志之人,既已见驱于声利辞章之习,间有知得自己性分当求者,又被一种似是而非之学兜绊羁縻,终身不得出头。缘人未有真为圣人之志,未免挟有见小欲速之私,则此种学问极足支吾眼前得过。是以虽在豪杰之士,而任重道远,志稍不力,即且安顿其中者多矣。"

祀增城先庙。

先生五世祖讳纲者,死苗难,庙祀增城。是月,有司复新祠宇,先生谒祠奉祀。过甘泉先生庐,题诗于壁曰:"我祖死国事,肇礼在增城。荒祠幸新复,适来奉初蒸。亦有兄弟好,念言思一寻。苍苍见霞色,宛隔环瀛深。入门散图史,想见抱膝吟。贤郎敬父执,童仆意相亲。病躯不遑宿,留诗慰殷勤。落落千百载,人生几知音。道同著形迹,期无负初心。"又题甘泉居曰:"我闻甘泉居,近连菊坡麓。十年劳梦思，今来快心目。徘徊欲移家，山南尚堪屋。渴饮甘泉泉，饥食菊坡菊。行看罗浮云，此心聊复足。"与德洪、畿书："书来见近日功夫之有进，足为喜慰！而余姚、绍兴诸同志又能相聚会讲，切奋发兴起，日勤不懈，吾道之昌，真有火燃泉达之机矣，喜幸当何如哉！此间地方悉已平靖，只因二三大贼巢，为两省盗贼之根株渊薮，积为民患者，心亦不忍不为一除剪，又复迟留二三月；今亦了事矣，旬月间便当就归途也。守俭、守文二弟，近承夹持启迪，想亦渐有所进。正宪尤极懒惰，若不痛加针砭，其病未易能去。父子兄弟之间，情既迫切，责善反难，其任乃在师友之间。想平日骨肉道义之爱，当不俟于多嘱也。"与何性之书："区区病势日狼狈，自至广城，又增水泻，日夜数行不得止。至今遂两足不能坐立，须稍定，即逾岭而东矣。诸友皆不必相候。果有山阴之兴，即须早鼓钱塘之舵，得与德洪、汝中辈一会聚，彼此当必有益。区区养病本去已三月，旬日后必得旨。亦遂发舟而东，纵未能遂归田之愿，亦必得一还阳明洞，与诸友一面而别，且后会又有可期也。千万勿复迟疑，徒耽误日月。总及随舟而行，沿途官吏送迎请谒，断亦不能有须臾之暇。宜悉此意，书至，即拨冗。德洪、汝中辈，亦可促之早为北上之图。伏枕潦草。"

十一月乙卯，先生卒于南安。

是月廿五日，逾梅岭，至南安。登舟时，南安推官门人周积来见。先生起坐，咳喘不已。徐言曰："近来进学如何？"积以政对。遂问道体无恙。先生曰："病势危亟，所未死者，元气耳。"积退而迎医诊药。廿八日，晚泊，问："何地？"侍者曰："青龙铺。"明日，先生召积入。久之，开目视曰："吾去矣！"积泣下，问"何遗言？"先生微哂曰："此心光明，亦复何言？"顷之，瞑目而逝，二十九日辰时也。赣州兵备门人张思聪追至南安，迎入南埜驿，就中堂沐浴殓如礼。先是先生出广，布政使门人王大用备美材随舟。思聪亲敦匠事，铺梱设褥，表里裼袭。门人刘邦采来奔丧事。十二月三日，思聪与官属师生设祭，入棺。明日，舆榇登舟。士民远近遮道，哭声振地，如丧考妣。至赣，提督都御史汪鋐迎祭于道，士民沿途拥哭如南安。至南昌，巡按御史储良材、提学副使门人赵渊等请改岁行，士民昕夕哭奠。

八年己丑，正月，丧发南昌。

是月连日逆风，舟不能行。赵渊祝于柩曰："公岂为南昌士民留耶？越中子弟门人来候久矣。"忽变西风，六日直至弋阳。先是德洪与畿西渡钱塘，将入京殿试，闻先生归，遂迎至严滩，闻讣，正月三日，成丧于广信，讣告同门。是日，正宪至。初六日，会于弋阳。初十日，过玉山，弟守俭、守文，门人栾惠、黄洪、李珙、范引年、柴凤至。

二月庚午，丧至越。

四日，子弟门人奠柩中堂，遂饰丧纪，妇人哭门内，孝子正宪携弟正亿与亲族子弟哭门外，门人哭幕外，朝夕设奠如仪。每日门人来吊者百余人，有自初丧至卒葬不归者。书院及诸寺院聚会如师存。是时朝中有异议，爵荫赠谥诸典不行，且下诏禁伪学。詹事黄绾上疏曰："忠臣事君，义不苟同；君子立身，道无阿比。臣昔为都事，今少保桂萼时为举人，取其大节，与之交友。及臣为南京都察院经历，见大礼不明，相与论列。相知二十余年，始终无间。昨臣荐新建伯王守仁堪以柄用，萼与守仁，旧不相合，因不谓然，小人乘间构隙。然臣终不以此废萼平生也。但臣于事君之义，立身之道，则有不得不明者。臣所以深知守仁者，盖以其功与学耳。然功高而见忌，学古而人不识，此守仁之所以不容于世也。盖其功之大者有四：其一，宸濠不轨，谋非一日，内而内臣如魏彬等，嬖幸如钱宁、江彬等，文臣如陆完等，为之内应；外而镇守如毕真、刘朗等，为之外应；故当时中外诸臣，多怀观望。若非守仁忠义自许，身任讨贼之事，不顾赤族之祸，倡义以勤王，运筹以伐谋，则天下安危未可知。今乃皆以为伍文定之功，是轻发纵而重走狗，岂有兵无胜算，而濠可徒搏而擒者乎？其二，大帽、茶寮、浰头、桶冈诸贼寨，势连四省，兵连累岁。若非荩平，南方自此多事。守仁临镇，次第底定。其三，田州、思恩构衅有年，事不得息，民不得已，故起守仁以往，定以兵机，感以诚信，乃使卢、王之徒，崩角来降，感泣受杖，遂平一方之难。其四，自来八寨为两广腹心之疾，其间守戍官军，与贼为党，莫可奈何。守仁假永顺狼兵，卢、王降卒，并而袭之，遂去两广无穷之巨害，实得兵法便宜之算。夫兵凶战危，守仁所立战功，皆除大患，卒之以死勤事。夫兵政国之大事，宜为后世法，可以终泯其功乎？其学之大要有三：一曰'致良知'，实本先民之言，盖致知出于孔氏，而良知出于孟轲性善之论。二曰'亲民'，亦本先民之言，盖《大学》旧本所谓亲民者，即百姓不亲之亲，凡亲贤乐利，与民同其好恶，而为絜矩之道者是已。此所据以从旧本之意，非创为之说也。三曰'知行合一'，亦本先民之言，盖知至至之，知终终之，只一事也。守仁发此，欲人言行相顾，勿事空言以为学也。是守仁之学，弗诡于圣，弗畔于道，乃孔门之正传也，可以终废其学乎？"然以萼之非守仁，遂致陛下失此良弼，使守仁不获致君尧、舜，谁之过与？臣不敢以此为萼是也。况赏罚者，御世之权。以守仁之功德，劳于王事，乃常典不及，削罚有加，废褒忠之典，倡党锢之禁，非所以辅明主也。守仁客死，妻子孱弱，冢童载骨，藁埋空山，鬼神有知，当为恻然。臣实不忍见圣明之世有此事也。假使守仁生于异世，犹当追崇，况在今日哉？且永顺之众，卢、王之徒，素慕守仁威德；如此举措，恐失其望，关系夷情，亦非细故。臣昔与守仁为友，几二十年。一日愤寡过之不能，守仁从而觉之，若有深省，遂复师事之。是臣于守仁，实非苟然相信，如世俗师友者也。臣于君父之前，处师友之间，既有所怀，不敢不尽。昔萼为小人所诳，臣为之愤；既而得白，臣为之喜；固非臣之私也。今守仁之抱冤，亦犹萼之负屈。伏愿扩一视之仁，特敕所司，优以恤典赠谥，仍与世袭，并开学禁，以昭圣政。若此事不明，则萼之与臣，终不能以自忘。故臣敢言及于此，所以盖事陛下之忠，且以补萼之过，亦以尽臣之义也。"疏入，不报。于是给事中周延抗疏论列，谪判官。

十一月，葬先生于洪溪。

是月十一日，发引，门人会葬者千余人，麻衣衰屦，扶柩而哭。四方来观者莫不交涕。洪溪去越城三十里，入兰亭五里，先生所亲择也。先是，前溪入怀，与左溪会冲，啮右麓，术者心嫌，欲弃之。有山翁梦神人绯袍玉带立于溪上，曰："吾欲还溪故道。"明日雷雨大作，溪泛，忽从南岸，明堂周阔数百尺，遂定穴。门人李珙等筑治更番，昼夜不息者月余，而墓成。